GERMAIN en LAYE

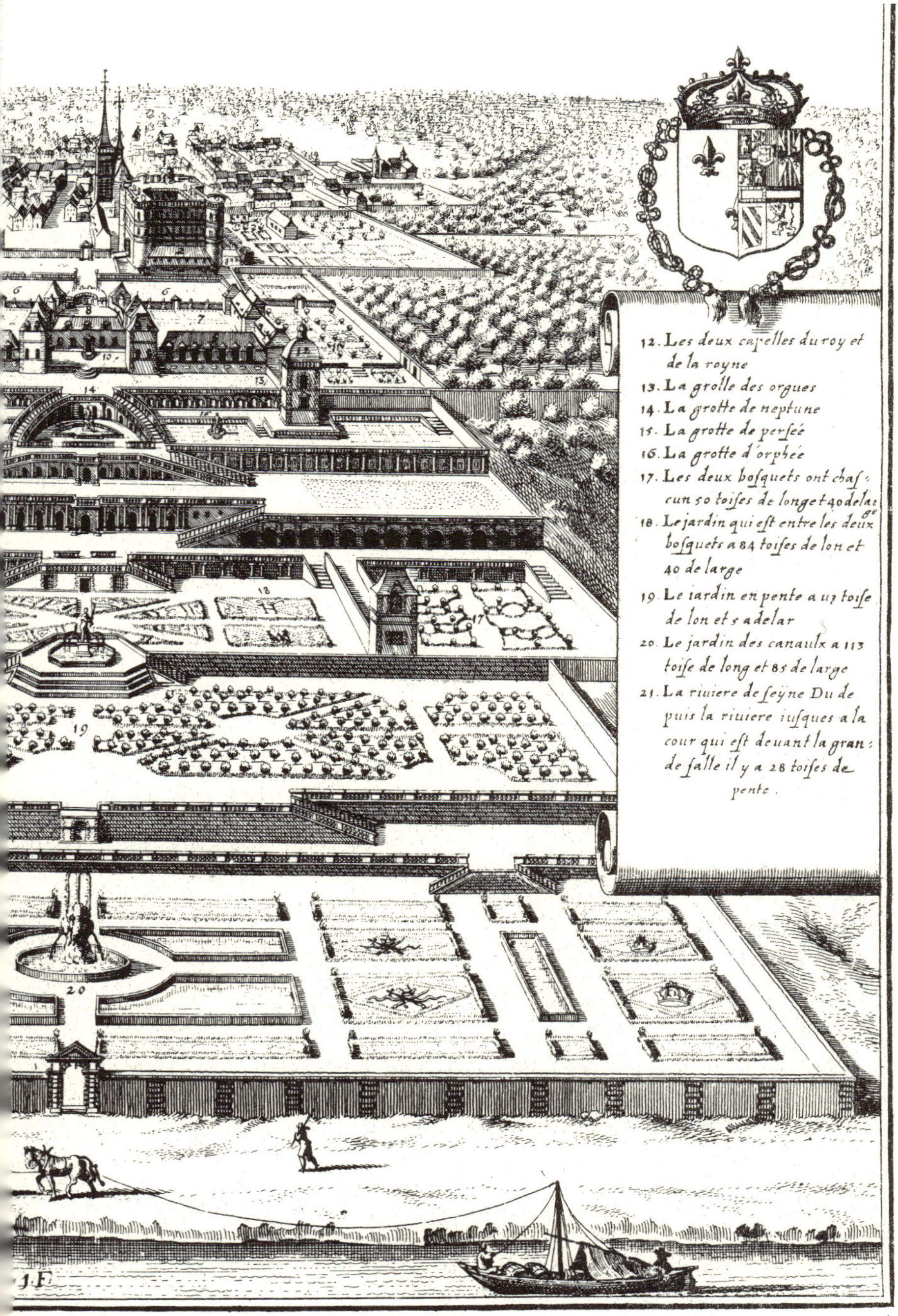

UWE SCHULTZ

RICHELIEU

Der Kardinal des Königs

Eine Biographie

C.H.BECK

Für Henning Wicht

Mit 22 Abbildungen

Mit zwei Stichen aus der Topographia Galliae
des Martin Zeiller, Frankfurt 1655,
auf dem vorderen und hinteren Vorsatz
Frontispiz: Drei geöffnete Winkel auf blauem Grund,
das Wappen Richelieus

Satz: Janß GmbH, Pfungstadt
Druck und Bindung: CPI – Ebner & Spiegel, Ulm
Gedruckt auf alterungsbeständigem, säurefreiem Papier
(hergestellt aus chlorfrei gebleichtem Zellstoff)
Printed in Germany
ISBN 978 3 406 58358 2

www.beck.de

Inhalt

Anhang

Wer Regierungsgeschäfte besorgt, darf nie an sich denken sondern immer nur an den Herrscher, und er darf dessen Absichten nie auf Dinge lenken, die nicht im Interesse des Staates sind. Andererseits muß der Herrscher auch an seinen Minister denken, um sich dessen Ergebenheit zu sichern; er muß ihn auszeichnen und wohlhabend machen.

Machiavelli, Il Principe, XXII Kap.

Vorzeichen

Degen oder Krummstab?

Die Familie des verstorbenen François du Plessis de Richelieu sah sich überraschend an einer entscheidenden Wegmarke – Abstieg in die Niederung des Kleinadels oder Fortschreiten auf der Hochebene des Hofadels? Die eine Richtung führte unausweichlich in die Bedeutungslosigkeit einschließlich Verarmung und Verlust des Adelstitels, die andere wahrte die Aufstiegschance in die höchsten Staatsämter und zu unabsehbarem Reichtum – die persönlichen Talente eines Familienmitglieds vorausgesetzt. Die Krise, mit der sich die Witwe Suzanne de Richelieu in der Einsamkeit ihres Schlosses im Poitou konfrontiert sah, hatte ihren Ursprung in der Glaubenskrise ihres zweitgeborenen Sohnes Alphonse de Richelieu, der den wohlgeordneten Familienplan dem Zusammenbruch aussetzte.

Denn letztes und einzig sicheres Fundament der familiären Finanzen war das Bistum von Luçon, das ärmste von ganz Frankreich, fern an der kargen Küste des Atlantik gelegen – aber immerhin 16 000 Livres Jahreseinkommen wert. Es war ein Geschenk der Gunst, das der letzte der Valois-Könige, Heinrich III, seinem treuen Gefolgsmann François de Richelieu im Jahr 1584 zugesprochen hatte – nicht zuletzt um dessen hohe Schulden für den aufwendigen Hofdienst wenn schon nicht zu tilgen, so doch zu verringern. So war für den zweiten der drei Söhne – neben drei Töchtern – des 1590 früh am Fieber gestorbenen François de Richelieu, der bis zum Rang des Grand Prévôt von Paris und zum Hauptmann der königlichen Garde aufgestiegen war, die Karriere des Bischofs von Luçon bestimmt, und Alphonse de Richelieu war bereits auf dem Weg der kirchlichen Kanonisierung weit fortgeschritten. Auch hatte Heinrich IV nicht gezögert, den zukünftigen Kirchenmann schon mit 12 Jahren zum Bischof zu ernennen. Zwar verboten die Beschlüsse des Tridentiner Konzils (1545–1563) Weihe und Inthronisierung von Kandidaten, wenn sie nicht das Alter von 23 Jahren erreicht hatten, aber Frankreich hatte sich geweigert, diesen kirchenpolitischen Normen der Erneuerung den Gesetzesrang zu gewähren.

So konnte der Erstgeborene, Henri de Richelieu, seine Ausbildung und seinen Aufstieg als Edelmann bei Hofe ungestört fortsetzen, und dem jüngsten der Brüder, Armand-Jean de Richelieu, stand der Weg zum hohen Militär offen. Währendessen versah ein Onkel von Madame de Richelieu das Amt des Bischofs von Luçon interimistisch, und ihm folgte als weiterer Statthalter der Familie Richelieu ein Curé de Braye, François Yver. Doch die Zeit drängte, denn die Kanoniker des Bistums Luçon wollten nicht länger dulden, daß sämtliche Einkünfte zum Unterhalt der Familie Richelieu verwendet wurden, während ihre kümmerliche Kathedrale verfiel – ein für die Geistlichen aussichtsreicher Prozeß drohte.

Doch 1602 stürzte der so klug konzipierte Aufstiegsplan der Familie Richelieu in sich zusammen, als Alphonse de Richelieu, inzwischen 19 Jahre alt, seinen Verzicht auf das Bischofsamt von Luçon erklärte, sich in tiefer Devotion des hohen Amtes als nicht würdig erklärte und als einfacher Mönch in einem Kartäuserkloster verschwand. Er löste damit in seiner Familie eine Krise aus, die deren Rang und wirtschaftliche Basis in Frage stellte.

Es war die erste prekäre Situation, der sich der junge Armand-Jean de Richelieu gegenübersah. Zielstrebig hatte er bisher seinen Ausbildungsweg zum hohen Militär zurückgelegt. Im Alter von neun Jahren war er in das renommierte Collège de Navarre eingetreten, zu dessen Absolventen schon Heinrich III und Heinrich IV gezählt hatten. An diese Studien mit Latein und Spanisch, Mathematik und Geometrie, Rhetorik und Geschichte schlossen sich in der Akademie von Antoine de Pluvinel die Übungen des feinen Auftretens und kühnen Umgangs an – Reiten, Fechten, Musik und Tanz. Alles was zur mondänen Kultur eines Edelmanns («gentilhomme») zählte, vermittelte diese Institution – eine Art Offiziersschule für die Söhne des Hochadels. Um seinen autonomen Adelsrang zu sichern, hatte eine Familiendomäne bereits auch den Titel geliefert – als Marquis de Chillou trat der siebzehnjährige Armand de Richelieu nun schon mit Eleganz auf, selbstsicher, standesbewußt, ehrgeizig, gelegentlich auch hochmütig – von eingeschränkter Gesundheit, aber hoher Intelligenz.

Es galt jedoch nun für die Familie derer von Richelieu, eine fundamentale Entscheidung zu treffen – die Rettung des Bistums von Luçon. Der junge Marquis de Chillou verstand und zögerte keinen Augenblick, dem Wunsch seiner Mutter Folge zu leisten, nicht zuletzt in der Gewißheit, daß der Aufstieg zu hohen Ämtern und zur Macht sich ebenso wenn nicht schneller über den Rang eines Bischofs vollziehen lasse. Zudem gewährte die Würde des hohen Klerikers eine zusätzliche, kaum antastbare Autorität. Und schließlich verschloß in jener Epoche der Weg über die Kirche nicht den Zugang zur politischen Macht, auch wenn es ein Umweg war. Die Tugend, sich einem Widerstand ausweichend zu fügen und einer neuen Situation geschmeidig anzupassen, bedeutete nicht den Verzicht auf das hochgesteckte Ziel, für und mit der Familie Richelieu so hoch emporzusteigen, wie günstige Umstände und die eigenen Kräfte es erlauben würden. Der Opportunist und der Dogmatiker fanden sich bruchlos in Armand de Richelieu zusammen. Bevor er in dem Furor und den Finessen der theologischen Studien versank, um die Verspätung aufzuholen, die das Versagen seines Bruders ihm aufgeladen hatte, begründete er seinen Entschluß über den Wegwechsel: «Daß der Wille Gottes geschehe! Ich werde alles akzeptieren – zum Wohl der Kirche und zum Ruhm («gloire») unseres Namens.»[1]

1 *Aus der Tiefe des ländlichen Adels*

Seine Geburt ist nur in geringem Grade ins Geheimnis gehüllt. Ungeklärt war lange allein der Ort – das Schloß Richelieu im Poitou oder Paris? Der Dichter La Fontaine, der eine Generation später das glanzvolle Schloß Richelieu besichtigte, das der Kardinal-Minister an Stelle des bescheidenen Baus seiner Vorfahren hatte errichten lassen, hat noch behauptet, dieser habe den Neubau «um das Zimmer, wo er geboren wurde»,[1] bauen lassen. Richelieu selbst hat lebenslang die Version gepflegt, der richtige Ort sei das väterliche Schloß. In der Chronik des Pfarramtes de Braye, zu dem das Schloß Richelieu gehörte, sind die Seiten für die Jahre 1580 bis 1600 verschwunden, und auch in sämtlichen Pfarrämtern der Hauptstadt hat sich kein entsprechender Eintrag gefunden. Dennoch gilt heute als weitgehend sicher, daß er in Paris zur Welt kam, im Hôtel de Losse, Rue du Bouloi, wo sie auf die Rue Croix des Petits-Champs stößt, nicht weit vom Louvre.

Zweifelsfrei ist das Datum – Armand-Jean du Plessis de Richelieu wurde am 9. September 1585 geboren. Ebenfalls gesichert ist seine Taufe – sie fand acht Monate nach seiner Geburt in der Kirche Saint-Eustache von Paris statt. Auffällig ist der Rang der Paten – es waren Armand de Gontaut-Biron, Marschall von Frankreich, und Jean d'Aumont, Kompanie-Kapitän der Ordonnanzen des Königs und ebenfalls Marschall von Frankreich. Beide gaben ihm jeweils einen Vornamen. Die ungewöhnliche Ranghöhe der Paten wird auch nicht dadurch relativiert, daß sie, wie in jener Epoche recht häufig, nicht persönlich anwesend gewesen sein dürften. Dritte Patin des schwächlichen Kindes, das seine Mutter in einer schweren Geburt zur Welt gebracht hatte, war Françoise de Rochechouart – die Großmutter väterlicherseits.

Erst diese Frau versah das Geschlecht Richelieu mit unantastbarem Adelsstolz, ja auch mit anmaßendem Hochmut. Für ein aristokratisches Hochgefühl bestand zunächst wenig Anlaß, denn im 12. Jahrhundert war der direkte Vorfahre ein Apotheker, Guillaume du Plessis, der zum Diener des Königs Louis-Philippe II aufstieg, und erst im 15. Jahrhundert gelangten die du Plessis durch Heiraten und Erbschaften zu größerem Landbesitz einschließlich der Seigneurie Richelieu südlich von Chinon. Mitte des 16. Jahrhunderts machte Antoine du Plessis von sich reden, der den Beinamen «der Mönch» erhielt, weil er die Kutte ausgezogen hatte, aber trotzdem oder gerade deswegen ein rabiater Abenteurer war. Im Dienst der Guisen befehligte er in Italien eine Kompanie von Arkebusieren und war 1562 der Anführer jener Soldateska, die im Auftrag des Herzogs von Lothringen, Henri de Guise, die Kirche von Vassy umstellte, in Brand steckte und ein Massaker an mehreren hundert Hugenotten vollzog – es war der Anfang von acht Religionskriegen, die erst nach dreißig Kriegsjahren mit der Herrschaft Heinrichs IV ihr Ende fanden. Dieser Kapitän Richelieu fand 1576 in den Straßen von Paris ein unwürdiges Ende. Der Chronist Pierre de L'Estoile urteilte, daß er «ein schlecht beleumundeter und für Diebstahl, Gaunerei und Blasphemie bekannter Mann, ein großer Zuhälter und Säufer»[2] gewesen sei.

Erst sein ältester Sohn Louis du Plessis brachte echten, alten, honorigen Adel in die Familie, indem er Françoise de Rochechouart heiratete, die Großmutter und Patin des späteren Kardinals. Sie entstammte dem ältesten Feudaladel, fühlte sich dem königlichen Geschlecht fast gleichrangig und legte ein seltenes Maß an Hochmut und Härte an den Tag. Sie war weder vermögend noch hübsch, zudem an Jahren schon fortgeschritten und brachte sich mühsam als Gesellschafterin bei ihrer Cousine Anne de Polignac durch, die großen Aufwand auf ihrem Schloß Verteuil trieb. Ihre Ehe mit Louis du Plessis im Jahre 1542 konnte in ihren Augen nur eine Mesalliance sein, und als ihr Gemahl sie bereits 1551 mit fünf Kindern als Witwe zurückließ, sorgten die wirtschaftlich beengten Verhältnisse für eine weitere Verhärtung ihrer Haltung ins Herrische.

Diese Charaktereigenschaften des Abenteuerlichen und Arroganten, die sich in seinen Großeltern vereinigt hatten, vererbten sich auch auf den Vater des später allmächtigen Ministers. François du

Plessis de Richelieu, der zweitgeborene Sohn, war gerade erst als Page am Hofe in die Dienste Karls IX getreten, als seine Mutter ihn brüsk zurück ins ländliche Poitou rief. Sein älterer Bruder Louis war Opfer einer geringen Rangstreitigkeit geworden, in die sich die kleinen Landedelleute nicht selten verwickelten, wahrscheinlich war es der Vortritt in die Kirche von Braye gewesen, über den sich das Geschlecht der Richelieu und das ihres Nachbarn Seigneur de Mausson nicht einig waren. Jedenfalls wurde der erstgeborene Sohn deswegen in einem Streit mit diesem Nachbarn erschlagen, und von ihrem zweitgeborenen verlangte sie Blutrache dafür.

Aus Angst, nun seinerseits Opfer einer Rache zu werden, ließ der Herr von Mausson einen langen unterirdischen Geheimgang anlegen, um sich einen ungefährdeten Ausgang aus seinem Schloß zu verschaffen. Doch der junge Richelieu, nicht älter als 17 Jahre, lauerte mit seinen Gefährten dem Mörder seines Bruders an einem Flußufer auf. Als dieser die Furt durchritt, wurde er seinerseits zum Mörder. Er warf ein Wagenrad gegen die Beine des Pferdes, das seinen Reiter abwarf, und tötete ihn in seiner wehrlosen Lage. Es war kein ehrbares Duell, sondern ein kaltblütiger Meuchelmord. François de Richelieu wurde zum Tode verurteilt, entzog sich der Hinrichtung jedoch durch Flucht ins Ausland.

In Deutschland, wo kriegerische Konflikte ihm Gelegenheit gaben, als Abenteurer und Soldat seine militärischen Talente zu entfalten, blieb er nur kurze Zeit, bald wechselte er nach Polen, wo der Herzog d'Anjou, der dritte Sohn Katharinas von Medici, durch Wahlentscheid der Großen des Landes und die Intrigen seiner Mutter auf den Thron gelangte. Am Hofe von Krakau wurde ihm François de Richelieu vorgestellt. Schnell fand der Flüchtling die Gunst des jungen Herrschers auf dem polnischen Thron und zeigte sich ihrer durch unantastbare Loyalität würdig. Er soll der erste gewesen sein, der im Jahr 1574 dem Herzog d'Anjou die Nachricht vom Tod seines Bruders, des französischen Königs Karl IX, überbrachte, womit dieser Anspruch auf den Lilienthron hatte. Es galt sodann, die polnischen Untertanen zu täuschen, um in Frankreich den Thron besteigen zu können, und der nunmehrige Heinrich III verließ des Nachts in abenteuerlicher Flucht das Land seiner kurzen Herrschaft. Unter dem Dutzend Getreuen, die ihn begleiteten, war auch François de Richelieu.

Zurück in Paris, befreite Heinrich III seinen bedingungslosen Gefolgsmann nicht nur von dem Verdikt der Todesstrafe, sondern ließ ihn, der sich zum Höfling mit gutem Gespür für die politischen Entscheidungsprozesse entwickelt hatte, darüber hinaus zu dem hohen Amt des Grand Prévôt de France aufsteigen – zusätzlich versehen mit dem Orden des Heiligen Geistes. Auch während der immer erneut ausbrechenden Religionskriege, die das Land spalteten und verwüsteten, blieb François de Richelieu an der Seite des bedrängten Königs. Als dessen Günstling Joyeuse 1587 die Schlacht bei Coutras gegen den Hugenottenführer Heinrich von Navarra verlor und dabei den Tod fand, war der Soldat Richelieu unter den Verlierern und verließ Heinrich III auch dann nicht, als diesem die Macht zunehmend entglitt. Bedrängt von der katholischen Liga, mit der Spanien seinen Machteinfluß in Frankreich stetig vergrößerte, bis hin zu seiner eigenen Garnison in Paris und den Hugenotten, die sich um den nächsten Thronanwärter scharten und bei dessen Siegeszug durch Frankreich ihre Forderungen ständig steigerten, wagte der König im Dezember 1588 während der Versammlung der Generalstände den Befreiungsschlag in Blois, einzig nicht verlassen von wenigen Getreuen, darunter François de Richelieu – die Ermordung des Ligistenführers, des Herzogs von Lothringen.

Nach diesem Gewaltakt war jede politische Verständigung mit der Liga ausgeschlossen und eine konsequente Annäherung an die Hugenottenpartei naheliegend, zu der François de Richelieu seinem bedrängten König riet. Die Verhandlungen führten schließlich zum Erfolg, und Heinrich von Navarra rettete vor Tours Heinrich III, dessen restliche Truppen der Übermacht der Ligisten unter dem Herzog de Mayenne, dem Bruder des Ermordeten, nicht hätten standhalten können. Gemeinsam zogen die beiden Heinriche danach vor das von der Liga gehaltene Paris, um es zu belagern. Heinrich III schlug sein Kriegslager in Saint-Cloud auf und Heinrich von Navarra das seine ein Stück weiter flußaufwärts in Meudon. In Saint-Cloud fand jedoch der Mönch Jacques Clément am 1. August 1589 Zutritt zum König und fügte ihm mit einem Dolch so schwere

Wunden zu, daß er am folgenden Tag starb. In seinen letzten Stunden übergab er die Krone Frankreichs gleichsam testamentarisch an den legitimen Erben Heinrich von Navarra. Nach dem Attentat war es der Grand Prévôt, der den Mörder verhaftete, aber auch er konnte nicht verhindern, daß Clément in der unmittelbar ausbrechenden Wut von dem Gefolge Heinrichs III umgebracht wurde. Somit war Heinrich von Navarra König Heinrich IV von Frankreich geworden, und ihm folgte in nicht geringerer Treue als seinem Vorgänger François de Richelieu.

Doch Heinrich IV vermochte die Belagerung von Paris nicht aufrechtzuerhalten. Er begann seinen jahrelangen Marsch durch Frankreich mit immer neuen Siegen und Niederlagen, und der Grand Prévôt war an der Seite des neuen Königs in den Schlachten bei Arques, Ivry, Vendôme und bei der nächsten, wiederum vergeblichen Belagerung von Paris. Dort erlag François de Richelieu, den Heinrich IV in allen seinen Ämtern und Ehren bestätigt hatte, im Juli 1590 einem Fieber. Der Tod ereilte ihn in Gonesse, wohin er auch seine Familie hatte kommen lassen; er war nur 42 Jahre alt.

Die Familie, die er in ungeordneten wirtschaftlichen Verhältnissen zurückließ, war mit seiner Frau und sechs Kindern personenreich. Bereits 1567 hatte er geheiratet und zwar nicht auf der Höhe seines Standes. Seine Braut Suzanne de La Porte war bürgerlich, doch ihr Vater, François de La Porte, genoß in Paris sowohl als Advokat wie als Rechtsgelehrter einen ausgezeichneten Ruf; er dürfte es als Aufstieg seiner Familie gewertet haben, daß seine Tochter in den Adel einheiratete. In der Reihenfolge seiner Geschwister war Armand-Jean – nach Françoise (geb. 1578), Henri (geb. 1580), Isabelle (geb. 1581), Alphonse (geb. 1583) und vor Nicole (geb. 1586) – das fünfte Kind und beim Tod des Vaters erst fünf Jahre alt.

Es standen schwere Jahre bevor, und sie waren für Madame de Richelieu reich an wirtschaftlichen Belastungen. Zunächst galt es, sich in das Schloß Richelieu zurückzuziehen, wo das Zusammenleben mit der stolzen Schwiegermutter Françoise de Rochechouart nicht frei von Konflikten war. Doch die Advokatentochter verfügte über einen nüchternen, klar kalkulierenden Verstand, um die von ihrem Mann hinterlassenen Schulden in einen tolerablen Ausgleich zu bringen. Sparsamkeit beherrschte lange das alte Gemäuer im Poitou, das nur von Frauen und Kindern bewohnt wurde. Auch der zähe Kampf mit den Kanonikern in Luçon hat hier seine Ursache. Denn die Witwe stand vor der Aufgabe, ihre Kinder standesgemäß zu erziehen und in die höhere Gesellschaftsschicht zurückzuführen, die die Familie in mühsamen Etappen bisher erreicht hatte.

Ihre besondere Fürsorge galt Armand-Jean, dessen Geburt so schwierig gewesen war und dessen Gesundheit sich als schwächlich erwies. Dazu kam bei dem Kind eine Neigung zum Träumen, die in dem grauen Bau, dem die Befestigungen des Hundertjährigen Krieges zusätzlich ein düsteres Aussehen verliehen hatten, noch verstärkt wurde. Auch die Einsamkeit des Parks, der fast der ausschließliche Freiraum des Kindes war, dürfte sein Temperament nicht ins Heitere gewendet haben. Schließlich blieb ihm nicht verborgen, welche Sorgen des täglichen Lebens seine Mutter belasteten und unter welchen finanziellen Engpässen das standesgemäße Leben aufrechterhalten wurde. Aber es gab einen Familienrat, in dem zwei Männer für weitsichtige Entscheidungen sorgten: Jacques du Plessis, ein Bruder von Françoise de Richechouart, der zeitweise das Bischofsamt für seine Nichte verwaltete, und Amador de La Porte, ein Bruder der Witwe, der den Rang eines Ritters des Malteserordens bekleidete, in Paris ein wirtschaftlich wohlgeordnetes Leben in Zurückgezogenheit führte und seiner tapfer in der Provinz sich durchkämpfenden Schwester häufig zu Hilfe kam.

Er war es auch, der sich des neunjährigen Armand-Jean annahm und für dessen Eintritt in das noble Collège de Navarre sorgte. Vorausgegangen war auf Schloß Richelieu der Privatunterricht von Père Hardy Guillet, der zugleich Prior in der Abtei Saint-Florent in Saumur war. Er dürfte dem Kind erste Grundkenntnisse vermittelt haben: Grammatik in Französisch und Latein, ein wenig politische Geschichte, etwas mehr Kirchengeschichte. Der Pater war nicht zuletzt für seine Güte und Mildtätigkeit bekannt, so daß vor allem diese Eigenschaften die Wahl der Mutter bestimmt haben dürften. Aber nun, im Jahr 1594, nachdem mit Heinrich IV und seinem Wechsel zum katholischen Glauben auch politischer Friede in Paris eingezogen war, galt es, von der Mutter schmerzlich Abschied zu nehmen. Der Junge konnte in dem traditionsreichen Institut sogleich standesgemäß auftreten, wofür der Onkel Amador de La Porte gesorgt hatte. Ein Erzieher, der Abbé Mulot, stand ebenso in seinen Diensten wie ein Kammerdiener namens Michel le Masle, der das Schreibzeug und die Bücher seines jugendlichen Herrn zu tragen hatte, was selbst zu tun unter dessen Stand gewesen wäre. Übrigens hielt der spätere Kardinal seinem ersten Personal die Treue, der Abbé stieg zum Beichtvater auf, und sein Kammerdiener blieb in dieser Funktion lebenslang. An weichen, eleganten Lederstiefeln, an Spitzen und Halskrause sowie an einer Feder am Hut fehlte es ebenfalls nicht – an seinem Rang sollte nicht der geringste Zweifel aufkommen.

Es hatte erheblicher Anstrengungen und eines weitgespannten Beziehungsgeflechts bedurft, bis der Onkel den Zutritt seines Neffen in das exklusive Collège erreicht hatte. Dennoch war von Luxus und gehobener Lebensart dort keine Rede. Die Schüler standen bereits um 4 Uhr morgens auf und arbeiteten – nur unterbrochen von zwei Mahlzeiten und einer Messe – bis abends 20 Uhr. Der Sonntag war fast nur diversen Gottesdiensten vorbehalten. Geheizt wurde in dem ehrwürdigen Gemäuer kaum, und das Essen war spärlich und schlecht. Den jüngeren Jahrgängen stand oft nur ein halber Hering und ein Ei als Tagesration zu, den älteren ein Drittelschoppen Wein, zehn Gramm Butter, ein Teller Gemüse ohne Fleisch, dazu ein Hering und ein Stück Käse. Schon ein Jahrhundert früher hatte Erasmus von Rotterdam in einer ähnlichen Pariser Bildungsanstalt gelitten und die spartanische Erziehung beklagt, und ein halbes Jahrhundert früher hatte Montaigne auch die harte Disziplin angeklagt: «Man hörte dort nichts als das Geschrei bestrafter Kinder und das zorntrunkener Lehrer, die mit schrecklichem Säufergesicht, die Hand mit der Peitsche bewaffnet, die Kinder unterrichteten.»[3]

In drei Stufen waren die Studien geordnet: Grammatik, die schönen Künste und Philosophie. Für den Edelmann genügten in der Regel die beiden ersten Etappen, lästige Stationen, die es schnell zu passieren galt, um danach ins Militär oder in den Hofdienst einzutreten. Die Philosophie dagegen vermittelte erweitertes und methodisches Wissen, wie es für die hohen Kleriker und Staatsdiener erforderlich war. Armand absolvierte alle drei Stufen mühelos.

Die Studien der Grammatik beanspruchten zwei Jahre und schlossen neben dem Französischen das Lateinische bis zu dem Grade ein, daß die Schüler im Unterricht, aber auch untereinander sich ausschließlich in dieser Sprache auszudrücken hatten. Für diese Übungen bediente man sich der klassischen Autoren Cicero, Vergil, Horaz und Terenz. Mit den schönen Künsten sollte den Schülern nicht nur zusätzliches Wissen, sondern auch dessen systematische Anordnung vermittelt werden, worunter wesentlich die rhetorische Präsentation des Erlernten zu verstehen war. Nicht die Bücher und das stille Eindringen in ein Wissensgebiet standen im Vordergrund, sondern das agonale Herausarbeiten von These und Gegenthese im Disput – diese Technik der systematischen Entwicklung der gegensätzlichen Gesichtspunkte und deren Abwägung im definitiven Urteil sollte der spätere Kardinal zu hoher Perfektion entwickeln, wenn er dem König die diversen Fakten für seine definitive Entscheidung zur Wahl stellte und zugleich seine Präferenz nicht im Verborgenen hielt. Diese finessenreiche Rhetorik, die nicht zuletzt von den Eltern der Schüler gefordert und im Institut in veritablen Wettkämpfen verfeinert wurde, entsprach dem Ideal der Epoche, einen Sachverhalt auf den essentiellen Punkt zu bringen und in geschliffenen Formeln gegen jede Gegenposition durchzusetzen.

Der junge Richelieu eignete sich in den zwei Jahren, die die philosophischen Studien beanspruchten, sogar respektable Kenntnisse des Griechischen an. Vorlage waren die Texte des Aristoteles, die schon während des Mittelalters den dominierenden Lehrstoff gebildet hatten. Hinzu kamen Physik und Metaphysik. Doch hatte das Collège de Navarre noch nicht jene Reformstufe der Pädagogik erreicht, die seit 1604 – nach ihrer Wiederzulassung in Frankreich – von den Jesuiten angewandt wurde, etwa in dem nicht weniger berühmten Institut von La Flèche, wo der junge René Descartes seine Ausbildung erhielt. Dort ließ man das monotone Memorieren der antiken Texte schon hinter sich und vermittelte den Schülern eine weit offenere und trotzdem umfassende Bildung, auf die der junge Richelieu bis zu dem Grade verzichten mußte, daß er sich später im

Vergleich mit der Bildung des Großen Condé nicht auf deren Höhe wußte und seinen Gegner nur beneiden konnte.

Doch kennzeichnend für die Stärke des Charakters sowie des Selbstbewußtseins war, daß der Schüler Richelieu sich von den strengen Institutsregeln keineswegs einschüchtern ließ, nicht selten sich sogar widerspenstig und aufsässig zeigte. Dazu dürfte beigetragen haben, daß seine hohen geistigen Fähigkeiten ihn schnell über seine Mitschüler hinausragen ließen – eine Erhöhung, die er in Disputen immer erneut zu demonstrieren versuchte. So fand er unter seinen Mitschülern nicht Freunde, sondern sah in ihnen nur Rivalen, was bei deren Niederlagen sein Hochgefühl gewiß steigerte, aber auch in seinem Hochmut ihnen gegenüber zum Ausdruck kam.

Es brannte in dem schwächlichen Körper des hageren Adepten Richelieu ein ungeduldiger Ehrgeiz, der vorwärts- und ohne Hemmung auch beiseitedrängte, was sogar sein Biograph, Abbé Michel de Pure, bei allem Lob nicht verhehlte: «Er dürstete nach Lob und fürchtete Tadel, die ausreichten, um ihn in Atem zu halten. In einem Zug verschlang er die ganze Grammatik. Bald strahlte er in plötzlichem Glanz. Was andere Kinder als Kinder machen, machte er mit Methode: *Er war sich dessen bewußt, was immer er sagte und machte.* Wenn man ihn fragte, verstand er es, mit ein paar verwirrenden Fragen weiteren vorzubeugen. Und man kann nicht genug die bewundernswerten Gaben eines wahrhaft schönen Geistes rühmen, die unaufhörlich aufschienen und wie blendende Funken blitzten.»[4]

Mit dem Ende seiner Studien im Collège de Navarre, das er mit einem Diplom verließ, stellte sich die Frage nach seiner Zukunft, über die im Familienrat und nicht allein von Madame de Richelieu entschieden wurde. Doch die Situation der jungen Generation klärte sich schnell, denn der älteste der Söhne, Henri, war für den Dienst bei Hofe vorgesehen, wo er bereits glänzte. Heinrich IV hatte ihm eine Pension ausgesetzt, nicht zuletzt in dankbarem Gedenken an den Vater, und der junge Höfling nahm bereits am Intrigenspiel im Machtzentrum teil, wobei er sich früh Maria von Medici und ihrem kleinen Kreis der Florentiner Kamarilla zuordnete. Dem zweiten Sohn, Alphonse, war schon 1595 von Heinrich IV das Bistum Luçon zugesprochen worden.

AUS DER TIEFE DES LÄNDLICHEN ADELS

Für den dritten Sohn, Armand, blieb deshalb nur die Chance, sich durch eine militärische Karriere auszuzeichnen, und diese Zukunftsperspektive entsprach auch völlig den Wünschen des schlanken Jünglings, den trotz seiner schwächlichen Konstitution schon ein Flair von besonderen Talenten umwehte und der auf seine Eleganz in Kleidung und Auftreten besonderes Gewicht legte. Auch für diese Laufbahn existierte in Paris eine renommierte Bildungsinstitution, die Académie Pluvinel. Antoine de Pluvinel, Kammerherr am Hofe Heinrichs III und dann auch Heinrichs IV, hatte in Neapel die italienischen Methoden der Pferdedressur erlernt, die er verfeinerte und in Frankreich erfolgreich durchsetzte. Er wirkte lange schulbildend, nicht nur mit seinem Werk «Le ménage royal», das 1620 nach seinem Tod erschien, sondern vermittelte bereits zu Lebzeiten seine strenge Lehre des natürlich-achtungsvollen Umgangs mit dem Pferd: «geizig mit Schlägen, verschwenderisch mit Liebkosungen» («avare de coups, prodigue de caresses»).[5] Sein Ideal des perfekten Reiters verlangte, daß der Dressur des Tieres die Selbstbeherrschung seines Reiters entsprechen müsse – keinerlei Willkür oder gar Nachlässigkeit, wie sie etwa Trunkenheit mit sich bringt, sondern Respekt vor der Eigenheit des Tieres, das nur so zum folgsamen Gefährten werden würde. Diese Dressurregeln wirkten generell auf die Akademie-Eleven zurück, auch und gerade dann, wenn es galt, im Fechten und Tanzen eine gute Figur zu machen.

Der Erfolg dieser Schule des Reitens und richtigen Auftretens – die exakte Höhe der Hüte und die korrekte Haltung des Körpers bei der Vorstellung waren ebenfalls streng vorgeschrieben – war so groß, daß der venezianische Gesandte nicht ohne Sorge um die hohen Schulen Italiens nach Hause meldete: «Seine Majestät hat zur möglichst vollkommenen Ausbildung seines Adels in Paris eine Akademie gegründet, wo täglich durch den Oberstallmeister des Königs der Unterricht erteilt wird. Er versorgt die jungen Leute mit Pferden, die er aus den königlichen Ställen holt. Er lehrt sie auch, aufs Pferd zu steigen und all jene Übungen, die zur Reitkunst gehören. Er beschafft ihnen auch Lehrer im Fechten, für die Tischmanieren, die Musik und die Mathematik ... Nach dem Beispiel dieser Akademie sind weitere in verschiedenen Städten des Königreichs – Rouen, Toulouse – errichtet worden. Wenn sich das fortsetzt, ist es glaubhaft, daß man wohl weniger junge Franzosen in Italien sehen und daß darunter vor allem die Stadt Padua leiden wird.»[6]

Diesem Ideal eines elegant-selbstbewußten Edelmanns sollte Richelieu sein Leben lang verpflichtet bleiben, auch wenn die Zeit, es auszuleben, sehr befristet war. Mit seinem Eintritt in die Académie Pluvinel hatte sich übrigens auch sein Lebensstil verändert. Zu den Ländereien der Familie gehörte auch die Seigneurie Chillou, die vor hundert Jahren in deren Besitz gelangt war und Armand nun erlaubte, den Titel eines Marquis de Chillou zu tragen. Aber der Marquis konnte nun nicht länger nur Unterkunft bei seinem Onkel Amador de La Porte finden, sondern bedurfte einer eigenen und standesgemäßen Wohnung. Sie fand sich in Form von drei Zimmern im Stadtpalais des Parlamentsadvokaten Denis Bouthillier, der nicht nur ein enger Freund des Malteserritters, sondern auch der Amtsnachfolger von François de La Porte, mithin seines eigenen Großvaters, war und zusätzlich die seltene Tugend besaß, der verwitweten Tochter seines Vorgängers bei deren zahlreichen Prozessen hilfreich und uneigennützig zur Seite zu stehen. Die Familie Bouthillier sollte im Leben von Armand de Richelieu auch später eine hilfreiche Rolle spielen.

Die Ausbildung zum Militär währte nur zwei Jahre, doch diese Zeit reichte aus, Richelieu derart mit den Waffen vertraut zu machen, daß er später ohne Mühe eine Rüstung anlegen und mit der Autorität eines Heerführers auftreten konnte. Der Verzicht seines Bruders auf das Amt des Bischofs von Luçon machte ein vorzeitiges Ende der Militärlaufbahn und die Verwandlung in einen Kleriker notwendig. Richelieu vollzog sie ohne jedes Gefühl, vom Glauben erweckt worden zu sein. Dessen bedurfte es auch nicht, denn in jener Epoche waren die hohen kirchlichen Ämter nicht anders vererbbar als ein Bauernhof oder eine Tuchhandlung, und entsprechend hatte Heinrich IV gehandelt, als er einen seiner Bastarde bereits im Alter von fünf Jahren mit einem Bistum versah. Somit stand auch nichts im Weg, daß der König nun dem siebzehnjährigen Armand de Richelieu diese hohe kirchliche Position zusprach, was jedoch einschloß, daß der junge Mann sich auch umgehend bemühte, jenen Bildungsstand zu erreichen, der ihn zur veritablen Ausübung des Amtes befähigte.

Zunächst galt es, die von seinem Bruder vergeudete Zeit in der klerikalen Ausbildung nachzuholen, und entsprechend setzte sich der junge Abbé de Richelieu nicht dem ruhig-geregelten Rhythmus eines Bildungsinstituts aus. Er entwickelte seinen eigenen Bildungsplan, einschließlich des forcierten Tempos für dessen Realisierung, und verpflichtete dafür zwei ausgewiesene Gelehrte als seine Lehrer: den Doktor der Theologie Cospéau aus Löwen und den Dialektiker Richard Smith aus England, beide Exegetiker von Rang. Mit Dienern und Arzt bezog der junge Kleriker in der Nähe von Paris ein ruhiges Quartier und unterzog sich mit solcher Konsequenz und Härte den theologischen Studien – täglich nicht weniger als acht Stunden Gedächtnistraining und Rhetorikübungen –, daß seine schwächliche Gesundheit wiederholt versagte. Doch stets besiegte sein die eigene geistige Ausbildung vorantreibender Ehrgeiz den Körper mit seinen diversen Erkrankungen, und diese Herrschaft seines Geistes und seines Willens vermochte sich Richelieu lebenslang zu bewahren.

Es war Eile geboten, denn bereits 1603 verurteilte das Parlament von Paris den kirchlichen Statthalter der Familie Richelieu in Luçon, den Abbé Yver, ein Drittel der Einkünfte des Bistums für die Rettung der Kathedrale zu verwenden, und im Oktober 1604 wurde der Bischofssitz von Luçon nominell als vakant erklärt, mochte Madame de Richelieu auch auf dem Prozeßweg auf den ungekürzten Einkünften bestehen. Es bedurfte nun des geschickten Intrigenspiels bei Hofe, das der älteste Bruder Henri bereits ausreichend beherrschte, denn er war in den exklusiven «Kreis der Siebzehn» und damit der einflußreichsten Höflinge vorgedrungen. So ernannte Heinrich IV Armand de Richelieu 1602 offiziell zum Bischof von Luçon. Der König kam diesem Verlangen um so williger nach, als diese Geste der Gunst mit keinerlei Ausgaben seinerseits verbunden war. Doch an dem für die Amtsführung vorgeschriebenen Alter von 23 Jahren fehlten dem Kandidaten zu jenem Zeitpunkt nicht weniger als fünf Jahre.

Heinrich IV von Frankreich, Gemälde von Frans Pourbus dem Jüngeren, 1600, Palazzo Pitti, Florenz

Also war der Abbé de Richelieu bestrebt, mit seinen Studien so schnell wie möglich voranzukommen, was ihm auch gelang. Mit Dispens wegen seiner jungen Jahre absolvierte er mehrere Examen glanzvoll, und Heinrich IV zögerte nicht, ihn bald spielerisch «meinen Bischof»[7] zu nennen. Er gab sogar 1606 dem französischen Botschafter d'Alincourt in Rom den Auftrag, bei Papst Paul V die vorzeitige Weihe des nominellen Bischofs zu betreiben: «Weil Monsieur Armand du Plessis ... noch nicht ganz das Alter erreicht hat, das von den heiligen Dekreten und Konstitutionen gefordert wird, um das Bistum von Luçon zu erhalten, und weil ich überzeugt bin, daß seine Verdienste und seine Bildung leicht ausreichen, diesen Mangel auszugleichen, schreibe ich Ihnen diesen Brief, damit Sie in meinem Auftrag bei seiner Heiligkeit vorstellig werden, gemeinsam mit meinem Cousin Joyeuse (dem Kardinal, einem Bruder des ehemaligen Günstlings von Heinrich III, den Heinrich IV in der Schlacht von Coutras geschlagen hatte und der dabei umgekommen war), an den ich in demselben Sinne geschrieben habe, damit ihm diese Gnade nicht verweigert werde, denn der erwähnte du Plessis ist in jedem Fall fähig, der Kirche zu dienen, und ich weiß, daß er zu nicht wenigen Hoffnungen Anlaß gibt, ihr in hohem Maß nützlich zu sein.»[8]

Ein solcher diplomatischer Vorstoß hatte in Rom zunächst die routinemäßige Prozedur des Protokolls zu absolvieren, was Jahre in Anspruch nehmen konnte. Hinzu kam, daß Paul V Borghese, erst 1605 auf den Stuhl Petri gelangt, ein hochgebildeter Theologe war, der den konvertierten Hugenottenführer nicht ohne Zweifel beobachtete und dessen Rückfall in seinen alten Glauben und in einen neuen Glaubenskrieg gegen die Katholiken fürchtete. So beschloß die Familie Richelieu, daß der präsumtive Bischof von Luçon selbst beim Papst vorstellig werden solle. Der König stimmte dem gewagten Unternehmen zu, und so überquerte der Abbé de Richelieu im Winter desselben Jahres die Alpen. Die Gesundheit des jungen Mannes war so wenig stabil, daß schlechtes Wetter ihn mehrfach Fieberanfällen und Reiseunterbrechungen aussetzte. Im Januar 1607 traf er in Rom ein, und der Botschafter d'Alincourt beeilte sich, ihn dem Papst vorzustellen.

Paul V, der außer einer herausragenden theologischen Bildung exzellente Kenntnisse der Antike sowie der Literatur besaß, war ein strenger Verfechter der Gegenreformation, weshalb er nicht nur eine Gegenbewegung gegen die Protestanten und Hugenotten förderte, sondern auch eine verstärkte Mission in Indien, China und Kanada betrieb, ja sogar die Idee eines neuen Kreuzzugs aufleben lassen wollte. Dieser Elan schloß aber auch die theologische Klärung der heiklen Glaubensfrage ein, welcher Rang der Gnade Gottes und welche Bedeutung dem eigenen Bemühen beim Erwerb des Seelenheils zukomme, hatte sich doch Luther an dieser Wegmarke von der katholischen Kirche getrennt. Dieser «Gnadenstreit» hatte mit der Kontroverse zwischen Dominikanern und Jesuiten bereits die katholische Kirche selbst erreicht und sollte wenig später in Frankreich im Jansenismus seine Fortsetzung finden. In die Kongregation, die diesen Glaubenskonflikt einer Lösung näherbringen sollte und damit vielleicht die Chance einer Wiederannäherung von Katholiken und Protestanten förderte, gewährte der Papst dem jungen Kirchenmann aus Frankreich Zustritt, da ihm dessen seltene geistige Kapazitäten nicht verborgen geblieben waren.

Richelieu, stets getrieben, diese Fähigkeiten auch ins rechte Licht zu rücken, lieferte dafür alsbald auch den öffentlichen Beweis. Nach einer längeren Rede, deren Zuhörer der Franzose mit befreundeten Klerikern war, wiederholte er sie auf Grund seines makellosen Gedächtnisses wortwörtlich. Als die Kunde über dieses fehlerlose Memorieren bis zu Paul V drang, forderte dieser ihn auf, auch ihm die Rede wortidentisch vorzutragen, was Richelieu mit Vergnügen tat und sich damit die wohlwollende Bewunderung des Papstes erwarb. Sein ungestümer Ehrgeiz trieb ihn jedoch sodann, am folgenden Tag über dasselbe Thema eine ebenfalls mit Zitaten und Begründungen solide abgesicherte Rede zu verfassen und dem Papst vorzutragen – allerdings mit der ins Gegenteil gewendeten These. Damit weckte er jedoch auch das Mißtrauen Pauls V, der in ihm nun nicht nur einen extrem begabten, sondern ebenso einen extrem gefährlichen Mann sah.

Der Papst suchte von dem jungen Kleriker aus Frankreich, der ihn in seiner schillernden Vielfalt faszinierte, zusätzliche Erkenntnisse über Glaubensfestigkeit und Charakter Heinrichs IV zu erhalten. Richelieu gelang es offensichtlich, die katholische Glaubenstreue seines Königs so herauszustellen, daß bei der höchsten Glaubensinstanz keine tieferen Zweifel blieben. Schwieriger dürfte seine Aufgabe gewesen sein, das turbulente und sexuell ungeordnete Privatleben des Vert galant zu verbergen oder zu verschleiern, waren dem Papst doch jene rabiaten Umgangsformen bereits bekannt, die der spätere Kardinal sogar seinen «Mémoires» anvertraute: «Sie (Maria von Medici, die voll Eifersucht wegen der zahlreichen Seitensprünge ihres Gemahls war) stand neben dem König und hob den Arm, und er (Sully) hatte so große Furcht, daß er auf den König niedersausen werde, daß er ihn mit weniger Respekt, als er gewünscht hätte, zur Seite schlug.»[9] Am Ende wenigstens überzeugt von dem lebhaften Bemühen Richelieus, den französischen König auch diesbezüglich in strahlendem Licht erscheinen zu lassen, beschloß Paul V die Unterredung heiter-ironisch: «Henricus magnus armandus Armando» («Der große Heinrich bedarf der Verteidigung durch Armand»).[10]

Bei aller Geschicklichkeit, die der junge Richelieu im Vatikan an den Tag legte, nicht zuletzt unterstützt von den französischen Kardinälen Joyeuse und Givry, in die feineren Zirkel der Kurie und deren diplomatische Methoden vorzudringen, was ihm in hohem Grade gelang, es blieb das Reiseziel – die Weihe zum Bischof. Um diesen Akt, der dem jungen Kirchenmann ebenfalls gelang, rankt sich eine reizvolle, aber historisch kaum richtige Anekdote, die Tallemant des Réaux in seinen «Historiettes» erzählt – sie sind gleichermaßen eine Quelle von wichtigen Details wie von üblen Nachreden, die in der Epoche umliefen: «Der Papst fragte ihn, ob er das vorgeschriebene Alter habe. Er sagte ja, und danach bat er um Absolution dafür, daß er gesagt habe, das vorgeschriebene Alter zu besitzen, obgleich er es nicht gehabt habe. Der Papst sagte: ‹Qesto Geovane sara un gran furbo›. (‹Dieser junge Mann ist ein großer Heuchler.›)»[11] Zumindest ist dieses Histörchen ein Indiz dafür, daß der junge Richelieu nach sechs Monaten in Rom den Eindruck hinterließ, ein Mann mit zahlreichen Hintertüren zu sein – bis zur Hinterlist.

Richelieu bedurfte dieses wenig seriösen Umwegs kaum, denn schließlich war das unzureichende Alter des Kandidaten dem Papst kein Geheimnis, hatte doch Heinrich IV ihn selbst um die Nichtrespektierung der kanonischen Vorschrift gebeten. War es, um dem französischen König gefällig zu sein, oder hatte Richelieu selbst ausreichende Beweise seiner klerikalen «Volljährigkeit» geliefert, beides könnte eine Rolle gespielt haben. An Ostern 1607 fand sie jedenfalls statt, die feierliche Weihe zum Bischof, vollzogen vom Kardinal Givry. Armand-Jean du Plessis de Richelieu war 21 Jahre und 7 Monate alt.

Umgehend kehrte der junge Bischof nach Frankreich zurück – Rom sollte er nie wiedersehen –, und nun standen die Einkünfte des Bistums von Luçon unzweifelhaft und ungekürzt der Familie Richelieu zur Verfügung, mochte auch kein Weg daran vorbeiführen, daß ein Teil derselben zur Reparatur der Kathedrale aufgewendet werden mußte. Nach Erfüllung dieses Familienauftrags blieb jedoch die Aufgabe, die theologischen Studien korrekt abzuschließen, und Richelieu zögerte nicht, selbst als Bischof auf die Bank vor dem Katheder zurückzukehren. Aber schon am 27. Oktober verteidigte er seine Doktorthese auf der Basis des Bibelzitats «Quis erit similis mihi?» («Wer wird mir gleich sein?»), worin einige ein verräterisches Indiz für seinen persönlichen Ehrgeiz sehen wollten, doch er verwies darauf, daß nur Gott und seine Kirche gemeint seien. In der Disputation gegen zwei Theologen der Sorbonne behauptete er sich bravourös, erhielt den Doktorhut und verlangte sogleich, offiziell in den Kreis der Sorbonne-Gelehrten aufgenommen zu werden, was ihm ohne Widerspruch gewährt wurde.

Daß auch der Bischof Richelieu keinesfalls seinen höfisch-politischen Ehrgeiz aus dem Auge verlor, verriet die Dedikation seiner Doktorschrift an Heinrich IV. Zwar hatte der König ihn stets generös lächelnd «meinen Bischof» genannt, aber eine solche Widmung war ebenso unüblich wie anmaßend. Der wachsame Tallemant des Réaux hat die tieferliegende Ambition freigelegt: «Obgleich er sehr jung war, versprach er ihm (dem König) in dieser Adresse, große Dienste zu leisten, wenn er jemals damit beauftragt würde. Man hat bemerkt, daß er zu jener Zeit bestrebt war, sich nach vorne zu drängen, und daß er die Führung von Staatsgeschäften beanspruchte.»[12] Auffällig war zudem, daß der nun voll amtsfähige Bischof nicht nach Luçon aufbrach, sondern in Paris blieb – in einer ungeklärten und unsicheren Position.

Doch was konnte er erwarten? Er erkundete den Hof mit seinen verschlungenen Wegen, dort zu Positionen und Pensionen zu gelangen, wobei ihm die Erkenntnis wichtig gewesen sein dürfte, daß der französische König als Schutzherr der katholischen Kirche sich zur Absicherung der Glaubensautorität nicht auf den Papst stützte, sondern auf die Bischöfe des Landes – seine Standeskollegen. Die Rolle der gallikanischen Kirche gewährte nicht nur dem König ein hohes Maß an Unabhängigkeit von Rom, sondern erlaubte auch den hohen Klerikern Frankreichs, gleichsam dem kirchlichen Adel, sich gegenüber dem weltlichen Adel als nicht weniger geeignet für die Staatsgeschäfte zu betrachten. So konnte Richelieu im bunten Treiben des Hofes mit seinen vielfältigen Amtsträgern manchen Kleriker entdecken, der politischen Einfluß besaß, ungestört ein weltliches Leben führte und hoch in der Achtung des Herrschers stand.

Einer von ihnen, Kardinal Jacques-Davy du Perron, der nicht ohne nachsichtiges Wohlwollen auf den vor Ehrgeiz glühenden Richelieu sah, in dem er das Spiegelbild seines eigenen Karriereanfangs entdeckte, hatte es bis ganz nach oben in der Hierarchie geschafft. Geboren als Sohn eines hugenottischen Predigers, hatte er früh und mit pompösem Aufwand dieser Glaubensrichtung abgeschworen und seine Studien in Saumur auf Thomas von Aquin zentriert. Von Heinrich III zu dessen Vorleser ernannt, hatte er mit den Dichtern der Pléiade (Dichterschule um Pierre de Ronsard) und den Humanisten freundschaftlich verkehrt, sogar selbst allerlei und nicht zuletzt erotische Verse verfaßt. Zum Kleriker ordiniert, war er einer der streitbarsten Kasuisten, der, so ging das Gerücht, bei der Konversion Heinrichs IV der geistliche Wegführer gewesen sei. Über die Bischofsämter von Evreux und Sens war er bei Hofe zum Prediger und Beichtvater des Königs aufgestiegen, ohne sich jemals in seine Bistümer zu begeben – ein Bischof, der zum perfekten Höfling geworden war.

Ein solcher Weg war auch dem jungen Richelieu nicht verschlossen, der bereits als Prediger auf sich aufmerksam machte, wenn es sich im Umfeld des Hofes auch eher um oberflächliche Predigten handelte, in denen Schwulst und witzige Einfälle, Jupiter und Augustinus in rhetorischem Gemisch wenig glücklich, aber gefällig verbunden wurden. Ebenso vollzog er bereits einen ersten Schritt zur politischen Parteinahme – in Richtung Heinrichs IV, was das Risiko für die Familie Richelieu begrenzte, denn sein Bruder Henri hatte sich bereits Maria von Medici zugeordnet. Aber die Situation am Hofe war ungeklärt und in bezug auf seinen persönlichen Aufstieg wenig aussichtsreich. Sein noch frisches Renommee eines geistig brillanten Klerikers, der kühn und unwiderstehlich aufzutreten verstand, war der Gefahr ausgesetzt, im Reigen der zahlreichen Karrieristen schnell zu verblassen. Zumindest würde der Aufstieg nur in kleinen Etappen und großen Zeiträumen sich vollziehen – keine Perspektive für den unruhig vorwärtsdrängenden Bischof von Luçon.

Erneut unter Fieber leidend, stieg er im Dezember 1608 in die von einem Freund geliehene Karosse und setzte sich der harten Jahreszeit sowie der trostlosen Einsamkeit des Marais poitevin aus. Damit wählte er erneut den Effekt der Überraschung – er verließ den strahlenden Hof und verschwand in der Provinz, in der kargen Weite seines ärmlichen Bistums, in einer wachsamen Warteposition. Doch er behielt sich vor, ebenso überraschend gelegentlich in Paris aufzutauchen, und seine Korrespondenz, die ihn über alle Einzelheiten bei Hofe auf dem laufenden hielt, begann sich zu entfalten.

2. *In den Sümpfen des Poitou*

Das Reiseziel, dem sich Richelieu im Winter 1608/9 in Etappen langsam näherte, denn die Wege waren aufgeweicht, gelegentlich auch verschneit – übrigens existierte in ganz Frankreich nur eine einzige gepflasterte Fernstraße, die von Paris nach Orléans –, wird ein halbes Jahrhundert später in dem Bericht «Reise in Frankreich» («Voyage en France») des Engländers Jouvin de Rochefort ungelenk, aber nicht unrichtig beschrieben, und der Zustand des Landes dürfte noch um einiges erbarmungswürdiger gewesen sein: «Luçon liegt im Bas-Poitou, an einem Flüßchen, inmitten großer Sümpfe. Die Wege bestehen dort aus zwei Furchen, von denen man, wenn man nicht acht gibt, wegen der Vielzahl der Furchen vom Weg abkommen kann, denn die Wege sind nicht gebahnt und verzweigen sich in mehreren Richtungen in die Sümpfe, um zu kleinen Holzhäusern zu führen, die die Unterkunft der kleinen Leute sind – diese leben einzig von ein wenig Getreide, das sie auf jedes Land streuen, das sie von den Kanälen und Weideflächen, auf denen sie ein wenig Vieh halten, abgegrenzt haben. Und da sie kein Holz besitzen, um sich zu wärmen, benutzen sie als Heizmaterial in der Sonne getrocknete Kuhfladen.»[1] Im Vergleich mit dem glanzvollen Hof von Paris war er im extremen Gegenteil angelangt.

Außer der Armut, die den dürftigen Gegebenheiten der Natur – geringe Bodenqualität und lange Regenperioden – geschuldet war, hatten die mehr als dreißig Jahre der Religionskriege in dieser Region tiefe Spuren der Verwüstung hinterlassen, zumal im Poitou die konfessionelle Grenze zwischen Katholiken und Hugenotten unscharf verlief, sich nicht selten sogar zugunsten der jüngeren Glaubensrichtung verschob. Die Gebäude seines Bischofssitzes fand Richelieu in desolatem Zustand vor. Die Turmspitze der Kathedrale war abgebrochen, die Mauern waren zerborsten, die Statuen am Portal beschädigt, und im Innern war alles geraubt worden, die

Kandelaber, die Bilder, die Teppiche. Nur der Altar war noch vorhanden, an dem die Messe für gerade einmal ein Dutzend Pfarrkinder gelesen wurde – die Stadt selbst zählte nicht mehr als dreitausend Seelen. Ohne Übertreibung konnte der Bischof über sein freiwilliges, aber darum nicht weniger beklagenswertes Exil nach Paris melden: «Ich bin extrem schlecht untergebracht, denn ich habe keinen Raum, wo ich Feuer machen kann, ohne daß es raucht ... Es gibt hier keinen Ort, um zu promenieren, keinen Garten, keine Allee, nichts dergleichen, so daß mein Haus mir zum Gefängnis geworden ist.»[2] Folglich versank er in die ihn immer wieder heimsuchende Melancholie, die geradezu den Gegenpol zu seiner Euphorie nach den Triumphen in Rom und Paris bildete.

Trotzdem war er sofort bestrebt, seinen Auftrag als Bischof mit Autorität auszuüben und seinen Rang als Edelmann allseits respektiert zu sehen – bei der Bevölkerung des Landes sowie bei den Kanonikern seines Bistums. In Fontenay-le-Comte, vierzig Kilometer von Luçon entfernt, einer Stadt mit dem Anspruch auf einige Köpfe von kulturellem Renommee, bis wohin ihm eine Delegation seines Domkapitels entgegengeeilt war, hatte er sich noch konziliant gezeigt, und auch gegenüber seinen Klerikern wählte er zunächst versöhnliche Worte, die er sogar gegenüber den Hugenotten verlauten ließ – die kirchenpolitischen Machtverhältnisse im Poitou verboten es, den Andersgläubigen schon zu diesem Zeitpunkt hart zu begegnen: «Meine Herren, ich bin gekommen, um unter Ihnen zu leben und an diesem Ort meinen Wohnsitz zu nehmen – es gibt nichts, was mir angenehmer sein könnte, als in Ihren Gesichtern zu lesen und in Ihren Worten zu erkennen, daß Sie darüber Freude empfinden. Ich danke Ihnen für diese Zeichen des guten Willens, die Sie mir geben, und ich werde durch alle Arten guter Dienste versuchen, sie zu verdienen ... Ich weiß, daß es in diesem Gemeinwesen welche gibt, die nicht mit uns in der Gemeinschaft des Glaubens vereint sind; ich hoffe jedoch, daß wir in gegenseitigen guten Gefühlen vereint sein werden. Ich werde alles in meiner Macht Stehende unternehmen, um sie alle einzuladen, an dem teilzuhaben, was ihnen und uns nützlich ist und dem König angenehm, dem zu gefallen wir alle die Pflicht haben.»[3]

IN DEN SÜMPFEN DES POITOU

Seinen Klerikern gegenüber aber trat er sodann in Luçon mit offensiver Entschlossenheit entgegen und riet ihnen dringend, seine «Amnestie des Vergessens»[4] als seltene Gunst von seiner Seite zu betrachten, da er sehr wohl Anlaß hätte, sich wegen ihrer «Widerspenstigkeit»[5] zu beklagen, die sie gegen den Statthalter der Familie Richelieu gezeigt hätten, obgleich dieser «von Gott zu ihrem Oberhaupt gemacht worden sei».[6]

Auch der Edelmann unter dem Ornat meldete seine Ansprüche an, und um diese zu erfüllen, hatte er in Paris eine Gönnerin gefunden, über die fast nichts bekannt ist als der Umstand, daß sie die Frau eines Arztes war und dem jungen Bischof vielfach bei der standesgemäßen Gestaltung seines Hausstandes half – Madame de Bourges. Ihr gegenüber bekannte er offen: «Ich bin ein Bettler»,[7] während er gegenüber seinem Umfeld in Luçon diese Bedürftigkeit sorgfältig versteckte und eine gesicherte Wohlsituiertheit vortäuschte – diese Technik der Täuschung und Vortäuschung erprobte er früh und verfeinerte sie lebenslang. Als makelloser Beweis seiner Respektabilität erschien ihm, bei Tafel über silberne Teller verfügen zu können: «Wenn ich silbernes Geschirr habe, wird mein Adel sehr gesteigert sein!»[8] Dafür schickte er einen Teppich nach Paris, den Madame de Bourges teuer zu verkaufen hatte, damit der Bischof von Luçon – er wollte jedoch vorher den genauen Preis wissen – billig die Silberteller erwerben konnte. Dankbar und stolz vermeldete er deren Effekt nach Paris: «Man hält mich nun für einen großen Herrn.»[9]

Doch auch auf eigene Kosten versorgte Madame de Bourges den klammen Kirchenmann mit vielem – von Möbeln bis zu einem Muff, damit er nicht länger in der Kälte des rauhen Atlantikklimas zittern müsse. Aber bei aller Sparsamkeit durfte es an dem nicht fehlen, was einen wirklichen Herrn auszeichnete – Personal zu seiner persönlichen Bedienung bis zu einem maître d'hôtel. Dafür nahm der Bischof sogar in Kauf, daß er in seinem Ornat als Bischof die Schultern einziehen mußte, denn sein Vorgänger hatte nur ein schmaleres Gewand zurückgelassen, das gegen ein neues auszutauschen die Mittel fehlten – genauer: dafür nicht aufgewendet wurden.

Sobald jedoch sein persönlicher Hausstand mit dem unverzichtbar erscheinenden Prestige versehen war, zögerte er nicht, auf langen und mühseligen Fahrten durch das flache Land am Meer sich mit jenen armen Gläubigen vertraut zu machen, die zu seinem Bistum zählten. Mochte man am Hofe vom «Volk» auch nur eine vage und verachtungsvolle Vorstellung haben und die Bauern meist nur als halbe Wilde und widerwillige Steuerzahler betrachten, der junge Bischof machte sich ein ganz konkretes Bild von ihrer wirtschaftlich trostlosen Lage. Dabei verband sich unlösbar das Verlangen, eine ungeschönte Sicht der realen Verhältnisse zu erhalten, um gerecht urteilen und gegebenenfalls in der richtigen Weise helfen zu können, mit dem Hintergedanken, Kunde von dieser eitlen Selbsterniedrigung bis an den Hof gelangen zu lassen, wohin er alsbald einen ausführlichen Bericht schickte: «Seit es Gott gefallen hat, uns zur Regierung über die Seelen dieser Diözese zu berufen, haben wir es als erste und höchste Aufgabe, die uns ziemt, gewertet, mit eigenen Augen das Elend und die Verzweiflung zu sehen und zu bestätigen, die die Verwüstungen der vergangenen Kriege, die Häresien und die Abwesenheit der Prälaten dort verursacht haben, damit wir, indem wir durch uns selbst die Unordnung erfahren haben, die dort um sich greift, in der Lage wären, die notwendigen Hilfsmittel herbeizuschaffen, um den Versuch zu unternehmen, die Einhaltung der Sitten wieder herzustellen – gemäß der alten Disziplin der Kirche durch unsere Geistlichen – und die wahre Frömmigkeit und Demut, die Furcht und die Liebe zu Gott in den Herzen jenes Volkes zu erneuern, das uns anvertraut ist.»[10] In keinem Fall war er seitdem im unklaren über die sozialen Verwüstungen, die der Krieg mit sich brachte, als er ihn später mehrfach erklärte und zu verantworten hatte.

Nicht zuletzt durch den Entzug der Gelder des Bistums, den die Familie Richelieu so lange betrieben hatte, war die Verwahrlosung dort fortgeschritten, und es galt nun, verbesserte und möglichst schon geordnete Verhältnisse in den 13 Abteien, 48 Prieurien, 7 Kapiteln, 357 Kapellen und unter den 420 Curés zu schaffen, die in die Zuständigkeit des Bischofs von Luçon fielen. Er schritt auch zu strenger Disziplinierung seiner Geistlichen, denen er auf einer seit langem erstmals wieder einberufenen Synode einen Verhaltenskodex verordnete – reich an Geldstrafen. Damit keiner seiner Kleriker sich anmaßte, seine Autorität zu mißachten oder gar lächerlich zu machen, traf eine Strafe von 120 Livres jene zwei Abbés, die der Synode ferngeblieben waren. Den anwesenden Priestern wurde die Strafe von 10 Livres angedroht, falls sie Karten spielen oder andere Glückspiele betreiben sollten. Sie mußten in ihren Gemeinden darauf achten, daß alle Gaststätten und Kneipen während des Gottesdienstes geschlossen zu sein hatten. Auch wurde ihnen aufgegeben, die Tonsur zu respektieren, sich also regelmäßig auf der Kopfmitte die Haare herausschneiden zu lassen.

Um dem Volk die Texte der Bibel näherzubringen, sollten deren Zitate nicht mehr auf lateinisch, sondern auch auf französisch vorgetragen werden – gewiß eine versteckte Übernahme von den Gottesdiensten der Hugenotten. Die Exkommunizierung riskierte jedoch, wer es als Teil seines Amtes ansah, Fieber und andere Krankheiten durch Münzen, Schriftzeichen oder Beschwörungsformeln heilen zu wollen. Und seines Amtes enthoben werden sollte sogleich jeder, der es wagen würde, vor einem weltlichen Gericht zu erscheinen. Der junge Bischof wollte die Autonomie seiner Kirche auch in der Gerichtsbarkeit gewahrt wissen, und sei es mit den drakonischen Mitteln des militärischen Adels, dem er entstammte und in seinem Habitus treu blieb.

Diese «Ordonnances Synodales» ließ Richelieu als Anhang einer Schrift seines Großvikars J.-H. Flavigny veröffentlichen, die unter dem Titel «Kurze und leichte Anweisung für die Beichtväter» («Briefve et facile instruction pour les confesseurs») 78 Belehrungen für die Geistlichkeit festlegte – der Tonfall der Schrift hat begründeten Anlaß zu der Annahme gegeben, daß der Bischof von Luçon auch Autor dieses Textes war. Doch in der Gewißheit, daß die älteren Kleriker seiner Diözese sich nur ungern den strengen Regeln ihres jungen Herrn unterwerfen würden, suchte er ihre Geneigtheit auch dadurch zu gewinnen, daß er ihre wirtschaftliche Lage verbesserte. Seine guten Beziehungen zum Hof erlaubten ihm, sich unmittelbar an den mächtigen Finanzminister Sully zu wenden – er erreichte, daß den ärmsten Curés die Steuern gänzlich erlassen, allen anderen zumindest verringert wurden.

In welchem Maß der junge Bischof jedoch dem weltlichen Leben mit dem Blick auf Paris und die hohe Politik verhaftet blieb, wurde spätestens in seiner Predigt zu Weihnachten 1609 deutlich – da er auch diesmal nicht versäumte, seinen Freunden in Paris eine Kopie zu übermitteln: «Der Frieden wird in den Städten erhalten, wenn die Privatleute sich bescheiden in dem Respekt verhalten, den sie den Gesetzen schulden und den Befehlen jener folgen, die die Autorität besitzen. Der öffentliche Friede wird gewahrt durch den Gehorsam, den die Untertanen ihrem Fürsten schulden und entgegenbringen, indem sie sich vollständig seinem Willen unterwerfen, was zum Guten des Staates ist.»[11] Die Treue zum legitimen Herrscher, wie es Tradition in der Familie der Richelieu war, ist hier bereits bis zu dem Grad gesteigert, daß die Autorität des Königs den Gehorsam aller Untertanen – einschließlich Adel und Geistlichkeit – beanspruchen kann.

Wie unmittelbar der nur mühsam geheimgehaltene Wille des jungen Bischofs auch während der vielfältigen Aktivitäten in der Provinz wirksam blieb, die Perspektive seiner politischen Karriere in Paris nicht aus dem Auge zu verlieren, ja, sich in jeder Weise mental auf sie vorzubereiten, verrät die Schrift «Instruktionen, die ich mir gegeben habe, um mich am Hofe richtig zu verhalten» («Instructions que je me suis données pour me conduire à la Cour»), die erst im 19. Jahrhundert wiederentdeckt wurde. Er simulierte wie in einem Wunschtraum, in einer Pariser Wohnung zu sein, «weder von Gott noch vom König entfernt».[12] Präzise auf die Persönlichkeit Heinrichs IV ausgerichtet ist die Maxime, sich geschmeidig dessen Eigenheiten anzupassen: «Der König liebt die Pointen und die schnellen Antworten. Er schätzt keineswegs jene, die nicht kühn sprechen, aber er verlangt Respekt. Wichtig ist zu erkennen, welcher Wind weht, und den König nicht auf jene Themen anzusprechen, über die er mit niemandem sprechen will.»[13] Jede Situation, auch die einfachste, mußte gemeistert werden: «Höre auf zu sprechen, wenn der König trinkt.»[14]

Auch sein eigenes Temperament – das eines Ungeduldigen, Vorwärtsdrängenden, Rechthaberischen – stellte er bis zur Selbstkritik in Rechnung: «Im Verhandeln oder im Gespräch mit Herren von

Stand habe ich Mühe gehabt, mich zurückzuhalten und zu zügeln. Je mehr man geehrt und geachtet wird, um so mehr muß man unterwürfig und respektvoll erscheinen.»[15] Auch sie ist bereits vorhanden, die Kunst der Verstellung, und wird als notwenig erklärt, «damit weder uns noch anderen Unrecht geschieht und wir uns nicht Streitereien und Konflikten aussetzen».[16] Verstellung kenne zudem zwei Varianten: Die eine bestehe, obgleich es schmerzlich sei, sie gegenüber Freunden anzuwenden, im Verschweigen, die andere sei den listigen Lügen verpflichtet, die nicht ohne Not ausgesprochen werden sollten, denn ihnen vorzuziehen ist, die Wahrheit, ohne sie auszusprechen, zur Geltung zu bringen, also so zu sprechen, daß weder «die Schande des Lügens noch die Gefahr der Wahrheit»[17] eingegangen werden muß – wahrlich eine kunstvolle Kasuistik. Sogar das Raffinement der Macht und deren Manipulation in der politischen Kommunikation war schon bis zu praktischen Regeln geklärt: Von allen Schriftstücken, wenn sie nicht zu vermeiden sind, denn das Gespräch ohne spätere Spuren wäre ihnen vorzuziehen, ist eine Kopie anzufertigen, doch wenn sie gefährlichen Inhalts sind, könnte selbst die verschlossene Schatulle kein sicheres Versteck sein: «Feuer wird die aufbewahren, die in einer Kassette nicht gefahrlos aufbewahrt werden können.»[18]

Doch um keinen Zweifel daran aufkommen zu lassen, daß er den Pflichten seines hohen Kirchenamtes ohne Einschränkung nachkomme, schrieb Richelieu ferner eine «Instruktion des Christen» («Instruction du Chrétien»), die 1618 auch in Buchform erschien. Die Gläubigen in seinem Bistum, die sich von den Anhängern Calvins umgeben wußten, rief er nicht zum Kampf gegen die neue, konkurrierende Konfession auf, womit die Wunden der Religionskriege wieder aufgerissen worden wären, sondern riet ihnen, sich von deren theologischen Thesen fernzuhalten. Dieser flexiblen Verteidigungsstrategie entsprechend, sollten «seine» Katholiken niemals an einem Gottesdienst der Hugenotten teilnehmen und auch nicht in die Bücher der gegnerischen Glaubensrichtung schauen, vielmehr deren Schriften zerstören.

Noch ging es nur darum, gegen das Schriftliche dieser «angeblich reformierten Religion» («Réligion prétendue reformée», RPR) vorzugehen, der Kampf gegen deren Anhänger selbst mußte einem späteren, günstigeren Zeitpunkt vorbehalten bleiben, wenn die königliche und katholische Macht zu neuer Stärke gelangt sein würden. Voraussetzung für eine katholische Kirche, die offensiv werden könnte, war die wiedererstarkte Autorität der Monarchie, gleichsam der weltliche Arm für die machtvolle Gegenreformation, und entsprechend rückte Richelieu Gott und König so eng zusammen, daß die himmlische Macht auch als weltliche wirksam wird: «Ein König, Herrscher über Frankreich, bedeutet, daß niemand ihm gleichkommt und alle unter ihm stehen: So wie Gott, der Herrscher der Welt, bedeutet, daß niemand ihm gleichkommt und er der Einzigartige ist.»[19]

Doch bei aller Sorge um die theologische Reinheit der ihm anvertrauten Seelen war seine eigene Seele immer erneut versucht, sich ehrgeizig über die Grenzen des Bistums von Luçon zu erheben und nach jener Beachtung zu streben, die nur im Zentrum der Macht zu gewinnen war – in Paris. Dorthin hatte Heinrich IV die Generalversammlung des französischen Klerus berufen, und im Vorfeld der Auswahl der dorthin zu delegierenden Kirchenfürsten – sie war im Februar 1610 zu treffen – war Richelieu tätig geworden, seine Kandidatur zu betreiben, angeblich jedoch dazu getrieben. Umständlich und doch durchsichtig schrieb er an den Kardinal de Sourdis, den Erzbischof von Bordeaux, dem das Bistum von Luçon unterstand: «Einige der umliegenden Diözesen haben mir gegenüber bezeugt, daß sie wünschen, mich als Abgesandten für die nächste Versammlung zu ernennen, die in Paris abgehalten werden soll, und ich habe geglaubt, Euch die Bitte schuldig zu sein, mich wissen zu lassen, welches Euer Wille in dieser Angelegenheit ist, und wenn Ihr glaubt, ich könnte der Geistlichkeit irgendeinen Dienst erweisen, nicht nur diesem Ziel geneigt zu sein, sondern es auch zu begünstigen und durch Eure Autorität zum Erfolg zu führen.»[20]

Doch er beließ es nicht bei diesem Brief, sondern schickte einen Boten nach Bordeaux, Denis Bouthillier, den Abbé de la Cochère, Dechant von Luçon, einen Mann der Familie Richelieu, der schon die heranwachsenden Kinder umsorgt hatte, also von absoluter Ergebenheit und Treue war. Er wurde einer jener hingebungsvollen Vertrauten Richelieus, gleichermaßen enger Freund und williges Werkzeug, wie der spätere Kardinal sie in zunehmender Zahl an sich zu binden verstand. Bouthillier ließ es weder an Eifer noch an Geschick fehlen, in Bordeaux die völlige Uneigennützigkeit seines Herrn zu betonen, doch der Erzbischof von Bordeaux und seine hohen Amtsbrüder waren nicht wenig erschrocken über den heftig vordringenden Ehrgeiz ihres erst vierundzwanzigjährigen Kollegen von Luçon, von dessen rhetorischen Talenten und geistiger Wendigkeit sich ein nicht ganz makelloser Ruf verbreitete. Sie verstanden, die Wahl der Kirchendelegierten zu seinen Ungunsten zu gestalten. Neben dem Kardinal de Sourdis wurde noch ein zweiter Delegierter gewählt – wieder nicht Richelieu, sondern der Bischof von Aure. Richelieu, dem Bouthillier die Niederlage nicht selbst zu berichten wagte, sondern nur eine Kopie des Sitzungsprotokolls schickte, stürzte von der hohen Erwartung eines erneuten Aufstiegs in den Abgrund einer Depression, ein Absturz, der ihn immer dann ereilen sollte, wenn eines seiner großen Vorhaben in sich zusammenbrach. Um nicht in dieser psychischen Schwäche, die auch sein eiserner Wille nicht zu überwinden vermochte, den Augen seiner Kleriker in Luçon ausgesetzt zu sein, floh er in die Einsamkeit der Prieuré von Coussay, eine idyllische Zurückgezogenheit, die häufiger sein Fluchtpunkt wurde.

Die politische Stabilität, die Heinrich IV dem Land zurückgegeben hatte und die in ihrer festgefügten staatlichen Hierarchie dem jungen Bischof von Luçon – trotz des gönnerhaften Lächelns, mit dem der König ihn bedachte – keine Chance des schnellen Aufstiegs gab, zeigte zunehmend feine Risse. Zwar hatte der Vert galant gerade auch Paris eine neue Blüte der Architektur und Wirtschaft verschafft – war die Zahl der Bewohner während der mehrfachen Belagerungen, denen er sie bis 1594 ausgesetzt hatte, auf 200 000 gesunken, so war sie bis zum Jahr 1610 wieder auf das Doppelte gestiegen. Der Schüler Richelieu war selbst Zeuge der ambitiösen Architekturprojekte geworden, als er zu Beginn des neuen Jahrhunderts erstmals die große Bühne der Hauptstadt betrat.

Die Place Royale – heute Place des Vosges – mit ihrem noblen

Rechteck der rotweißen Klinkerbauten war ebenso errichtet worden wie die Place Dauphine an der Westspitze der Île de la Cité, und dort überquerte auch der Pont-Neuf, die erste Steinbrücke von Paris, den Fluß – nicht bedeckt mit Boutiquen auf beiden Seiten, wie es bisher üblich war, um den Flußübergang zu finanzieren, so daß dem Volk seit 1606 der freie Blick auf den Louvre gewährt wurde, in dem Heinrich IV 1608 die Grande Galerie einweihen konnte, nicht weniger als 500 Meter lang. Auch wurden der Louvre und die Tuilerien, die Katharina von Medici hatte errichten lassen, nun zu einer grandiosen Einheit verbunden. In den zwölf Jahren seiner Herrschaft hatte dieser König in seiner Hauptstadt nicht weniger als 35 neue Straßen auf dem rechten Ufer der Seine und 33 auf dem linken anlegen lassen. Es war eine kurze Epoche des stürmischen Neubeginns und der hell aufleuchtenden Macht einer gestärkten Monarchie.

Doch Heinrich IV behielt auch die Rolle Frankreichs im Zusammenspiel der europäischen Mächte im Blick und wollte den Rang seines Landes erhöht sehen. Schon Franz I hatte mit Kaiser Karl V in immer neuen Kriegen um die Vorherrschaft in Europa gerungen – das Ziel der französischen Politik war, den Ring der Habsburger, der von den Spanischen Niederlanden über das Deutsche Reich, die Franche-Comté, die Alpenpässe in Graubünden und Norditalien bis Spanien reichte, zu sprengen. Gleichermaßen eine gefährliche Umzingelung des eigenen Landes wie eine Barriere gegen die eigene territoriale Machterweiterung – war Frankreich bis ins 18. Jahrhundert immer erneut bestrebt, sich durch Krieg von diesem Hindernis zu befreien. Heinrich IV sah dafür einen günstigen Zeitpunkt gegeben, als 1610 der Herzog von Kleve und Jülich erbenlos starb. Damit zeichnete sich die Chance ab, einen Spalt in die Umklammerung zu schlagen und in die Tiefe des Deutschen Reiches vorzudringen. Als Prätendenten erklärten sich der Kurfürst von Sachsen, Protestant und Parteigänger des Kaisers, sowie der Kurfürst von Brandenburg und der Pfalzgraf von Neuburg, beide ebenfalls Protestanten, aber leidenschaftliche Verfechter der landesfürstlichen Souveränität im Reich und damit natürliche Verbündete Frankreichs.

Der französische König hatte auch nicht versäumt, ein weites

Netz der Koalitionen zu flechten – 1603 ein Bündnis mit England, 1609 Verträge mit Dänemark und Schweden, schließlich mit dem Kurfürsten von Bayern, dem die Kaiserkrone in Aussicht gestellt wurde, und zwischenzeitlich hatten sich auch andere deutsche Fürsten den Holländern angenähert, die ihrerseits in ständigem Konflikt mit Spanien lagen. Ein großes Kriegstheater baute sich auf, und Heinrich IV war nicht nur zum Kampf entschlossen, sondern darauf auch sorgfältig vorbereitet. Der Finanzminister Sully hatte immense Geldmittel, Munition und Getreide angehäuft, und mehrere Armeen standen zum Einsatz bereit. Der König selbst wollte mit 35 000 Mann über Flandern nach Jülich vorstoßen. Maria von Medici hatte es kurz vor der Abreise ihres Gemahl durchgesetzt, endlich in Saint-Denis zur Königin gesalbt zu werden, womit ihr während seiner Abwesenheit die Rolle der Regentin zufiel.

Doch neben der großangelegten Kriegskonzeption Heinrichs IV gab es noch eine kleinlich-privatistische Komponente, denn der Vert galant war im Alter von 57 Jahren ein weiteres Mal in eine betäubende Verliebtheit geraten – zu der knapp fünfzehn Jahre alten Charlotte de Montmorency. Zuvor, ohne das Mädchen zu kennen, hatte er deren Verlobung mit Bassompierre zugestimmt. Doch als es bei Hofe im Ballett auftrat, als Nymphe nur in dürftige Schleier gehüllt, spielerisch den Wurfspieß auf das Herz des Monarchen richtend, war es um dessen Contenance geschehen. Bassompierre wurde zum Verzicht auf seine Ehe gezwungen, und um das Mädchen an den Hof und seine Verfügbarkeit zu fesseln, arrangierte der König eine Vermählung mit dem jungen Condé, Prinz von Geblüt und vor der Geburt der Kinder Maria von Medicis sogar der nächste Anwärter auf den Thron.

Doch der junge Mann, dem bisher nur die Leidenschaft für die Jagd und eine Neigung zum gleichen Geschlecht nachgesagt wurden, erwachte zu unerwarteter Männlichkeit, floh mit seiner jungen Frau auf sein Schloß Muret in der Picardie und von dort, als Heinrich IV ihn als Bastard beschimpfte und zur Rückkehr aufforderte, nach Brüssel. Eine Entführung der Angebeteten des Königs aus den Spanischen Niederlanden, sorgfältig von ihm vorbereitet, scheiterte im letzten Augenblick daran, daß Maria von Medici den Plan verriet – aus Eifersucht, aber auch aus politischem Protest gegen den Krieg zwischen den beiden katholischen Mächten, dabei Frankreich im Bund mit zahlreichen protestantischen Ländern.

Schon Saint-Simon hat das turbulente Abenteuer des Königs beklagt, das als zusätzliches Motiv für den Krieg wirksam wurde – wollte es doch zunächst der Schein, daß es auch um die «Eroberung» der jungen Madame de Condé durch einen in seiner Ehre als Verführer beleidigten Herrscher ging, denn die Affäre ergötzte ganz Europa: «Sein letztes Projekt, so lange und so gut vorbereitet und das er zu Beginn der Nachfolge von Kleve und Jülich ausführen würde, erschien bewundernswürdig; aber er entehrte es durch den ersten Gebrauch desselben, den er davon machen wollte und von dem man nur zu gut wußte, daß er seine Armee dazu benutzen würde, um der Leidenschaft seines Alters Genugtuung zu verschaffen und mit bewaffneter Hand die Prinzessin de Condé ihrem Gatten zu entführen.»[21]

Richelieu beobachtete diese Turbulenzen vom fernen Luçon aus mit größter Aufmerksamkeit, die sich vor allem darin verriet, daß er sofort aktiv wurde, nachdem François Ravaillac am 14. Mai den König während einer Kutschenausfahrt durch Paris erdolcht hatte. Der Tod des Monarchen eröffnete eine völlig neue, chancenreiche Situation, und der Bischof von Luçon, bisher einseitiger Parteigänger des Königs, beeilte sich, eine devote Adresse an die Regentin Maria von Medici zu formulieren. Der Wechsel vollzog sich nicht nur umgehend, sondern überging auch den neunjährigen Ludwig XIII, der zwar noch minderjährig war, aber dessen Rang als König nur an Bedeutung gewinnen würde und der schon in wenigen Jahren an die Spitze der Regierungsgeschäfte treten konnte. Richelieu erlaubte sich auch, ohne daß er in der Eile dafür die Erlaubnis hätte einholen können, für alle Geistlichen seines Bistums zu sprechen – genauer: unaufgefordert einen Treueeid auf die Regentin zu leisten:

«Wir, Armand-Jean du Plessis de Richelieu, durch die Gnade Gottes und des apostolischen Heiligen Stuhls Bischof und Baron von Luçon, und die Ältesten, Kanoniker, Mitglieder des Kapitels und die Geistlichkeit des gesamten Ortes, in der Hingabe, die wir … während unseres ganzen Lebens gegenüber dem König Ludwig, dem

Dreizehnten, schuldig sind ..., bezeugen, daß, obgleich es scheint, daß nach dem großen Unglück, das die mörderische Hand über uns gebracht hat, wir keine Freude mehr empfinden könnten, wir dennoch eine unbesiegbare Zufriedenheit darüber empfinden, daß es Gott gefallen hat, uns die Königin als Regentin des Staates zu geben; so wechseln wir von dem größten Unglück, das uns getroffen hat, in das nützlichste und notwendigste Heil, das wir in unserem Elend hätten erhoffen können, indem wir zuversichtlich sind, daß die Weisheit einer so tugendhaften Prinzessin die Zustände im Land auf jener Höhe halten wird, bis zu der die Kraft und die Klugheit des größten Königs, der je unter dem Himmel gelebt hat, sie emporgehoben haben.»

Damit war es noch lange nicht genug – der Bischof von Luçon vermochte seine Unterwürfigkeit noch zu steigern: «Wir schwören in bezug auf den Anteil, der uns vom Himmel versprochen wurde, ihr völligen Gehorsam entgegenzubringen, und bitten Gott, daß er uns eher den Tod schickt als uns zu gestatten, daß wir in der schuldigen Treue fehlen sollten ...»[22] Die Ergebenheitsadresse, an den Bruder Henri gesandt, der bereits in der Gunst der Florentinerin fortgeschritten war, erschien diesem selbst für den übertreibenden Barockstil der Epoche so outriert, daß das Papier seiner Adressatin nicht übergeben wurde – es war in seiner Einmaligkeit des Vorgangs eine unübersehbare Anmaßung. Es verrät aber viel über den Absender – dessen maßlosen und unbeherrschten Ehrgeiz, aus der trostlosen Provinz endlich befreit zu werden. Doch die Wartezeit sollte noch lange dauern.

Gleichsam gefesselt in Luçon, das er nur zu wenigen, kurzen Reisen nach Paris hinter sich lassen konnte, suchte und fand Richelieu in seinem Umfeld einige Persönlichkeiten, mit denen geistiger oder gar freundschaftlicher Umgang möglich war. Durch die Vermittlung Bouthilliers kam es in Poitiers zu theologischen Gesprächen nicht nur mit dem starken und streitbaren Bischof der Stadt, La Rocheposay, sondern auch mit Duvergier de Hauranne, der wenig später als Abt zum Saint-Cyran ernannt wurde. Dieser, ein ebenso wie der Bischof von Luçon vor Energie und Ehrgeiz berstender Mann, zeigte ein ähnliches Selbstwertgefühl: «Ich habe einen nicht

Père Joseph, Kupferstich nach Claude Mellan, nach 1638

IN DEN SÜMPFEN DES POITOU

weniger fürstlichen Geist als die größten Potentaten der Welt.»[23] Aber Duvergier war zugleich von einer tiefen Glaubenssuche umgetrieben, die ihn in den Jahren von 1605 bis 1630 in Korrespondenz mit dem flämischen Gelehrten Jansenius treten ließ, dessen theologischer Erbe er werden sollte. Mochten die beiden Kirchenmänner sich in Poitiers noch spielerisch mit ihren theologischen Thesen begegnen, später trennten sich ihre Wege radikal. Der Abt von Saint-Cyran, sich der unabsehbaren Gnade Gottes ausliefernd, wie sie Augustin als einzigen Weg zum Heil gewiesen hatte, wurde Wegbereiter und Verfechter des staatskritischen Jansenismus, während Richelieu sich auf der politischen Karrierelinie voranbewegte, um den Staat zum Zentrum aller Kräfte Frankreichs zu machen – einschließlich der Disziplinierung des unabhängigen Denkens der Jansenisten.

Aber es kam damals auch zu einer Begegnung, die zu distanzloser Annäherung und lebenslanger Freundschaft führte – Richelieu traf seinen wichtigsten politischen Berater und Parteigänger, den Père Joseph. Geboren 1577 als François Leclerc du Tremblay, verlief sein Lebensweg zunächst analog dem Richelieus. Ebenfalls einer alten Adelsfamilie entstammend, besuchte der junge Tremblay in Paris das Collège de Boncourt, wo nicht weniger als im Collège de Navarre das Lateinische die Pflichtsprache der Schüler war. Es folgte die Ausbildung an der Académie Pluvinel, die auch er mit dem Diplom eines «Gentilhomme» verließ – nun fähig, am Hof standesgemäß aufzutreten und auch im Heer des Königs für die Ehre Frankreichs zu fechten.

Doch schon im Collège de Boncourt war er in freundschaftlichen Kontakt mit Pierre de Bérulle getreten, der später den Orden der Oratorianer gründete. War Richelieu auf Verlangen seiner Familie Priester geworden, so hatte Tremblay seinen Willen, Mönch zu werden, in langen Kämpfen gegen die erklärten Absichten seiner verwitweten Mutter durchzusetzen. Sie unternahm alles, um ihren Sohn, der an der Universität sein Studium der Jurisprudenz und Philosophie abgeschlossen hatte, an einem Verschwinden hinter Klostermauern zu hindern – auch indem sie mit großem Finanzaufwand eine Kavaliersreise nach Rom organisierte, dasselbe Reiseziel, das einige Jahre später Richelieu zur Beschleunigung seiner klerikalen Karriere wählte. Natürlich fand sich auch in seiner Vita ein legendäres Vorzeichen seiner späteren Lebensrichtung, denn bei einem Ausflug in die Nähe Ferraras soll der junge Edelmann auf einen Eremiten gestoßen sein, dem er seine Lebensweise als menschenverachtend vorwarf, der ihm jedoch die prophetische Antwort gab: «Sie verdammen, Monsieur, was Sie in Kürze sein werden.»[24] Doch der junge Tremblay, der bereits am Hofe Heinrichs IV mit seiner wohlgeformten Gestalt und seinen vielfältigen Geistesgaben brillierte – Gabrielle d'Estrées, die Mätresse des Königs, nannte ihn «den Cicero Frankreichs und dieser Epoche»[25] –, hatte noch ein gutes Stück weltlichen Lebens zurückzulegen, etwa die Reise nach England im Gefolge eines Verwandten, die einer diplomatischen Mission bei der Königin Elisabeth diente.

Doch auch diese weltliche Reise hatte religiöse Folgen, denn im protestantischen England erwachte in ihm der innere Auftrag, die vom Katholizismus abgefallenen Anglikaner in den Schoß seiner Kirche zurückzuführen – dieser Missionsappell sollte ihn lebenslang umtreiben. Schließlich beugte sich die Mutter seinem Wunsch, Kapuziner zu werden, und er trat 1599 in Orléans in den Orden ein. Dort zeichnete er sich alsbald durch strenge Observanz der Regeln – Bedürfnislosigkeit, Barmherzigkeit, Barfüssigkeit, Bettlertum – aus und konnte seiner Mutter seine unantastbare Glaubenssicherheit in den persönlich nachgelebten Regeln vermelden: «Gegen die Kälte müssen wir uns durch das Gebet wärmen, sind erst zwei Tage vorbei, fühlt man sie kaum mehr»,[26] oder: «Sie wissen doch gar nicht, daß die Köstlichkeiten der Kapuziner darin bestehen, Hungers zu sterben.»[27] Père Joseph, in den sich 1603 der Edelmann Tremblay gewandelt hatte, folgte nicht nur strikt den Regeln seines Ordens, sondern trug sie auch in fulminanten Predigten durchs Land, was nicht wenig Aufsehen erregte.

Das Renommee seiner Rhetorik und der Selbstbeherzigung der von ihm gepredigten Lebensregeln erreichte alsbald auch die königliche Abtei von Fontevrault, einige Kilometer von Saumur entfernt, deren Äbtissin keine Geringere als Eléonora de Bourbon war, eine Tante Heinrichs IV. Dort führten die Nonnen zwar einen von

Skandalen freien Lebenswandel, aber da sie meist hohen Adelsgeschlechtern entstammten, pflegten sie einen höfischen Luxus, verfügten über erhebliche Geldmittel und verzichteten nicht auf den Glanz ihrer Garderobe. Die Äbtissin sah sich nicht nur der Aufgabe gegenüber, der Lebensweise in Armut einen bestimmten Respekt zu verschaffen, sie hatte auch in ihrer Koadjutorin Antoinette d'Orléans, die ebenfalls dem Hochadel Frankreichs entstammte, eine Konkurrentin im Wettstreit um ein asketisches Leben, deren Forderungen viel radikaler waren – das gesamte Leben sei der religiösen Versenkung zu weihen. Zunächst nur als Redner gebeten, den Respekt der Klosterregeln den Nonnen nahezubringen, wurde der Père Joseph alsbald auch beauftragt, zwischen den beiden Fraktionen in Fontevrault zu vermitteln – ein diplomatischer Balanceakt.

Es verlangte nicht nur viel Zeit, auch seltene Geduld, sowohl Madame de Bourbon Genugtuung zu verschaffen, damit die ihr zuneigenden Nonnen sich in ihrem Lebensaufwand einschränkten, wie auch Madame d'Orléans in ihrem Streben zu unterstützen, mit den ihre extremen Forderungen teilenden Nonnen sich ganz der Kontemplation hinzugeben. Ersteres kam ein gutes Stück voran, das zweite führte gar zu einer separaten Klostergründung – der Kongregation von Notre-Dame-du-Calvaire, deren Mitglieder sich verpflichteten, das Leiden Marias am Fuße des Kreuzes ihres Sohnes nachzuleben. Diesem Orden, zu nicht geringem Teil sein Werk, fühlte sich der Père Joseph besonders verbunden, doch die Beruhigung und Betreuung der Klosterdamen nahm Jahre in Anspruch, und für diese Aufgabe konnte er 1609 den Bischof von Luçon gewinnen. Es war der Beginn einer engen Freundschaft, und die Ziele der beiden gingen bald über das begrenzte Feld der Reform eines Klosters hinaus.

Doch jenseits der vielseitigen Aktivitäten in der Weite des Poitou, die eine eher vage Option auf die Zukunft waren, ließ Richelieu die Ereignisse am Hofe nicht aus den Augen und hatte als Beobachter und Berichterstatter vor Ort den Abbé de La Cochère verpflichtet, der ihm die schnellen Wechselfälle und neuen Kombinationen des Machtgefüges minutiös meldete. Dort stieg wie ein Komet eine Figur zu höchsten Positionen empor, die Heinrich IV noch vergeblich versucht hatte, nach Italien zurückzuschicken – Concino Concini. Zwar adliger Abstammung, aber durch Trunk und nachfolgende Armut sozial abgesunken, schließlich sogar zum Schauspieler im Borgo erniedrigt, wo er als Transvestit die berühmte Schauspielerin Isabella Andreimi parodierte, war dieser Abenteurer mit Hilfe seines Onkels, der bis zum Minister des Großherzogs der Toskana aufgestiegen war, in den Hofstaat aufgenommen worden, der Maria von Medici nach Frankreich begleiten sollte.

Dort begegnete er Eléonora Galigaï, der Milchschwester der zukünftigen Gemahlin Heinrichs IV, einer kümmerlichen Gestalt, jedoch von scharfem Verstand und stählernem Ehrgeiz, die seit frühester Jugend engste Freundin Maria von Medicis war und geduldig mit ihr die Langeweile im düsteren Palazzo Pitti geteilt hatte. Ihr verstand er sich als Liebhaber zu empfehlen, und nach beider Ankunft in Frankreich fanden sie sogar in der Ehe zusammen. Doch an dem unbegrenzten Einfluß, den Eléonora Concini vor und nach der Eheschließung auf ihre Jugendfreundin ausübte, änderte sich nicht das geringste. Vergrößert wurde ihre Macht auf die zu Hochmut und Bequemlichkeit, Vergnügungssucht und Denkfaulheit neigende Maria von Medici durch die Rolle, die, von ihr gesteuert, ihr Mann bei ihrer gemeinsamen Herrin spielte – die eines Günstlings bis zum Grad ihres Geliebten, dessen Eitelkeit ihn so weit führte, erst beim Verlassen des Schlafgemachs der Königinmutter seine Hose zuzuknöpfen.

Zum allgemeinen Erstaunen und zum höchsten Ärger der Prinzen von Geblüt, an ihrer Spitze der Condé, stieg Concino Concini empor – für die Summe von 192 000 Livres wurde er Erster Edelmann des Königs («Premier Gentilhomme du Roi»), bezahlt aus der Schatulle der Königin, und ebenfalls durch ihre Gunst fiel ihm das Gouvernement der Städte Péronne und Montdidier zu, die als feste Plätze an der Grenze der Picardie ihm eine eigene Machtbasis sicherten. Parallel dazu erwarb seine Frau das Marquisat d'Ancre, einen Titel, den er bei seinem weiteren Aufstieg benutzte und später mit dem des Marschalls von Frankreich verband.

Maria von Medici, die als Regentin nun über die ungeteilte

Macht verfügte, zumal sie den neunjährigen König Ludwig XIII in die Tiefe des Louvre verbannte, veränderte auch die außenpolitische Position Frankreichs radikal. Der Konflikt um Jülich und Kleve, den Heinrich IV zum großen Befreiungsschlag gegen Habsburg hatte nutzen wollen, wurde entschärft, indem die Armee aus der Champagne zwar Jülich einnahm, aber diese Eroberung nicht als feindlicher Akt gegen den Kaiser erklärt wurde. Auch die Armee, die in der Lombardei operierte und in Kooperation mit dem Herzog von Savoyen gegen Spanien vorrücken sollte, geriet in Stillstand und Auflösung, da aus Paris die Soldgelder nicht mehr eintrafen. Schließlich hatte Heinrich IV dem Herzog von Piemont die Verheiratung seiner ältesten Tochter Elisabeth mit dessen ältestem Sohn versprochen – auch dieses Versprechen erklärte Maria von Medici für nichtig, denn das Hauptziel ihrer Politik war die Versöhnung der katholischen Mächte Spanien und Frankreich, und als Siegel auf dieser neuen Koalition wurden die Ehen zwischen Ludwig XIII und Anna von Österreich, der Tochter Philipps III, sowie von dessen Thronerben, dem späteren Philipp IV, und der französischen Prinzessin Elisabeth beschlossen. Diese Neuorientierung der französischen Politik sollte den Frieden sichern, gab aber zugleich die Rolle Frankreichs als unabhängiger Großmacht preis, denn der Einfluß Spaniens reichte bis zu einem Sitz des spanischen Gesandten im französischen Staatsrat. Auch der Gesandte des Papstes durfte dort einen Sitz einnehmen, damit der katholische Glaube bei allen politischen Entscheidungen, besonders jenen, die die Hugenotten betrafen, maßgeblichen Anteil habe.

Damit waren auch für Richelieu neue Koordinaten seiner politischen Ausrichtung gegeben, und er versäumte nicht, sich jener Gruppierung der «Devoten» zuzuordnen, die mit Maria von Medici nun an die Macht gekommen war. Zum engsten Kreis der Regentin zählte der Kardinal Pierre de Bérulle, der in der Nachfolge des Heiligen Philipp von Neri den Orden der Oratorianer gegründet hatte, um der Priesterschaft Frankreichs durch Verbesserung ihrer Ausbildung neues Ansehen zu verschaffen, wie es das Programm der Gegenreformation und besonders der Kampf gegen die Hugenotten verlangten. Richelieu, der diesen Kampf vor Ort führte, aber den Jesuiten ferner stand, lud nicht sie, sondern Bérulle ein, in seiner Diözese «das zweite Haus»[28] – außer dem in Paris – zu errichten, was dieser begeistert annahm. 1611 trieb der Bischof von Luçon seinen Eifer für das Werk Bérulles so weit, daß er beim König die nötigen Vollmachten erwirkte, für diese Gründung in seiner Diözese eine spezielle Steuer bei allen Geistlichen einzutreiben. Es gelang bis zu dem Grad, daß mit dem Geld sogar ein Gebäude in Luçon erworben werden konnte, aber der Widerstand gegen die neue Steuerbelastung war so groß und vergrößerte sich nach einem Jahr so sehr, daß das Projekt 1625 aufgegeben werden mußte. Da hatte Richelieu Luçon schon hinter sich gelassen, doch unmittelbar mit dem Beginn der Regentschaft Maria von Medicis hatte er sich mit Bérulle in ihrer direkten Umgebung einen einflußreichen Fürsprecher erworben.

Diesem Kampf an der unmittelbaren Front vis-à-vis der Hugenotten konnte sich Richelieu um so mehr verpflichtet zeigen, als die Provinz des Poitou in großen Teilen unter den Einfluß der neuen Glaubensrichtung geraten war. Schließlich war der mächtige Finanzminister Sully seinem König nicht in dessen Konversion gefolgt, sondern Hugenotte geblieben, und er war seit langem Gouverneur der Provinz. La Rochelle, die Hochburg der Andersgläubigen, lag ebenso in diesem Landesteil wie Saumur, wo der wortgewaltige Pastor und hochgebildete Theologe Philippe Duplessis-Mornay an der Spitze der dortigen protestantischen Akademie stand, die ganz Frankreich mit Predigern der «RPR» versorgte. Da hielt es Richelieu – wieder unaufgefordert – für seine Pflicht, Berichte über den konfessionellen Frontverlauf nach Paris an den für Glaubensfragen zuständigen Staatssekretär Phélypeaux Pontchartrain zu schicken, und versäumte nicht, ihn zu deren Vorlage bei der Regentin anzuregen: «Falls Sie es für nützlich erachten, die Königin von dem in Kenntnis zu setzen, was ich Ihnen melde ..., werden Sie davon in der Weise Gebrauch machen, die Sie für richtig halten.»[29] In immer neuen Versuchen war der Bischof von Luçon bestrebt, auf sich aufmerksam zu machen – sich für höhere Aufgaben zu empfehlen.

Schließlich schrieb er 1614 einen sogar sich selbst schamlos empfehlenden Brief an Concini, den er gewiß als Charakter verachtete, aber über den der direkte Weg zur Regentin und zur gegenwärtigen Macht führte – das Schreiben zeigt den Bischof von Luçon entschlossen, mit allen Mitteln sich dem Machtzentrum zu nähern: «Monsieur ... da ich immer jene verehre, deren Dienst ich mich einmal geweiht habe, schreibe ich Ihnen diesen Brief, um in der Versicherung meiner Beteuerungen fortzufahren, denn ich schätze mehr, Ihnen die Wahrheit meiner Zuneigung bei wichtigen Angelegenheiten zu beweisen, als sie Ihnen zur Unzeit nur mit äußerlichen Erklärungen anzudienen ... Ich flehe Sie nur an, zu glauben, daß auf meine Versprechungen stets gute Dienste folgen werden, und *wenn Sie mir die Ehre erweisen, mich zu lieben, werde ich wissen, Ihnen jederzeit auf die würdigste Weise zu dienen.*»[30]

Aber es blieb bei der Erfolglosigkeit – trotz der immer erneuten Reisen nach Paris. Bereits 1610 war er nach der Ermordung Heinrichs IV dorthin geeilt und hatte bis November sich am Hof in Szene zu setzen versucht. Im Jahr 1611 hatten die Verhandlungen um die Neuordnung von Fontevrault ihm Anlaß gegeben, sich erneut in die Nähe der Regentin zu drängen, die an allen kirchenpolitischen Problemen lebhaften Anteil nahm. 1612 war er wieder in Paris gewesen und hatte sogar Gelegenheit, in der Kirche Saint-André-des-Arts vor dem Hof zu predigen, aber mit dieser Aufgabe wurden viele Geistliche betraut, und aufgefallen war er in dieser Rolle nicht. So kam die Ergebenheitsadresse an Concini einem Verzweiflungsakt gleich, exakt berechnet auf die neuen Machtverhältnisse, aber das Resultat war nur eine neue Enttäuschung, die ihn zurück in sein Bistum trieb.

Zur gleichen Zeit, da er um seinen Aufstieg kämpfte – nicht zuletzt für die erklärte «gloire de la famille» –, sah sich diese Familienehre von einem Abstieg bedroht. Auf dem Familienschloß lebte bei ihrer Mutter die Schwester Isabelle, das zweite der sechs Kinder, inzwischen dreißig Jahre alt, das in der offiziellen Genealogie meist unerwähnt bleibt. Um sie warb seit längerem ein Nachbar, Louis Pidoux mit Namen, der 1612 seine Studien der Medizin beendete und um ihre Hand anhielt. Doch für den Familienrat, in dem die drei Söhne sowie ihre Mutter das entscheidende Votum abgaben, war es undenkbar, daß ein Brautwerber ohne Adelstitel hätte akzeptiert werden können. Es war aussichtslos, doch war die Zuneigung der beiden füreinander so groß, daß Isabelle du Plessis akzeptierte, mit dem Arzt Pidoux ins Ausland zu fliehen. Sie gelangten glücklich in die Franche-Comté, wo die Ordonnanz des französischen Königs von 1579 nicht galt, die das «Verbrechen der Entführung» mit dem Tod bestrafte. In der dortigen Hauptstadt Dole heiratete das Paar 1613, und die Schwester Richelieus lebte dort bis 1648 – verstoßen und totgeschwiegen von dem gesamten Familienclan. Auch der Kardinal, der in seinem Testament so vielseitig Dotationen vergab, überging sie und verzieh ihr nie, sich nicht wie er selbst der Familienehre unterworfen zu haben. Diese kannte nur die eine Pflicht, den Rang des gesamten Geschlechts in die Höhe zu treiben.

IN DEN SÜMPFEN DES POITOU

3. Favorit der Königinmutter

Die Friedenspolitik, die Maria von Medici mit denselben Ministern, die schon Heinrich IV berufen hatte, durchzusetzen versuchte, hatte ihren hohen Preis. Mit dem Kriegsschatz, den Sully für den großen Krieg angesammelt hatte, ging die Regentin nun leichthändig um – der Finanzminister verließ deshalb bereits 1611 den Staatsrat und zog sich grollend zurück. Mit immer neuen Geldern, die aus der Tiefe der Bastille hervorgeholt wurden, sah sich nicht nur Concini überschüttet, sondern auch die Großen des Landes, an ihrer Spitze der Prinz de Condé, an seiner Seite die Herzöge de Mayenne, de Nevers, de Bouillon und de Longueville. Sie verlangten immer neue Ämter, Pensionen und Summen, die nicht zuletzt dafür einen Ausgleich bilden sollten, daß ihre Macht am Hofe abnahm. Lange war es die Aufgabe des Schwertadels gewesen, an der Seite des Königs nicht nur mit ihm in den Krieg zu ziehen, sondern auch gemeinsam mit ihm die Linien der großen Politik zu bestimmen, und entsprechend waren ihnen die höchsten Staatsämter vorbehalten gewesen. Parallel zur Entmachtung dieses Adels – seine hohen Positionen waren zunehmend auf den Amtsadel übergegangen, der aus dem Bürgertum aufstieg – vollzog sich seine Verarmung, beides Ursache für ihre politische Unruhe.

Dagegen vermochte Maria von Medici nur ein Gegengewicht aufzubieten – die Autorität der Krone, die zusätzlich die Aura des Sakralen aufwies, eine mythische Macht, die von den großen Königen des Landes seit Ludwig dem Heiligen angehäuft worden war und nicht zuletzt auf das einfache Volk eine tiefe Faszination ausübte, gleichsam als letztes und höchstes Symbol für Einheit und Größe Frankreichs. Obgleich für die Volljährigkeit des Königs keinerlei Vorschriften aus der Tradition überliefert waren, einzig die Voraussetzung, daß der König das Alter von dreizehn Jahren vollendet haben mußte, ließ die Regentin diese Proklamation am 2. Oktober

1614 mit großem Pomp gestalten. Ludwig XIII trug, als er am Morgen den Louvre verließ, nicht nur einen mit Diamanten übersäten Hut, sondern auch ein Edelsteincollier im Wert von 900 000 Livres, das für Anna von Österreich angefertigt worden war und das königliche Hochzeitsgeschenk darstellte – damit auch ein Signal der prospanischen Politik war. Umgeben vom gesamten Hof mit Gaston d'Anjou, dem Bruder des Königs, den Herzögen, Pairs und Marschällen an der Spitze, schritt der junge Monarch ins Palais des Parlaments, wo im großen Saal, geschmückt mit Lilien, der Thron unter einem Baldachin auf ihn wartete. Die Kardinäle Sourdis, Rochefoucauld, Perron und Bonzi flankierten den jungen König Ludwig XIII, als die Königinmutter vor ihm niederkniete.

Doch ihre Erniedrigung diente nur ihrer Erhöhung. In einem Tonfall, der nicht frei von italienischem Timbre war, erklärte sie, in diesem Augenblick ihre Regentschaft beendet zu haben und ihrem Sohn die ungeteilte Macht zurückzuerstatten, die sie für ihn vier Jahre ausgeübt habe. Worauf der junge König mit fester Stimme, die ihrerseits nicht frei von Stottern war, antwortete, daß er ihr für die bisherige Führung der Staatsgeschäfte danke, jetzt selbst die Regierung übernähme, sie jedoch umgehend mit dem Vorsitz im Staatsrat betraue, sie also bitte, «in der Weise fortzufahren, zu regieren und zu befehlen, wie sie es bisher getan habe».[1] Damit es nicht bei dieser sparsamen Verlautbarung des Königs blieb, die einem Verzicht auf sein Amt gleichkam, führte der Kanzler die Eckpunkte der gegenwärtigen und zukünftigen Politik näher aus: die bedingungslose Erhaltung des Friedens und damit die indirekte Absage an die offensiven Pläne Heinrichs IV. Der junge König Ludwig XIII konnte danach wieder im Dunkeln des Louvre verschwinden, während seine Mutter aus dieser Prozedur in feierlich erneuerter Machtfülle und Entscheidungsfreiheit hervorging, deren sie auch dringend bedurfte.

Denn bereits zu Beginn des Jahres hatte Condé offen zu den Waffen gegriffen, und das Ausmaß der Gefahr für die Regentin vergrößerte sich zusehends, als sich sogar ihr Günstling Concini den Aufrührern anschloß, nachdem der erste Prinz von Geblüt ihn in seine königsfeindliche Koalition gelockt hatte: «Da ich stets die ehre, deren Dienst ich mich geweiht habe, schreibe ich Ihnen diesen Brief, um Ihnen mein fortdauerndes Vertrauen zu zeigen und um zu wissen, ob ich nicht fähig sein könnte, Ihnen weitere Dienste zu leisten ... Ich werde keine weiteren Worte darauf verschwenden. Ich bitte Sie nur zu glauben, daß meinen Versprechungen stets gute Taten folgen, und während Sie mir die Ehre geben, mir geneigt zu sein, werde ich Ihnen in sehr würdiger Weise zu dienen wissen.»[2]

Doch vor der Entscheidung, dem aufrührerischen Prinzen de Condé mit Waffengewalt zu begegnen, schreckte die Königinmutter zurück, zum Frieden durch Verhandeln beraten von den ergrauten Ministern ihres Staatsrats. Es kam im Mai zum Vertrag von Sainte-Menehould, der ebenfalls mit Geld erkauft wurde. Für seine antimonarchischen Umtriebe forderte und erhielt der Prinz de Condé von der Krone nicht weniger als 400 000 Livres, ein Sitz im Staatsrat wurde ihm zugestanden, auch seinen Parteigängern aus dem Hochadel flossen hohe Summen zu, dafür mußten sie ihr Heer auflösen und dem König Treue schwören. Die politischen Konzessionen schlossen die Einberufung der Generalstände ein, auf denen auch über die spanischen Hochzeiten endgültig entschieden werden sollte – die Absicht des Prinzen war, die Unzufriedenheit auf die Basis des ganzen Landes auszudehnen. Es war ein teurer Waffenstillstand und außerdem ein brüchiger.

Denn bald brach der Aufstand erneut aus, und die Unruhen erreichten vor allem das Poitou. Als Condé sich mit seinem Gefolge Poitiers näherte, beschloß der Magistrat der Stadt, ihn entsprechend seinem Rang ehrenvoll zu empfangen, d.h. die Stadttore zu öffnen. Das war der Augenblick für den königstreuen und kämpferischen Bischof La Rocheposay, sich an die Spitze der Bürgermehrheit zu setzen und dem Prinzen energisch entgegenzutreten. Die Konfrontation steigerte sich bis zu dem Grade, daß der loyale Kirchenmann eine Arkebuse in Richtung Condés abfeuerte und die Stadttore schließen ließ. Auch Richelieu zeigte sich wie sein Amtsbruder den militärischen Umtrieben des Prinzen abgeneigt, die ein solches Ausmaß im Poitou annahmen, daß selbst die Mutter des Bischofs von Luçon in ihrem Schloß Richelieu gezwungen war, Soldaten zu ihrem Schutz bei sich einzuquartieren.

Maria von Medici hatte ihrerseits ein Heer von 3000 Schweizer Söldnern aufgestellt, dem sich weitere Truppen aus verschiedenen Provinzen anschlossen, so daß der König, den die Regentin wie ein magisches Siegeszeichen an deren Spitze stellte, bald über nicht weniger als 20 000 Mann verfügte. Condé, der sich in vorgetäuschter Loyalität an die Königinmutter wandte, um die Bestrafung des unbeugsamen Bischofs von Poitiers zu erwirken, sah sich zurückgewiesen, und statt seiner zog sie in Poitiers ein, dessen Bischof ihr mit zweihundert Bürgern entgegeneilte und sie sowie den König feierlich in die Stadt führte. Die königliche Armee nahm ihren Siegeszug durch das Poitou und näherte sich auch Angers, wo der Herzog César de Vendôme, schließlich ein Bastard Heinrichs IV und damit ein Halbbruder des Königs, erst zum Widerstand entschlossen war, dann aber sich der königlichen Macht beugte. Der junge Ludwig XIII empfing ihn frostig mit den Worten: «Dienen Sie mir zukünftig besser, als Sie es in der Vergangenheit getan haben, und vergessen Sie niemals, daß die größte Ehre, die Sie auf der Welt besitzen, darin besteht, daß Sie mein Bruder sind.»[3]

Es war nun dringlich, die Generalstände einzuberufen – jene umfassende Repräsentation des Landes mit den drei Ständen der Geistlichkeit, des Adels und des Dritten Standes, die der König in unregelmäßigen Abständen versammeln konnte, um einerseits mit den «Cahiers», den mit ihren Klagen gefüllten «Heften», ihre Wünsche anzuhören, aber andererseits auch sich und seine Politik auf die Basis einer breiten Akzeptanz zu stellen, besonders wenn er von seinen Standesgenossen mit Aufruhr und Ansprüchen bedroht wurde. So war es das letzte Mal gewesen, 1588, als Heinrich III in Blois seine Macht von den Großen angegriffen sah und sich nur mit der Ermordung ihres Anführers Henri de Guise eine letzte Bewegungsfreiheit verschaffen konnte. Doch diese Zusammenballung verschiedenster Standesunterschiede auf engem Raum stellte zugleich auch ein unkalkulierbares Risiko für den Herrscher dar, weshalb die Generalstände nach 1614 erst wieder 1789 zusammentraten und dann ihre dynamische Eigengesetzlichkeit zur Großen Revolution führte.

Der Prinz de Condé hatte die Einberufung gefordert, um die gesamte Politik Maria von Medicis, vor allem die spanischen Hochzeiten, in Frage stellen zu lassen, und die Königinmutter suchte ihrerseits, von den Delegierten der drei Stände gerade diese Politik bestätigt zu sehen. Sie ging dabei viel sorgfältiger zu Werke als ihre Kontrahenten. Während der Hochadel in seinem Hochmut nur sich selbst vertraute, war sie mit allen Mitteln der Manipulation tätig, die Auswahl der Abgesandten auf sichere Verfechter der Königstreue zu begrenzen, und so setzte sie im von den Hugenotten bedrohten Poitou auf den Bischof von Luçon und seine Freunde. Sully, zwar Hugenotte, aber immer noch Gouverneur des Poitou, wandte sich direkt an Richelieu, um ihn auf die Absichten der Königinmutter einzustimmen: «Um die Generalstände ... einzuberufen, habe ich den Befehl erhalten, die drei Stände meines Gouvernements sich versammeln zu lassen, um auf diesem Weg zu einem Resultat und zur Entlastung aller Untertanen zu gelangen, und ich gebe Ihnen davon Kenntnis und bitte Sie, die Geistlichkeit Ihrer Diözese zusammenzurufen und gemeinsam mit den zwei anderen Ständen die Reformen, Vorschläge und Forderungen zu ermitteln, die es vorzubringen gilt, sowohl hinsichtlich des Dienstes gegenüber dem König wie zum Wohl und Nutzen seines Königreichs.»[4] Der einst so mächtige Minister versäumte nicht, dem Kirchenmann seine auch persönliche Geneigtheit kundzutun: «Was Sie betrifft, so bitte ich Sie zu glauben, daß ich Ihre Tüchtigkeit hoch schätze und auf Ihre Freundschaft rechne, wie ich Ihnen schwöre, daß Sie der meinen sicher sein können.»[5] Richelieu war zu einer Persönlichkeit im Poitou geworden, mit der man rechnen mußte.

So war es nur folgerichtig, daß seine Freunde La Rocheposay, Duvergier de Hauranne und Bouthillier keine größere Mühe hatten, Richelieu als einen der Delegierten des Klerus durchzusetzen – er erhielt den Auftrag, die Bistümer Poitiers, Luçon und Maillezais in Paris bei den Generalständen zu vertreten. Damit war die Niederlage, seinerzeit nicht zur Versammlung des Klerus delegiert worden zu sein, getilgt, und mit Eifer sammelte er in seiner Provinz die Klagen und Forderungen ein, die es galt, in seinem «Cahier» nach Paris und vor den König zu tragen. Auch war er einer der ersten, die in Paris eintrafen. Am 22. Oktober sollte die Eröffnung stattfinden, sie verschob sich wegen organisatorischer Probleme auf den 27. Oktober. Denn nicht weniger als 140 Vertreter des Klerus, 132 des Adels und 192 des Dritten Standes mußten Quartier finden und in ihrem jeweiligen Stand zu einer Abstimmung ihrer Grundpositionen gelangen.

Es war ein grandioses Schauspiel, als sich zur Eröffnungszeremonie der menschenreiche Zug vom Kloster der Augustiner – dem Tagungsort der Versammlung, nahe dem Louvre gelegen – nach Notre-Dame in Bewegung setzte. Der Herzog d'Épernon, General der Infanterie, hatte zu beiden Seiten des Weges Garderegimenter Aufstellung nehmen lassen, um das schaulustige Volk zurückzudrängen. Den Zug eröffneten sodann Krüppel und Bettler, unter die Geld verteilt worden war, sie gehörten schließlich dazu – waren sie in ihrem Elend nicht Gott besonders nahe? Ihnen folgten die Bettelmönche und dann die würdigen Augustiner und Dominikaner. Die Korporationen der Handwerker und Händler von Paris schlossen sich ebenso an wie die Kompanie der Bogenschützen und der Garde des Grand Prévot der Stadt, eine Position, die einst der Vater Richelieus innegehabt hatte aber da war Paris noch nicht in der Hand Heinrichs IV. Sodann traten die Deputierten der drei Stände auf, zunächst die des Dritten Standes, in strenges Schwarz gehüllt, wie es ihrer Rolle als hohe Amtsträger in Justiz und Administration entsprach, dann der Adel, zu Fuß den Degen an der Seite, auf dem Kopf bunte Hüte und auf denen noch buntere Federn, und schließlich die Geistlichen – die einfachen Priester in schlichter Soutane, die Bischöfe mit ihren glänzenden Krummstäben, dann die drei Erzbischöfe Sourdis, La Rochefoucauld und Bonzi, und als letzter des Klerus, unter einem Baldachin, der Bischof von Paris Henri de Gondi, Kardinal de Retz, vor sich das heilige Sakrament tragend.

Schließlich der König Ludwig XIII, in weißem Satin, auch er unter einem Baldachin, hinter ihm seine Mutter, in weiten schwarzen Gewändern, an ihrer Seite die Tochter Elisabeth, die dem Thronerben Spaniens versprochene Braut. Den Hofstaat führte die Gemahlin Condés an, geborene Charlotte de Montmorency, die letzte vergeblich erstrebte Geliebte Heinrichs IV, ein schwer erträglicher Anblick für Maria von Medici. Damit war der Zug noch lange nicht an sein Ende gelangt – Pairs, Marschälle, Ritter des Ordens vom

Heiligen Geist, auch die zahlreichen Offiziellen der Stadt in der Reihenfolge ihres Ranges. Alle zogen in die Kathedrale Notre-Dame, wo der Bischof von Paris die Messe zelebrierte, aber der Erzbischof de Sourdis die Ansprache hielt. Er appellierte an die unerschöpfliche Kraft des Königreichs, an den Schutz, den Gott ihm gewähre und der es schließlich auch sei, der alles Unglück von ihm abwende.

Die Verhandlungen in den drei Ständen und zwischen ihnen, denn sie tagten nie gemeinsam, gestalteten sich schwierig – sehr zur Zufriedenheit der Königinmutter. Der Klerus verlangte, daß die Beschlüsse des Tridentiner Konzils französisches Gesetz werden sollten, was die Oberhoheit des Papstes über den König festgeschrieben hätte und im Gegensatz zu den Rechten der gallikanischen Kirche stand. Dagegen präsentierte der Dritte Stand, der sich der Krone am engsten verbunden fühlte, eine herausfordernde Stellungnahme: «Der König werde gebeten zu erklären ... da er als anerkannter Souverän seines Staates seine Krone nur von Gott erhalten hat, daß es keine Macht auf Erden gibt, sei sie geistlich oder weltlich, die sich im Reich irgendein Recht anmaßen dürfe, sie den geheiligten Personen unserer Könige zu entwenden.»[6] Den Monarchen in eine solche Höhe bis zur Heiligkeit zu entrücken, sollte nicht zuletzt ein Mittel sein, ihn vor Attentaten zu schützen, denen die beiden letzten Könige zum Opfer gefallen waren. Aber dagegen erhoben Geistlichkeit und Adel gleichermaßen Protest, und es begann das komplizierte Spiel der Verhandlungen zwischen den Ständen – wechselseitig zeigte man sich beleidigt, Versöhnungsformeln mußten gefunden werden, der König wurde als Schiedsrichter angerufen. Einigkeit wurde nicht erzielt.

Derselbe Mißerfolg war bald erreicht, als Adel und Dritter Stand über die Käuflichkeit der Ämter, die Pensionen des Hofes und die Paulette, die Übertragung eines Amtes vom Vater auf den Sohn gegen eine jährliche Summe, also deren Vererbungsrecht, nicht zu einer Einigung fanden. Auch der Klerus verharrte starr auf seinen finanziellen Privilegien, und selbst wenn es zu Absichtserklärungen kam, traditionsreiche Rechte wie den Kauf von Ämtern abzuschaffen und ihre Vergabe an Verdienst und Eignung zu binden, waren diese Zusicherungen für die Zukunft von keinem Gegenwert für die

Gegenwart. Selbst Richelieu hat als mächtiger Minister später stets die Käuflichkeit verbal abgeschafft, realiter aber ständig erweitert, war es doch eine der wichtigsten Finanzquellen der Krone.

Die Beratungen, die zwischen den Ständen geführt wurden und an denen sich Richelieu so vorsichtig beteiligte, daß seine Position nie klar erkennbar wurde, er vielmehr sich alle Varianten offenhielt, um keinen der die Generalstände dominierenden Wortführer als mögliche Förderer zu verärgern, verloren sich sachlich im Detail und formal in den Finessen des Protokolls. Condé konnte nur mit Entsetzen das Scheitern seiner Obstruktionspolitik registrieren, als deren große Chance er auf die Generalstände gesetzt hatte. Dagegen beobachtete Maria von Medici mit Genugtuung, daß die beiden für sie gefährlichen Themen – Rechenschaft über ihre Regentschaft und die spanischen Hochzeiten – gar nicht mehr auf die Tagesordnung gesetzt wurden. Sie waren zu akzeptierten Tatsachen geworden, und so blieb nur, der grandios erfolglosen Großveranstaltung ein ebenso würdiges Ende zu geben, wie schon deren Anfang als beschönigendes Schauspiel inszeniert worden war. Jeweils ein Vertreter jeden Standes hatte eine Abschlußrede zu halten, und Maria von Medici, der das diplomatische Agieren des Bischofs von Luçon zwischen den streitenden Fronten nicht verborgen geblieben war und die um seine königstreue Haltung wußte, verstand es zu arrangieren, daß Richelieu diese Ehre zufiel. Es wurde sein erster Auftritt auf der großen Bühne Frankreichs.

Seine Ansprache, die er am 23. Februar 1615 vor König, Königinmutter, den Großen des Landes sowie den drei Ständen hielt, dauerte etwa eine Stunde – er verstand es sogar, sich gegenüber dem Gedränge der Massenveranstaltung im Hôtel de Bourbon achtungsvolles Gehör zu verschaffen. Seine Rede zeigte ihn in erster Linie als konsequenten Verfechter der Interessen des Klerus, dessen wichtigste Vertreter ihren Anteil an der Themenwahl und der Formulierung des Redetextes gehabt hatten. Anklagend ging er gegen den Dritten Stand vor, denn «die prinzipielle Quelle aller Übel ist die Käuflichkeit der hohen Chargen bei Hofe und der Staatsämter»,[7] und verlangte deren Verringerung – er war noch nicht in der Pflicht der Politik, immer neue Gelder für den Krieg zu beschaffen. Dage-

Maria von Medici, Gemälde von Frans Pourbus dem Jüngeren, 1611, Uffizien, Florenz

gen begegnete er dem Stand seiner Herkunft, dem Adel, nicht ohne Verständnis, denn diesem fehle das Geld, die hohen Positionen zu kaufen: «Da sie so arm an Geld wie reich an Ehre und Mut sind, können sie die hohen Stellen am Hofe des Königs, auch nicht die Ämter der Justiz erhalten.»[8]

In langem historischen Diskurs empfahl er dagegen die Mitglieder seines eigenen Standes, des Klerus – und damit sich selbst –, für die höchsten Ämter, und zwar auch für die der hohen Politik: «Die dem Dienst der Religion geweihten Personen haben bei den souveränen Prinzen nicht nur die ersten Ränge eingenommen, soweit es das Spirituelle betrifft, sondern darüber hinaus auch was die staatliche und politische Regierung angeht.»[9] Bedauernd warf er dem König vor, «die Geistlichen von der Ehre seines Staatsrats und der Kenntnis der Staatsgeschäfte entfernt zu haben, da ihr Beruf sie sehr wohl geeignet mache, dort beschäftigt zu sein».[10] Zu ihren unterstellten Fähigkeiten für die hohe Politik fügte er noch deren persönliche Uneigennützigkeit, da ihnen verwehrt sei, ihr Vermögen an ihre Nachkommen weiterzugeben: «Da sie das Zölibat beachten, wird nichts sie überleben als ihre Seelen, die, da sie keine Schätze auf Erden anhäufen können, verpflichtet sind, nicht an das Diesseits zu denken, und indem sie ihrem König und ihrem Vaterland dienen, erwerben sie nichts als das Jenseits im Himmel, welch ruhmreiche und vollkommen genügende Belohnung.»[11] Noch durfte Richelieu nicht einmal davon träumen, einst über eine persönliche Hofhaltung von solchem Glanz und Luxus zu verfügen, daß damit selbst der Hofstaat des Königs in den Schatten gestellt würde, denn andernfalls wären seine Worte von peinlichem Zynismus gewesen.

Peinlich aber war die Huldigung, die er Maria von Medici und ihrer Politik darbrachte – sie übertraf sogar die übliche Übertreibungskultur des Barock. An den König, den Richelieu weit entfernt von Macht und Einfluß in kindische Spiele mit Soldaten versunken glaubte, richtete er nur kurz das leere Lob, daß «der Geist seiner Majestät Züge der Weisheit und Weitsicht zeigt, die sein junges Alter übersteigen».[12] Dann aber sah der Bischof von Luçon nur deshalb in ihm einen «glücklichen König, weil Gott ihm eine Mutter gegeben hat, die voll Liebe für seine Person, voll Eifer für den Staat und voll Erfahrung für die Staatsgeschäfte ist».[13]

Maria von Medici konnte auch ihre Friedenspolitik und die damit verbundenen spanischen Hochzeiten gefeiert hören, denn die Rede Richelieus nahm nahezu dithyrambische Züge an: «Sie haben, um für immer den Frieden an diesen Staat zu binden, das sanfteste und festeste Band, das sich denken läßt, gewählt, indem Sie durch die heiligen Knoten der Doppelhochzeit – von denen wir hoffen und erwarten, daß sie vollzogen werden – die zwei größten Königreiche der Welt verbinden, die nichts zu fürchten haben, wenn sie vereint sind, die aber, wenn sie getrennt sind, nur Schlechtes voneinander empfangen können.»[14] Schließlich ermahnte der Lobredner die Königinmutter, auf diesem «Weg der Ehre und des Ruhms»[15] fortzufahren, wozu es kaum bedurft hätte, denn Maria von Medici war fest entschlossen, ihre Frankreich an Spanien bindende Politik fortzusetzen. Der Mann, der ein Jahrzehnt später daranging, eine völlig gegenläufige, spanienfeindliche Außenpolitik zu verwirklichen, hatte die spätere Konzeption seiner Politik zu diesem Zeitpunkt noch nicht entwickelt. Er war treuer Gefolgsmann der Königinmutter und wollte es ihr mit allen Mitteln auch demonstrieren, damit sie endlich auf ihn aufmerksam würde. Sie wurde es, und dankbar zeigte sie sich auch – die Rechnung Richelieus ging auf.

Zwar war er auch nach Abschluß der Versammlung der Generalstände ohne konkrete Chance auf eine Charge am Hofe, und entsprechend tief sank er in eine erneute Depression, zu deren Bekämpfung und zugleich Maskierung er sich erneut in sein geliebtes Refugium von Coussay zurückzog. Aber er konnte die Gewißheit mitnehmen, daß seine demütigen Adressen an die Königinmutter in deren Gedächtnis deutliche Spuren der Sympathie hinterlassen hatten. Allerdings war sie zu jenem Zeitpunkt vollständig von ihrem politischen Spiel erfaßt, die spanischen Hochzeiten auch zu vollziehen, und das hieß an erster Stelle, die Reise mit Kindern und Hofstaat an die spanische Grenze zu finanzieren. Die Kosten beliefen sich auf 1 200 000 Livres, und die königliche Rechnungskammer («Chambre des Comptes»), deren Zustimmung erforderlich war, verweigerte die Zahlung der Summe, die den Restbestand der hohen Rückstellungen für den Krieg darstellte – natürlich mit der Begründung, daß die Gelder nur für diesen Zweck ausgegeben werden dürften. Daraufhin wählte Maria von Medici den direkten Weg – begleitet von König, Prinzen, dem Kanzler, Marschällen und einer großen Zahl von Würdenträgern begab sie sich persönlich in die Bastille. Dort widersetzte sich niemand ihren Befehlen, und so konnten vierzig Wagen mit dem Geld gefüllt werden – erst als der letzte die Bastille verlassen hatte, kehrte sie in den Louvre zurück.

Doch die Reise schloß weitere Risiken ein – zunächst den kaum verdeckten Widerstand des Prinzen de Condé, der weiterhin gegen die spanische Doppelhochzeit agierte und entschlossen schien, sich ihr gewaltsam in den Weg zu stellen. So mußte zusätzlich eine Armee von 9000 Soldaten als Begleitschutz aufgestellt werden, und parallel wurden hohe Emissäre zu dem unzufrieden-unruhigen Prinzen geschickt, darunter der Kanzler Sillery und auch Concini, ihr Günstling. Doch dieser verfolgte eigene Pläne, verweigerte auch die Teilnahme an dem Hochzeitszug nach Süden und betrieb sein Ziel, die Statthalterschaft der Picardie zu erhalten, vor allem auch als Rückzugsbasis die Zitadelle von Amiens, was ihm im Fall seines Sturzes den Fluchtweg in die Spanischen Niederlande geöffnet hätte. Damit vergrößerte er aber nur das Risiko seines Sturzes, denn nicht nur Condé, sondern auch die anderen Prinzen und schließlich sogar der Minister Villeroy sahen darin eine erneute Herausforderung und auch eine Herabsetzung ihres eigenen Ranges.

In einer Parallelaktion waren die Brüder Richelieu bestrebt, das noch frische Renommee Armands nicht verblassen zu lassen. Henri verstärkte durch die Gunst der Königinmutter seine Basis am Hofe, er stieg in den Kreis der «Siebzehn Herren» auf, einen Zirkel der einflußreichsten und elegantesten Hofleute, und seine Heirat mit Marguerite Guillot des Charmeau, einer reichen Witwe, Tochter des Präsidenten der Rechnungskammer, verschaffte ihm die Mittel, sein eigenes Erbe weiter zu entschulden und sich als Militär eine jener hohen Chargen zu kaufen, die ihm sogar den Marschallstab in Aussicht stellte. Diese gesteigerte Position verstärkte auch seine Rolle als ständiger Fürsprecher seines jüngeren Bruders, der unaufgefordert Lageberichte über das Poitou und die dortige Haltung der Hugenotten – sie verhielten sich still, obgleich Condé sie ständig zum Aufstand anzustacheln versuchte – schickte und nicht auf weitere Demutsbeweise verzichtete: «Ich widme alle Tätigkeiten meines Lebens nur diesem Ziel (dem Dienst der Königinmutter) und bitte Gott, daß er meine Lebensjahre verkürzt, um Eure zu verlängern, und damit er mich nicht Eurer Gnade beraubt, daß er mich mit Elend überschüttet, um dagegen Eure Majestät mit jeder Art von Wohlergehen zu überschütten.»[16]

Im August 1615 brach Maria von Medici mit großem Gefolge von Paris nach Süden auf und erreichte alsbald Tours, wohin Richelieu eilte, der nun schon als bekannte Persönlichkeit sich der Königinmutter nähern durfte. Es kam zu einem Zwischenaufenthalt, da die Prinzessin Elisabeth schwer an den Pocken erkrankte. Ihre Mutter wollte sogar das politische Risiko ihres Todes ausgeschlossen wissen und ließ aus Paris umgehend ihre jüngere Tochter Christine kommen – als Ersatzbraut. In Tours wurde auch der Prinz de Condé feierlich der Majestätsbeleidigung angeklagt, welche Deklaration das Parlament von Paris umgehend bestätigte. Schließlich galt es, den Hofstaat der zukünftigen Königin Anna von Österreich zusammenzustellen, und bei der Vergabe der Charge des Aumôniers – eine der höchsten Positionen – nahm Maria von Medici Richelieu in Aussicht, aber zunächst nur in Aussicht, denn um jede Besetzung bei Hofe wurde lange und leidenschaftlich gerungen. Doch das Reiseziel wartete, und so wurde die Braut Elisabeth in Tours zurückgelassen. Ihre Betreuung und die Berichterstattung über ihren Krankheitsverlauf – die Genesung zeichnete sich schnell ab – gaben dem Bischof von Luçon die Gelegenheit zu einem vertraulichen Briefwechsel mit der Mutter. Als der Hof in Bordeaux eintraf, fiel auch die Entscheidung zugunsten Richelieus – nicht ohne maßgeblichen Anteil von Leonora Galigai, deren Einfluß auf ihre königliche Milchschwester kaum Grenzen kannte. Beider Absicht aber war primär, eine Person ihres unantastbaren Vertrauens in der unmittelbaren Nähe Annas von Österreich zu plazieren.

Auf der Fasanen-Insel in der Mitte des Grenzflusses Bidassoa kam es dann zum Austausch der Bräute: die Prinzessin Elisabeth wechselte nach Spanien, die Infantin Anna von Österreich nach Frankreich – dieselbe Zeremonie am selben Ort sollte sich eine Generation später wiederholen, als Ludwig XIV 1660 dort der Infantin Maria Teresia erstmals begegnete. Da Maria von Medici auch den letzten Zweifel an dieser politischen Hochzeit ausgeräumt wissen wollte, drang sie darauf, daß ihr vierzehnjähriger Sohn die Ehe mit seiner nur eine Woche älteren Gemahlin umgehend vollziehe –

schließlich konnte der Nichtvollzug die Nichtanerkennung zur Folge haben, was die Rücksendung der Braut und das Risiko des völligen Scheiterns der Spanienpolitik einschloß.

Der Leibarzt des jungen Königs Jean Héroard hat im Detail festgehalten, was nach dem Hochzeitsdiner geschah – beziehungsweise nicht geschah: «Monsieur de Gramont und einige junge Herren erzählten ihm schlüpfrige Geschichten, um ihn dessen sicher zu machen; er empfand Scham und große Furcht, aber am Ende überredeten sie ihn. Er verlangte nach seinen Pantoffeln, nahm sein Nachthemd und ging gegen acht Uhr in das Zimmer der Königin, wo er sich ins Bett zu seiner Gemahlin legte, in Anwesenheit der Königin, seiner Mutter; eine Viertelstunde nach zehn Uhr kam er zurück, nachdem er eine Stunde geschlafen und es zweimal gemacht habe, wie er uns sagte; er erschien bei uns mit rotem Penis.»[17] Die emotionale Beziehung zwischen Ludwig XIII und seiner jungen Gemahlin blieb folgerichtig über einen langen Zeitraum gestört.

Nach dieser tragikomischen Komponente folgte alsbald die wenigstens scheinbar komische, denn der spanische Hof hielt sich nicht an den Heiratsvertrag, soweit es den Hofstaat der neuen Königin betraf. Madame Elisabeth respektierte die vereinbarte Absprache – nur dreißig ihrer Landsleute begleiteten sie über die Grenze. Dagegen umgaben Anna von Österreich nicht weniger als sechzig Damen und hundert Chargen – in buntem Durcheinander: Beichtvater, Zimmerfrauen, Ärzte, Ehrendamen, Apotheker, Mundschenke, Falkenjäger, Küchenchefs und Küchenhilfen bis zu Schlüsselbewahrern. Der französische Hof schickte alsbald eine Liste der «Überzähligen» über den Grenzfluß, doch da die Hochzeit Annas von Österreich Anlaß für einen Austausch der spanischen Botschafter war, erklärte sich der scheidende für nicht mehr zuständig und der neue für noch nicht bevollmächtigt, in dieser Frage tätig zu werden. Der spanische Hof, zurückgekehrt nach Madrid, verstand es, jeder konkreten Antwort auszuweichen, und belastete damit die Rolle der jungen Königin. Gewiß sollten auch in diesem Fall möglichst viele spanische Spione am französischen Hof plaziert werden, aber Anna von Österreich blieb, zumindest bis zum Tod Ludwigs XIII, eine bis zur Konspiration entschlossene Parteigängerin ihres Heimatlandes, auch wenn und gerade weil ihr Gemahl mehrfach und gewaltsam ihre spanische Entourage verringerte. Die zunächst harmlose Protokollfrage erwies bald ihren brisanten politischen Hintergrund.

Langsam nahm der Hof den Weg nach Norden durch ein Land, das zu großen Teilen durch die immer erneut aufbrechenden Unruhen, ausgelöst durch die Unzufriedenheit der Großen des Landes, verwüstet war. So berichtete der Botschafter Venedigs, der wie zahlreiche seiner Kollegen den Hochzeitszug begleitete, im Januar 1616 über «das Elend der Bevölkerung, die Trostlosigkeit der Dörfer und unbefestigten Ortschaften, die darzustellen unmöglich erscheint. Man hört nichts als die in Tränen aufgelösten unglücklichen Menschen, die ihre Häuser aufgegeben haben, ziellos über die Straßen irren und nach Hilfe schreien.»[18] Es war vor allem der Prinz de Condé, der verwüstend durchs Land zog, bestrebt, dem königlichen Zug den Weg zu verlegen, da er noch immer die Gültigkeit der spanischen Hochzeiten bestritt, zugleich jedoch nicht wagte, die königlichen Truppen offen anzugreifen.

Die prekäre, weil ungeklärte Lage war dadurch entstanden, daß die königlichen Truppen ihrerseits nicht den Mut fanden, Condé zu attackieren – zumindest nicht ihre politischen Führer. Denn Richelieus Bruder Henri, der unter dem kommandierenden Marschall Boisdauphin den hohen Grad eines Maître de Champs innehatte, riet dringend zum Angriff, besonders als sich die taktisch günstige Gelegenheit bot, die Truppen Condés bei ihrem Übergang über die Loire zu überraschen – sein Brief war eine Anklage gegen die Politik des Friedens um jeden Preis: «Es hat mir große Schande und Mißvergnügen bereitet zu sehen, wie Monsieur le Prince den Fluß Loire angesichts der königlichen Truppen überquerte, daß ich bis zu dieser Stunde nicht den Mut fand, Ihnen zu schreiben, da ich wohl weiß, daß es eine begründete Entschuldigung, die Haltung zu rechtfertigen, geben mag, daß aber bei solchen günstigen Gelegenheiten, wenn es um das Wohl des Staates, die Reputation der Waffen eines großen Königs und um den Ruhm, den man dabei erwerben kann, geht, die zu bedächtigen und zu vorsichtigen Überlegungen zurücktreten sollten.»[19] Schließlich verfügte das königliche Heer über nicht weniger als 10 000 Mann Fußtruppen und 1000 Reiter – eine zahlenmäßige Überlegenheit, da der Prinz de Condé kaum die Hälfte an militärischer Stärke aufzubieten hatte.

Doch wiederum siegte im Staatsrat die Friedensfraktion unter Villeroy, und so fanden im Mai 1616 in Loudon Friedensverhandlungen statt, wenige Meilen von Richelieu in Coussay entfernt, der alles nur Mögliche unternahm, um dort zugezogen zu werden. An den dort mit am Verhandlungstisch sitzenden Kardinal de Guise richtete er eine unverhüllte Selbstempfehlung: «Monseigneur, da ich davon Kenntnis erlangt habe, daß Monsieur Abbé de Marillac dorthin (nach Loudon) zu Ihnen zurückkehrt, wollte ich ihn nicht abreisen lassen, ohne daß er die erneuten Versicherungen des sehr demütigen Dienstes, den ich Ihnen zu leisten wünsche, mit sich nimmt. Es wäre für mich eine unsagbare Genugtuung, wenn ich so glücklich wäre, Ihnen davon weit größere Beweise zu liefern als mit diesen Worten.»[20] Es existierte noch immer eine einflußreiche Gruppierung am Hofe, die dem Bischof von Luçon skeptisch bis feindlich begegnete – alle Bittbriefe und auch die diskreten Botschaften, die er nach Loudon sandte, führten nicht zu dem ersehnten Resultat, daß er dorthin gerufen wurde.

Die Forderungen, die Condé am Verhandlungstisch stellte und nahezu vollständig durchsetzen konnte, stellten tiefe Eingriffe in das Machtgefüge dar – und erneut wurde es ein teurer Friede für den König von Frankreich. Sein detaillierter Plan einer Reform des Staatsrats sah vor, die Zahl seiner Mitglieder auf zwölf zu beschränken, und für sich selbst reklamierte er den Vorsitz und das Recht, jede königliche Verordnung gegenzuzeichnen, ohne welche Unterschrift sie nicht Gesetzeskraft erlangen konnte. Hinzu kam das Gouvernement des Berry, zusätzlich die Befehlsgewalt über Bourges und seine Zitadelle, ferner Stadt und Schloß Chinon. Seine Auslagen für den eigenen Aufstand wollte er in drei Jahresraten von 300 000 Livres erstattet wissen, und zu seiner Sicherheit verlangte er eine Kompanie von 200 Soldaten, bezahlt aus der königlichen Kasse. Die Summen für seine Parteigänger waren ebenfalls hoch – 500 000 Livres für den Herzog de Luxembourg, 300 000 für Sully, 200 000 für Rohan, 100 000 für Vendôme. Maria von Medici gewährte alles, doch trotz der Unterschrift beider Parteien blieben einige Streitfragen offen, darunter die, ob Concini nun die Befehlsgewalt über Amiens erhalte oder der mit demselben Anspruch auftretende Herzog de Longueville. Nicht nur wurde somit die königliche Macht in hohem Maße eingeschränkt, es resultierte daraus auch deren vollständige Unbeweglichkeit, soweit es die Entscheidungen der zukünftigen Politik betraf.

Unübersehbar war somit in Loudon geworden, daß das alte Kabinett der Minister Heinrichs IV mit Villeroy an seiner Spitze nicht länger mit der Regierung betraut werden konnte. Die Königinmutter, gesteuert von ihrem Günstling Concini, der inzwischen zum Herzog d'Ancre aufgestiegen war, dieser wiederum gelenkt von der intelligenten Intrigantin Galigai, die gern mit ihrem Mann und den inzwischen angehäuften Reichtümern aus Frankreich geflohen wäre, war zu einem einschneidenden Revirement entschlossen, zu dem auch Condé alsbald seine Zustimmung gab. Maria von Medici sah in einem starken Kabinett ihre letzte Chance, die Macht gegenüber Condé zu bewahren, und so entließ sie Villeroy sowie die wichtigsten Minister einschließlich des Kanzlers, an deren Stelle Vertrauensleute Concinis traten, die ihm nicht nur ergeben waren, sondern auch einen respektablen Ruf als unkorrupte Staatsdiener hatten – an ihrer Spitze der Kanzler Guillaume du Vair, vordem erster Präsident des Parlaments der Provence.

Richelieu erkannte in diesem Revirement sofort seine Chance und eilte im April 1616 nach Paris, wo die treue Madame de Bourges ersucht wurde, ihm ein neues Quartier zu verschaffen, das in der Rue des Mauvaises Paroles (Straße der schlechten Worte) gefunden wurde. Der Königinmutter, die ihn zu diesem Zeitpunkt kaum in ihre personalpolitischen Kombinationen einbezogen hatte, offeriert er als Ursache für sein spätes Eintreffen, um das ihn – früh oder spät – niemand gebeten hatte, daß dieses seiner kränkelnden Gesundheit geschuldet sei: «Das Mißvergnügen, das ich darüber empfand, ist unsagbar, aber was mich tröstet, ist die Überzeugung, daß ich Eurer Majestät nicht nur nützlich zu sein habe, sondern sogar notwendig ...»[21] Zunächst vollzog sich jedoch die Neugestaltung der Regierung, ohne daß sich eine Chance für ihn ergab. Aber er war jetzt am

Hofe präsent, in den Couloirs des Louvre mit immer neuen Ergebenheitsadressen agierend, um von einem der Mächtigen ins Spiel der Macht gezogen zu werden. Endlich öffnete er sich, der Spalt, durch den er zum Mitspieler werden konnte.

Es war Concini, der – zudem in seiner gefährlichen Isolierung, die die Großen Frankreichs um ihn errichtet hatten – in Richelieu, dem gewandten Redner der Generalstände, den richtigen Mann sah, das weiterhin konfliktreiche Verhältnis zum Prinzen de Condé zu einem harmonischen Ende zu bringen. Hatte der Bischof von Luçon sich ihm nicht als Parteigänger angedient und war seine Loyalität gegenüber der Krone nicht makellos? So bedurfte es keiner Anstrengung, daß auch Maria von Medici den gewandten Kirchenmann als Emissär zu Condé akzeptierte, der hartnäckig in Bourges verharrte und sich weigerte, am Hofe zu erscheinen, was das Risiko erneuter Unruhen einschloß. Später hat Richelieu in seinen «Mémoires» diesen ersten politischen Einsatz nicht ohne Stolz festgehalten: «Die Königin glaubte, daß ich ausreichend Vertrauen und Geschicklichkeit besäße, um die Wolken des Mißtrauens zu vertreiben, mit denen schlecht Gesinnte ihn gegen sie (die Königinmutter) unter Mißachtung der Wahrheit umgeben hatten; was mir, nicht ohne Mühe, ausreichend glücklich gelang.»[22] Auf der Basis des Vertrages von Loudon kehrte Condé alsbald an den Hof zurück – damit war Richelieu erstmals an die Rampe der großen Politik getreten und hatte seinen Auftritt mit Glanz absolviert.

Hier begann auch jenes Talent des Bischofs von Luçon sich zu entfalten, das seine politischen Leistungen in bares Geld umzusetzen verstand – sein unbekümmerter und unbegrenzter Erwerbstrieb. Als er nach der erfolgreichen «Bekehrung» Condés an den Hof zurückkehrte, ließ er sich unter Rechnungslegung 850 Livres Reiseaufwendungen erstatten. Nun erhielt er sie auch, seine erste Pension, ein regelmäßiges Jahreseinkommen von 6000 Livres, gewährt «in Anbetracht der guten und empfehlenswerten Dienste, die er bisher geleistet hat und die er mit jedem Tag fortsetzt».[23] Zu diesem Zeitpunkt wurde er ebenfalls – die genauen Daten sind nicht bekannt – zum Sekretär der Befehle Maria von Medicis und zum Rat des Königs in dessen persönlichem Staatsrat ernannt. Hinzu kam die Charge des Aumônier der jungen Königin – damit war es ihm gelungen, eine solide Basis für seinen weiteren Ehrgeiz zu legen.

Im Juli geschah es dann auch, daß Condé an den Hof zurückkehrte und bei der Königinmutter im Louvre seine Aufwartung machte, so daß der Vertrag von Loudon scheinbar zu gegenseitigem Verständnis führte. Doch der Prinz, sich seiner hohen Stellung als dritter Thronanwärter – nach Ludwig XIII und seinem Bruder Gaston – stets bewußt, auch nicht ohne Anmaßung im persönlichen Auftreten, sah in seiner Rolle als Vorsitzender des Staatsrats mit Vetorecht nun geradezu den Auftrag, seinerseits zu regieren. Die sensiblen Höflinge, stets in Schwärmen den geringsten Veränderungen im Machtgefüge folgend, strömten in sein Pariser Palais. Der Botschafter des Großherzogs der Toskana, Matteo Bartolini, schickte, nachdem Condé ihm in einer persönlichen Audienz seine Ambitionen offenbart hatte, sogleich eine Depesche nach Florenz – das Zitat von dessen Programm: «Ich bin gekommen, weil mich das Volk gerufen hat, weil der Adel es gewünscht hat und weil ich darum von zahlreichen Fürsten gebeten worden bin; ich bin die dritte Person des Königreichs; und da andere sich in keiner Weise um seine Belange kümmern, denn der König ist noch, man kann es so sagen, minderjährig, ist es an mir, Vorsorge zu treffen. Die Spanier machen hier derart große Fortschritte, daß die Königin, der Marschall und Marschallin d'Ancre, Villeroy und verschiedene andere stets auf den spanischen Botschafter und den Kardinal-Nuntius hören, die stundenlang mit ihnen verhandeln und die Welt nach ihrem Willen regieren.»[24] Damit war ein neuer Machtkampf eröffnet.

Nicht nur die antispanische Haltung Condés verriet sich hier, sondern auch seine Feindschaft gegen die «Anderen», die das Land regierten, Landesfremde, Nichtadlige, Abenteurer – gemeint war Concini. Um ihn ins Exil zu treiben oder, wenn nötig, auch zu töten, bildete der Prinz eine Verschwörergruppe, in die sich erneut die Großen des Landes ziehen ließen – der Herzog de Bouillon, der die Aktion durchzuführen bereit war, aber auch der Herzog de Guise, der bisher loyal an der Seite der Königinmutter gestanden hatte. Noch bevor die konspirativen Treffen zu einem Konsens über Ziele und ihre Realisierung geführt hatten – Attentat auf Concini, Verbannung Maria von Medicis in ein Kloster und, wie Bouillon Condé andiente: «Das ist das wahrhafte Mittel, um Ihnen die Krone auf den Kopf zu setzen.»[25] – erfaßte die Verschwörer der Zweifel des Verrats, da der Herzog de Guise seine Anwesenheit verweigert hatte. Condé, der nicht Opfer seiner eigenen Verschwörung werden wollte, offenbarte sich der Königinmutter – bis zu dem Grad, Schweigen gegenüber seinen Komplizen zu wahren, um diese besser verhaften zu können. Doch diese hatten ihrerseits seinen Verrat erraten, als er in ihrem Kreis Abstand von dem Attentat nahm, und die Königinmutter erlangte vollständige Kenntnis dieser letzten Zusammenkunft, von der ihr Condé keine Kenntnis gab. Damit war für sie der Augenblick zur Gegenattacke gekommen.

Sie trug die Affäre in ihren neugebildeten Staatsrat mit du Vair an der Spitze, und an der entscheidenden Sitzung nahm auch Richelieu, nunmehr der Mann ihres Vertrauens, teil. Ihrem Votum, hart gegen die Verschwörer durchzugreifen, schloß sich der Bischof von Luçon an, auch die Mehrheit der Minister folgte ihr. Man schritt unmittelbar zur Verhaftung Condés. Diesmal war der junge Ludwig XIII eingeweiht, gab seine uneingeschränkte Zustimmung, ging es doch um nicht weniger als seine eigene Autorität und Macht als König. Er zeigte sein Talent der Verstellung, indem er Condé im Antichambre seiner Mutter hinhielt, bis dessen Verhaftung militärisch gesichert war. In den sofortigen Verhören, denen er ausgesetzt wurde, belastete er seine Mitverschwörer zur eigenen Entlastung, da er fürchtete, in unmittelbarer Lebensgefahr zu sein. Doch seine hochadligen Komplizen fanden rechtzeitig den Fluchtweg in ihre Gouvernements und drohten nun, das zu vollziehen, was das geplante Attentat auf Concini hatte erreichen sollen. Wieder stand Frankreich am Rande eines Bürgerkriegs, und Richelieu konnte an einem weiteren Exempel aus nächster Nähe beobachten, wie die königliche Autorität zuschanden kam, wenn die Macht der hohen Adelsherren nicht gebrochen wurde.

Diesmal waren Maria von Medici und mit ihr Concini entschlossen, eine Entscheidung durch Waffen herbeizuführen. Doch schon eine Armee von 10 000 Mann brachte die aufrührerischen Verschwörer, denen es an einsatzbereiten Truppen fehlte, dazu, auf der

Basis des Vertrags von Loudon zurückzukommen – nur einer, der Herzog de Nevers, verweigerte sich, solange seine Bedingung, Condé wieder in Freiheit zu sehen, nicht erfüllt sei. Erneut wurde der Bischof von Luçon als Emissär ausgeschickt, da seine Verhandlungstalente inzwischen anerkannt waren, aber diesmal scheiterte er bei dem Bemühen, den störrischen Herzog zum Frieden zu bekehren, und schloß aus dem negativen Resultat, «daß es kein anderes Mittel gäbe, als ihn zur Vernunft zu bringen».[26] Für diese Option der Waffen suchte Maria von Medici erneut das Votum des Staatsrats, doch diesmal verweigerte sich der Vorsitzende du Vair dem Mehrheitsbeschluß, womit er früh sein neues Amt verspielte. Die Königinmutter zögerte nicht, ihn abzusetzen.

Das Stühlerücken in ihrem Kabinett brachte nun den Minister Claude Mangot, der für das Ressort Außenpolitik und Krieg verantwortlich war, an die Spitze der Regierung und ins Amt des Kanzlers. Damit war eine Vakanz entstanden, und wieder war es der Florentiner, der der Königinmutter den Rat gab, auf diesen Posten den Bischof von Luçon zu berufen, was geschah und ihn in aller Augen, auch denen des jungen Königs, zum Minister Concinis machte. Er selbst, der sich bereits zu diesem Zeitpunkt auf seine Abreise nach Madrid vorbereitete, wo er die Interessen Frankreichs als Botschafter vertreten sollte, pflegte nur kurz den Schein, lieber ins Ausland gereist zu sein, und verhehlte in seinen «Mémoires» nicht, von wessen Gnaden er in das hohe, so heftig begehrte Amt gelangt war: «Was meine persönliche Neigung betraf, so hätte ich eher die Fortsetzung dieser Tätigkeit (Botschafter in Madrid) gewünscht ... Aber außer daß es bei meiner Ehre nicht erlaubt gewesen wäre, über eine Gelegenheit zu verhandeln, bei der der Wille der höheren Macht mir absolut erschien, gestehe ich, daß es wenige junge Männer gibt, die den Glanz eines solchen Amtes hätten zurückweisen können, das gleichermaßen Gunst und soviel Tätigkeit versprach. Ich nahm also das an, was mir diesbezüglich vom Marschall d'Ancre im Auftrag der Königin vorgeschlagen wurde.»[27] Nur einen Vorbehalt hielt er aufrecht, als Concini ihn aufforderte, sein Amt als Bischof von Luçon aufzugeben – er weigerte sich. Ohne Rückzugschance wollte er sich dem Abenteurer aus Florenz nicht ausliefern.

Als er am 15. November sein neues Amt antrat, geschah es nicht nur im Auftrag Maria von Medicis, sondern auch in der Überzeugung, mit deren prospanischer und prokatholischer Politik seine eigenen politischen Ziele zu verwirklichen. Nicht den geringsten Zweifel hatte auch der spanische Botschafter in Paris, der Herzog de Monteleone: «Monsieur de Richelieu, Bischof von Luçon, ist mein Freund. Es gibt nicht zwei in Frankreich, so glaube ich jedenfalls, die solchen Eifer für den Dienst Gottes, unsere Krone und das öffentliche Wohl besitzen. Und selbst wenn er nicht alle diese Qualitäten besäße, sein Eifer für den Dienst der Königin-Infantin erlaubt uns, alles von ihm zu erwarten. Ich habe im übrigen den formellen Beweis für seine Hingabe an unsere Sache.»[28] Im offiziellen Verlautbarungsblatt jener Epoche, dem *Mercure français*, ertönte ebenfalls sein Lob – mit großen Hoffnungen für die Zukunft: «Jener, der zum Minister bestellt wurde, ist ein Prälat, so uneingeschränkt in seinem ruhmreichen Ruf der Unschuld seines Lebenslaufs, der Höhe seiner Lebensklugheit und der Brillanz seines Verstandes, daß alle, die seine Verdienste kennen, leicht bestätigen werden, daß Gott ihn bestimmt hat, große und wegweisende Dienste den Majestäten inmitten dieser Stürme des Staates zu leisten.»[29] Auch diesmal verbanden sich Amtserhöhung und Erhöhung der Einkünfte auf das glücklichste – um ein standesgemäßes Leben führen zu können, erhielt er aus der Staatskasse eine Pension von 17 000 Livres.

Doch zugleich legte sich ein Schatten über seinen grandiosen Aufstieg zum Minister – seine Mutter Suzanne de La Porte starb, Opfer der ungesunden Winde im Poitou und des harten Überlebenskampfes für ihre überschuldete Familie. Im Gegensatz zu seinem ältesten Bruder Henri, der alles Geld und Glück auf seine Karriere bei Hofe setzte, was einen hohen Grad an eigener Verschuldung einschloß, hatte Armand sich der Sorgen, nicht zuletzt der finanziellen, seiner Mutter angenommen, und es existierte eine enge emotionale Bindung zwischen ihr, die ihr schwächliches Kind sorgsam aufgezogen hatte, und ihm, der seine Dankbarkeit dafür stets bezeugte. Nach einer Hilfeleistung, die sie von ihm erhalten hatte, war sie von besonderer Dankbarkeit erfüllt: «Die Art, wie Sie mich verpflichten, verpflichtet mich doppelt, und ich kann Ihnen in aller Wahrheit schwören, daß die Dankbarkeit, die ich empfinde, derart groß ist, daß ich sie nicht auszudrücken vermag, auch nicht die Unruhe und Unentschlossenheit, in denen ich mich befinde. Die Ungewißheit tötet mich, und ich werde niemals Freude als nur dann haben, wenn ich, Euch alle glücklich wissend, selbst im Paradies sein werde ...»[30] Lange zögerte man im Schloß Richelieu, sie der Erde des kleinen Friedhofs der Pfarrei Braye zu übergeben, wo die du Plessis ihre letzte Ruhe fanden, denn es wurde auf die Ankunft ihres dritten Sohnes gewartet – vom 25. November bis zum 8. Dezember –, doch vergeblich. Die Staatsgeschäfte, in deren Aktivitäten und Geheimnisse er gerade eingetreten war, verhinderten die Reise – die Karriere hatte Vorrang, und seine Mutter hätte dafür jedes Verständnis gehabt.

Bischof und Kriegsminister – das stellte eine provokante Kombination dar, sogar für die an weltliches Gebaren ihrer Geistlichen ausreichend gewöhnten Zeitgenossen. Diese Anstößigkeit zu vermeiden, war eines der Motive Concinis gewesen, als er Richelieu den Verzicht auf sein Bischofsamt nahelegte. Aber die Kirche selbst sah keinen Anlaß, den Aufstieg eines ihrer Mitglieder in das hohe Staatsamt zu verhindern oder auch nur zu bedauern. Die klerikale Amtskleidung verschaffte ihm noch eine zusätzliche Rangerhöhung – als Geistlicher hatte er das Recht, im Staatsrat den Vorsitz zu führen, was dem jungen Minister mit seinen 31 Jahren einen sichtbaren Vorrang vor seinen älteren Kollegen verschaffte. Zugleich aber legte der Bischof von Luçon, wenn er in weltlicher Amtsführung auftrat, seine violette Robe ab – er erschien in dem dezenten Schwarz eines Edelmanns, und sein eleganter Kinnbart, den er sich stets erhalten hatte, machte nun offensichtlich, daß ein Adliger von Rang unter den Bischofsgewändern verborgen gewesen war und mit dem Selbstbewußtsein seines Standes auf die politische Bühne trat.

Innenpolitisch, und das betraf den Kriegsminister, galt es, gegen den aufständischen Herzog de Nevers vorzugehen, der im Januar 1617 vom Pariser Parlament offiziell der Majestätsbeleidigung angeklagt wurde. In seltener Präzision stellte Richelieu die genauen Summen in den öffentlichen Raum, mit denen die vorangegangene Regierung den Frieden mit dem Hochadel erkauft hatte: 3 Millionen Livres für Condé, 2 Millionen für den Herzog de Maine, 1,7 Millionen für den Herzog de Guise, 1,6 Millionen für den Herzog de Nevers, 1 Million für den Herzog de Bouillon, und so fort bis zu 600 000 für den Herzog de Vendôme – insgesamt 17 Millionen Livres. Hinzu kamen die Kosten für die Armeen, die aufgeboten – und besoldet – werden mußten, um die aufrührerischen Prinzen zum Einlenken zu zwingen – nicht weniger als 9 Millionen Livres.

In dieser Verlautbarung, die er Ludwig XIII erklären ließ, zeichnete sich bereits eine leichte Abwendung von der Pazifizierungspolitik Maria von Medicis ab – der König, so wollte es sein junger und besonders später sein gereifter Minister, konnte auch den Weg des harten Widerstandes gegen die ewigen Unruhestifter seines Hochadels wählen: «Bis hierher habe ich meinen Untertanen so große Beweise meiner Gnade und Milde gegeben, daß man kaum einen einzigen in meinem Königreich finden wird, der sich begründet beklagen kann über meine Härte, die, so kann ich sagen, ich nur gegen mich selbst angewandt habe, da ich statt dessen zu nachsichtig gegen jene gewesen bin, denen ich ... mit Härte hätte begegnen können.»[31] Richelieu war entschlossen, die am Boden liegende Autorität des Königs aufzurichten, aber es würde ein weiter Weg sein bis zur unangefochtenen Macht des Herrschers – seinem Absolutismus.

Doch die ersten Schritte ging er entschlossen. In weniger als zwei Monaten wurde ein Heer von 30 000 Soldaten in der Champagne aufgestellt, darunter angeworbene Söldner aus Deutschland, Holland oder den Spanischen Niederlanden. Ein seltenes Organisationstalent wurde sichtbar, das auch die kleinsten Probleme der Armeeführung nicht aus dem Blick verlor – ganz abgesehen von der seltenen Ausnahme, daß der Sold pünktlich gezahlt wurde, was eine Voraussetzung für die Kampfmoral der Truppen war. So trieb er den Herzog de Guise, der in die Loyalität des Hofes zurückgekehrt war und das königliche Heer kommandierte, unermüdlich zum Angriff. Serienweise fielen die Städte nach kurzer Belagerung, und am 8. April ergab sich auch Rethel, wo der Herzog de Nevers Verteidigungsstellung bezogen hatte – im letzten Augenblick konnte er sich in Sicherheit bringen. Es blieben nur noch wenige Festungen im

Widerstand, als gegen Ende April ein überraschendes Ereignis die Operationen kurz vor ihrem endgültigen Erfolg beendete.

Die Außenpolitik war für den jungen Minister ein schwieriges Terrain, zumal er in der Welt der Diplomaten bisher völlig unbekannt geblieben war. Vorsichtig knüpfte er an die Politik Heinrichs IV an, der in den protestantischen Mächten – von England über die deutschen Landesfürsten bis zu Holland und Schweden – seine «natürlichen» Bündnispartner im Kampf gegen Habsburg gesehen hatte. Sie hatten sich durch die Spanienpolitik Maria von Medicis von Frankreich gelöst. Nun wurden Botschafter in diese Länder gesandt – nach Deutschland der Marschall Schomberg, deutschstämmiger Herkunft, von unantastbarer Königstreue und Protestant. Richelieu hatte ihn nicht ohne präzise Anweisungen gelassen: «Ihre ersten Anstrengungen werden darin bestehen, ausreichend bekannt zu machen, daß es reine Verleumdung ist, die keine andere Grundlage hat als die leidenschaftliche Abneigung und den Betrug unserer Feinde, zu behaupten, wir seien derart rom- und spanienfreundlich, daß wir die Interessen sei es von Rom, sei es von Spanien vertreten würden, und zwar zum Nachteil unserer alten Allianzen und uns selbst.»[32] Es war eine vorsichtige Justierung der französischen Politik in Richtung einer unabhängigen Position, nicht feindlich gegen Madrid, nicht feindlich gegen den Protestantismus, eine Option für die Offenheit nach allen Seiten, die Frankreich seinen Rang einer allseits respektierten Macht zurückbringen sollte.

Aber Richelieu fand auch das schwelende Problem einer instabilen Lage in Norditalien vor, denn dort geriet das fragile Gefüge der Mächte in Bewegung, als der Herzog von Savoyen sich Montferrats bemächtigte, das zu Mantua gehörte, und dieses stand unter dem Schutz Frankreichs, das nun von dem dortigen Herzog um Hilfe angerufen wurde. Richelieu suchte die Verständigung mit Spanien, das jedoch seinerseits von Mailand aus Savoyen angegriffen hatte, und eine diplomatische Lösung schien möglich, bei der sich Frankreich in der zentralen Rolle des respektierten Vermittlers hätte sehen können. Doch völlig überraschend überstieg der Marschall de Lesdiguières, ein alter Kampfgefährte Heinrichs IV, Gouverneur der

Dauphiné und ein Freund des Herzogs von Savoyen, zu dessen Unterstützung mit einem Heer von 7000 Mann die Alpenpässe und vertrieb die Spanier aus Piemont. Frankreich hatte sein Renommee in Norditalien glorreich wiederhergestellt, doch Richelieu tobte über die Eigenmächtigkeit des alten Marschalls, der ihn um die Chance gebracht hatte, sich als politischer Schiedsrichter zwischen Savoyen und Spanien in Szene zu setzen.

Ein weiterer Konfliktfall baute sich auf, der noch gravierender für die Machtbalance in ganz Europa war. Heinrich IV war es bereits gelungen, mit den Schweizer Protestanten in Graubünden einen Vertrag zu schließen, daß über die dortigen Alpenpässe von Tirol nach Mailand nur französische Truppen ungehindert ihren Weg nehmen durften – nicht jedoch habsburgische und spanische. Damit war an einer entscheidenden Scharnierstelle der Habsburger Macht, für die die Verbindung von den Spanischen Niederlanden über Deutschland und Norditalien nach Spanien strategisch lebenswichtig war – der Seeweg war seit der Niederlage der spanischen Armada nicht mehr sicher –, ein Riegel vorgeschoben.

Doch nun geriet dieser Zentralpunkt der europäischen Politik erneut zu einem Streitfall, denn die Republik Venedig, seit langem ein Verbündeter Frankreichs, war in Konflikt mit dem österreichischen Erzherzog Ferdinand, designiertem Nachfolger des Kaiserhauses in Wien, geraten. In den Schweizer Kantonen Bern und Zürich hatten die Venezianer Truppen angeworben, die nun den Weg über die Alpen nehmen sollten, weshalb sie an Frankreich das Ersuchen des freien Durchzugs über die Alpenpässe richteten. Richelieu sah sich einer komplizierten Lage gegenüber, denn die Freigabe der Pässe hätte nur eine Provokation für Spanien darstellen können, und verzögerte die Entscheidung. Gegenüber dem Drängen des Botschafters versteckte er sich hinter der angeblichen Schwäche seines Landes: «Wir sind in einer miserablen Situation. Die Spanier sind nicht zufrieden mit uns. Wir stehen nicht auf gutem Fuß mit den Holländern. Der Herzog von Savoyen ist unzufrieden, unsere eigenen Untertanen erheben sich gegen uns, dergestalt, wenn wir das Gute erreichen wollen, erleiden wir Übel ohne Zahl.»[33] Damit wollte er sich erneut in die prestigeträchtige Rolle eines europäischen Vermittlers bringen. Doch die Venezianer durchschauten sein Spiel und wandten sich direkt an Madrid, woraufhin Richelieu Ludwig XIII einen Klagebrief an die Serenissima schreiben, eben nur unterschreiben ließ, daß diese «mich um den Ruhm bringt, der mir geschuldet war».[34] Als er darüber hinaus dem venezianischen Botschafter in Paris noch eine Standpauke hielt, machte er sich zum Gespött der europäischen Diplomatie.

So fanden sowohl das Problem von Montferrat, das trotz der Vermittlung des Papstes erneut aufflammte, als auch die Freigabe der Alpenpässe keine abschließende Lösung, als in Paris der Minister Richelieu von einem Ereignis, das er nicht vorausgesehen hatte und auf das er völlig unvorbereitet war, aus dem Amt gejagt wurde.

4. Der König erhebt sich

Niemand im Magnetfeld der Macht um Maria von Medici und Concino Concini, auch nicht der von ihren Gnaden berufene Minister Richelieu, bezog in die Entscheidungen der Regierung eine Figur ein, die an den Rand gerückt schien wie beim Schachspiel und wie dort nur über eine geringe Beweglichkeit verfügte – den König. Ludwig XIII, noch nicht sechzehn Jahre alt, wurde wie beim Schach von der Königinmutter Dame im toten Winkel ihres Schutzes gehalten, sie selbst bewegte sich im freien Feld der politischen Geschäfte mit fast unbegrenzter Machtfülle. Saint-Simon hat die nahezu totale Isolierung beschrieben, in der Maria von Medici ihren zwar mündigen, aber zugleich von ihr entmündigten Sohn hielt: «Man ließ ihn verfaulen im Nichtstun, in der Nutzlosigkeit und in einem völligen Nichtwissen ... Man trug Sorge, den gesamten Hof von ihm fernzuhalten. Es war ein erklärtes und gefürchtetes Verbrechen, sich nur seinem Appartement zu nähern – so sah er nur wenige Diener, die seine Mutter unter den ihrigen sorgfältig ausgewählt hatte.»[1] Doch schon das Kind durchschaute das Spiel seiner Mutter und fand den einzigen Ausweg aus diesem Gefängnis, indem es die Regeln dieses Spiels selbst anwandte: «Ich habe das Kind gespielt.»[2]

Denn schon in seiner frühen Jugend war der spätere Ludwig XIII gezwungen, sich in der chaotischen Welt seiner Eltern zu bewegen und dort seinen Platz nicht nur zu finden, sondern auch zu verteidigen. Im Louvre ging es wie in einem orientalischen Harem zu, denn Heinrich IV quartierte dort Gemahlin und Geliebte Tür an Tür ein – aus reiner Bequemlichkeit, um schnell von dem einen Bett in das andere wechseln zu können. So kamen beide Frauen zeitgleich nieder, Maria von Medici mit dem Dauphin am 27. September 1601, Henriette d'Entragues ebenfalls mit einem Sohn am 4. November. Wie l'Estoile berichtet, hielt es der Vert galant in seiner eigenwilligen Galanterie für taktvoll, nicht nur seiner Geliebten zu sagen, daß ihr Sohn «viel schöner sei als der seiner Frau, den er als den Medici ähnlich bezeichnete, schwarz und fett wie jene»,[3] sondern auch seine Gemahlin davon nicht ohne Kenntnis zu lassen, was zur Folge hatte, daß «die Königin sehr weinte».[4] Dieser Bastard Gaston Henri, den Heinrich IV nach zwei Jahren legitimierte und mit sieben Jahren zum Bischof von Metz erhob, der jedoch später – mit 31 Jahren – den Weg in die Weltlichkeit zurück wählte und zum Herzog de Verneuil aufstieg, war übrigens das einzige unter seinen natürlichen Geschwistern, mit dem Ludwig XIII lebenslang in enger, freundlicher Beziehung stand.

Das Verhältnis zu seinem Vater gestaltete sich jedoch zu ungetrübter Liebe auf Gegenseitigkeit, wobei Heinrich IV nicht versäumte, allen seinen Kindern eine lebhafte Zärtlichkeit entgegenzubringen. Selbst die Peitsche belastete nicht diese enge Beziehung, denn Heinrich IV, der selbst diesem Erziehungsinstrument reichlich ausgesetzt gewesen war, verlangte von den Erziehern und Erzieherinnen des Dauphins, mit diesem Mittel nicht sparsam umzugehen. Der Leibarzt des Thronfolgers, Héroard, den das Kind sehr liebte, hat in seinem Tagebuch für den 3. Oktober 1603 festgehalten: «Erwacht um 8 Uhr, zeigte er sich eigenwillig, er wurde gepeitscht zum ersten Mal.»[5] Da der Eigensinn, die Störrischkeit des Kindes sich häufig wiederholte, fand die Züchtigungsprozedur kaum weniger häufig statt, denn sein Vater war der Ansicht, «daß es nichts auf der Welt gibt, was mehr Nutzen bewirkt».[6]

Dennoch blieben Bewunderung und Zuneigung des Dauphin zu seinem Vater ungebrochen, und Heinrich IV war ein liebevoller Vater, der dem Kind viel körperliche Nähe zuteil werden ließ – einmal fast zu viel, als er es immer höher in die Luft warf, auffing, und es beinahe seinen Händen entglitt. Dieses Vergnügen zwischen beiden wurde beendet, doch viele andere blieben, etwa wenn Heinrich IV nach einer Reise in Saint-Germain-en-Laye eintraf, wo sein gesamter Nachwuchs – legitim oder nicht – in ungetrennter Gemeinsamkeit aufwuchs, und den jungen Ludwig in sein Bett bestellte, nackt, und das Herumtollen begann. Wenn dann noch die Gicht den König zur Unbeweglichkeit zwang, war die Gelegenheit zu zusätzlichen Spielen gegeben. Auch mit der Jagd wurde der Dauphin früh vertraut gemacht, sie sollte seine große Leidenschaft werden und es lebenslang bleiben.

Dagegen konnte – und wollte – Maria von Medici nie eine Nähe zu ihrem ältesten Sohn finden, obgleich er ein lebhaftes, aufgeschlossenes, zunächst auch heiteres Kind war. Sie blieb, wie Saint-Simon, der Parteigänger Ludwigs XIII, konstatierte, «hochfahrend, eifersüchtig, bis zum Extrem beschränkt, stets beherrscht von der Hefe des Hofes und der, die sie aus Italien mitgebracht hatte».[7] Selbst Richelieu, lange ihre Kreatur, konzedierte, daß sie «würdevoll in ihrem Naturell und wenig zärtlich»[8] war. Einzig ihrem jüngeren Sohn Gaston, der witzig und wendig bis zur Charakterlosigkeit war, galt später ihre erklärte Sympathie. Die verschlungenen Lebenslinien Heinrichs IV brachten es mit sich, daß Königin Margarethe von Valois, seine erste Gemahlin, nachdem sie dem König die Konspiration seiner Geliebten d'Entragues verraten hatte, ein Vertrauensverhältnis zu dem sich mehr und mehr verschließenden Kind aufbauen konnte. Gleich bei ihrer Ankunft hatte sie den Dauphin mit den Worten begrüßt: «... Mein Gott ... wie schön Ihr seid! Ihr habt ein königliches Gesicht zum Befehlen, wie Ihr es eines Tages tun werdet.»[9] Früh schon besuchte er sie in ihrem Palais, wenn er in Paris war, und sie führte ihn auf den großen Markt im Faubourg Saint-Germain, wo er kaufen durfte, was ihm gefiel. Bereits 1605 vermachte sie, selbst kinderlos, ihm ihr ganzes Vermögen.

Der Dauphin verfügte seit frühester Jugend über ein klares, unantastbares, herrisches Bewußtsein seiner Legitimität, nicht nur seines Ranges als ältestes und thronberechtigtes Kind des Königs. Mochte er mit seinem Halbbruder Verneuil gemeinsam Ballett tanzen oder harmlose Spiele treiben, mit dem Spaß war es vorbei, wenn der junge Ludwig, gerade drei Jahre alt, mit seinen Halbbrüdern zu Tische sitzen sollte: «Aber nein, es ist nicht angebracht, daß die Herren mit ihren Dienern speisen.»[10] Mit vier Jahren unterschied der Knabe genau, welches der Kinder seines Vaters von dessen Geliebten oder von seiner Mutter stammte, und mit sieben Jahren, als eine weitere Halbschwester im Kinderkreis von Saint-Germain-en-Laye auftauchte, war auch seine Begründung biologisch und dynastisch korrekt: «Sie ist nicht im Bauch von Mama gewesen.»[11]

DER KÖNIG ERHEBT SICH

Als im selben Jahr Heinrich IV mit dem Dauphin im Schloßgarten promenierte und nach der Begegnung mit Madame de Moret nicht ohne Stolz bemerkte: «Mein Sohn, ich habe gerade dieser schönen Dame ein Kind gemacht, es wird Euer Bruder sein»,[12] war die Antwort kurz und hochmütig: «Es ist nicht mein Bruder.»[13] Zur selben Zeit, nicht älter als sieben Jahre, als man ihm erneut seine Halbbrüder anempfahl, insistierte er: «Ha, das ist eine andere Hunderasse»,[14] und steigerte sich sogar bis zur Verachtung, als er Verneuil den Titel Graf verweigerte: «Der da, der kommt nach der Scheiße, die ich gerade ausgeschieden habe.»[15] Ging es um die Hierarchie seiner Dynastie, zeigte sich bereits das Kind Ludwig von konzessionsloser Härte, und die genaue Rangfolge, die er lebenslang geachtet wissen wollte, war die harte Komponente in seinem späteren Beinamen «der Gerechte» («le juste»). Es ging nicht nur um Gerechtigkeit und Milde des Herrschers, sondern auch um den Respekt vor seiner Autorität.

Bis heute sind die medizinischen Gründe nicht zweifelsfrei ermittelt, warum das zunächst heitere Kind früh eine psychische Eintrübung seines Temperaments erfuhr, die in seinem späteren Leben nicht wich. Es waren offensichtlich Störungen in seinem neuro-vegetativen System, die ihm Schmerzen verursachten, deren er sich nicht erwehren konnte, denen er jedoch mit Zorn und Depression Ausdruck gab. Sein Leibarzt hat schon im Jahre 1605 notiert: «Sein Bauch ließ ungewöhnlich nach mehreren Tagen bösartige Dämpfe entweichen, so daß es schien, dies sei die Ursache gewesen, denn danach wurde er sanft und umgänglich und fühlte sich vollständig verwandelt.»[16] Die Lebhaftigkeit und Leichtigkeit des Vaters, die er nur wenige Jahre besaß, wich bald einer gewissen Starre, ja bisweilen der Melancholie, und in ihrem Gefolge stellte sich jene Schüchternheit ein, die ihn größere Menschenmengen meiden ließ oder zumindest in deren Gegenwart ein gewisses Stottern auslöste.

Der Dauphin wurde ein schwieriges Kind, aber es fehlte ihm nicht, wie viele Zeitgenossen lange vermuteten, darunter Richelieu, an Intelligenz. Seine wechselnden Erzieher, die nach dem Tod Heinrichs IV in ihrer pädagogischen Motivation von Maria von Medici nicht gefördert wurden, forderten den jugendlichen Ludwig nur mäßig mit Übungen in Latein, denen er sich gern zu entziehen versuchte. Für Bücher oder gar Poesie besaß er keinen Sinn, auch nicht für Mathematik, dagegen vertiefte er sich bis zu einem gewissen Grad in die Geschichte. Theologisches blieb ihm ebenfalls nicht fremd, da es den Hintergrund seiner sicheren Gläubigkeit bildete, und in den Dogmen seiner Kirche und ihrem Moralkodex fand er das Fundament für sein Verhalten und später auch für die politischen Entscheidungen, so daß sich die Namensbeigabe «der Gerechte» besonders auf seine Rechtgläubigkeit bezieht. Sein gesteigertes Interesse galt der Malerei und dem Zeichnen, und später fand er ein düsteres Vergnügen darin, den Gesichtern die Grimassen im Augenblick ihres Todes zu verschaffen – ein makabres Spiel der Karikatur. Er liebte es sogar, in der Küche selbst diverse Gerichte zuzubereiten, als Schneider zu arbeiten wie überhaupt in verschiedenen Handwerken tätig zu sein – eine wenig königliche Ablenkung, die unter den Bourbonen jedoch nicht selten war.

Besonders liebte er das Ballett und die Musik. Als Tänzer trat er bereits früh auf, zumal Maria von Medici diese künstlerische Ausdrucksform schätzte und im «Ersten Ballett der Königin» – gerade in Paris angekommen – sich selbst auf die Bühne begab. Die Begeisterung für das Ballett, die sie aus Florenz mitbrachte, übertrug sie auf ihren Sohn, und ihr ältester Enkel sollte es in dieser Bewegungskunst zu seltener Meisterschaft bringen. 1609 trat der junge Ludwig sogar in dem ihm zugeeigneten «Ballett von Monsieur le Dauphin» auf, und 1618 zeigte er sich in der Choreographie «Tankred im verzauberten Wald» («Tancrède en la forêt enchantée») – sein Sohn sollte sein berühmtestes Ballett «Die Vergnügen der verzauberten Insel» («Les Plaisirs de l'île enchantée») nennen. Diese Leidenschaft bewahrte sich der Herrscher auch, als er später nicht mehr als Tänzer auftrat – er kümmerte sich um die Texte, die er zum Teil selbst schrieb, um Dekoration und Besetzung und versäumte kaum eine der Vorstellungen, die im Jeu de Paume vor dem Louvre oder im Louvre selbst arrangiert wurden.

Nicht weniger zugewandt war er der Musik, deren lautstarke Variante er früh erprobte – schon mit zwei Jahren marschierte er, die Kindertrommel schlagend, in die Gemächer seines Vaters, und wenn dieser ihn besuchte, bereitete er ihm ebenfalls einen Trommelempfang, was Heinrich IV Vergnügen bereitete. Mit vier Jahren präsentierte er sich als Sänger des Liedes von Robin und nahm auch gern an der Tafel seines Vaters Platz, da ihn die fünfzehn Violinen des königlichen Ensembles, das bei den Mahlzeiten für musikalischen Hintergrund sorgte, entzückten. Während des gesamten Essens sagte er kein Wort, verlangte aber am Ende, daß die Musiker einen Marsch spielten. Er verstand angenehm zu singen, auch begleitet von mehreren Instrumenten, spielte geschickt die Laute, noch besser das Spinett, doch besaß er nicht den Ehrgeiz, mit professionellem Anspruch in diesen Künsten aufzutreten. Die Musik verschaffte ihm vor allem Entspannung und Ablenkung von seinen körperlichen Beschwerden.

Eine therapeutische Wirkung suchte und fand Ludwig XIII aber vor allem in der Jagd – der Leidenschaft seines Lebens. Zunächst erlebte er sie nur im Traum, in dem sich auch die Liebe zu seinem Vater bis ins Maßlose entfaltete: «Ich habe geträumt, ich wäre mit Papa auf der Jagd, ich sah einen ganz, ganz großen Wolf, der Papa fressen wollte, und einen anderen, der mich fressen wollte, und da habe ich meinen Degen gezogen und sie beide getötet.»[17] Doch früh ließ Heinrich IV ihn auch real an jener aristokratischen Passion teilhaben, die in Friedenszeiten den Edelmann auf der Höhe seiner Talente des Tötens halten sollte. So fand der junge Ludwig den Weg zum Kriegshandwerk über die Jagd, aber es erstaunt, daß er schon mit zwölf Jahren in den Wäldern von Saint-Germain-en-Laye seinen ersten Hirsch erlegte: «Er stieg auf das Pferd, jagte den Hirsch, … tötete ihn, indem er ihm einen Degenstoß ins Herz gab.»[18] Auf die körperlichen Anstrengungen der Jagd, die ihn zugleich erschöpften und entspannten, wollte er später selbst in Kriegszeiten nicht verzichten, so daß er etwa stundenlang in den Wäldern um La Rochelle dem Wild nachsetzte, während die Belagerung der Hugenotten-Hauptstadt ihren Fortgang nahm. Das ungeduldige Durchstreifen der Wälder ließ ihn mehrfach in Flüsse und andere Gewässer fallen, aus denen er nur mit Mühe gerettet werden konnte, weshalb er sich im Alter von 23 Jahren entschloß, schwimmen zu lernen.

Ludwig XIII, Gemälde von Philippe de Champaigne, 1635, Musée du Louvre, Paris

Aber im Gegensatz zu Vater und Sohn entdeckte dieser Bourbone für sich eine verfeinerte, elegantere Form des Tötens – die Falkenjagd. Mit sechs Jahren erhielt er eine Elster, die auf die Jagd von Spatzen dressiert war, zum Geschenk und probierte sie umgehend aus: «Er ließ sich von seinem Falkner den Handschuh bringen, zog ihn über die Faust und ließ in seinem Zimmer sie (die Elster) auf Spatzen los, ließ sogar deren zwei fliegen und amüsierte sich damit elf Stunden lang.»[19] Noch im selben Jahr entdeckte er diese Form der Jagd als seine ureigenste, und damit begann die lange Liste der Beutevögel, die seine Raubvögel in Wäldern und Wiesen für ihn erlegten – Wachteln, Rebhühner, Fasane oder Bekassinen, aber auch Hasen.

Der ebenfalls früh in Ludwig erwachte Sinn für militärische Ordnung und Disziplin ließ ihn in seiner Voliere eine militärische Rangordnung etablieren. Ein Buchfink aus den Ardennen, blaugrau in seinem Gefieder und ein großer Sänger, wurde zum Hauptmann erklärt, es folgten diverse Vögel in den Rängen vom Leutnant bis zum Fähnrich, während die Lerche und der Stieglitz die Querflötler darstellten. Es war ein Staat en miniature, und als der englische Botschafter Herbert de Cherbury nach London meldete, daß der Dauphin damit beschäftigt sei, seine Raubvögel nach Schmetterlingen jagen zu lassen – gleichsam ein Kriegsspiel mit seinen Vogelsoldaten –, verbreitete sich schnell das Vorurteil, der Thronanwärter sei einfältig und kindischen Spielen hingegeben, was Maria von Medici nur mit Genugtuung wahrnehmen konnte.

Doch der richtige Umgang mit Raubvögeln war eine Kunst, die sich der junge Ludwig aneignete. Sein erster Falkner du Tost lehrte ihn, den Sperber oder Falken richtig auffliegen und zurückkehren zu lassen, auch deren Kopf im rechten Augenblick mit dem Häubchen zu bedecken oder es zu entfernen. Denn der Raubvogel erlaubt und verlangt wie der Hund Dressur, und der junge Thronfolger zögerte nicht, sich diese Tiere durch Nuancen in der Sprache gefügig zu machen. Nicht zuletzt war und ist der Raubvogel ein Symbol für Stolz, Freiheit und Wildheit, der die Sklaverei im freien Flug nach Beute abzuschütteln vermag und dennoch in die Disziplin gegenüber seinem Herrn zurückkehrt. Dieser hat in ihm eine Waffe, die nicht wie das Gewehr ein lebloses Instrument ist, sondern ein lebendiges Wesen, einen Kompagnon jenseits der Menschen, die der Dauphin in seiner Schüchternheit gern hinter sich ließ.

Quantitativ und qualitativ dehnte sich diese Leidenschaft des jungen Königs aus. Nicht weniger als 140 Raubvögel aller Arten fanden sich in seinen Volieren, jede Art einer bestimmten Form der Jagd zugeordnet. Seine Kenntnisse über diese Tiere und ihre speziellen Fähigkeiten des Flugs nach Beute hatten einen solchen Grad erreicht, daß der ebenfalls in dieser Form der Jagd erfahrene Edelmann Capri d'Arcussia d'Esparron urteilte, «daß es keinen Falkner auf der Welt gibt, der noch das Geringste in dieser Kunst den König lehren könnte».[20] Es war eine eigene, abseitige, wenig beachtete Welt, die sich der junge König nach dem Tod seines Vaters wie ein Refugium geschaffen hatte – zugänglich nur für die mit dieser Kunst der Jagd Vertrauten, die folgerichtig auch die Chance hatten, seine persönlichen Vertrauten zu werden. Maria von Medici, die genau beobachtete und auswählte, wer sich dem jungen König nähern durfte und für seinen bewußt klein gehaltenen Hofstaat in Frage kam, sah in dem Falkner Charles d'Albert de Luynes, der für die Vogelhaltung verpflichtet wurde, keine Gefahr für die Taktik, ihren Sohn zu isolieren, vielmehr den Mann, der es verstand, ihn noch tiefer in die Ablenkungen dieser ihr läppisch erscheinenden Leidenschaft zu verstricken.

Dessen Lebensweg verrät beispielhaft, aus welcher Tiefe der Gesellschaft Individuen in kurzer Frist aufsteigen und dorthin auch wieder abstürzen konnten. Sein Vater, ein Mann aus der Provence von geringem Adel, hatte sich dadurch zu erhöhen gewußt, daß er das banale i in seinem Namen Luines durch ein nobleres y ersetzte, und da er auch den Titel Marquis d'Albert besaß, fügte sein ältester Sohn beides zusammen. Dieser und seine beiden Brüder de Brantes und de Cadenet – deren Titel hatte die ebenfalls nicht sehr vermögende Mutter mit in die Ehe gebracht – suchten, da im Süden Frankreichs dafür die Aussichten gering waren, ihr Glück im Umfeld des Hofes. Nachdem alle drei wohlgestaltet und gefälligen Charakters waren, gelang es schon dem Vater, sich und seine Söhne in die Aufmerksamkeit Heinrichs IV zu rücken – schließlich stammte man gemeinsam aus dem Süden. So genoß der junge Luynes die Protektion des Herzogs de Bellegarde, der 1600 Maria von Medici *in procurationem* für Heinrich IV in Livorno geheiratet hatte. Er wurde dessen Page und erhielt durch Vermittlung des Herzogs die Verantwortlichkeit für die Volieren des Königs mit dem Titel Maître du Cabinet des Oiseaux.

Zu dem 22 Jahre älteren Mann entwickelte Ludwig XIII 1611, als jener in seine Dienste trat, eine starke emotionale Bindung, die zum einen in dem kurz vorher erlittenen Verlust seines Vaters begründet war, zum anderen in dem tiefen Verlangen des jungen und isolierten Königs, bei seinem Gefährten das Gefühl der gegenseitigen Zuneigung zu finden, das ihm, dem Halbwaisen, seine Mutter strikt verweigerte. In Luynes fand Ludwig XIII den ersten seiner Favoriten, denen gegenüber er seine Zuneigung bis zu jener Liebe zu steigern verstand, die er Frauen nicht entgegenzubringen vermochte – es war und blieb eine Variante asketischer Homosexualität bis zum Extrem des Lächerlichen. Beim Tod dieses Günstlings im Jahr 1621 hat der König das Geheimnis seiner Gefühlsabhängigkeit preisgegeben: «Ich habe ihn geliebt, weil er mich liebte.»[21] Mit Luynes hatte er erstmals den Teufelskreis seiner Vereinsamung durchbrochen, und folglich stieg jener seitdem steil empor – Kammerherr des Königs, Großer Falkner Frankreichs, Kapitän des Louvre, womit das Recht verbunden war, dort zu nächtigen, und sogar Gouverneur von Amboise.

In kurzer Frist führte ihre Freundschaft zu hoher Vertraulichkeit, nicht zuletzt weil der König ihm ein Appartement zugesprochen hatte, das direkt über seinem eigenen lag und über eine Geheimtreppe erreicht werden konnte. Bevor er sich zu Bett begab, blieb Ludwig XIII lange in vertraulichem Gespräch mit Luynes in dessen Räumen, und wenn er erkrankte, schlief der Favorit auf einem Feldbett in einem Nebenkabinett des königlichen Appartements. Ihre enge Vertrautheit erregte das Mißtrauen von Concini, der Maria von Medici alarmierte, zumal beider Mißtrauen durch beunruhigende Nachrichten des Erziehers Couvré geschürt wurde, der seinen Einfluß auf den König schwinden sah. Es kam zu einer offenen Konfrontation mit der Mutter, doch ihr Sohn verstand mit einem Ultimatum seinen Falkner in seiner privilegierten Position zu halten, und dessen sanfte und ehrerbietige Haltung bewogen die Königinmutter, lieber ihn in der Nähe des Königs zu dulden als einen neuen Favoriten ertragen zu müssen, der, nicht von ihr, sondern ihrem Sohn ausgewählt, nur ihr Feind werden konnte.

So bildete sich um den König ein enger Kreis von Freunden, darunter die Brüder Luynes, aber es kamen auch Männer mit politischer Erfahrung hinzu, an erster Stelle Guichard Déageant, der schon Staatssekretär unter Heinrich IV gewesen war, als dieser nur die Krone Navarras trug. Er war der Vertraute des Ministers Claude Barbin und wurde 1615 auch «Sekretär des Königs», was ihm erlaubte, dem den Regierungsgeschäften weit entrückten jungen König die Gesetze und Geheimnisse der Staatsfinanzen zu erklären. Auch der Anwalt Trouson de Coudray fand Aufnahme in dem Kreis, bald ebenfalls «Sekretär des Königs». Er war über das Funktionieren des Staatsapparats wohlinformiert und verfügte über ein realistisches Urteilsvermögen. Als Vertraute trafen sie sich spät in den Gemächern des Königs und wurden im Herbst 1616 zu Verschwörern.

Denn nicht nur im Lande, an erster Stelle unter den Mitgliedern des Hochadels, wuchs der Unmut über den italienischen Abenteurer und seinen grenzenlosen Einfluß. Auch der junge König selbst wurde wiederholt Opfer von dessen Hochmut, ja der Verachtung von dessen Gönnerin, der eigenen Mutter. Der Florentiner erlaubte sich, im Gespräch mit Ludwig XIII den Hut auf dem Kopf zu behalten, ja sogar dessen Platz im Staatsrat einzunehmen, und als der junge König dort einmal unaufgefordert erschien, riet ihm seine Mutter, doch besser an anderer Stelle seine Spiele fortzusetzen. Auch verweigerte sie ihm die Summe von 2000 Livres, die er für sich persönlich erbat, worauf Concini, der ihm – eine zusätzliche Demütigung – das Nein der Mutter zu übermitteln hatte, dem König anbot, ihm die Summe seinerseits zukommen zu lassen, allerdings als Kredit, was den Gipfel der Beleidigung darstellte. Da konnte auch Léonora Galigaï nicht abseits stehen, wenn es galt, die Autorität des Königs bis auf die Ungezogenheit eines Kindes zu erniedrigen – sie schickte einen Diener in die über den ihrigen gelegenen Gemächer Ludwigs XIII mit dem Auftrag, er möge nicht länger lärmen, sie habe Migräne.

Dennoch blieben Zweifel bei der Königinmutter, ob ihr Sohn, nun unter den Einfluß des Falkners Luynes geraten, nicht im geheimen doch danach strebte, selbst die Regierung zu übernehmen. Im Januar 1617 suchte sie, dazu angeregt, wie einige Historiker meinen, sogar von Richelieu, den jungen König auf und bot ihm mit theatralischer Gestik an, sofort die Regierungsgeschäfte niederzulegen und sich in das Fürstentum Mirandola nach Italien zurückzuziehen, über dessen Erwerb sie bereits in Verhandlungen mit dem Papst stehe. Hätte Ludwig XIII die geringste Bereitschaft gezeigt, das Angebot anzunehmen, wäre die Entfernung seines Favoriten Luynes und eine weitere Isolierung seiner eigenen Person die unausweichliche Folge gewesen – letzteres, etwa die Begrenzung seines Bewegungsraumes auf den Tuileriengarten, hatte Concini schon gefordert. Doch der Falkner war ein guter Anwalt der Interessen seines Herrn, und beide spielten der Königinmutter ihre tiefe Dankbarkeit für ihre bewährte Handhabung der Regierungsgeschäfte vor. Damit entfiel jede Handhabe gegen Luynes, und obgleich Maria de Medici diese Szene mehrfach wiederholte, überraschte sie ihren Sohn nicht bei der Preisgabe des geringsten Indizes, das seinen persönlichen Ehrgeiz verraten hätte.

Parallel zu diesem Versteckspiel nahm die Verschwörung organisatorische Gestalt an. Sollte nicht der König bei einem seiner Jagdausflüge zu der Armee flüchten, um bewaffnet nach Paris zurückzukehren, wie es der harten Aktionen eher abgeneigte Luynes vorschlug? Aber der Stolz des Königs verbot ihm die Flucht, und außerdem wäre ein erneuter Bürgerkrieg die Folge gewesen. Er legte Wert darauf, daß Concini verhaftet und vom Parlament in Paris verurteilt würde, wofür es an Beweisen der ungesetzlichen Bereicherung und Machtkumulation nicht mangeln würde – er wollte keinen Meuchelmord. In der Runde stellte sich jedoch unausweichlich die Frage, die Vitry, der Hauptmann der Garde, der die Verhaftung durchzuführen bereit war, an Ludwig XIII richtete: «Aber, Sire, wenn er sich verteidigt, was will Majestät, daß ich mache?» Der König verharrte in Schweigen, und Déageant zögerte keinen Augenblick mit der Antwort an Vitry: «Der König will, daß man ihn tötet.» Wieder schwieg der junge Herrscher, doch Vitry hatte das Schweigen des Königs verstanden: «Sire, ich werde Eure Befehle ausführen.»[22] Auch für das Mißlingen des Unternehmens wurde vorgesorgt – der König sollte sich sofort nach Meaux begeben, wo Vitry als Gouverneur für seinen Schutz garantieren konnte.

Doch es blieb das Problem, der Person Concinis habhaft zu werden, ohne von seiner personenreichen Entourage daran gehindert zu werden. Um ihn zu isolieren, sah der Plan vor, ihn in die königliche Waffenkammer mit der Begründung einzuladen, Ludwig XIII wolle ihm seine neuesten Erwerbungen zeigen. Das Datum wurde auf den 23. April, einen Sonntag, festgelegt, doch der Florentiner traf an diesem Tag verspätet im Louvre ein und besuchte Maria von Medici nur kurz – die Gelegenheit für die Einladung war vertan. Eilig trafen die Verschwörer erneut zusammen, und ihr neuer Plan sah vor, Concini beim Betreten einer der Zugbrücken des Louvre – der östliche Teil des Louvre aus der Zeit Philippe-Augustes wies noch zahlreiche Türme, Gänge und Brücken auf – durch überraschendes Niederlassen der Tore von seiner Begleitung zu trennen und zu verhaften. Am Morgen des 24. April vollzog sich das verabredete Szenario mit nur geringen Abweichungen, aber dem erstrebten Erfolg.

Der Florentiner erschien mit geradezu fürstlichem Aufwand – begleitet von nicht weniger als sechzig Edelleuten. Auf dem schwarzen Hut weiße Federn, ein goldbesticktes Wams, ein schwarzer Samtmantel, an den Füßen über den Schuhen derbe Galoschen, um durch den Dreck nach einem Regenguß zu waten, so näherte er sich von der Rue d'Autriche dem Bourbon-Tor des Louvre. Im rechten Augenblick fiel das Tor, der Marschall d'Ancre saß mit nur wenigen Gefolgsleuten in der Falle, Vitry stürzte ihm mit fünf Offizieren entgegen, verfehlte ihn jedoch zunächst, stellte ihn aber wenig später, als er den Brief eines Bittstellers las: «Im Namen des Königs, ich verhafte Sie.» Überrascht fragte Concini zurück: «Mich?», «Ja, Euch»,[23] bestätigte Vitry, und als der Marschall Anzeichen machte, nach seinem Degen zu greifen, oder die Verschwörer auch nur glaubten, daß er es tun würde, trafen ihn drei Pistolenschüsse, in den Hals, zwischen die Augen, ins Auge – er war sofort tot. Er fiel auf die Knie, dann zu Boden. Vitry drehte ihn um, um sich seines Todes zu vergewissern, und danach erfolgte sofort seine Plünderung. Kleidung, Degen, Diamanten, Geld, Wechsel in Höhe von 2 Millionen Livres verschwanden sofort, und der nackte Körper wurde in den Wachraum getragen. Keiner seiner zahlreichen Anhänger hatte auch nur den geringsten Widerstand zu seinen Gunsten gewagt.

Tod des Marschalls d'Ancre, Kupferstich von Matthäus Merian, 1630

Der junge König hatte im Billardsaal seine Ungeduld im Spiel mit den Kugeln versteckt. Als er die Schüsse hörte, eilte ihm zunächst einer seiner Vertrauten mit der Falschmeldung entgegen, das Unternehmen sei mißglückt. Daraufhin nahm Ludwig XIII seinen Degen in die eine und den Karabiner in die andere Hand und wollte die Treppe hinabgehen, um sich den Angreifern entgegenzustellen, aber nun rief ihm ein anderer seiner Vertrauten, d'Ornano, der Oberst der korsischen Garde, zu: «Sire, es ist gelungen!»[24] und nahm ihn in die Arme. Eine ungeheure Menge drängte heran, er wurde auf den Billardtisch gehoben und konnte immer nur erneut wiederholen: «Dank! Großen Dank an Sie alle! In dieser Stunde bin ich König.»[25] Dann trat er ans Fenster zum Hof des Louvre, das geöffnet wurde, und zeigte sich der Menge – unverletzt und uneingeschränkt in seiner endlich errungenen königlichen Würde.

Maria von Medici gab sich resigniert, als ihr die Nachricht vom Tod Concinis übermittelt wurde – übrigens mit der offiziellen Begründung: «Der Marschall ist tot, weil er sich dem Befehl des Königs widersetzen wollte.»[26] Ihr war jedoch bewußt, daß sie die Macht verloren hatte: «Ich habe sieben Jahre regiert, ich erwarte nicht mehr als eine Krone im Himmel.»[27] Doch als sie erneut herrisch aufbegehrte, ihr Sohn solle sofort bei ihr erscheinen, offensichtlich wollte sie ihm die Leviten lesen, erhielt sie zur Antwort, der König habe keine Zeit für sie, übrigens dürfe sie ihre Gemächer nicht verlassen und ihre Vertrauten und sogar ihre Familienmitglieder dürften sie nicht besuchen – sie war die Gefangene ihres Sohnes geworden. Währenddessen vollzog das Volk an dem Leichnam des Mannes, der lange ihre Gunst genossen hatte und sogar ihr Geliebter gewesen war, ein makabres Massaker *post mortem*. Gegen den Widerstand der Priester von Saint-Germain-l'Auxerrois, in deren Kirche man den Leichnam Concinis versteckt hatte, wurden seine sterblichen Überreste am nächsten Morgen über die Seine-Quais geschleift und auf dem Pont-Neuf aufgehängt. Dort zerschnitt man seinen Körper in kleine Stücke, um die sich das Volk prügelte – ein Fanatiker trieb es sogar so weit, das Herz des Günstlings der Königin zu braten und dann zu verschlingen.

Richelieu, den die Nachricht von der Ermordung Concinis, dem er ein Ministeramt verdankte, in der Sorbonne erreichte, eilte umgehend in den Louvre, wo ihn der umjubelte König mit Härte abwies, wie Zeitzeugen überliefert haben: «Nun gut, Luçon, hier bin ich, von Eurer Tyrannei befreit. – Gehen Sie, gehen Sie, Monsieur, entfernen Sie sich von hier.»[28] Er wußte um seinen Sturz sowie um den der anderen Minister des Kabinetts, die sämtlich Kreaturen Concinis waren. Doch ist bis heute rätselhaft, warum der Mann, der schon früh ein weitgespanntes Netz von Informanten besaß und später das größte Spitzelsystem Europas unterhielt, so wenig Sensibilität für eine so tiefgreifende, ihn aus der mühsam eroberten Ministerposition fegende Machtergreifung des Monarchen besessen hatte.

Manche haben in einer Initiative, die er noch eine Woche vor dem Sturz Concinis unternahm, ein Indiz dafür sehen wollen, daß er das politische Erdbeben wenigstens erahnte, hatte er doch sogar seinen Schwager Pont du Courlay mit einer Botschaft für den König an dessen Günstling Luynes geschickt. Es war das Angebot, «daß, wenn es Seiner Majestät gefallen würde, ihn als einen seiner Minister zu betrachten, es dann nichts geben würde, weder was sein Amt, noch was alle anderen Geschäfte beträfe, über das er, wenn er davon Kenntnis erlange, ihm nicht Bericht erstatten würde».[29] Es war wohl kaum mehr als ein vager Versuch, auch die Option des jungen Königs in seiner zunehmend nach allen Seiten offenen politischen Perspektive nicht auszuschließen. In Wahrheit hielt er ihn jedoch für einen infantilen Nichtstuer, einzig mit der Jagd beschäftigt und vor allem begabt, in der Tiefe des Louvre Eicherkuchen zu backen.

Er selbst hat offen eingestanden, daß der Tod Concinis für ihn eine Überraschung war, die er nicht im geringsten kommen sah oder auch nur als Möglichkeit in das künftige Machtspiel einkalkuliert hatte: «Als der Unfall («accident») passierte, war ich bei einem der Rektoren in der Sorbonne, wo die Nachricht von einem seiner Kollegen mitgebracht wurde, der aus dem Palais kam. Ich war davon um so mehr überrascht, als ich niemals vorausgesehen hatte, daß die, die um den König waren, ausreichend Kraft besaßen, ein solches Unternehmen zu meistern.»[30] Nach diesem seltenen Eingeständnis eines persönlichen Fehlers in seinen «Mémoires» setzte sogleich die Korrektur zu seinen Gunsten und zu Gunsten des Königs ein – dem nunmehr einzigen, der ihm hätte Gunst gewähren können.

Das Attentat wird nur als «Unfall» bezeichnet, um keinerlei Aburteilung der kaum verhüllten Ermordung zu Lasten des Herrschers auszusprechen. Auch für die traurige Tatsache, selbst so wenig weitsichtig gewesen zu sein, bemühte er sogleich eine Theorie, die wenig stabil war. Sie schloß Selbstkritik des eigenen Adelsstandes sowie Verachtung der ihm nicht angehörenden Männer ein: «Die Erfahrung hat gezeigt, daß oft die Verschwiegenheit, die Diebe unter sich bewahren, die übertrifft, die Männer von Stand bei besseren Zielen einhalten, und daß in diesem Fall die Verschwiegenheit so vollständig war, daß obgleich viele Leute von dem Projekt wußten, das Geheimnis darüber mehr als drei Wochen gewahrt wurde, um die geeignete Stunde für die Ausübung abzuwarten.»[31]

War es danach nicht nur zu verständlich, daß Richelieu sich keinen Vorwurf zu machen hatte, denn er zählte schließlich nicht zu den Dieben? Doch hätten die mutigen Gefährten des Königs nicht eine Beleidigung darin sehen müssen, dem Diebsvolk gleichgesetzt und vom Adel ausgeschlossen zu werden, dem sie ebenso wie Richelieu angehörten? Aber der Anführer Luynes war bereits tot, als der mächtige Kardinal-Minister seine «Mémoires» diktierte – viel Schatten sollte auf die fallen, die ihn für sieben Jahre in den Schatten stellten. Auch die krasse Ungunst, in die ihn Ludwig XIII stürzen ließ, als er sich höhnisch von dessen «Tyrannei» befreite, hat Richelieu später für sich, den König und die Nachwelt durch sorgfältige Manipulation zu ersetzen gesucht: «Er (Ludwig XIII) rief mich und sagte mir, er wisse sehr wohl, daß ich nicht einer der schlechten Räte des Marschalls d'Ancre gewesen sei und daß ich ihn stets geliebt (er benutzte dieses Wort) hätte und für ihn bei Gelegenheiten, die sich seinerzeit geboten, eingetreten sei – angesichts dessen wolle er mich wohlwollend behandeln.»[32] Nichts hat Richelieu später versäumt, die tiefste Bruchstelle in seiner politischen Karriere so klein wie möglich erscheinen zu lassen oder gar vergessen zu machen.

Trotzdem blieb der überraschende Sturz Concinis für ihn ein lebenslanges Menetekel, war doch von einer Stunde auf die andere auch der mächtigste Günstling nicht davor gefeit, Macht, Reichtum und Leben in einem unwürdigen Tod zu verlieren. Wie schnell ein solches Schicksal auch ihn treffen konnte, erlebte er am Tag nach dem Tod des Florentiners, als dessen Leichnam auf dem Pont-Neuf zerstückelt wurde, denn leichtsinnigerweise passierte seine Karosse zu jenem Zeitpunkt diese Brücke und blieb in der aufgebrachten Menge stecken. Er, der Minister von Gnaden Concinis, wäre selbst in Lebensgefahr gewesen, wenn der Mob ihn erkannt hätte. Geistesgegenwärtig vermochte er sich aus der prekären Lage zu befreien, wie er selbst berichtet hat: «Der Pont-Neuf war so voll von Menschen, und diese Menschenmenge so beschäftigt mit dem, was sie tat, zudem so völlig berauscht in ihrer Wut, daß es kein Mittel gab, Platz für die Karossen zu machen. Die Kutscher verhielten sich wenig zurückhaltend, meiner griff jemanden deswegen an, der seinerseits darüber einen Streit begann; im selben Augenblick erkannte ich die Gefahr, in der ich mich befand, zumal als jemand rief, ich sei ein Parteigänger des Marschalls d'Ancre … Um mich aus der gefährlichen Lage zu befreien, fragte ich sie, nachdem ich meinen Kutscher heftig beschimpft hatte, was sie da täten; als sie mir in ihrer Wut auf den Marschall d'Ancre geantwortet hatten, sagte ich zu ihnen: ‹Ihr seid Leute, die im Dienst des Königs sterben würden; ruft alle ‹Es lebe der König!› Ich war der erste, der damit begann; dadurch hatte ich freie Fahrt und habe sehr wohl acht gegeben, nicht wieder denselben Weg zu nehmen.»[33] Diese Szenen der brutalen Vernichtung, der jemand ausgesetzt sein würde, der die Gunst und Gnade des legitimen Herrschers verloren hatte, waren ein ständiger Stachel für sein späteres Handeln, um den König stets in der Geneigtheit für die eigene Person zu erhalten und auf dessen geringste emotionale Schwankungen die höchste Aufmerksamkeit zu verwenden.

Doch jetzt, im April 1617, konnte nichts den tiefen Fall der Königinmutter und ihres nunmehr ersten und einzigen Günstlings Richelieu aufhalten. Denn Ludwig XIII zeigte keinerlei Nachgiebigkeit gegenüber seiner Mutter, die so lange ihrerseits von unnachgiebiger Härte gegen ihn gewesen war. Vier Tage hielt er sie völlig isoliert und schickte ihre Botschafterinnen, die den König um eine persönliche Begegnung bitten sollten, ergebnislos zurück – sogar die Brücke, die aus dem Schloß von ihren Gemächern in die Gärten am Seine-Ufer führte, ließ er abreißen und zwei Eingänge zu ihren Räumen zumauern. Vitry hatte dafür zu sorgen, daß ihre eigenen Wachen durch zwölf Posten des Königs ersetzt wurden, und nachdem der Botschafter von Florenz durch eine Geheimtür zu ihr vorgedrungen war, wurde auch diese zugemauert. Über ihre Lage war sie illusionslos, denn sie empfing den Gesandten aus ihrer Heimatstadt mit den Worten: «Bartolini, hättest Du je gedacht, mich im Gefängnis zu finden?»[34] Unter Tränen blieben ihr nur Klagen und Anklagen.

Auf Vermittlung des Gesandten Bartolini und des Nuntius erhielt der Bischof von Luçon, in dem Maria von Medici nunmehr ihren engsten Vertrauten gefunden hatte, den Auftrag, den neuen Status der entmachteten Königinmutter mit den neuen Mächtigen um Luynes auszuhandeln. Die Konditionen, die er erwirken konnte, waren nicht ohne Vorteile für sie: Sie hatte Paris zu verlassen und

Wohnsitz in Blois zu nehmen, durfte aber ihre sämtlichen Einkünfte behalten, auch ihr Hofstaat konnte personenreich bleiben, allerdings durften ihre Töchter Christine und Henriette Marie nicht mit ihr den Hof verlassen, und es sollte nur eine einzige Begegnung zwischen Mutter und Sohn stattfinden, die öffentliche Zeremonie ihrer Abreise. Deren Einzelheiten bis zum Wortlaut der kurzen Ansprachen wurden präzise ausgehandelt.

Am 3. Mai vollzog sich dann in eisiger Atmosphäre unter strenger Beachtung des vereinbarten Zeremoniells die Trennung von Mutter und Sohn. Dieser erschien in ihrem Antichambre, begleitet von seinem Bruder Gaston, Luynes, den Großen des Hofes und Bassompierre, in stolzer Gewandung: weißes Hemd, roter Mantel, schwarzer Filzhut, darauf eine weiße Feder, in Stiefeln mit Sporen daran, völlig «unerschrocken und ohne jede Emotion»,[35] wie der Botschafter Venedigs beobachtete. Sämtliche Anwesende hatten nur Zutritt mittels der Parole «Heiliger Ludwig» erhalten, und als schließlich Maria von Medici erschien, in Tränen aufgelöst, näherte er sich ihr, den Hut in der Hand, in achtungsvoller Haltung: «Madame, ich komme hierher, um Ihnen Adieu zu sagen und Ihnen zu versichern, daß ich um Sie als meine Mutter Sorge tragen werde. Ich habe gewünscht, Sie von der Mühe zu entlasten, die Sie bei meinen Geschäften auf sich genommen haben; es ist nun Zeit, daß Sie sich ausruhen und ich mich damit beschäftige. Es ist mein Entschluß, nicht länger zu dulden, daß ein anderer als ich selbst in meinem Königreich befiehlt. Ich bin König, in diesem Augenblick. Ich habe in Auftrag gegeben, was für Ihre Reise notwendig ist, und dem (Leutnant) La Curée befohlen, Sie zu begleiten: Sie werden meine Nachrichten erhalten, wenn Sie in Blois eingetroffen sind. Adieu, Madame, lieben Sie mich, und ich werde ein guter Sohn sein.»[36]

Damit war es an Maria von Medici, jenen Redetext vorzutragen, den Richelieu für sie formuliert hatte, doch sie war so außer Fassung, daß ihr nur gelang, sich des Anfangs zu erinnern, weshalb der spätere Kardinal-Minister den größeren Teil des Textes in seinen «Mémoires» für die Nachwelt festgehalten hat: «Monsieur mein Sohn, die zärtliche Sorge, mit der ich Sie in Ihrem zarten Alter aufgezogen habe, die Mühen, die ich für Euren Staat aufgewendet habe …»[37] Sie geriet ins Stottern und konnte nur mit Mühe ihren Gefühlen mit eigenen Worten Ausdruck geben: «Monsieur, ich bin sehr betrübt, Euren Staat während meiner Regentschaft und meiner Amtsführung nicht mehr zu Eurer Zufriedenheit regiert zu haben, als ich es getan habe, aber versichere Euch, daß ich trotzdem jede Mühe und Sorge, deren ich fähig war, aufgewendet habe, und bitte Euch innigst, in mir stets Eure sehr demütige und gehorsame Mutter und Dienerin zu sehen.»[38] Es war eine einschneidende Verwandlung, die sie vollzog – die hochmütig-abweisende Königinmutter war zu einer kläglichen Bittstellerin geworden. Eine letzte Bitte brachte sie noch vor – Claude Barbin, einst ihr Minister und Intendant ihres Hauses, solle ihr nach Blois folgen dürfen. Ludwig XIII, der von diesem Ersuchen überrascht wurde, denn es war nicht Teil des ausgehandelten Kompromisses, verharrte schweigend, vereiste, als sie ihr Ansinnen wiederholte.

Schließlich vollzog sich der letzte Teil der trostlosen Zeremonie, Maria von Medici schritt auf ihren Sohn zu und umarmte ihn, wonach der König sich stumm vor ihr verneigte und sich zurückzog. In diesem Augenblick wandte sich die Königinmutter an Luynes, erneut ihre Bitte vortragend, Barbin in ihrer Nähe halten zu dürfen, doch der nun mächtige Günstling grüßte sie nur höflich, auch rief ihn der dreifache Befehl «Luynes, Luynes, Luynes!»[39] an die Seite des Königs, noch bevor er antworten konnte. Im Hof des Louvre warteten die Karossen, in deren erste Maria von Medici mit den Damen de Soissons, de Guise und Longueville Platz nahm, aber diese begleiteten die gestürzte Herrscherin nur bis Bourg-la-Reine, etwa 20 Kilometer südlich von Paris. In die letzte, bescheidenste Karosse stiegen zwei Bischöfe ein, Philippe Hurault, Bischof von Chartres, und Armand Jean du Plessis de Richelieu, Bischof von Luçon, den Maria von Medici soeben zum Chef ihres Rates ernannt hatte. Der stolze Minister, der sich in Paris viele Feinde gemacht hatte, war ohne Illusion über die Tiefe seines Falls, aber auch entschlossen, um jeden Preis die Chance für einen neuen Aufstieg zu suchen. Es warteten jedoch auf ihn, fern von Paris, sieben harte Jahre des Exils, fern von der Macht.

5. *Am Abgrund des Selbstzweifels*

Richelieu hatte im letzten Moment den Versuch unternommen, seine Abreise in die bedeutungslose Provinzstadt Blois mit einer Art Rückversicherungsvertrag zu versehen. Wie befürchtet, vollzog sich der Aufbruch Maria von Medicis wie ein Beerdigungszug – noch in der Bannmeile von Paris hatte das herandrängende Volk nicht mit verächtlichen Zurufen gespart, in Orléans wurden ihr zwar noch einmal die üblichen Ehren zuteil, aber in Blois hatte der Stadtrat beschlossen, die Kosten für einen feierlichen Empfang zu sparen. Auch das Schloß wies weder ausreichend Räume auf, noch waren diese hergerichtet, um die entmachtete Königinmutter mit ihrem zahlreichen Hofstaat aufzunehmen. Auf beengtem Raum begann auch sogleich das Intrigenspiel der ihr verbliebenen Gefolgsleute um die restliche Macht – je geringer diese, um so gnadenloser der Streit darum. Außer Richelieu umgaben Maria von Medici zwei weitere Bischöfe – Philippe Hurault, ihr Aumônier, und Dominique Bonzi, Bischof von Béziers, ein Italiener. Italiener waren zahlreich in ihrem Umfeld, von ihrem Kaplan Geromini bis zu ihrem Schneider Zoccoli. Mit dem Sekretär ihrer persönlichen Befehle, Monsieur de Villesavin, verband den Bischof von Luçon in kürzester Frist eine furiose Feindschaft um den Einfluß bei ihrer Herrin.

In der Gewißheit, daß Maria von Medici nur eine ungewisse Option für die Rückkehr zur Macht darstellte, der neue Günstling Luynes dagegen das volle Vertrauen des Königs und damit dessen ungeteilte Macht besaß, hatte sich Richelieu ihm sogleich zugewandt und demütig seine Dienste angeboten – die der Bespitzelung seiner Herrin. Bis ins Detail überwachte er sie: «Sie wollte an die Marschallin d'Ancre schreiben, denn ich habe erfahren, daß sie eines Abends eine ihrer Kammerfrauen ausschickte und beauftragte, Tinte und Papier zu beschaffen; aber es ist sicher, daß sie nicht geschrieben hat.»[1] Von der Beobachtung und Berichterstattung ging der Bischof von Luçon unmittelbar zur Bearbeitung der Königinmutter über – ganz wie es nur im Interesse ihres Sohnes sein konnte: «Ich verpfände mich beim König mit meinem Kopf, alle Kabalen, Machenschaften und Einseitigkeiten zu verhindern, und wenn ich es nicht vermag, verpflichte ich mich nicht nur dazu, ihm (dem König) davon Kenntnis zu geben, sondern es auch so zeitig zu tun, damit Abhilfe geschaffen werden kann.»[2]

Das Doppelspiel Richelieus blieb in Paris nicht unbemerkt, und Luynes, der zunächst dem Bischof von Luçon vertraut hatte, erkannte dessen skrupellose Dienstbereitschaft nach allen Seiten. Sogar der Nuntius Bentivoglio schrieb nach Rom: «Monsieur de Luçon ist niederträchtig, weil er zu geschickt ist.»[3] Déageant, der Organisator des erfolgreichen Staatsstreichs, der eine zentrale Stellung im Hintergrund der neuen Regierung einnahm, ließ Richelieu wissen, daß seine Doppelrolle ihn ins Zwielicht gerückt habe, was seine eigenen Freunde ihm als Alarmzeichen meldeten. Er wurde sich der Gefahr bewußt, zwischen zwei Positionen ins Leere der Unglaubwürdigkeit, ja des doppelten Verrats zu fallen, und glaubte doch, sich in der Balance zwischen den beiden so gegensätzlichen Parteien halten zu können: «Ich wußte sehr wohl um meinen dornenreichen Auftrag, bei der Königin zu bleiben, aber ich hoffte, mich mit so großer Unschuld und Ehrlichkeit zu verhalten, daß ich alle Nebel der üblen Nachrede, die sich gegen mich verschworen hatte, vertreiben würde.»[4] Er täuschte sich, indem er andere zu täuschen hoffte.

Denn am Hofe etablierte sich der König in unzweifelhafter Autorität, zwar geführt von Luynes, aber nun seinerseits entschlossen, die Regierungsgeschäfte wenigstens indirekt zu gestalten, wozu als erster Akt die Wiedereinsetzung der alten Minister Heinrichs IV gehörte, an ihrer Spitze Villeroy. Barbin, um dessen Begnadigung Maria von Medici so leidenschaftlich gebeten hatte, fand sich in der Bastille wieder, wohin auch Léonora Galigaï gebracht wurde, um auf ihren Prozeß zu warten. Zugleich blieb der Prinz de Condé dort inhaftiert, fürchtete man doch neue Ränke des ewigen Unruhestifters. Ludwig XIII war jedoch bereit, jene hohen Positionen und immensen Einkünfte Concinis, dazu dessen angehäuftes Vermögen – es betrug nicht weniger als 15 Millionen Livres, drei Viertel des jährlichen Staatshaushalts – direkt und vollständig auf seinen Günstling Luynes zu übertragen, der nun zur dominierenden Gestalt am Hofe aufstieg. Spöttisch bemerkte der Herzog de Bouillon: «Die Taverne ist dieselbe geblieben, nur das Namenschild hat gewechselt.»[5]

Glückhaft gestaltete sich für Frankreich die außenpolitische Lage, denn es gelang den königlichen Truppen in Oberitalien, die von Mailand aus operierenden und gegen Savoyen vordringenden Spanier zu einem ruhmlosen Rückzug zu zwingen. Im Frieden von Pavia mußte sich Madrid verpflichten, den *status ante* wieder herzustellen – ein Erfolg der französischen Diplomatie, der dem Minister Richelieu verwehrt geblieben war, dem aber nun der Bischof von Luçon nur Beifall spenden konnte. Da auch die Venezianer, die ihre Truppen über die Alpenpässe hatten ziehen lassen wollen, mit ihrem Kontrahenten Ferdinand von der Steiermark einen Kompromiß fanden, war dieser Konflikt sogar ohne Krieg gelöst worden – die Zufriedenheit darüber war europaweit.

Innenpolitisch vollzog sich ebenfalls eine glückliche Wende, die zugleich eine Rücknahme von Richelieus Politik darstellte. Waren die aufrührerischen Hochadligen von ihm in eine derartige Defensive gedrängt worden, daß nur noch der Herzog de Nevers mit Mühe seinen Widerstand aufrechterhalten konnte, so vollzog Ludwig XIII nun eine allgemeine Amnestie, die alle Prozesse und Urteile des Hochverrats aufhob. Geschickt versteckten die Großen des Landes ihren Aufruhr hinter ihrem Protest gegen den Ausländer Concini und vermochten in seinem Sturz auch einen Erfolg ihrer Obstruktionspolitik zu sehen. Doch diesmal war, im Gegensatz zur Regentschaft Maria von Medicis, ihre Rückkehr an den Hof nicht mit der Vergabe von Geldern und Rechten verbunden. Es handelte sich um ein stilles Arrangement ohne Gewinn für die hohen Herren, die nicht einmal erreichen konnten, daß der Höchstrangige von ihnen, der Prinz de Condé, aus der Bastille entlassen wurde. Aber ihre Anwesenheit bei Hofe verstärkte die Front der Gegner Richelieus, hatte er doch als Minister Concinis die Großen des Landes mit Waffengewalt fast vollständig unter die Autorität des Königs gezwungen – es war nun Zeit, an ihm Rache zu nehmen.

AM ABGRUND DES SELBSTZWEIFELS

Der Zwielichtigkeit seiner Doppelrolle bewußt und auch die Gefahr ahnend, die nur in der Verbannung in sein Bistum bestehen konnte, verschwand Richelieu am 11. Juni 1617 aus Blois, ohne jedes Aufsehen und ohne einen Brief an Maria von Medici. Ursache war, daß sein Bruder Henri ihm als Befehl des Königs gemeldet hatte, was er lieber freiwillig vollzog – auch wenn es nur ein falscher Alarm war. Doch am 15. Juni erging dann tatsächlich ein offizieller Brief des Königs an den Bischof von Luçon, sich umgehend in seine Diözese zu begeben und dort bis zum Empfang einer anderen Order zu bleiben: «Um daselbst die Pflichten seines Amtes zu erfüllen und die Gläubigen zu veranlassen, sich Gottes und meinen Befehlen zu fügen.»[6] Damit wußte Richelieu, daß er aus der Gunst des Herrschers gefallen war, was ihm nun erlaubt hätte, seine ungeteilte Loyalität in vielfältiger Aktivität zugunsten Maria von Medicis einzusetzen. Doch ihr gegenüber schwieg er hartnäckig, auch wenn sie ihm zahlreiche Briefe in sein geliebtes Coussay und eine Karosse nach Tours schickte, damit er schnell zu ihr zurückkehre.

Am anderen Ort fand jedoch dasselbe Spiel statt, das bereits verloren war. Erneut bot er Luynes seine Dienste an – übrigens mit der falschen Behauptung, Maria von Medici vor seiner Abreise informiert zu haben: «Ich bat die Königin, zu gestatten, daß ich mich zurückziehe, und ersuchte sie um fünfzehn Tage Urlaub. Sie wissen, wie alles geschehen ist sowie welches meine Ziele und Absichten sind, und ich bin sicher, daß alle meine Handlungen Sie in Kenntnis setzen werden, daß der Neid und die Wut von allen, die mir feindlich gesinnt sind, nicht das Geringste an einem Mann mit den besten Absichten wie ich ändern können. Man will, Monsieur, mich um meine Ehre bringen. Ich stelle mich unter Ihren Schutz, um nichts anderes zu erfüllen als den Dienst des Königs, der Königinmutter und Ihren.»[7]

Doch es war zu spät, das Vertrauen des Hofes hatte er verloren, ihm blieb nur das des Minihofes von Blois, von dem aus seine entmachtete Gönnerin immer erneut Briefe an ihren Sohn schickte – voll leidenschaftlicher Anklagen, die ihrem Schützling nur Schaden konnten: «Den Bischof von Luçon von hier zu entfernen, das beweist, daß man mich nicht länger als Mutter behandelt, sondern als

Sklavin.»[8] So blieb ihm nur, ihr wenigstens brieflich zu versichern, daß er ihr einziger, leidenschaftlicher Parteigänger sei: «Madame, die Tage, an denen ich Eure Majestät nicht sehen kann, sind mir Jahrhunderte, und die Hingabe («passion»), die ich Eurem Dienst entgegenbringe, erlaubt mir nicht länger meine Bezeugungen hinauszuzögern, daß ich, selbst wenn ich abwesend bin, nicht aufhöre, mir deren bewußt zu sein, wie ich es schuldig bin und wie auch Eure Güte mich dazu verpflichtet.»[9] Es war einsam um den Bischof von Luçon geworden.

In diesen Monaten des Umbruchs war schließlich ein Mann seines ungetrübten Vertrauens jenseits der Grenzen Frankreichs und mit einem Projekt in Europa unterwegs, das Richelieu eher fernlag: Der Père Joseph propagierte sein Projekt eines Kreuzzugs gegen die Türken. Ein seltsamer Zufall wollte es, daß ausgerechnet der Herzog de Nevers, der letzte hochadelige Gegner, gegen den Richelieu die königliche Armee in Marsch gesetzt hatte, dafür den Anstoß gegeben hatte. Charles de Gonzaga, Herzog de Nevers, war nicht nur Mitglied des französischen, sondern ebenfalls des europäischen Hochadels. In seinen Adern floß gleichermaßen italienisches, deutsches und griechisches Blut, und sein Vater war der Herzog von Mantua gewesen, während er mütterlicherseits aus einer griechischen Dynastie stammte, die den Thron von Byzanz mit mehreren Kaisern versorgt hatte. Die griechische Herrschaft war zwar schon 1453 mit Eroberung der Stadt durch die Türken verlorengegangen, aber auf dem Peloponnes und in den dortigen Gebirgslandschaften lebten immer noch Tausende von Griechen, die auf ihre Befreiung von der türkischen Herrschaft hofften. Diese hätte zugleich eine Rückkehr zum christlichen Glauben bedeutet, womit sich die weitreichende Perspektive abzeichnete, die dogmatische Einheit des Christentums zwischen Ost und West wiederherzustellen. An diesem Punkt trafen sich die Ziele des Herzogs de Nevers mit denen des Père Joseph, der mit dem Projekt eines Kreuzzugs gegen die Türken zugleich die Idee einer neuen Einigkeit der katholischen Länder Europas fördern wollte – sollten sie doch Seite an Seite in den Heiligen Krieg ziehen, nicht zuletzt Frankreich und Spanien unter Verzicht auf ihre langen kriegerischen Konflikte.

AM ABGRUND DES SELBSTZWEIFELS

Den beiden Initiatoren des Kreuzzugs, die sich bei den Friedensverhandlungen in Loudon von ihrem gemeinsamen Ziel gegenseitig überzeugt hatten, war jedoch bewußt, daß das Projekt nur mit Unterstützung des Papstes und des spanischen Königs gelingen konnte. So machte sich Père Joseph, der ständig in Kontakt mit Maria von Medici stand, solange sie noch an der Macht und die einflußreiche Förderin der katholischen Fraktion war, im Frühjahr 1617 auf den Weg nach Rom, wo er die Unterstützung von Papst Paul V fand, der jedoch darauf bestand, daß auch Madrid an dem Kreuzzug teilnehmen müsse. Als Père Joseph auf dem Weg dorthin in Turin anlangte, erfuhr er jedoch von dem Machtwechsel am französischen Hof und dem Machtverlust der Königinmutter, womit Frankreich als Förderer des Kreuzzugs ausfiel – das gewagte Projekt entfernte sich in den Bereich des Irrealen, und er kehrte nach Frankreich zurück. In Paris erreichte ihn ein Brief Richelieus, der sich nur widerwillig der Idee des Kreuzzugs geöffnet hatte, nun aber sein eigenes Projekt des politischen Aufstiegs in Trümmern sah und dringend nach jemandem verlangte, dem er volles Vertrauen entgegenbringen konnte: «Mon Père, ich will Ihnen mit diesem Brief beweisen, daß ich Vertrauen zu Ihnen habe, und obgleich wir uns mehr als anderthalb Jahre nicht gesehen haben, will ich Ihnen mit derselben Offenheit schreiben, als wenn wir uns nicht von der Stelle bewegt hätten. Ich bin in so großer Verzweiflung, daß ich Ihnen mein Herz öffne.»[10] Dazu war reichlich Gelegenheit, als der wortgewaltig predigende Kapuziner wieder den Westen Frankreichs und besonders das Poitou durchwanderte, wo die häretische Gefahr der Hugenotten von beiden gleichermaßen bekämpft wurde.

Die Spannung zwischen den beiden Konfessionen steigerte sich bis zur Gefahr eines neuen Religionskrieges, als Ludwig XIII per Ordonnanz darauf drang, daß die noch unter Heinrich IV an die Hugenotten gefallenen Kirchengüter im Béarn an die katholische Kirche zurückzuerstatten seien. Auch der katholische Kult sollte dort wiederhergestellt werden, was eine Generalversammlung des französischen Klerus beschloß. Sogar der Beichtvater des Königs, Père Arnoux, griff die Hugenotten mit Härte an, woraufhin die Pastoren von Charenton – der Kirche der Hugenotten von Paris –

mit einer heftigen Replik den Schutz des Königs suchten. Ludwig XIII aber zeigte sich nicht als friedenstiftender Schiedsrichter, sondern als strikter Schutzherr der Katholiken und verbot das Vorwort der Pastorenschrift per Beschluß seines Staatsrats.

Er gab damit dem in Coussay sich zunächst still verhaltenden Bischof von Luçon den Anlaß, sich seinerseits und natürlich einseitig zugunsten seiner Kirche und seines Königs in die Auseinandersetzung einzuschalten. In nur sechs Wochen entstand die Streitschrift «Verteidigung der Hauptpunkte des katholischen Glaubens gegen den Brief der vier Pastoren von Charenton». In der Hoffnung, neues Renommee zu gewinnen, weckte er am Hofe aber erneut die Rankünе seiner Gegner, die ihrerseits nicht untätig blieben, auch wenn der Zwangseremit von Coussay sich flehentlich an den König wandte: «Ich habe in meinem Haus gelebt, Gott um das Wohlergehen Eurer Majestät bittend und bestrebt, zwischen meinen Büchern eine meiner Konfession konforme Beschäftigung zu finden. Man hat mir stets bezeugt, daß es der Wille Eurer Majestät sei, daß ich nach einiger Zeit zur Königin, Eurer Mutter, zurückkehren würde. Es hat ihr selbst gefallen, mich wissen zu lassen, daß sie in dieser Sache voll Zuversicht sei: darüber habe ich die Ehre, Eure Befehle zu erwarten.»[11] Aber der König schwieg, und Richelieu versank in eine weitere seiner Krisen, die ihn in seiner Melancholie bis zu dem Gedanken führten, den Weg der Politik nicht weiter zu verfolgen, sondern statt dessen an seine theologischen Studien und seine Universitätskarriere anzuknüpfen, die er so glanzvoll begonnen hatte. Statt neuer Hoffnung auf ein positives Signal vom Hofe, erwartete ihn eine weitere Demütigung.

Luynes, der neue mächtige Mann, der jedoch stets darum kämpfen mußte, daß Ludwig XIII seine Gunst nicht einem neuen Favoriten gewährte, etwa dem jungen und stattlichen Bassompierre, der deshalb eilig als Botschafter nach Madrid geschickt wurde, war weiterhin bemüht, die Rückkehr der Königinmutter zu verhindern. Um sie in ihrem Rang abzuwerten und in Blois zu isolieren, schickte er den Baron de Modène, seinen Vetter, der zum engsten Kreis der Verschwörer des 24. April gehört hatte, mit einem Schriftstück an Maria von Medici, das ihr Bekenntnis enthielt, sie habe ihre siebenjährige Regentschaft schlecht ausgeübt. Sie verweigerte jedoch die Unterschrift, so daß Luynes einen anderen Weg finden mußte, um die Königinmutter in den Augen ihres Sohnes verdächtig erscheinen zu lassen.

Dafür wählte er ihren ehemaligen Minister Claude Barbin aus, der streng bewacht in der Bastille gefangengehalten wurde. Da Maria von Medici ihm Sympathie und Vertrauen entgegenbrachte, lockerte Luynes die strengen Vorschriften seiner Bewachung bis zu dem Grad, daß er mit der Außenwelt korrespondieren durfte. Das geschah alsbald in ausgedehnter Form, besonders mit Maria von Medici, und die gewechselten Episteln wurden sorgfältig kopiert, bevor sie ihre Adressaten erreichten. Die Offenheit der beiden Briefschreiber erlaubte Einsicht in die Pläne Maria von Medicis, die keineswegs bereit war, sich mit ihrer Isolation in Blois auf Dauer zufriedenzugeben. Im April 1618 legte Luynes dem König die kopierten Briefe vor, und Ludwig XIII glaubte sich einer weitverzweigten Verschwörung gegenüber, in deren Netz der Bischof von Luçon an zentraler Stelle eingebunden war. Auch wurde er verdächtigt, sich verkleidet an einem Ort sechs Meilen von Blois entfernt heimlich mit der Königinmutter getroffen zu haben – somit galt es, gegen ihn drakonisch vorzugehen.

Es entstand der Plan, ihn weit von Maria von Medici zu entfernen. Luynes plädierte zunächst dafür, ihn nach Rom zu schicken. Doch der König wählte als sein Exil Avignon, die päpstliche Enklave, worüber überrascht zu sein für Richelieu selbst kein Anlaß bestand, wie er später in seinen «Mémoires» schrieb, denn «er hatte stets von der Feigheit jener, die regierten, alle Arten von Unrecht, Barbarei und unsinniger Mißhandlung erwartet».[12] Da man in seinem Bruder Henri und in seinem Schwager Courlay zwei Spione in seinem Dienst vermutete, hatten auch sie sich nach Avignon zu begeben, wohin Richelieu in nur achtundvierzig Stunden nach Erhalt des königlichen Befehls aufbrach. Dort richtete er sich nahe dem Kloster der Minoriten in einem bescheidenen Gebäude ein, nunmehr auch gewärtig, von einem Prozeß bedroht zu sein. Wenig Fürsprache fand sich für ihn, wenigstens aber Ermutigung von seiten Papst Pauls V, der dem König das Recht bestritt, einen Bischof von der Herde seiner Gläubigen zu entfernen, aber nichts gegen die königlichen Befehle auszurichten vermochte und sich damit begnügen mußte, den Aufenthalt Richelieus in Avignon so komfortabel und auch würdig wie möglich zu gestalten.

Um auf einen Prozeß vorbereitet zu sein, schrieb Richelieu eine Verteidigungsschrift: «Caput apologeticum». Sie blieb jedoch ein Fragment von skizzierten Argumenten, etwa wenn es um die exzessiven Komplimente ging, die er der Königinmutter dargebracht hatte: «Wer hat jemals davon sprechen hören, daß die Höflichkeiten Verbrechen waren? Wenn es ein Verbrechen ist, wer ist davon ausgenommen? Welcher Adlige, welcher Offizier, welcher Prinz hat nicht diesen Fehler begangen?»[13] Natürlich habe er der Königinmutter gedient, was schließlich seines Amtes gewesen sei, aber er habe geglaubt, es stets in Einklang mit der Loyalität gegenüber dem König zu tun: «Niemals habe ich etwas getan, das ich nicht mit der Gewißheit meines Gewissens als vorteilhaft für den König gehalten habe, und ich kann vor Gott erklären, stets die größte Leidenschaft («passion») gehabt zu haben, ihm zu gefallen.»[14] Daneben vertiefte er sich auch in die Redaktion seiner Schrift «Belehrung des Christen» («Instruction du Chrétien»), womit er den Beweis erbringen wollte, sich nur seinem geistlichen Amt zu widmen.

Zu seiner politisch prekären Lage kam die Verdüsterung seiner familiären Verhältnisse. Sein Bruder Henri, der ihm ins Exil hatte folgen müssen – dessen Exil zudem durch ihn verschuldet war –, hatte seine schwangere Frau im Familienschloß zurücklassen müssen. Sie war dort von Gläubigern bedroht, denn der älteste der Richelieu-Söhne hatte wegen seines hohen Aufwandes bei Hofe die Schulden, die auf dem Schloß lagen, nicht verringern können, sondern noch gesteigert. Dann verlief die Geburt schwierig, das schwächliche Kind überlebte, die Mutter jedoch nicht. Das Ersuchen der drei Exilierten, zu ihrer Beerdigung Avignon befristet verlassen zu dürfen, ließ Luynes lange ohne Antwort, und als zwei Monate später auch das Kind starb, erhielten lediglich Henri de Richelieu und René de Pont-Courlay die Erlaubnis zur Abreise, nicht aber der Bischof von Luçon, obgleich er sich feierlich bereit erklärte, auf jede politische Tätigkeit zu verzichten, und sich gegenüber Ludwig XIII hoffnungsvoll zeigte: «Ich zweifle nicht, daß Eure Majestät meiner demütigen Bitte zustimmt.»[15] Er täuschte sich.

Die Enttäuschung darüber, nun allein in Avignon ausharren zu müssen, war so groß, daß er ernsthaft erkrankte. Das außerordentlich feuchte Klima zum Jahreswechsel verursachte mit Angina und Rheumatismus in seinem keineswegs gesunden Körper eine derart gefährliche Schwächung, daß er, obgleich erst vierunddreißig Jahre alt, sich dem Tod nahe fühlte und sein Testament machte – er war am Abgrund seiner Selbstzweifel angelangt. Seinen Kanonikern in Luçon teilte er mit: «Meine Herren, da ich nicht weiß, welchen Weg das Leben nimmt, und nicht vorauszusehen vermag, was mich persönlich betrifft, wie es Gott gefällt, über mich zu verfügen, läßt das Verlangen, die Welt nicht zu verlassen, ohne Ihnen ein Zeichen meiner Zuneigung gegeben zu haben, mich diese Zeilen schreiben, um sie in Ihre Hände zu geben für den Fall, daß ich des Vergnügens beraubt sein sollte, mich unter Ihnen zu befinden, bevor ich aus diesem Leben in das bessere jenseitige wechsele.»[16] Seine Bitternis steigerte sich bis zu dem Bekenntnis, daß «die Welt nichts als Täuschung ist»,[17] und mit großer Entschiedenheit vermachte er seine Silbergerätschaften, seine Ornatskleidung und seine drei Flandrischen Teppiche, was seinen gesamten Reichtum darstellte, seiner Kirche. Seinen Leichnam wollte er in der Kirche von Luçon bestattet wissen – in der Mitte unter dem Chor.

Währenddessen eskalierte in Blois eine Konspiration, die Maria von Medici raffiniert inszeniert hatte. Ludwig XIII schickte seinen Beichtvater mit einer Deklaration zu seiner Mutter, von der ständig vermutet und in die Öffentlichkeit kolportiert wurde, sie werde überraschend nach Paris flüchten und dort am Hofe ihren ranggemäßen Platz erneut besetzen. Die Deklaration, die zu unterzeichnen sie gebeten wurde, verpflichtete sie, «keinerlei Absicht zu haben, an den Hof zurückzukommen, außer wenn der König es befehlen sollte, und auch in allen anderen Angelegenheiten peinlichst («religieusement») seine Befehle zu beachten».[18] Damit wäre, wenn sie unterschriebe, die Gefahr ihrer Rückkehr in das politische Geschehen gebannt, und sie unterschrieb, allerdings in der Erwartung, daß nun ihr Sohn eine Geste der Großherzigkeit zu machen habe.

Diese Geste, wenn es denn kein ausgehandeltes Geschäft war, brachte ihr, die in dem Schloß über der Stadt streng bewacht wurde, eine neue Bewegungsfreiheit. Der Kordon der Wachmannschaften war gesprengt, und sie hatte das Recht, Blois zu verlassen, wann immer sie wollte.

Damit aber war ihr die Chance genommen, in einer grandiosen Aktion der Selbstbefreiung aus Blois zu flüchten – ein Spektakel, auf das sie in keinem Fall verzichten wollte. Es galt nun, das Arrangement so zu treffen, daß es einem politischen Fanal gleichkam. Zu diesem Zweck pendelte der Abbé Ruccelai, ein kleinwüchsiger Italiener, die Seele des Komplotts, der in Abwesenheit von Richelieu das Ohr der Königinmutter gefunden hatte, zwischen Metz und Blois hin und her. In Metz residierte der Herzog d'Épernon, der seit dem Tod Heinrichs IV ein enger Parteigänger Maria von Medicis war – seine politische Rolle war um so bedeutender, als er das Hauptkontingent der königlichen Truppen kommandierte. Er war bereit, mit seinem Beispiel ein Signal für die Unzufriedenheit der Großen des Landes zu geben, die in der Gestalt der angeblich ebenfalls unwürdig behandelten Königinmutter ihr dynastisches Oberhaupt finden wollten. Maria von Medici war also entgegen ihrer schriftlichen Verpflichtung entschlossen, mit Aplomb in die Politik des Landes zurückzukehren und dabei den Willen ihres Sohnes zu mißachten.

So fand sie denn statt, in der Nacht des 22. Februar 1619, die abenteuerliche Flucht Maria von Medicis aus dem Schloß Blois, und ebenso abenteuerlich gestalteten sich die Berichte darüber, bis hin zu dem gloriosen Tableau von Rubens, das sie wie eine Lichtgestalt aus der Düsternis von Kerker und Nacht hervorschweben läßt. Die Legende lieferte auch spannende und pikante Details: Als die wohlbeleibte Dame aus dem Fenster ihrer Gemächer stieg und die ersten Schritte auf einer Strickleiter abwärts tat, verfingen sich ihre Kleider in den Seilen, und sie glitt, da sie sich weniger fest an die Leiter als an ihre Schmuckkassetten klammerte, recht unsanft auf die Zwischenterrasse. Von dort sollte sie mittels einer weiteren Strickleiter das Schloßgelände verlassen, doch in ihrer Angst verweigerte sie jede Eigenaktivität und mußte in einem Bettlaken dreißig Meter über Geröll in die Tiefe gleiten, wobei sie eine Kassette verlor, die

Flucht Maria von Medicis aus Blois, Gemälde von Peter Paul Rubens, 1623, Musée du Louvre, Paris

ein Diener am nächsten Morgen fand. Begleitet und versteckt von einer Verschwörergruppe passierte sie die Brücke über die Loire und behauptete später, nicht ohne Vergnügen, von den im Morgengrauen in die Stadt auf den Markt eilenden Bauern mit dem Verdacht beehrt worden zu sein, als besonders begehrte Dame entführt zu werden. Derart Anekdotisches haben Generationen von Historikern fortgeschrieben, aber realiter vollzog sich ihr Verlassen des Schlosses über eine dortige Baustelle mit freiem Ausgang und ohne jedes Risiko. Gesichert ist auch, daß auf dem linken Loire-Ufer eine Karosse wartete, die sie umgehend nach Angoulême zu ihrem militärischen Verbündeten d'Épernon brachte.

Die Nachricht, daß Maria von Medici ihr inzwischen freiwilliges Exil verlassen und sich in den Schutz d'Épernons begeben habe, schlug wie eine Bombe am königlichen Hof ein und sorgte für ein finessenreiches Verwirrspiel. So erklärte Ludwig XIII als offizielle Version der Flucht, seine Mutter sei von d'Épernon entführt worden, und er sei bereit, militärisch gegen den Herzog vorzugehen: «Ich bin entschlossen, gegen Monsieur d'Épernon die volle Bestrafung anzuwenden, die er für eine Aktion dieser Art verdient, von der ich niemals geglaubt hätte, daß er die Kühnheit besäße, sie zu erwägen oder gar zu unternehmen.»[19] Maria von Medici durchkreuzte jedoch alsbald diese Sprachregelung, indem sie ihrem Sohn schriftlich mitteilte, aus freien Stücken geflohen zu sein, und zwar zu ihrem Schutz, aber auch zu seinem Vorteil, da sie sich bedroht gefühlt habe und auch das Ansehen des Königs bedroht wisse. Nur sie selbst vermöge ihm das Geheimnis und die politischen Hintergründe zur Kenntnis zu bringen: «Ich bin über den Zeitraum von einem Jahr von Ansinnen und allgemeinen Bitten innerhalb und außerhalb des Königreichs überschüttet worden, Monsieur meinen Sohn über die offenkundige Gefahr für seine Autorität zu informieren.»[20]

Es war der Versuch, von Ludwig XIII wenigstens in der Rolle einer politischen Ratgeberin wieder aufgenommen zu werden, und die Aktion selbst führte zwangsläufig dazu, daß sie diese Forderung nun mit der Drohung eines Bürgerkriegs verband – ja diesen sofort provozierte. Dem König blieb nur der Weg der Konfrontation, um die Rebellion zu ersticken. Aber seine Truppen unterstanden dem aufrührerischen Herzog, so daß eine völlig neue Armee rekrutiert werden mußte, schnell und von ausländischen Söldnern gebildet, was eine ebenso schnelle Bereitstellung von Finanzmitteln in Höhe von 3,6 Millionen Livres zur Voraussetzung hatte. Beschafft wurde die Summe durch die Wiedereinführung der Paulette – jener fragwürdigen Finanzquelle, die nach immer neuen Verlautbarungen des Königs abgeschafft werden sollte, es aber nie wurde.

Wie fein die politische Wetterfühligkeit Richelieus im fernen Avignon war, verrät die Kündigung seines Domizils zwei Wochen vor der Flucht der Königinmutter und nur eine Woche nach der Abfassung seines Testaments. Nun bot sich, wie er richtig kalkuliert hatte, die Chance, ins politische Spiel zurückzukehren, denn war er nicht der Mann, der das Vertrauen Maria von Medicis besaß und am ehesten bei ihr ein Einlenken zum Frieden erwirken könnte? Als seine Botschafter brachen der Abbé Bouthillier de la Cochère und der Père Joseph an den Hof auf, wo der ebenfalls realistisch rechnende Déageant ihren Vorschlag, Richelieu als Vermittler einzusetzen, aufgriff und davon auch Luynes und den König überzeugte. Viel verdorben werden konnte dadurch nicht, und die Möglichkeit, daß der Bischof von Luçon mäßigend auf die unter Rucellai zum Extrem drängenden Ratgeber Maria von Medicis einwirken könnte, verschaffte dem Unternehmen zumindest eine gewisse Erfolgsaussicht. Der Bruder des Père Joseph, Charles Leclerc di Tremblay, hatte die Botschaft nach Avignon zu tragen und legte die 700 Kilometer ohne Unterbrechung zurück. Nur zwei Stunden nach seiner Ankunft saß Richelieu seinerseits in einer Karosse, die ihn durch Schnee und Regen mühsam nach Angoulême brachte – es galt, das Fehlverhalten beim Sturz Concinis zu korrigieren.

Im Umfeld der Königinmutter weitete sich ihre Rebellion zu einem flächendeckenden Aufstand aus, denn d'Épernon begann in den von den Verschwörern beherrschten Gebieten mit dem Eintreiben der königlichen Steuern zugunsten Maria von Medicis – ein hochverräterischer Akt. Aber bald wurde ihr bewußt, daß sie sich mit der stetigen Entfernung von ihrem Sohn immer enger an die radikalen Berater ihres kleinen Hofstaates band, die nur die Konfrontation gegen den König als Option zuließen. Dabei verfügte die kleine Regierung in Angoulême nur über Truppen von 5000 bis 6000 Mann mit 800 Reitern, während ihr Sohn inzwischen ein Heer von 30 000 Mann und 6000 Reitern zusammengestellt hatte – das Risiko der militärischen Niederlage stieg unaufhaltsam. So war

Maria von Medici bereits von Zweifeln über die Richtigkeit ihrer Politik erfaßt, als Ende März der Bischof von Luçon bei ihr eintraf und bei ihrem Rat auf eine Mauer der Abwehr stieß.

Offiziell im Auftrag ihres Sohnes zu ihr gesandt, sah er sich bei der ersten Audienz ihrem eisigen Schweigen gegenüber, das keinen Zweifel über das Ausmaß ihres Mißtrauens zuließ. Mit großem Geschick hielt er auf Abstand zu den Befürwortern des Bürgerkriegs, indem er erklärte, «er habe nicht die geringste Absicht, sich in jene Affären einzumischen, die bereits beschlossen seien, weil es ihm vernünftig erscheine, daß die, die sie begonnen hätten, sie auch zur Vollendung bringen könnten».[21] Als er zusätzlich darlegte, es sei gar nicht sein Wille, in den Rat der Königinmutter aufgenommen zu werden, sahen dessen Mitglieder nun die größere Gefahr darin, ihn außerhalb der Verbindlichkeit ihrer Beschlüsse zu wissen, und er wurde zur Teilnahme aufgefordert. Er ließ sich bitten und willigte unter der Bedingung ein, den Sitzungen nur schweigend beizuwohnen – die Kaprice entwickelte sich zur Komödie.

Doch inzwischen waren als weitere Abgesandte Ludwigs XIII die Kardinäle Bérulle und La Rochefoucauld eingetroffen, die Maria von Medici eine schriftliche Versicherung ihres Sohnes überbrachten: «Ich lasse Sie wissen, Madame, durch die Personen von Stand und Würde und deshalb von um so größerer Glaubwürdigkeit, daß ich will und durchsetzen werde, daß Sie über ihre volle und uneingeschränkte Sicherheit verfügen können.»[22] Da ihr nun auch d'Épernon einen Kompromiß nahelegte, stimmte Maria von Medici Verhandlungen mit Richelieu als ihrem Wortführer zu, und die drei Kirchenmänner brachten umgehend einen Friedensvertrag zustande, der dem Land nicht nur den überall gewünschten Frieden erhielt, sondern auch der Königinmutter erhebliche Vorteile verschaffte. Sie erhielt das Gouvernement Anjou mit den Festungen Angers, Chinon und Pont-de-Cé, mußte dafür aber auf das Gouvernement der Normandie verzichten. Die von ihr angehäuften Schulden in Höhe von 1,8 Millionen Livres wurden vom König übernommen, der auch ihre aufständischen Mitverschwörer und ihren angeblichen Entführer d'Épernon amnestierte. Sie sollte zunächst in Angers ihre neuen Ländereien in Besitz nehmen, dann jedoch dem König an den Hof folgen. Doch eine ihrer Bedingungen hatte Richelieu nicht durchsetzen können – ihre Rückkehr in den königlichen Staatsrat.

Trotzdem war der Friede von Angoulême ein Triumph für den Bischof von Luçon. D'Épernon richtete an ihn «rückhaltlose Komplimente»,[23] selbst der in der Bastille einsitzende Prinz de Condé schrieb ihm, «um seine Dankbarkeit über die Dienste zum Ausdruck zu bringen, die er der Königin geleistet hatte».[24] Nun schien ihm der Augenblick gekommen, auch für sich selbst den Vorteil zu suchen, und er trug seiner wiedergewonnenen Gönnerin Maria von Medici den Wunsch vor, den Kardinalshut zu erlangen. Sie ersuchte den König um seine Zustimmung und erhielt sie, doch Luynes zeigte sich undurchsichtig und begann ein Doppelspiel – offiziell unterstützte er die Rangerhöhung des Bischofs von Luçon durch ein Schreiben an den Papst, zugleich beauftragte er aber den französischen Botschafter in Rom, den Papst darüber zu informieren, daß die Kardinalswürde für Richelieu politisch unerwünscht sei. Dieser, dem das trickreiche Treiben des königlichen Günstlings nicht verborgen geblieben war, geriet mit ihm in eine gnadenlose Feindschaft auf Gegenseitigkeit, die erst mit dem Tod von Luynes ihr Ende fand.

Die weitere Vergünstigung, die Richelieu nicht für sich, sondern für seinen Bruder Henri erlangen konnte, wandelte sich sogar in ihr Gegenteil eines tiefschneidenden Verlustes. Die Königinmutter ernannte den Bruder des Bischofs von Luçon zum Kommandanten von Angers, doch um diese hohe Position bewarben sich mehrere ihrer Gefolgsleute, darunter der Marquis de Thémines, der Sohn des Kapitäns der königlichen Garden, der den Prinzen de Condé verhaftet hatte. Derart in seinem Ehrgeiz verletzt, fühlte er sich verpflichtet, den Marquis de Richelieu zu einem Zweikampf herauszufordern, wozu ihn zusätzlich der Abbé Ruccelai aufforderte, der von Richelieu aus der Gunst Maria von Medicis verdrängt worden war – sie hatte ihn inzwischen zum Vorsitzenden ihres Rats berufen.

Der von Thémines herbeigewünschte Zufall ereignete sich im Juli 1619 in einer engen Gasse von Angoulême. Die Degen wurden schnell gezogen, der Marquis de Richelieu verwundete seinen Gegner leicht am Arm, doch dieser stieß in scheinbarem Fall direkt ins Herz seines Widersachers: «Niemals habe ich einen größeren Kummer erlitten als beim Tod dieses lieben Bruders. Mein eigenes Hinscheiden hätte mir nicht mehr Schmerz bereiten können. Die Trennung von Körper und Geist ist nicht ohne einen Kraftakt der Natur zu vollziehen, und die von zwei geistigen Wesen, die immer in enger Freundschaft gelebt haben, vollzieht sich nicht unter geringerem Leid.»[25] Der Tod seines ältesten Bruders bedeutete für den Bischof von Luçon auch das Erlöschen der männlichen Namenslinie, und seine Gegnerschaft gegen das Duell, das er schon in seinem Bistum bekämpft hatte, steigerte sich zu einer gnadenlosen Verfolgung dieser ihm vor allem deshalb sinnlos erscheinenden Zweikämpfe, weil sie das Land seiner besten Kämpfer beraubten.

Zunächst aber hatte sich der Bischof von Luçon um die völlig ungeordneten Finanzen seines Bruders zu kümmern, was nicht dadurch erleichtert wurde, daß er selbst in einer wirtschaftlichen Notlage war. Der Marquis de Richelieu war wie sein Vater hochverschuldet gestorben, und es erwies sich als unumgänglich, sogar sein Testament annullieren zu lassen, da darin großzügige Dotationen ausgesprochen waren, für die nicht die geringsten Mittel zur Verfügung standen. Auch sonst war Richelieus wirtschaftliche Umsicht für die gesamte Familie gefordert, und er erfüllte diese Verpflichtungen in steigendem Maße. Die vakant gewordene Position des Kommandanten von Angers fiel seinem Onkel Amador de La Porte zu, der einst für die Erziehung des jungen Armand Jean in der Akademie Pluvinel Sorge getragen hatte. Den Posten des Gouverneurs der Stadt konnte er an einen Mann vergeben, der ihm völlig ergeben war. Zusätzlich plazierte er nur Männer seines Vertrauens um Maria von Medici, was die Entfernung des Florentiners Abbé Ruccelai einschloß. Auch war es ihm gelungen, ihr Vertrauen so vollständig zu erobern, daß er ihre Briefe formulierte und ihr Siegel bewahrte. Doch ein letztes Ziel konnte auch er bei ihr noch nicht erreichen – sie verweigerte ihre Rückkehr an den Hof. Damit verwandelte sich der Frieden von Angoulême in einen unsicheren Waffenstillstand.

Zwar fand zur Versöhnung von Mutter und Sohn eine feierliche Zeremonie auf Schloß de Couzières, dem Besitz des Herzogs von

Montbazon nahe Tours, statt, wo der Frieden in Anwesenheit der Großen des Landes besiegelt wurde. Aber schon bald, als man sogar einige Wochen gemeinsam in Tours verlebte, wurden die ersten neuen Risse in der prekären Beziehung sichtbar. Maria von Medici sah sich in den Schatten gestellt durch ihre Schwiegertochter Anna von Österreich, die zu einer seltenen und kurzen Harmonie in ihrer ehelichen Beziehung mit Ludwig XIII fand. Es wurde gleichsam ihre Hochzeitsreise – der König widmete seiner Gemahlin viel Zeit, badete in der Loire und vergnügte sich bei der Jagd. Zudem verriet die kleinliche Vorsorge des Königs, alle Waffen und selbst das Pulver aus den Magazinen von Angers zu entfernen, bevor die Festung an die Mutter übergeben wurde, wie ungebrochen das Mißtrauen des Sohnes gegenüber seiner Mutter war. So trennte man sich in stiller Uneinigkeit – das junge Königspaar kehrte in die Hauptstadt zurück, Maria von Medici begab sich nach Angers, und Richelieu reiste in sein Bistum. Doch hatte er sein Schicksal nun an das der Königinmutter gebunden – nur über sie führte der Weg zurück an die Macht, und so war er im geheimen nicht unzufrieden mit ihrer Unzufriedenheit, ihren angemessenen Rang noch nicht wiedererlangt zu haben.

Die Ereignisse, die sich in Paris abspielten, waren geeignet, ihren Unmut zu vergrößern. Denn mit dem Frieden von Angoulême sollte eine weitere Staatsaffäre ihren Abschluß finden – der Prinz de Condé, den Maria von Medici wegen seiner permanenten Revolten hatte inhaftieren lassen, fand seine Freiheit wieder. Es war ebenfalls ein Akt der Amnestie. Doch der Favorit Luynes, der wider besseren Wissens verbreitet hatte, daß der Prinz allein auf Wunsch der Königinmutter so lange in Haft geblieben sei, tat noch ein übriges, um die Annäherung zwischen den beiden zu verhindern, indem er den König erklären ließ, er «habe gefunden, daß es nichts als schlechte Gründe bei denen gegeben habe, die zum Ruin des Staates auch den des Prinzen hinzufügen wollten, dessen Handlungen und Haltung stets nur zur Steigerung seiner Autorität und Größe beigetragen habe».[26] Nach diesem Affront sah es Maria von Medici als Kapitulation an, ohne Gegenleistung an den Hof ihres Sohnes zurückzukehren.

Damit war ausreichend Konfliktstoff angesammelt, um eine erneute kriegerische Kontroverse auszulösen, und Richelieu, der in Luçon Gefahr lief, den Einfluß auf seine Gönnerin zu verlieren, eilte nach Angers, wo die zum Krieg entschlossene Partei in ihrem Rat die Überhand gewonnen hatte. Diesmal war der Zulauf der Unzufriedenen des Hochadels viel größer, auch wenn die Motive um so kleinlicher waren wie das des Grafen de Soissons, der den Hof in Mißmut verlassen hatte, weil ihm das Recht, dem König beim Diner die Serviette zu reichen, nun genommen war, denn diese Aufgabe stand dem im Rang unmittelbar über ihm stehenden Prinzen de Condé zu, der diese Zeremonie nach der Freilassung erneut übernahm. Wieder sah sich Ludwig XIII vor die Notwendigkeit gestellt, die Waffen gegen seine eigenen Landsleute zu richten, doch diesmal war er trotz des Zögerns seines Günstlings entschlossen, sich selbst an die Spitze seines Heeres zu stellen.

Auch auf seiten der Königinmutter fand eine allgemeine Mobilmachung statt, und mit ihr beauftragt war Richelieu, gleichsam ein Rebell wider Willen, der nun wie einst gegen die aufständischen Adligen des Königs den Krieg gegen diesen selbst organisierte. Es geschah mit derselben Umsicht und Effizienz – vom Eintreiben der Steuern bis zur Versorgung der gerade ausgehobenen Truppen. In Paris traf Ludwig XIII sogar gegen die Mehrheit seines Staatsrats, aber in Abstimmung mit Condé die Entscheidung, unmittelbar gegen die Unruhestifter vorzugehen, und begab sich an die Spitze seiner Truppen von 6000 Mann und 400 Reitern. Der Marsch ging zunächst nach Norden, wo der Herzog de Longueville Rouen besetzt hielt, doch die Bürger öffneten ihrem König die Tore, und diese Form der kampflosen Niederlage setzte sich in Caen fort, wo die Bürger ihren Herrn, den Groß-Prieur de Vendôme, verjagten und dem König einen festlichen Empfang bereiten wollten, der jedoch nüchtern darauf verzichtete: «Ich verlange keinerlei Zeremonie, aber setzen Sie fort, mir gut zu dienen, und ich werde Ihnen ein guter König sein.»[27] Fast wie ein Kartenhaus brach der Aufstand in sich zusammen.

Erst vor Angers, wo Maria von Medici ihre aufständischen Vertrauten um sich gesammelt hatte, die sie zu heftigem Widerstand anstachelten, sich selbst aber in sicherem Abstand hielten, wollte Ludwig XIII endlich auch die Waffen zu einem veritablen Einsatz bringen, obgleich sein Günstling und Richelieu schon eifrig bemüht waren, über ein friedliches Ende des zweiten Krieges zwischen Mutter und Sohn zu verhandeln. So kam es bei Ponts-de-Cé zu einem «Scherz» (drôlerie») von Schlacht, wie die Zeitgenossen spotteten. Drei Stunden bekämpften sich beide Heere, doch die zahlenmäßige Überlegenheit der aufständischen Adligen schmolz schnell durch Aufgabe und Flucht dahin, und am Ende behauptete der junge König das Schlachtfeld, auf dem nicht weniger als 600 Tote zu beklagen waren. Nun galt es nur noch, in der Kapitulation dem König ein paar gnädige oder gar günstige Konditionen abzuhandeln.

Dazu begaben sich am Morgen nach der Schlacht die geistlichen Herren de Sourdis und der Bischof von Luçon zu Ludwig XIII, der ihnen wohlwollend und großzügig begegnete, damit es dem Schein nach weder Sieger noch Besiegte gab. Der Vertrag von Angoulême wurde erneuert und ergänzt. Wieder bezahlte der König die neuen Schulden seiner Mutter in Höhe von 300 000 Livres, und wieder kamen die Aufständischen in den Genuß einer Amnestie. Aber nun gelang es, die friedliche Koexistenz von Mutter und Sohn an ihre Rückkehr in den Staatsrat zu koppeln. Sogar die beiden Günstlinge sollten zu einer wenigstens formalen Friedfertigkeit finden, wofür ihre familiäre Verflechtung gewählt wurde – Monsieur de Combalet, ein Neffe von Luynes, würde Mademoiselle du Pont de Courlay, eine Nichte des Bischofs von Luçon, heiraten. Dieser band damit sein Geschlecht eng an das seines Gegners, der sich nun auch bereit erklärte, die Vergabe des Kardinalshuts an den Bischof von Luçon nicht länger zu hintertreiben. Doch das wichtigste Ergebnis war, daß Richelieu es verstanden hatte, seiner Gönnerin und damit sich selbst den Weg in den königlichen Staatsrat zu ebnen. Der Weg war noch weit, aber er führte direkt zurück an die Macht, und Richelieu war entschlossen, ihn, der seine zweite und wohl letzte Chance darstellte, konsequent zu Ende zu gehen.

6. *In Etappen zur Macht*

Nachdem Ludwig XIII in Pont-de-Cé die Wirksamkeit der Waffen erprobt und den Widerstand seines Adels gebrochen hatte, war er entschlossen, mit denselben Mitteln auch gegenüber den Hugenotten seine Autorität durchzusetzen. Man hat zu Recht von den «Religionskriegen Ludwigs XIII» gesprochen, die zehn Jahre dauerten und ihren siegreichen Abschluß erst im Fall von La Rochelle fanden. Doch zunächst galt es, das väterliche Béarn in den Katholizismus zurückzuführen, was schon Heinrich IV dem Papst versprochen hatte, um seine Absolution zu erhalten. Doch die Rekatholisierung des Béarn mit Waffengewalt war selbst im Staatsrat umstritten, denn Luynes und die alten Minister plädierten für Verhandlungen, während die katholische Fraktion am Hofe den Einsatz der Armee forderte – ihre wichtigsten Fürsprecher waren der Beichtvater des Königs, Arnoux, ferner Père Joseph, der an den Hof zurückgekehrt war, und Richelieu, der seinen Einfluß durch die nun über Sitz und Stimme im Staatsrat verfügende Maria von Medici geltend machte. Der König, dessen Recht als letzter Entscheidungsträger nicht in Zweifel stand, zögerte keinen Augenblick, galt es doch, die königliche Autorität auch und gerade gegenüber den religiös motivierten Autonomiebestrebungen uneingeschränkt zur Geltung zu bringen.

Im Herbst 1620 erreichte die königliche Armee Pau, und kein Widerstand erhob sich. Die Hugenotten hatten nicht erwartet, daß Ludwig XIII bis in den tiefen Südwesten seines Landes vordringen würde, und waren derart unvorbereitet, daß sie den Prozeß der Gegenreformation zunächst in passiver Unentschlossenheit an sich vollziehen ließen. Die Region, die durch die Thronbesteigung Heinrichs IV an Frankreich gefallen war – Navarra und Béarn waren lange ein unabhängiges Königreich zwischen Frankreich und Spanien gewesen, das sich jedoch bereits 1512 den größten Teil, Navarra jenseits der Pyrenäen, einverleibt hatte –, war fünfzig Jahre lang vom Glauben der Reformation geprägt worden. Die katholischen Kirchen waren konfisziert und die katholischen Geistlichen außer Landes getrieben worden, nun aber etablierte der König seine Kirche dort neu. Ein Kloster der Kapuziner wurde gegründet – der Orden des Père Joseph war schließlich dem Missionsauftrag verpflichtet –, und ein Collège der Jesuiten sorgte für die seinerzeit modernste Ausbildung der Kinder von Adel und Administration. Auch eine politische Neuordnung vollzog der König mit einem Parlament in Pau, das für gesicherte Rechtssprechung sorgen sollte. Nachdem er triumphal nach Paris zurückgekehrt war, schien das Hugenotten-Problem gelöst – es war jedoch erst der Anfang eines langen Konflikts.

Denn die um ihre Autonomie gebrachten Béarner schickten eine Delegation nach La Rochelle, wo eine Versammlung ihrer Glaubensvertreter zusammentrat, allerdings ohne die Zustimmung des Königs, womit die Aktion sich bereits im Raum der Illegalität bewegte. Doch noch riskanter für die königliche Autorität waren deren Beschlüsse, darunter der, mit einer unabhängigen militärischen Organisation einen veritablen Staat im Staat zu errichten. Auch an die ausländischen Mächte, besonders England und Holland, wurden Hilfeersuchen gerichtet. Und an den eigenen König wurde die Botschaft gesandt, daß seine im Béarn vollzogenen Maßnahmen mit dem Edikt von Nantes unvereinbar und deshalb ungesetzlich seien. Man ging bereits dazu über, in den von den Hugenotten dominierten Gebieten die Steuern einzutreiben. In einer weiteren Versammlung der Hugenotten von Saumur kam es sogar zu einer eigenen Staatsgründung, der Republik der Reformierten, deren Führer der Herzog de Rohan wurde. Schließlich wäre er über Isabelle d'Albret, die Tochter von Jean d'Albret, König von Navarra und Erbe der Krone von Navarra und Béarn, wenn die Kinder Heinrichs IV ohne Nachkommen blieben. Und Ludwig XIII war bisher kinderlos und sollte es noch lange bleiben.

Während sich der Konflikt um den Jahreswechsel zunehmend einem offenen Bürgerkrieg näherte, vollzogen Luynes und Richelieu ihrerseits einen finessenreichen Stellungskrieg, dessen Streitobjekt das Verlangen des Bischofs von Luçon nach dem Kardinalshut war.

Grundlage war die Vereinbarung im Vertrag von Angers, daß Richelieu diese kirchliche Erhöhung zuteil werden sollte, was einen Antrag an den Papst verlangte – in offizieller Form wurde Ludwig XIII tätig, und entsprechend wurde auch der französische Botschafter in Rom instruiert. Richelieu glaubte seine Sache nahe eines erfolgreichen Abschlusses, zumal seine familiäre Verflechtung mit Luynes eine Basis der gegenseitigen Achtung und Interessenabstimmung zu gewährleisten schien: «Die Versöhnung ist vollständig. Ich glaube, daß sie, weil die Vernunft sie geschaffen hat, auch halten wird. Wir haben in der Hoffnung eines vollkommenen Einverständnisses gelebt, das heißt eines wechselseitigen Vertrauens und in der Gewißheit, daß keiner einen Schaden seinem Partner zuzufügen wünsche.»[1] Um diese fragile Harmonie nicht zu gefährden, verhielt sich Richelieu konform zu allen Aktionen der Regierung, deren Beschlüsse Luynes maßgeblich bestimmte.

Doch der Günstling Ludwigs XIII sah in dem Bischof von Luçon weiterhin seinen gefährlichsten Gegenspieler und begann seinerseits ein Doppelspiel, wie jener es ihm gegenüber am Hofe Maria von Medicis getrieben hatte. Während er Richelieu mit schmeichlerischen Briefen überhäufte, ließ er im Dezember 1620 den Nuntius Bentivoglio wissen: «Wenn man ihn zum Kardinal ernennt, ist es gut, wenn man ihn nicht ernennt, ist es besser.»[2] Damit der Gesandte des Papstes nicht in Zweifel geriet, welches der eigentliche Wille des Königs sei und wie dessen Herr richtig zu reagieren habe, weihte er ihn in seine Doppelstrategie ein: «Der König hat Monsieur de Luçon für den Kardinalshut vorgeschlagen. Die Königinmutter schwärmt derart von dieser Idee, daß man ihr eine Zurückweisung nicht zumuten kann. Aber unter uns, damit Sie es richtig verstehen, dieser Vorschlag ist eine reine Formalität. Selbst unser Botschafter in Rom weiß es nicht und soll auch die wahre Absicht nicht wissen. Wir lassen ihn auch die diesbezüglichen Demarchen machen, aber Sie, da Sie nun die Wahrheit wissen, können an den Heiligen Stuhl schreiben: der König möchte um jeden Preis diese Ernennung verhindern.»[3] In Rom hatte man Mühe, das gegenläufige Agieren des französischen Hofes richtig zu interpretieren, doch es gelang, und schließlich hatte Papst Paul V auch eigene Gründe, sich ablehnend zu zeigen, hatte doch der Bischof von Luçon selbst die Hugenotten im zweiten Krieg zwischen Mutter und Sohn gegen den König zum Einsatz gebracht. So ernannte er von den zwei vorgeschlagenen Kandidaten – dem Bischof von Toulouse, La Valette, und dem Bischof von Luçon – nur den ersteren. Die Enttäuschung Richelieus war groß, die der Königinmutter grenzenlos. Es galt zu warten.

Während Frankreich in den innenpolitischen Konflikt mit den Hugenotten verstrickt war, hatte sich seit 1618 ein großes internationales Kriegstheater aufgebaut, und Richelieu beobachtete mit Sorge, daß sein Land dabei keine glückliche Rolle spielte und eher hilflos auf die Ereignisse reagierte. Der Dreißigjährige Krieg hatte in Deutschland begonnen, als nach dem Fenstersturz der beiden katholisch-kaiserlichen Gesandten Jaroslav Martinitz und Wilhelm Slavata aus der Burg von Prag die böhmischen Protestanten den protestantischen Kurfürsten Friedrich V von der Pfalz die Krone des Landes anboten und sie dem traditionellen Prätendenten, dem Erzherzog Ferdinand von der Steiermark, verweigerten. Mit dem Thronerben in Österreich, als dieser noch in Konflikt mit Venedig geraten war, hatte sich Richelieu auseinanderzusetzen gehabt, doch nun stieg dieser Mann mit der Wahl in Frankfurt am Main als Ferdinand II zum deutschen Kaiser und damit zur dominierenden Gestalt im Deutschen Reich auf. Bedroht von dem Verlust Böhmens, eines Kronlandes der kaiserlichen Macht in Wien, hatte Ferdinand II auch die Unterstützung oder wenigstens die Neutralität Frankreichs gesucht, als sich der frontenreiche Krieg zwischen den katholischen und protestantischen Mächten abzeichnete.

Ludwig XIII, geführt von Luynes und seinem überalterten Staatsrat, hatte sich zur positiven Überraschung Ferdinands II in die Front der Gegenreformation eingereiht und seine Waffenhilfe in Aussicht gestellt, verlief doch die Linie der protestantischen Verbündeten von den eigenen Hugenotten über die englischen Protestanten und die holländischen Calvinisten bis zu den protestantischen Kurfürsten von Brandenburg, Sachsen und eben Friedrich V von der Pfalz. Doch dann hatte die französische Diplomatie die Gefahr erkannt, im Machtspiel der Habsburger in die Rolle einer bloßen Marionette zu geraten. So wurde zwar eine Hilfsarmee nach Ulm geschickt, nun aber mit dem Auftrag, als neutrale Macht den Frieden zu retten – ein Vermittlungsauftrag, der zu dem scheinbaren Erfolg führte, daß die kriegerischen Auseinandersetzungen auf Böhmen beschränkt bleiben sollten und daß alle anderen Mächte, nicht zuletzt die protestantischen Landesfürsten in Deutschland, zu keinerlei Hilfe für Böhmen berechtigt seien.

Dieser Friede im Reich war ein Freibrief für Ferdinand II, mit aller Macht und nicht zuletzt unterstützt vom bayerischen Kurfürsten Maximilian gegen Prag zu marschieren, wo die Schlacht am Weißen Berg am 8. November 1620 eine vernichtende Niederlage für den «Winterkönig», Friedrich von der Pfalz, brachte. Spanien, das sich vertraglich an Wien gebunden hatte, schickte daraufhin seinen General Spinola in die rheinische Pfalz, die vollständig besetzt wurde. Ferdinand II konnte nun zur militärischen Variante der Gegenreformation im Deutschen Reich schreiten, und gemeinsam war die Rückeroberung der protestantischen Vereinigten Republik der Niederlande in Aussicht genommen, womit sich der Ring der Habsburger erneut und enger um Frankreich geschlossen hätte. Eine sich davon befreiende Politik, wie sie von Franz I bis Heinrich IV betrieben worden war, war nicht mehr möglich – Frankreich war unter Luynes' dilettantischer Außenpolitik in eine Falle gegangen.

Auch an der entscheidenden Naht- und Bruchstelle des Habsburger Ringes mußte die Diplomatie Ludwigs XIII eine demütigende Niederlage hinnehmen. Ein spanisches Heer war von Mailand aus, ebenfalls unter dem Vorwand, die katholische Religion zu verteidigen, ins Veltlin einmarschiert, dessen katholische Bewohner jedoch in der politischen Abhängigkeit des protestantischen Graubünden standen. Philippe IV verständigte sich mit seinem Schwager Ludwig XIII im Vertrag von Madrid, die Unabhängigkeit des Veltlin wiederherzustellen und den Graubündnern die Herrschaft über dieses Gebiet zurückzuerstatten. Doch die Übermittlung des Vertrags aus der spanischen Hauptstadt ins Kriegsgebiet nahm einige Zeit in Anspruch, die der Mailänder Gouverneur, der Herzog de Feria, nutzte, um auch Graubünden zu besetzen, nachdem dessen Aufstand gegen die spanische Usurpation blutig niedergeschlagen worden war. Im Vertrag von Mailand mußten die Graubündner auf ihre

Souveränität über das Veltlin verzichten, womit der strategische Weg von Oberitalien nach Deutschland für die spanischen und österreichischen Truppen frei war. Auch hier schloß sich der Habsburger Ring, den Heinrich IV offenzuhalten gewußt hatte, und als Papst Paul V einen letzten Versuch machte, Philipp IV an seine Verpflichtungen des Vertrags von Madrid zu erinnern, scheiterte er vor allem daran, daß Frankreich keinerlei außenpolitische Initiative zeigte – es war innenpolitisch gebunden.

Denn im Frühjahr 1621 traf Ludwig XIII die folgenschwere Entscheidung, unter Vernachlässigung der außenpolitischen Interessen seines Landes den inneren Frieden mit militärischen Mitteln endgültig zu erreichen – also gegen die aufbegehrenden Hugenotten vorzugehen. Es war zugleich der Zeitpunkt, da sein Favorit Luynes im Zenit der Gunst und damit auf dem Höhepunkt seiner Macht stand. Der Grad seiner Bereicherung war nicht zuletzt deshalb extrem gestiegen, weil er nach dem Vermögen Concinis, das der König ihm vollständig übertragen hatte, mit juristischen Tricks auch nach dem kaum geringeren der Galigaï gegriffen hatte. In diversen Prozessen steigerte er die Anklage von Einmischung in die Staatsgeschäfte über Hochverrat bis zu Zauberei, um endlich das gewünschte Todesurteil zu erhalten, das sie auf den Scheiterhaufen führte und ihm ihre immensen Reichtümer zufallen ließ. Auch sämtliche Titel waren ihm übertragen worden, und den des Herzogs d'Ancre, der inzwischen schlecht beleumdet war, ließ er in den des Herzogs de Luynes umbenennen. Es fehlte lediglich die Einheirat in eine der großen Familien, und sein Ehrgeiz trieb ihn, um Mademoiselle de Vendôme zu werben, eine illegitime Tochter von Heinrich IV und Gabrielle d'Estrées, die jedoch hochmütig die Mesalliance von sich wies. Er wurde jedoch in hohem Maße entschädigt, als er Marie de Rohan heiratete, die Tochter des Herzogs de Montbazon und eine der verführerischsten Damen des Hofes, schön und geistvoll bis zur politischen Ambition, die zur engsten Vertrauten von Anna von Österreich aufstieg und nach dem Tod ihres ersten Gemahls als wiederverheiratete Madame de Chevreuse zahlreiche Männer an sich zu ketten verstand. Sie wurde zur gefürchteten Gegnerin des späteren Kardinal-Ministers.

Nun, zu Beginn des Feldzugs gegen die Hugenotten, strebte ihr Gemahl nach dem höchsten militärischen Rang – dem des Konnetabel. Ludwig XIII zögerte lange, da sein Favorit kaum über Kenntnisse in der Kriegskunst verfügte, gab aber auch diesmal nach. Er stellte ihm jedoch den erfahrenen Marschall und Gouverneur der Dauphiné, Lesdiguières, an die Seite, einen Hugenotten, womit bereits sichtbar wurde, daß dieser Krieg politischen und nicht religiösen Charakter hatte oder zumindest haben sollte. D'Épernon wurde mit einer Armee nach La Rochelle geschickt, über das eine Blockade verhängt wurde, die jedoch nur zu Lande gelang, da das Meer den Hugenotten offenblieb.

Der erneute Feldzug in den Südwesten des Landes begann zunächst erfolgreich. Nach einer Beschießung kapitulierte Saint-Jean d'Angély, und Ludwig XIII glaubte sich «auf dem Weg, König von ganz Frankreich zu werden und nicht eher zu einem Ende zu gelangen, als bis die Bestrafung der Rebellen vollständig»[4] sei. Doch der Vormarsch der königlichen Hauptarmee unter dem neuernannten Konnetabel kam schließlich, nachdem sich auch der Widerstand kleinerer Städte verstärkt hatte, vor Montauban zum Stillstand, das belagert wurde. Die Belagerung zog sich hin, da der Herzog de La Force die Stadt geschickt verteidigte und der Herzog de Rohan die Unterstützung in der umliegenden Region organisierte. Ein Überraschungsentsatz mit Versorgungsgütern gelang, während vor den Mauern die königlichen Truppen zahlreiche Opfer der Ruhr zu beklagen hatten. Auch die Hugenotten in La Rochelle verhielten sich keineswegs nur defensiv – sie kaperten zwei Kriegs- und zwanzig Handelsschiffe des Königs und wagten sogar einen Angriff auf den königlichen Konkurrenzhafen Brouage, den sie zwar nicht zu erobern vermochten, dessen flache Fahrrinne sie aber mit versenkten Schiffen blockierten. In dieser prekären Situation entschloß sich Luynes, auf dem Verhandlungsweg zu einer Friedensregelung zu kommen, und schaltete als Vermittler Mylord Hay, den außerordentlichen Botschafter Englands, ein – eine peinliche Demütigung für Ludwig XIII, der zunehmend das Vertrauen in seinen Günstling verlor. Richelieu, der Maria von Medici früh veranlaßt hatte, das königliche Heer zu verlassen und sich nach Tours zurückzuziehen, um ihre

Mißbilligung gegen den Feldzug zum Ausdruck zu bringen, stieg schon zum Geheimkandidaten für die Nachfolge von Luynes auf – sogar der Beichtvater des Königs, Père Arnoux, wandte sich ihm zu, was Luynes, als er davon erfuhr, veranlaßte, in einem letzten Kraftakt bei Ludwig XIII die Entlassung des Geistlichen zu erzwingen.

Der Herzog de Rohan zog die Verhandlungen mit Mylord Hay in die Länge und ließ sie dann scheitern. Luynes, den Ludwig XIII schon verlassen hatte, um sich nach Toulouse zu begeben, war gezwungen, die Belagerung aufzugeben – ein Rückzug, den Ludwig XIII nur schwer ertrug. Sein Favorit, dessen Feinde im Umfeld des Königs immer zahlreicher wurden und der deshalb dringend einer Aufwertung seines beschädigten Rufes bedurfte, belagerte die kleine Stadt Monheurt am Ufer der Garonne, die am 12. Dezember kapitulierte. Sie wurde in Brand gesteckt, und ihre Bewohner fanden zur weiteren Unehre der königlichen Armee in einem Massaker den Tod. Noch im dortigen Feldlager hatte Luynes hochmütig in einem Brief erklärt: «Ich fürchte weder diese Frau (Maria von Medici) noch ihre Ansprüche (die Protektion Richelieus), denn der Mann (Ludwig XIII) fürchtet mich derart, daß er nichts unternehmen kann, was ich nicht weiß. Nach der Einnahme von Monheurt werde ich Frieden schließen und mich so gut zu stellen wissen, daß ich nichts mehr zu fürchten habe.»[5] Doch zwei Tage später ereilte ihn der Tod – er wurde ein Opfer des Typhus.

Der Tod des allmächtigen Günstlings befreite den König von einer sich selbst auferlegten Fessel, womit auch eine zunehmende Annäherung an seine Mutter möglich wurde. Offiziell lautete seine Erklärung, «daß der Wunsch der Königin (ihre Anwesenheit im Staatsrat) erfüllt würde und daß er zukünftig weder einen Favoriten noch einen Konnetabel haben werde, vielmehr selbst in den Geschäften seines Staates tätig sein würde».[6] Aber sowohl ihm wie seinem Kanzler Sillery und dessen Sohn, seinem Außenminister Puisieux, war bewußt, daß es nicht nur darum ging, seine Mutter in den Staatsrat zurückkehren zu lassen, sondern damit auch jenem Mann die Tür zur Macht zu öffnen, der hinter ihr stand und fähig sein würde, sie nach seinem Willen wie eine Figur auf dem Schachbrett hin- und herzuschieben.

Richelieu, Gemälde von Philippe de Champaigne, 1635, Musée du Louvre, Paris

IN ETAPPEN ZUR MACHT

Der päpstliche Nuntius ging in seiner Analyse noch einen Schritt weiter – realistisch in seinem Weitblick: «Hinsichtlich der Königinmutter hat der König den Verdacht, daß sie ihn wie zu Zeiten Concinis unterjochen wolle. Da man an ihrer Seite den Bischof von Luçon sehe, kann man befürchten, daß er zu weit seinen Einfluß ausübt: denn sein Verstand ist so gemacht, daß er in der Lage ist, Mutter und Sohn zu beherrschen.»[7] So war es weniger Eitelkeit als Besorgnis, daß Richelieu sich selbst als Hindernis für seinen Aufstieg erkennen mußte – wenigstens in der Sicht der Minister des Königs: «Sie erkannten in mir eine gewisse Kraft des Urteilens, sie fürchteten meinen Geist und ebenfalls, daß der König, wenn er mich genauer zur Kenntnis nähme, mir die Hauptsorge seiner Geschäfte anvertrauen würde.»[8] Es galt vorerst, den alten Fehler des offen gezeigten Ehrgeizes zu vermeiden und sich in Geduld zu fassen.

Ludwig XIII aber sah, daß sich für den gefährlich intelligenten Mann hinter seiner Mutter die Möglichkeit einer kompensierenden Ablenkung bot – der Kardinalshut. Richelieu hatte zudem auch diese Karriere nie aus dem Auge verloren, vielmehr seine kirchenpolitische Basis ständig erweitert. Er pflegte intensiven Kontakt mit dem mächtigen Kardinal du Perron und war zu einem Direktor («proviseur») der Sorbonne aufgestiegen, was ihm sowohl die Teilnahme an allen theologischen Kontroversen wie auch die Rekrutierung wichtiger Helfer erlaubte – dieses Amt sollte er lebenslang mit besonderer Aufmerksamkeit ausüben. Nach dem Tod von Luynes war der Weg frei, in Rom mit einem einzigen Vorschlag ohne Hinterhalt den Kardinalshut für den Bischof von Luçon zu fordern, und der neue Papst Gregor XV zeigte sich willig, so daß sich am 5. September 1622 endlich vollzog, was Richelieu auf die höchste Stufe der kirchlichen Hierarchie Frankreichs hob. Sein ihm lebenslang treuer Diener Desbournais brachte die Stimmung des gesamten Clans, der sich um den Bischof von Luçon ständig vergrößerte, zum Ausdruck: «Wir sind Kardinal! Wir sind Kardinal!»[9] In seinem Dankschreiben an Ludwig XIII versäumte Richelieu nicht, sich zugleich für jede nur denkbare Aufgabe zu empfehlen, indem er «versicherte, viel lieber nicht zu leben als darin zu fehlen, sein Leben und seine Würde in seinem (des Königs) Dienst einzusetzen».[10] Als er danach den Kardinalshut Maria von Medici zu Füßen legte und ihr versicherte, ihn einzig ihr zu verdanken, war wenigstens soviel Aufrichtigkeit im Spiel, als er vorerst nur an ihrer Seite sich in kleinen Schritten der Macht nähern konnte.

Ludwig XIII zögerte auch im Jahr 1622, den Mann hinter seiner Mutter als Minister in seine Dienste zu nehmen. Der Kanzler Sillery sah jedoch zunehmend ein Risiko darin, Maria von Medici vom Staatsrat fernzuhalten, da es ihr erlaubte, in aller Öffentlichkeit die Politik ihres Sohnes zu kritisieren und damit erneut die Opposition im Land zu ermutigen. So wurde sie offiziell um ihr Votum in der Veltlin-Frage gebeten, die dringend einer Lösung bedurfte, da Spanien sich zunehmend in den Alpenpässen festsetzte. Was sie vorschlug, war nichts anderes als die Position Richelieus: «Es ist notwendig, die Spanier zu veranlassen, ihr gegebenes Wort zum Veltlin-Problem zu halten. Es ist sehr notwenig für die Größe und das Ansehen des Königs, nicht derart in seinem Königreich eingeschlossen zu sein, daß er nicht mehr Tür mehr hat, um hinaustreten zu können.»[11] Damit waren nicht nur die beiden politischen Forderungen gestellt – Respektierung des Vertrags von Madrid, also Rückzug der Spanier aus den Alpen, und Überwindung der Einkreisung Frankreichs an seiner Ostgrenze durch die beiden Habsburger Mächte –, sondern Richelieu hatte Ludwig XIII auch die Maximen eines großen Königs suggeriert, die ihm in seinem versteckten Ehrgeiz nur willkommen sein konnten – *grandeur* und *réputation*.

Doch der König wollte zunächst das Problem der aufbegehrenden Hugenotten im Südwesten des Landes lösen, und so zog das königliche Heer mit ihm an der Spitze im Frühjahr 1622 ein weiteres Mal in Richtung Montauban, obgleich Maria von Medici, nunmehr in den Staatsrat aufgenommen, gegen den Feldzug protestierte – sie besaß dort nun Stimme, aber kein Stimmrecht. Im Juni eroberte das königliche Heer Nègrepelisse, nur wenige Kilometer von Montauban entfernt, wo in einem Massaker sämtliche Bewohner niedergemacht wurden. Doch eine erneute Belagerung der Stadt vermied der König und wandte sich ins Languedoc, wo ein Angriff auf Montpellier unternommen wurde. Trotz zahlenmäßiger Überlegenheit der königlichen Truppen wußte der Herzog de Rohan die Verteidigung aber so geschickt zu gestalten, daß die Einnahme unmöglich wurde. Es kam zu Verhandlungen, und im Oktober wurde der Friede von Montpellier geschlossen, der den Hugenotten zwar das Recht auf politische Versammlungen verweigerte, ihnen aber die Rechte des Edikts von Nantes bestätigte und ihnen zwei befestigte Plätze beließ – Montauban und La Rochelle. Die Führer der Hugenotten sahen sich zusätzlich für ihre «Aufwendungen» entschädigt, der Herzog de Rohan mit nicht weniger als 450 000 Livres. Tausende von Toten und verwüstete Landschaften hatten nur zu einem vagen Kompromiß geführt – die definitive Stellung der Hugenotten blieb ungeklärt.

Währenddessen waren die Habsburger dazu übergegangen, ganz Graubünden zu besetzen, und der Vertrag von Lindau sah dessen Annexion durch Österreich vor. Obgleich seine Generäle Lesdiguières und Schomberg Ludwig XIII drängten, seine Truppen im Veltlin zum Einsatz zu bringen, wo die Passage von Madrid nach Wien und zurück zum Boulevard der Frankreich einschließenden Mächte geworden war, zögerte der König. Seine Minister scheuten jeden Konflikt mit ausländischen Mächten, so daß Richelieu spottete: «Das Alter der Minister ist so groß, daß sie, die die Länge der Reise fürchten, die sie unternehmen müßten, nur Ratschläge geben, die der Schwäche ihres Alters entsprechen.»[12]

In welchem Maße sich Ludwig XIII nach dem Tod seines Günstlings Luynes vereinsamt und ohne Orientierung für seine politischen Entscheidungen fühlte, verriet sich an den seltsam kindischen Spielen und auch bösartigen Ablenkungen, denen er sich hingab und die ihn in den Ruf brachten, nicht Herr seiner geistigen Kontrolle zu sein. So schoß er in den Gärten der Tuilerien auf Spatzen, ohne auf die dortigen Spaziergänger zu achten, und steigerte dieses fragwürdige Vergnügen bis zu einem Schuß, dessen Bleikugel in der Frisur Annas von Österreich landete. Hatte er auf sie gezielt? Selbst wenn es nicht der Fall gewesen war, es war nur das äußere Zeichen dafür, daß auch seine Ehe ruiniert war. In Anna von Österreich, die voll Zorn über das Gebaren ihres Gemahls war, fand er auch nicht ein menschliches Wesen, dem er vertrauen konnte, obgleich er danach dringend verlangte.

Die Staatsgeschäfte trieben unentschieden dahin, doch im Dezember 1623 veränderte ein Eklat die personelle Konstellation im königlichen Kabinett. Die dominierenden Mitglieder des Staatsrats Sillery und Puisieux hatten als ihre Kreatur den Marquis de La Vieuville im Kabinett plazieren können. Er löste den redlichen Finanzminister Schomberg ab, der, wie sich bald zeigte, ein zu großes Risiko für sie hätte werden können. La Vieuville, ein erfahrener Soldat, brachte keinerlei Voraussetzung für das Finanzressort mit, war aber Großer Falkner der Krone, in welcher Rolle er den König ständig begleitete – es war auch die Ausgangsposition für Luynes gewesen. Doch La Vieuville wandte sich wider Erwarten ernsthaft seinem Amt zu und entdeckte, daß erhebliche Summen aus der Staatskasse auf fragwürdige Weise abflossen. In den Rechnungen, die der Staat zu zahlen hatte, standen Soldaten, die gar nicht existierten, und Munition war angeblich gekauft worden, die ebenfalls unauffindbar war. Als Organisatoren und Nutznießer dieser fiktiven Rechnungen konnte er seine Förderer Sillery und Puisieux entdecken und war so leichtsinnig, sein Erstaunen darüber zunehmend auszuplaudern, bis es zu spät war, die Machenschaften seiner Kollegen länger zu decken. Deshalb wählte er den Weg nach vorn und informierte Ludwig XIII, der seine betrügerischen Staatsräte aus dem Amt jagte und La Vieuville mit der Bildung der neuen Regierung betraute – mit ihm an der Spitze.

Es wurde erwartet, daß Richelieu als Minister in das neue Kabinett einziehen würde, und auch das Ressort schien schon ausgemacht – die auswärtigen Angelegenheiten. Auf diesem Gebiet war er bereits tätig gewesen, und dort bestand der größte Bedarf, mit neuen Direktiven den ausländischen Mächten schnell und klar die Position Frankreichs zu signalisieren. Denn der Dreißigjährige Krieg entfaltete seinen wechselvollen Lauf. Der östliche Nachbar Frankreichs am Rhein, Kurfürst Friedrich V von der Pfalz, mit dem ein gutes Einvernehmen bestand, war vor Prag vernichtend geschlagen worden und irrte durch Europa, um endlich in den Niederlanden ein langjähriges Exil zu finden. Seine Gebiete am Rhein waren von dem spanischen General Spinola erobert worden, der nun auch Breda belagerte und die Republik der Niederlande bedrohte, um gleichsam eine Revision ihrer mühsam erkämpften Unabhängigkeit von Spanien vorzunehmen. Schließlich machten die Spanier trotz der Vermittlung des Papstes keine Anstalten, ihre Eroberungen im Veltlin und Graubünden wieder preiszugeben. Frankreich aber verharrte immobil und unfähig zur Hilfeleistung für seine alten protestantischen Alliierten in Deutschland.

Doch zur allgemeinen Überraschung und zur besonderen Empörung Maria von Medicis war der Kardinal de Richelieu im Kabinett La Vieuville nicht vorgesehen, was den sofortigen Auszug der Königinmutter aus dem Staatsrat zur Folge hatte. La Vieuville, der ihre erneute Opposition gegen die königliche Politik fürchten mußte, versuchte in Winkelzügen, Richelieu zufriedenzustellen und zugleich vom Staatsrat fernzuhalten. Ihm wurde die Direktion des Depeschenrates angeboten, der den diplomatischen Kontakt mit den Botschaftern im Ausland zu pflegen hatte, doch wäre mit der Position keinesfalls das Recht verbunden gewesen, in direkten Kontakt mit dem König zu treten. Spöttisch und stets als Scheinargument die Schwäche seiner Gesundheit einsetzend, lehnte er das Angebot ab: «Der gemachte Vorschlag wäre nicht nützlich für den Dienst des Königs angesichts der geringen Kenntnisse, die ich von den auswärtigen Angelegenheiten der letzten Jahre habe, und auch angesichts der schwachen Konstitution, die mich veranlaßt, das Leben eines Privatmannes dem einer so großen Aufgabe vorzuziehen.»[13] Eine ähnlich süffisante Absage mußte der Erste Minister hinnehmen, als er sein Angebot mit den Botschafterposten in Rom und Madrid variierte, war es doch nur ein durchsichtiges Manöver, Richelieu vom Zentrum der Macht fernzuhalten.

Maria von Medici bedrängte ihren Sohn, der sich seinerseits seiner Mutter wieder angenähert hatte – fast analog zu der Entfernung von seiner Gemahlin. Tief saß das Mißtrauen, das Ludwig XIII Richelieu entgegenbrachte, und es war gut begründet: «Da ist ein Mann, der würde gern in meinem Rat sein; aber ich kann mich nicht dazu verstehen, nach allem, was er gegen mich getan hat.»[14] Nicht weniger als sieben Jahre waren notwendig, um diesen Widerstand langsam geringer werden zu lassen, ganz ihn zu überwinden vermochte Richelieu niemals. Aber nun galt es, die Königinmutter in die königliche Politik einzubinden, und das einzig wirksame Mittel war, ihrem Günstling den Eintritt in den Staatsrat zu gewähren.

La Vieuville schlug deshalb dem König einen Minister Richelieu vor, doch sollte er nur mit konsultativer Stimme im Staatsrat präsent sein, was Ludwig XIII zurückwies. Er verlangte eine klare Entscheidung: Entweder ist der Kardinal eine staatsgefährliche Person, dann ist er abzulehnen, oder er ist es nicht, dann stehen ihm Sitz und Stimme gleichermaßen zu. La Vieuville wußte, daß er, wenn er Richelieu ins Kabinett eintreten ließe, seinen eigenen Sturz wählen würde, aber er war auch so weitsichtig, Maria von Medici auf die Gefahr hinzuweisen, die von ihrem Günstling ausgehen könne, auch und gerade wenn dieser wie bei der Erhöhung zum Kardinal ihr nahezu alles verdanke: «Madame, Sie verlangen eine Sache, die unfehlbar meinen Ruin verursachen wird … Ich weiß nicht, ob Eure Majestät es nicht eines Tages bereuen wird, in so großem Maße einen Mann gefördert zu haben, den Sie noch nicht gut kennen.»[15]

Ludwig XIII, der bis zum Tod von Luynes seine Regierung einem Mann anvertraut hatte, dem er außer Zutrauen in seine politischen Fähigkeiten auch eine unbegrenzte persönliche Sympathie entgegenbrachte, war danach in ein Vakuum geraten. Einen Ersten Minister, der sein emotionaler Partner hätte sein können und zugleich zu den Regierungsgeschäften fähig gewesen wäre, hatte er nicht gefunden. Die Politiker, die jeweils für eine begrenzte Zeit seine Geschäfte geführt hatten, hatten ihm nicht die Gewißheit vermittelt, tatkräftig und zielsicher zu agieren. Einen Günstling, dem er sich bis zur platonischen Zärtlichkeit hätte nähern können, hatte er sich seither versagt, auch in der bewußten Verantwortung, mit den hohen Staatsämtern sowie der Staatskasse sorgsamer umgehen zu müssen – er litt darunter. Vor der Entscheidung, Richelieu in seinen Staatsrat eintreten zu lassen, war ihm zur Gewißheit geworden, daß, wenn dieser sich als Staatsmann von Rang erweisen sollte, er niemals wieder zur idealen Einheit von Staatsführung und Gefühlsgemeinschaft zurückfinden würde. Er hätte mit zwei höchst verschiedenen sogar rivalisierenden Persönlichkeiten in seiner unmittelbaren Nähe zu leben. Denn mit Richelieu verband ihn keinerlei persönliche Zuneigung, und dieser konnte niemals hoffen, neben seiner Rolle als Politiker auch Günstling dieses Königs zu werden – mochte Ludwig XIII sein Versprechen beim Tod von Luynes, niemals wieder einen Günstling zu wählen, halten oder nicht.

Folglich sah Ludwig XIII anfangs wie später in Richelieu nie mehr als einen Politiker, der seine Staatsgeschäfte zu seiner Zufriedenheit zu führen hatte und der seine hohe Position an deren Erfolg gefesselt wußte – er war gewarnt und blieb es lebenslang. Auf dieser Basis kam es zu dem ersten vertraulichen Gespräch, zu dem der König ihn am Sonntagabend des 28. April 1624 in aller Diskretion auf die Terrasse von Schloß Compiègne bestellte. Dort hat er ihm das Amt eines Ministers mit beratender Stimme angeboten, das mit zwei Bedingungen verbunden war: keine Einmischung in die Rechtsprechung und in das Finanzwesen. Richelieu seinerseits hat keine Bedingungen gestellt, sondern nur das Bedenken geäußert, daß seine schwache Gesundheit ihn behindern könnte, und die Hoffnung ausgesprochen, daß «alle Intrigen der Bösartigen keinerlei Kraft zum Nachteil seines Rufes haben könnten».[16]

Mit der Rolle des Ministers wechselte Richelieu gleichsam aus der Gunst der Königinmutter in die des Königs, deren beide er sich lange ungeteilt zu erhalten hoffte. Aber er versuchte auch, mit dem Eintritt in den Staatsrat den König so fest wie möglich an sich zu fesseln, wie er in seinen «Mémoires» als Grundlage ihrer beider Zusammenarbeit festhielt: «Seine Berufung zu den Staatsgeschäften sollte dazu dienen, aller Welt das enge Einverständnis («étroite intelligence»)»[17] zwischen ihnen zu zeigen. Er wußte, daß er mit allen Mitteln, auch denen eines permanenten Mißtrauens und vielfältiger Intrigen, um dieses Einverständnis würde kämpfen müssen, lebenslang, denn der Verlust des königlichen Vertrauens würde seinen Sturz ins Bodenlose nach sich ziehen.

Am Tag darauf, nachdem der König seiner Mutter die Entscheidung mitgeteilt hatte, die sie in Jubel ausbrechen ließ – beide wahrten jedoch das Geheimnis –, trat zur allgemeinen Überraschung Ludwig XIII mit Richelieu an seiner Seite in den Staatsrat. Dessen Mitglieder, darunter die Großen des Landes, erstarrten, und die Bedeutung dieses Auftritts entging keinem der Anwesenden. Um jeden Zweifel an seiner zukünftigen Rolle auszuschließen, stellte Richelieu im Staatsrat sogleich fest, daß, wie er in den alten Urkunden zu dessen Geschäftsordnung bestätigt gefunden hatte, die Kardinäle dort den Vorsitz beanspruchen könnten – vor den Prinzen von Geblüt und vor allen Ministern einschließlich des Kanzlers. Seinen Rang reklamierte er ohne Zögern, und ohne Zögern hatte er am Vorabend dem König sein politisches Programm skizziert, das dessen Position in Europa in neuem Glanz erstrahlen lassen sollte: «Ich wage Ihnen zu versprechen, und zwar ohne Kühnheit meiner Ansicht nach, daß Sie die Heilmittel gegen die Unordnung in Ihrem Königreich finden werden und daß Ihre Klugheit, Ihre Kraft und die Gnade Gottes dem Königreich in kurzer Zeit ein neues Gesicht geben werden. Ich verspreche Ihnen, meinen ganzen Eifer und meine ganze Autorität, die es Ihnen gefallen hat, mir zu gewähren, einzusetzen, um die Partei der Hugenotten zu zerstören, den Hochmut der Großen zu verringern, alle Ihre Untertanen in ihre Pflicht zurückzuführen und Ihren Namen auf jene Höhe zu erheben, die ihm gebührt.»[18] Der neue Minister versprach viel – er sollte trotzdem Wort halten.

7. Der Romantiker Buckingham

Der Staatsrat («Conseil d'État») oder der Rat des Königs («Conseil du Roi») war hervorgegangen aus dem mittelalterlichen Königsrat («Curia regis») und stellte das höchste politische Beratungsgremium dar, das dem Herrscher zur Seite stand. Es war die informative und analytische Basis für die Entscheidungen des Königs, der in letzter Instanz sich dem Mehrheitsvotum seiner Räte anschließen oder auch gegen ihre Gesamtheit aussprechen konnte. Aber es war seine Pflicht, und Ludwig XIII erfüllte sie lebenslang auf das genaueste, die Mitglieder dieser Institution anzuhören und ihre Voten in den Prozeß der eigenen Entscheidungsfindung einzubeziehen. Der Staatsrat war nicht mehr, aber keinesfalls weniger als das konsultative Gegengewicht zu der einsamen und einzig verantwortlichen «Vollmacht» des Herrschers.

Im Regelfall tagte dieses Gremium versammelt um einen langen rechteckigen Tisch im Louvre, aber der Ort wechselte häufig, so daß es das königliche Feldlager während eines Krieges oder der Salon der Königinmutter sein konnte, solange sich das Verhältnis zu ihrem Sohn harmonisch gestaltete, was gerade jetzt nach der Ernennung Richelieus zum Minister der Fall war. Am Kopfende des Tisches saß der Präsident – dieser Platz stand dem König zu, in seiner Abwesenheit dem Kanzler. Rechts am Kopfende nahmen fünf Mitglieder Platz – an ihrer Spitze, neben dem König, die Königinmutter, neben ihr die fünf «Ersten Minister» («principaux ministres», nicht zu verwechseln mit dem «Premierminister», zu dem Richelieu erst 1629 mit dem Titel «Principal ministre d'État» ernannt wurde). Es waren im April 1624 der Konnetabel de Lesdiguières (dieser glanzvolle General hatte das wiedereingeführte höchste Amt eines Militärs unter dem König gegen den Verzicht auf seinen Glauben als Protestant erhalten), der Siegelbewahrer («garde des sceaux») d'Aligre, der Finanzminister («surintendant des finances») La Vieuville (er ragte im Rang ein wenig heraus, da er dieses Kabinett zusammengestellt hatte) und der Kardinal de La Rochefoucauld. Zu ihnen trat als sechstes Mitglied der Kardinal de Richelieu.

Ihnen gegenüber saßen die vier Staatssekretäre («secrétaires d'État»), zuständig für verschiedene Ressorts, darunter auch das der auswärtigen Angelegenheiten, da der in Ungnade gefallene Puisieux als Erster Minister bisher keinen Nachfolger gefunden hatte. Zwischen den beiden Seiten des Tisches existierte eine geringe Rangabstufung zu Lasten der Staatssekretäre, die in der Reihenfolge ihrer Voten sichtbar wurde – sie begann am unteren Ende der linken Tischseite und endete mit dem oberen der rechten. Jedes der nunmehr zehn Mitglieder des Staatsrats hatte sich zu jeder aufgerufenen Staatsangelegenheit zu äußern – was die Teilnahme an einer eventuell sich öffnenden Diskussion einschloß.

Wo war nun der «richtige» Platz für Richelieu, den neuen Minister ohne Ressort? Der Kardinal-Minister Richelieu legte sogleich ein geschichtsträchtiges Memorandum mit der These vor, daß einem Kardinal der erste Platz unter den Ersten Ministern zukomme, was Lesdiguières zu der Drohung veranlaßte, in diesem Fall den Staatsrat zu verlassen. Ludwig XIII, in der prekären Protokollfrage angerufen, entschied zugunsten Richelieus und gegen den Konnetabel, der trotzdem im Staatsrat blieb. Da der Kardinal La Rochefoucauld häufig abwesend war, weil er seine Zeit vorwiegend karitativen Werken widmete, konnte der neue Minister den höchsten Rang unter seinen Kollegen einnehmen, direkt an der Seite der Königinmutter. Sichtbar war damit, an erster Stelle für La Vieuville, daß Richelieu hohe Ansprüche stellte und sie auch rücksichtslos durchzusetzen verstand.

Als er in den Staatsrat eintrat, standen für die Regierung Frankreichs weitreichende politische Entwicklungen zur Entscheidung an, die jedoch lange hinausgezögert worden war. Wie sollte sich Ludwig XIII angesichts der fortdauernden Belagerung von Breda durch den General Spinola verhalten – eingereiht in die katholische Front mit Spanien oder wenigstens indirekt den Holländern, den alten Verbündeten Heinrichs IV, Hilfe leistend? War eine antihabsburgische Politik möglich und sinnvoll, wenn Frankreich den vor

Prag gescheiterten Schwiegersohn des englischen Königs James I, den Kurfürsten von der Pfalz, unterstützte, zumal sich gerade das Projekt einer Annäherung an das protestantische England abzeichnete, wofür die Vermählung des Thronfolgers Charles I mit Henriette Marie, der Schwester Ludwigs XIII, sich als Option anbot? War es schließlich nicht unumgänglich, im Veltlin mit militärischer Deutlichkeit aufzutreten, um Spanien wieder aus den Alpenpässen zu verdrängen, das sich dort endgültig festzusetzen drohte, indem es immer neue Festungen baute? Doch in diesen Fragen konnte Richelieu, Minister ohne Portefeuille, nicht tätig werden, denn zuständig war der Staatssekretär Phélypeaux d'Herbault, der in den Jahren 1624 bis 1627 nicht weniger als 5000 Briefe an die verschiedenen ausländischen Mächte schickte, damit aber wenig bewegte.

Diese formale Nichtzuständigkeit hinderte den Kardinal-Minister jedoch nicht im geringsten, seinerseits ein internationales Netz von politischen Kontakten und Informanten aufzubauen, das ihn alsbald in die Lage versetzte, im Staatsrat die mit Abstand am besten begründeten Stellungnahmen abzugeben. Eine zentrale Funktion in dem sich bildenden Beziehungsgeflecht Richelieus nahm dabei der Père Joseph ein, den er als engsten Helfer und Berater sofort an seiner Seite haben wollte: «Da Sie der Hauptagent («principal agent») sind, dessen Gott sich bedient hat, um mich in all jene Ehren zu führen, zu denen ich mich erhöht sehe, fühle ich mich verpflichtet, Ihnen die neuesten Nachrichten zu melden und Sie davon in Kenntnis zu setzen, daß es dem König gefallen hat, mir die Stelle seines Ersten Ministers zu geben – auf Bitten der Königin hin; aber zugleich bitte ich Sie, Ihre Reise zu beschleunigen und so schnell wie möglich zu kommen, um mit mir die Führung der Geschäfte zu teilen; es gibt deren dringende, die ich niemandem anderen anvertrauen möchte und nicht ohne Ihre Meinung entscheiden will. Kommen Sie deshalb umgehend, um die Beweise der vollen Wertschätzung, die ich für Sie habe, zu empfangen.»[1] Der Kapuziner, zunächst in Orléans bei der Provinzialsynode seines Ordens festgehalten, deren Vorsitz er innehatte, eilte alsbald nach Saint-Germain-en-Laye an die Seite Richelieus.

Es wurde nun auch ein Koordinatensystem der Kapuziner aufgebaut, die als Korrespondenten des Kardinals an den neuralgischen Punkten des europäischen Machtgefüges präsent waren. Selbst wenn ihre Berichte so geheim waren, daß sie chiffriert wurden, bekannt waren ihre Autoren sehr wohl: der Père Alexandre d'Alais am Hof des gerade zum Kurfürsten ernannten Maximilian von Bayern, der Père Hyacinthe de Casal bei Kaiser Ferdinand III in Wien oder der Père Ange de Raconis, der an verschiedenen Orten in Deutschland wirkte – sie bildeten nur den Anfang einer langen Liste. In Rom pflegte Richelieu engen Kontakt mit Monseigneur de Marquemont, dem Bischof von Lyon, der als Botschafter zum Papst gesandt worden war und eine wichtige Quelle für die Vorgänge an der Kurie darstellte. Doch nicht nur Männer der Kirche waren seine Informanten, sondern auch Kaufleute oder einfache Reisende. Der neue Minister wollte sofort auch der am besten informierte Minister im Staatsrat sein.

Dort neigte sich nun das politische Schicksal La Vieuvilles schnell dem Ende zu, und Richelieu hat mehr getan, als seinen Sturz nicht zu verhindern. Wie er für sich die richtigen Informationen reklamierte, so bediente er sich ausgiebig der falschen, um seinen Kollegen im Halbdunkel übler Nachrede erscheinen zu lassen. Die meist anonymen Pamphlete wie «Ein Wort ins Ohr» («Un mot à l'oreille») oder «Die öffentliche Stimme für den König» («La voix publique au Roi») lobten zum Schein das Kabinett La Vieuville, verleumdeten jedoch seine Person, woran Richelieu seinen zumindest indirekten Anteil hatte, denn er versammelte um sich eine ganze Schar von Lohnschreibern, die beauftragt waren, seine Gegner gnadenlos zu attackieren, auch wenn es später Abtrünnige gab, die sich gegen den ursprünglichen «Urheber» wandten. Es war auch keine außergewöhnliche Verschlagenheit des Kardinal-Ministers im Spiel, denn das Machtspiel schloß kein Mittel aus.

La Vieuville, der im Kabinett zugleich als Finanzminister für die korrekte Handhabung der Staatsfinanzen zuständig war, hatte die Tochter von Bouhier de Beaumarchais geheiratet, der einer der reichsten Steuerpächter war und zu diesem Reichtum durch unkorrekte, exzessive Anwendung der Steuergesetze gelangt war. Seinem immensen Vermögen entsprach ein extrem schlechter Ruf – nicht nur beim einfachen Volk, denn auch Ludwig XIII lieh sein Ohr gern den schrillen Stimmen der Pamphlete. Der geschickt arrangierte Zufall wollte es, daß alsbald eine Polemik mit dem Titel «Die Jagd auf die Diebe» («La chasse aux larrons») erschien, die nicht nur La Vieuville, sondern zugleich auch den Herzog de Mayenne, den Marschall de Vitry und selbst den Kardinal La Rochefoucauld angriff, nur eben nicht seinen Kollegen Richelieu. François Dorval-Langlois, Sieur de Fancan, die schärfste Feder der Zeit, wählte denn auch die direkte Verunglimpfung La Vieuvilles: «Es wird im Staatsrat weder Ernsthaftigkeit noch Einigkeit noch Autorität geben, wenn er von einem Mann geleitet wird, der weder Feinfühligkeit noch Benehmen besitzt, der nichts von den auswärtigen Angelegenheiten versteht, der nur Beziehungen unterhält zu jenen Händlern, die den Fürsten und die Staatskasse ausplündern.»[2]

Im Frühsommer 1624 legte Richelieu dem König ein Memorandum über das Veltlin und die Alpenpässe vor – es war nicht das erste, und es sollten noch viele folgen, denn der Kardinal-Minister bevorzugte diese Form der breit angelegten und alle Argumente gegeneinander abwägenden Analyse. Dort fand sich auch der Satz, der wiederholt von ihm bemüht wurde, um den verletzten Stolz des Königs herauszufordern: «Man kann nicht daran zweifeln, daß die Spanier die Universalherrschaft anstreben.»[3] War es nicht schon Kaiser Karl V gewesen, der die Weltherrschaft zu erlangen gehofft hatte und dem der französische König Franz I entgegengetreten war? Ludwig XIII verstand die indirekte Aufforderung. So zögerte er im August nicht länger, von dem Kardinal-Minister einen Aktionsplan und die personelle Zusammensetzung eines neuen Kabinetts zu verlangen – mit ihm als «leitendem Minister». Die Liste wies vier Personen auf, darunter den rehabilitierten Schomberg, und Ludwig XIII stimmte ohne Einschränkung zu. Damit hatte er sich noch fester an Richelieu gebunden, es war eine gegenseitige Fesselung, ein Vertrag auf bedingungsloses Vertrauen und zugleich die wichtigste Voraussetzung für das Gelingen des gemeinsamen Projekts, Frankreich zu neuer Größe zu führen.

So war La Vieuville bereits gestürzt, ohne es zu wissen, denn Ludwig XIII und Richelieu hatten striktes Stillschweigen vereinbart.

Doch der Finanzminister spürte die veränderte Atmosphäre, die nicht zuletzt in der erlesenen Höflichkeit des Königs zum Ausdruck kam, die stets das Indiz für die unmittelbar bevorstehende Trennung von einem Minister war, und bot seine Demission an. Ludwig XIII wies sie jedoch zurück und befahl dem Minister, am nächsten Morgen in Saint-Germain-en-Laye zu erscheinen. Mit einer Flut von Selbstlob und Tiraden über die Verdienste seiner Vorfahren überschüttete La Vieuville am nächsten Tag den König, der lange in Schweigen verharrte, um ihn schließlich aufzufordern, sich zurückzuziehen. Als er den Schloßhof passierte, näherte sich ihm Graf de Tresmes, der Kapitän des Gardekorps, in seinem Gefolge 25 Bogenschützen, und forderte ihn auf, in eine sechsspännige Karosse zu steigen, die ihn auf direktem Weg nach Amboise brachte. Er war Gefangener des Königs, der ihm, Beaumarchais und einer großen Zahl von Steuerpächtern den Prozeß machen wollte. Sein Nachfolger wurde, worüber am Hofe kein Kundiger erstaunt war, alsbald ernannt – Richelieu.

Damit war für den Kardinal-Minister jener Weg frei, den er sich und dem König bereits in einem Memorandum («Mémoire pour le Roi») vorgezeichnet hatte, als er in den Staatsrat eintrat. Erkennbar wird darin, noch verborgen vor der Öffentlichkeit und nicht zuletzt vor der Königinmutter, eine neue, antispanische, religiös neutrale, rein machtpolitische Strategie. Von einer Koalition der katholischen Mächte, wie es die Doktrin der Gegenreformation forderte, ist keine Rede mehr, vielmehr «hat es den Anschein, daß die gesamte Entwicklung darauf hinwirkt, den Hochmut Spaniens niederzuschlagen».[4] Es gelte, diesem Gegner an allen Fronten entgegenzutreten, auch bei der Belagerung von Breda, selbst wenn der Fall der Stadt nicht mehr aufzuhalten sei. Gegen den österreichischen Zweig der Habsburger seien in Deutschland Dänemark und Schweden, regiert von protestantischen Herrschern, zu unterstützen. Sogar Bethem Gabor, den Fürsten von Siebenbürgen, der immer erneut die Waffen gegen den Kaiser erhob, zuletzt zur Unterstützung der Protestanten in Prag, auch weil er selbst protestantischen Glaubens war, gelte es als Partner zu gewinnen, um im Rücken des Kaisers dessen militärische Kräfte zu binden.

DER ROMANTIKER BUCKINGHAM

In Italien wäre anzustreben, die Spanier gänzlich aus dem Land zu treiben, wofür nicht nur die Unterstützung der Landesfürsten, sondern auch die des Papstes sicher sei. Die dortige Politik Frankreichs solle «bei jeder Eroberung einzig die Erniedrigung Spaniens zum Ziel haben»,[5] und dasselbe gelte für die Chance der Verheiratung der Schwester des Königs, Henriette Marie, mit dem englischen Thronerben Charles, was dieses Land von einem Bündnis mit Spanien abhalten und zum Verbündeten Frankreichs machen könne. Auch müsse verhindert werden, daß Spanien die Hugenotten unterstütze, zumal der innere Friede mit ihnen sowie mit den Großen des Landes Voraussetzung für die Unternehmungen im Ausland sei. Die Skepsis gegenüber den Hugenotten, die zu beobachten der Bischof von Luçon im Poitou ausreichend Gelegenheit hatte, war bei Richelieu ungebrochen, aber es ging ihm nicht um deren Glaubenshaltung, sondern nur um ihr Potential einer separaten Macht im Innern, die jederzeit dem Herrscher in den Rücken fallen könne: «In dem Maße wie die Hugenotten in Frankreich Fuß fassen werden, wird der König niemals Herr im eigenen Land sein und auch nicht in der Lage, irgendeine ruhmreiche Aktion außerhalb des Landes zu unternehmen.»[6] Ludwig XIII wußte also, welche Politik Richelieu betreiben würde, wenn er ihn zum Ersten Minister ernannte, und diese Politik eines offensiven, glorreichen, glanzvoll die europäische Szene beherrschenden Frankreichs war gleichsam die Vertragsgrundlage für das zukünftige Vertrauen auf Gegenseitigkeit zwischen Herrscher und Minister.

Mit einer scheinbar unbegrenzten Energie und Wachsamkeit wandte sich Richelieu sogleich den anstehenden Problemen zu – zunächst dem des verlorenen Einflusses im Veltlin. Frankreich beharrte nun gegenüber Spanien nicht nur auf dem Vertrag von Madrid, der die Räumung der Alpenpässe von dessen Truppen vorsah, sondern es wurde auch tätig. Im Auftrag Richelieus begab sich Annibal d'Estrées, Marquis de Cœuvres, zur Helvetischen Konföderation, um den Vertrag zwischen Frankreich und Graubünden zu erneuern, das sich seinerseits verpflichtete, nach der Wiederherstellung seiner Souveränität den katholischen Glauben im Veltlin zu respektieren. Der Kardinal-Minister hatte seinen Bevollmächtigten jedoch nicht ohne die finanziellen Mittel reisen lassen, in der Schweiz eine Armee von 4000 Söldnern aufzustellen, die mit ihm an der Spitze und gemeinsam mit den rebellierenden Graubündnern gegen die spanischen Festungen marschierten, die Spanien nur zum Schein unter die angeblich neutrale Oberhoheit des Papstes gestellt hatte.

An Papst Urban VIII richtete der Kardinal-Minister deshalb ein von ihm aufgesetztes königliches Schreiben, das bei aller Höflichkeit, zu der sich der Kirchenfürst verpflichtet wußte und derer er sich elegant zu bedienen verstand, einen neuen, deutlichen, drohenden Tonfall zum Ausdruck brachte. Man habe in der leidigen Veltlin-Frage alles, was mit friedlichen Mitteln möglich war, unternommen, dazu verpflichtet «durch die Unterdrückung der alten Verbündeten unserer Krone und auch durch unsere eigenen Interessen und unseren Ruf («réputation»), und versucht, die Rückgabe des Landes an unsere Alliierten bei voller Wahrung der geforderten Sicherheiten für die katholische Religion zu erreichen» – doch vergeblich. Auch sprach Richelieu den Papst nicht frei von Mitverantwortung dafür, «daß dessen väterliche Ermahnungen zu keiner Verständigung geführt hätten und daß der Eifer für die katholische Religion den weltlichen Interessen nachgeordnet worden sei», hatte doch Spanien die Mission für den Katholizismus zum Vorwand benutzt, sich militärisch und strategisch in den Schweizer Alpenpässen auf Dauer zu etablieren. Hier vollzog Richelieu bereits die Trennung von Glauben und Politik, die sich im Laufe des bereits voll entbrannten Dreißigjährigen Krieges stetig vergrößern sollte. Und im Namen dieser von Religion nicht länger beeinflußten Machtpolitik informierte er den Papst nur – eben nicht dessen Einverständnis erbittend –, «daß wir nicht länger die Verzweiflung unserer Alliierten aufhalten und auch nicht ihnen unseren königlichen Schutz und Beistand verweigern konnten, um ihre unterdrückte Freiheit und das besetzte Land wiederzuerlangen».[7]

Weder die Bitten des Nuntius in Paris noch die eines außerordentlichen Botschafters, den der Papst eilig nach Frankreich geschickt hatte, konnten an der Entschlossenheit Richelieus etwas ändern. Die Truppen des Marquis de Cœuvres, verbündet mit den Graubündnern, eroberten deren Gebiet sowie das Veltlin von den

Spaniern zurück, die keine andere Wahl hatten, als stillschweigend den wiederhergestellten *status ante* zu akzeptieren. Doch der Kardinal-Minister, der schließlich sein Amt als Günstling der Königinmutter erlangt hatte, wich auch dem Risiko einer offen antispanischen und antipapistischen Politik aus. In scheinbarer Großzügigkeit erklärte er im Vertrag von Monçon, den die Könige Spaniens und Frankreichs im März 1626 unterzeichneten, daß das Veltliner Tal nach der Zerstörung der spanischen Festungen neutral sei – Sperrgebiet für ausländische Truppen jeder Nationalität, auch der Frankreichs. Der Verlust des dortigen freien Durchzugs wog ungleich schwerer für Spanien und Österreich.

Parallel zu dieser militärischen Aktion erneuerte Richelieu die weitgespannten Fäden des diplomatischen Netzes, über das Frankreich zur Zeit Heinrichs IV verfügt hatte. Die Allianz mit den Holländern trat wieder in Kraft; sie erhielten Subsidien in Höhe von 1,2 Millionen Livres und verpflichteten sich im Gegenzug, keinen Frieden mit Spanien ohne das Einverständnis Frankreichs zu schließen. Auch der Herzog Karl-Emmanuel I von Savoyen erhielt Gelder, um gemeinsam mit dem Konnetabel Lesdiguières Genua angreifen zu können, das als Hafenstadt die wichtigste Verbindung für die Spanier nach Italien darstellte. Zugleich wurde der traditionelle Verbündete Venedig erneut gewonnen, den Richelieu selbst vor sieben Jahren vor den Kopf gestoßen hatte. Schließlich zeichnete sich das Hochzeitsprojekt zwischen dem Prinzen Charles von England mit Henriette Marie konkreter ab, obgleich es dafür noch penibler Verhandlungen mit dem Vatikan bedurfte, auf dessen Dispens für diese «Mischehe» man in Paris angewiesen war.

Doch nun war Frankreich mit dem Sieg im Veltlin bravourös auf die europäische Bühne zurückgekehrt, und sein neuer Erster Minister erregte nicht länger nur Neugierde in den Kanzleien des Kontinents, sondern auch schon Bewunderung. Zugleich erreichte die Trias von Maria von Medici, Ludwig XIII und Richelieu einen Höhepunkt an Harmonie, die dauerhaft schien. Das stärkste Gewicht in diesem Dreieck aber besaß die Königinmutter, die fast ihre alte Machtfülle zurückerlangt hatte. Sie war nun auch entschlossen und besaß die Mittel dazu, ihre neue Größe in einem neuen Schloß aller

Welt sichtbar zu machen. Es war das Projekt, an dem sie seit dem Tod Heinrichs IV gearbeitet hatte und das seinen festlichen Abschluß in der englisch-französischen Hochzeit finden sollte – das Palais de Luxembourg.

Bereits 1610 nach dem Tod von Heinrich IV hatte Maria von Medici den Plan gefaßt, den ihr düster erscheinenden und mit dem Sterben ihres Gemahls belasteten Louvre zu verlassen und sich ein Schloß nach ihren ästhetischen Ideen errichten zu lassen – nicht zuletzt inspiriert vom Palazzo Pitti in Florenz, in dem sie ihre Jugend verlebt hatte und dessen Baupläne sie aus Italien kommen ließ. Doch zunächst galt es, ein günstig gelegenes und ausreichend großflächiges Terrain zu erwerben, was viel Zeit in Anspruch nahm. Ausgewählt wurde das weitläufige Gelände in der Nachbarschaft des Hôtel de Picquigny, gelegen in der heutigen Rue de Tournon, das ihre Freundin Léonora Galigaï bewohnte. Es gehörte dem Herzog und Pair François de Luxembourg und umfaßte mit acht Hektar einen ausgedehnten Park. Ohne Mühe konnte sie es 1612 erwerben, aber die Nonnen des Klosters von Chartreux blockierten die Erweiterung des Geländes nach Süden. 1615 begann der Architekt und Bauunternehmer Salomon de Brosse mit der Errichtung des großdimensionierten Gebäudes neben dem bescheidenen Landsitz des Herzogs de Luxembourg, was jedoch nicht verhinderte, daß bis heute auch der grandiose Neubau Maria von Medicis nicht ihren, sondern seinen Namen trägt. Die Baugeschichte war bestimmt von dem wechselvollen Schicksal der Bauherrin, besonders nach ihrem Sturz 1617, als die Arbeiten an der ambitiösen Anlage ganz zum Erliegen kamen. Aber mit ihrem Wiederaufstieg stieg auch der Bau in die Höhe, in seiner finanziellen Kalkulation übrigens strikt kontrolliert von dem «Oberaufseher» («surintendant») ihres Haushalts – Richelieu.

Nicht nur einen Prachtbau im italienischen Stil wollte sie errichtet wissen, auch eine große Galerie im Westflügel, den sie für ihre persönlichen Gemächer gewählt hatte, sollte von ihrem Ruhm künden, und dafür verpflichtete sie den auf dem Höhepunkt seiner internationalen Karriere angelangten Peter Paul Rubens. Auf nicht weniger als 24 großformatige Gemälde lautete der Vertrag, was von dem Maler, der zugleich eine lebhafte Tätigkeit als Diplomat entfaltete, jedoch erhebliches Geschick auch in diesem Metier verlangte, um die düsteren Episoden wie den Machtverlust nach dem Tod Concinis oder die Flucht aus Blois in ein helles, vorteilhaftes Licht zu rücken. Trotz des immensen Aufwandes für den Künstler, der sich vorbehielt, die Hauptfiguren selbst zu malen, doch für die Landschaften, Schlachten oder Tiere speziell ausgewiesene Kollegen engagierte, kamen die Arbeiten zügig voran, und Maria von Medici setzte auch ein definitives Datum – den 8. Mai 1625.

Es war das Datum der Unterzeichnung des Verlobungsvertrags von Henriette Marie de France mit dem Prinzen Charles of Wales, die feierlich in ihrem Palais vollzogen wurde. Bei der drei Tage später *per procurationem* vollzogenen Hochzeit war der Künstler sogar Zeuge auf einer Estrade, auf der das Gedränge allerdings so groß wurde, daß sie einstürzte – er und die anderen bedrohten Gäste konnten sich gerade noch retten. Am 16. Mai fand sodann die feierliche Präsentation der Gemälde statt, Ludwig XIII zeigte sich von der beschönigenden Interpretation der jüngsten Ereignisse nicht indigniert, und Rubens durfte sich beglückwünschen: «Die Königinmutter ist übrigens sehr zufrieden mit den Gemälden dieser Galerie, so sehr, daß sie es ihm aus ihrem eigenen Mund wieder und wieder versichert und es auch aller Welt gesagt hat.»[8] Heute hängen die großdimensionierten Werke im Louvre.

Damit war eine grandiose Kulisse geschaffen, auch für den Auftritt jenes Mannes am französischen Hof, der für noch gesteigerten Glanz sowie für turbulente Pikanterien sorgen sollte – Georges Villiers, Lord Buckingham. Bereits im März 1623 war dieser Günstling des Königs James I, zusammen mit dem Prince of Wales, in Paris gewesen, sogar im Palais de Luxembourg, doch unerkannt und maskiert, als dort das Ballett «Feste der Juno» geboten wurde, in der Rolle der Göttin Anna von Österreich. Der englische Thronfolger hatte sogleich über den Kanal gemeldet: «Die Königin von Frankreich ist die Schönste.»[9] Die beiden jungen Herren waren auf einer abenteuerlichen Brautreise nach Madrid, wo es galt, einen günstigen Vertrag zwischen Spanien und England auszuhandeln, und als Siegel darauf sollte die Ehe zwischen Charles of Wales und der

Infantin Maria, einer Schwester Annas, geschlossen werden. Das romantische Bravourstück, das allen Regeln der zeitgenössischen Diplomatie Hohn sprach, war an den zusätzlichen Forderungen beider Seiten gescheitert, aber auch an dem allzu stürmischen Werben des Engländers, der in den Park der Casa del Campo, wo die Infantin einsam promenierte, eingedrungen war und sich ihr zu Füßen geworfen hatte. Das impulsive Treiben, hinter dem als Initiator sein Freund Buckingham stand, hat den spanischen Hof aufgeschreckt, aber gewiß Anna von Österreich in ihrer zunehmenden Vereinsamung am französischen Hof fasziniert.

Dieser Mißerfolg hatte Frankreich die Chance geboten, seinerseits den schon entwickelten Plan aufleben zu lassen, mit der ehelichen Verbindung zwischen Henriette Marie und Charles of Wales eine politische Annäherung an England zu erreichen, wovon sich der Kardinal-Minister vor allem eine Entfernung dieses Landes von Spanien versprach. So hatte der englische König die Grafen Holland und Carlisle als Botschafter nach Paris geschickt. Holland, Diplomat und Militär, hatte sogleich Madame de Chevreuse erobert, die ehemals mit Luynes verheiratete Marie de Rohan, die zur Gemahlin des Herzogs de Chevreuse und zur Hofdame Annas von Österreich geworden war, vor allem aber zu ihrer Vertrauten. Nun aber war sie, eine faszinierende Schönheit und zugleich eine raffinierte Intrigantin mit dem Hang zu romantischen Eskapaden, die ihren Gemahl mit diversen Herren des Hofes betrog und sie in ihre Abhängigkeit brachte, ihrerseits in die Falle einer Leidenschaft geraten, die sie sogar mit dem seltenen Merkmal der zeitweisen Treue zu versehen verstand, wie der Kardinal Retz beobachtet hat: «Sie liebte ohne Wahl und einfach nur, weil sie lieben mußte. Aber wenn sie liebte, liebte sie nur den jeweils einzigen und treu … Ihre Hingabe an diese Leidenschaft, die man als ewig bezeichnen konnte, obgleich sie das Objekt wechselte, hinderte sie nicht, daß eine Winzigkeit genügte, sie zu einem Seitensprung zu veranlassen, aber sie kam immer wieder mit einer Hingabe zurück, die sie noch begehrenswerter erscheinen ließ. Niemals hat jemand weniger auf die Gefahren geachtet, und niemals hat eine Frau mehr die Skrupel und die Pflichten verachtet: Sie anerkannte nur die eine Pflicht, ihrem Geliebten zu gefallen.»[10] Ihr Einfluß auf Anna von Österreich, der fast grenzenlos war, konnte nur fatale Folgen haben, zumal sie mit dem Grafen Holland verabredet hatte, «zur Ehre ihrer beider Leidenschaft», «eine Liaison der gegenseitigen Aufmerksamkeit und selbst der Galanterie zwischen der Königin und dem Herzog von Buckingham zu stiften».[11]

Kontrapunktisch zu der ausgelebten Leidenschaft ihrer Hofdame war Anna von Österreich in eine Periode der Gefühlskälte von seiten des Königs geraten, die einen präzisen dynastischen Grund hatte. Der Dauphin ließ auf sich warten, und Anna von Österreich war nicht schuldlos daran. Die Jahre 1619 bis 1621 hatten dem königlichen Paar eine harmonische Phase beschert, und Anna von Österreich war zweimal schwanger geworden. Ludwig XIII hatte sogar Gefühle über die dynastische Pflicht hinaus gezeigt und war ein zärtlicher Beobachter ihrer körperlichen Beschwernisse gewesen, aber jeweils war es zu einer Fehlgeburt gekommen. Eine dritte Schwangerschaft im Jahr 1622 hatte große Hoffnungen hervorgerufen, aber dann ereignete sich ein Unfall, der die Königin ins Zwielicht von Leichtlebigkeit und Leichtfertigkeit rückte. Sie, Madame de Luynes, die spätere Madame de Chevreuse, und Madame de Verneuil, eine legitimierte Halbschwester des Königs, hatten sich bis Mitternacht vergnügt, und danach wurde die Königin von ihren beiden Freundinnen zu ihren Gemächern begleitet. Jeweils seitlich untergehakt, schlitterten die jungen Frauen spielerisch über den glatten Fußboden durch die Große Galerie des Louvre, doch Anna von Österreich stieß gegen eine Estrade und fiel nieder. Die Folge war eine weitere Fehlgeburt, deren Ursache man vergeblich vor dem König zu verheimlichen suchte. Sein Zorn war grenzenlos und der Anfang einer tiefgreifenden Entfremdung zwischen ihm und seiner Gemahlin. Die Verbannung der beiden Damen aus dem Louvre und der Befehl an Anna von Österreich, jeden Kontakt mit ihnen aufzugeben, hatten jedoch nur kurzen Bestand – die inzwischen verwitwete Herzogin de Luynes kehrte alsbald als enge Freundin der Königin zurück.

Drei Jahre später stand Anna von Österreich, vernachlässigt vom König und beredet von ihrer Freundin, daß Lord Buckingham ihr leidenschaftlich zugetan sei, in der Fülle ihrer körperlichen Reize, die auf der Ebene der europäischen Dynastien eine Seltenheit darstellten. Ihre langjährige Kammerfrau de Motteville hat, nicht ohne Verehrung, diese Vorzüge ausführlich geschildert: «Sie ist groß und wohlgestaltet, sie hat einen sanften und majestätischen Gesichtsausdruck, der niemals verfehlt, in jenen, die sie sehen, Liebe und Respekt zu erzeugen. Sie ist eine der größten Schönheiten dieses Jahrhunderts ...»[12] Grün waren ihre großen Augen, blond ihre üppigen Haare, was die etwas groß geratene Nase übersehen ließ, auch war die Habsburger Lippe in gerade noch maßvoller Form nicht auffällig, dagegen glänzte ihre makellos weiße Haut, und besonders die elegant geformten Hände erregten Bewunderung weit über die Landesgrenzen hinaus. Da fiel kaum ins Gewicht, daß, wie selbst die Kammerfrau eingestehen mußte, «sie faul war, überhaupt nicht las».[13] In der strengen Frömmigkeit Spaniens erzogen, verstand sie sich jedoch auf eine verfeinerte Kunst der Koketterie und war zu jener Zeit auch nicht frei von sexuellen Sehnsüchten.

Ihre Kammerfrau hat auch ein Porträt jenes Mannes gezeichnet, der ihr nun mit Erwartungen entgegentrat, die den ihren nicht fern lagen: «Er war wohlgestaltet, ein schönes Gesicht; er besaß eine große Seele; er war hinreißend, freien Geistes und Favorit eines großen Königs. Er besaß alle Staatsgelder, um sie auszugeben, und alle Edelsteine der Krone Englands, um sich damit zu schmücken. Es war deshalb nicht erstaunlich, daß er mit derart liebenswerten Eigenschaften so hohe Ziele, so edle, aber auch so gefährliche und tadelnswerte Wünsche hatte.» Diese betrafen Anna von Österreich, und ihre Kammerfrau konnte aus nächster Nähe beobachten, daß er «der einzige war, der die Kühnheit hatte, ihr Herz zu attackieren».[14] Der wesentlich direktere Tallemant des Réaux läßt Buckingham «den Roman im Kopf haben, daß es in Frankreich eine junge galante Königin gäbe und daß es gelte, eine schöne Eroberung zu machen».[15] Und La Rochefoucauld, der auch zu den Geliebten der Madame de Chevreuse zählte und aus seiner Verehrung für die Königin kein Geheimnis machte, verhehlte nicht, daß Buckingham und Anna von Österreich nach ihrer ersten offiziellen Begegnung «nur noch von den Zielen ihrer Leidenschaft («passion») beherrscht wurden.»[16]

DER ROMANTIKER BUCKINGHAM

Der offizielle Auftrag Buckinghams, den er sich selbst erteilt hatte, war die feierliche Heimführung der neuen englischen Königin Henriette Marie, deren formale Verehelichung bereits vollzogen war, bevor der strahlende Sonderbotschafter in Paris seinen glanzvollen Auftritt hatte. Zwar existierte noch ausreichend politischer Spielraum, um zwischen England und Frankreich ein veritables Bündnis zu schließen, was in der Absicht Richelieus lag, schließlich hatte er den Dispens, daß eine katholische Prinzessin einen anglikanischen Prinzen heiratete, nur erhalten, weil der Vatikan in dieser Ehe einen tiefgreifenden Missionsauftrag der katholischen Königin sah und sich erhöhten Schutz für die Katholiken in England versprach. Doch zu weiteren politischen Absprachen kam es nicht, und Buckingham trat die Rückreise an, die ihn nach Boulogne-sur-Mer führen sollte, wobei Anna von Österreich, die ihrerseits in der Obhut ihrer Schwiegermutter reiste, ihre Schwägerin erst ab Mondidier begleiten sollte, wie es der Wille von Richelieu war, um möglichst wenig persönliche Begegnungen zwischen den beiden zu erlauben. Doch danach, am 7. Juni 1625, trafen beide Teile des Hochzeitszuges in Amiens zusammen – Ludwig XIII, weniger von Eifersucht heimgesucht als in seiner Eitelkeit verletzt, war, wie es das Protokoll verlangte, in Compiègne zurückgeblieben.

In Amiens vollzog sich dann der Höhepunkt von beider Zuneigung bis zum Skandal, der schon die Zeitgenossen zu immer neuen Spekulationen und die Romanschreiber der nachfolgenden Jahrhunderte zu wilden Phantasien verleitete. Anna von Österreich hatte auf einem Landsitz an der Somme Quartier bezogen, Maria von Medici lag in der Stadt erkrankt zu Bette, Henriette Marie logierte beim Bischof von Amiens, und Madame de Chevreuse, die nicht nur in ihrer Schönheit, sondern auch in den von ihr gewaltsam «geerbten» Diamanten der Léonora Galigaï erstrahlte, inszenierte die Intrige mit filigraner Finesse. Wegen des heißen Sommerabends promenierte Anna von Österreich mit ihrem kleinen Hofstaat in dem schattigen Park, als überraschend Buckingham dort erschien und die Leidenschaft ihren Lauf nahm, wie Madame de Motteville, die gar nicht anwesend war, möglichst vorsichtig-pedantisch im Sinne ihrer Herrin berichtet hat: «Putange, der Stallmeister Park, verließ

Anna von Österreich, Gemälde von Peter Paul Rubens, 1620,
Musée du Louvre, Paris

DER ROMANTIKER BUCKINGHAM

George Duke of Buckingham, Gemälde von Peter Paul Rubens, 1625, Palazzo Pitti, Florenz

sie für einige Augenblicke, da er glaubte, der Respekt verbiete ihm zu hören, was jener Herr ihr sagen wollte. Der Zufall hatte sie in die Biegung einer Allee geführt, wo eine Palisade sie vor den Augen des Publikums schützte. Die Königin, überrascht, sich allein zu sehen und offenbar auch bedrängt von einem zu leidenschaftlichen Gefühl des Herzogs von Buckingham, schrie auf und rief nach ihrem Stallmeister, den sie tadelte, sie allein gelassen zu haben. Mit dem Schrei zeigte sie ihre Klugheit und Tugend und bevorzugte, ihre innere Unschuld zu wahren, in der Furcht, sie könnte sich tadelnswert verhalten haben ...»[17]

Der gern Gerüchten Raum gebende Chronist Tallemant des Réaux kommt mit seiner Version dem wirklichen Verlauf jedoch näher, wie an jenem Abend anwesende Zeugen bestätigen: «Der Edelmann warf die Königin nieder und zog von ihren Schenkeln den Rock mit den Stickereien herunter, aber es war vergebens, denn sie rief so viele Male nach ihrer Ehrendame, die sich taub stellte, dann aber gezwungen war, zu Hilfe zu kommen.»[18] Ihr gegenwärtiger Kammerdiener Pierre de La Porte, der später ihr wichtigster Geheimagent wurde, hat beobachtet, daß Buckingham «sehr unverschämt bis zu dem Grad aus sich herausging, die Königin küssen zu wollen»,[19] und La Rochefoucauld hat «die Unordnung»[20] festgehalten, in der sich die Kleider und die Sinne der Königin nach dieser Attacke befanden. Niemand von den direkten und indirekten Zeugen hat jedoch auch nur den geringsten Verdacht geäußert, daß Anna von Österreich sich in der hochdramatischen Szene bis zum Fehltritt nachgiebig gezeigt hätte.

Buckingham, der sich nicht am Ziel seiner Wünsche sah, hat dann den Abschied von der Königin tränenreich gestaltet, wie die ebenfalls zur Entourage zählende Prinzessin Conti, deren Witz gefürchtet war, beobachtet und dem König auf dessen eindringliche Fragen geschildert hat: Sie könne die Grausamkeit Annas von Österreich bestätigen, nicht aber ihre Tugend, und um deren Ruf nicht zu ruinieren, hat sie sogleich eingeschränkt, daß diese Tugend wenigstens «vom Gürtel bis zu den Füßen»[21] gewahrt worden sei. Damit aber war der Roman noch lange nicht an sein Ende gelangt, denn Buckingham, jeden protokollarischen Anstand verletzend, kehrte nach Amiens zurück, warf sich vor Anna von Österreich, die erkrankt oder ermattet im Bett lag, auf die Knie, küßte ihr Bettlaken, ergriff ihre Hände und vergoß erneut reichlich Tränen. Der wortlos erstarrten Königin sagte er «die zärtlichsten Dinge der Welt»,[22] bis die Gräfin de Lannoy einschritt.

Endlich und widerwillig nach England zurückgekehrt, gestaltete er die Affäre um das Diamanten-Band mit seinen zwölf Steinen, das Anna von Österreich ihm zum Zeichen ihrer Zuneigung geschenkt hatte, als dramatischen Epilog. Er trug es stolz auf einem Ball in London, und seine verbitterte Geliebte, Lady Carlisle, stahl ihm beim Tanz zwei der Edelsteine – sie war zudem eine Spionin Richelieus. Sie sollten dem Kardinal-Minister als Beweis für die Untreue der Königin dienen, denn das Diamanten-Kollier war ein Geschenk Ludwigs XIII an seine Gemahlin gewesen. Buckingham, des Verlustes gegenwärtig, besaß die Macht, alle englischen Häfen für die Ausfahrt zu sperren, bis ein Duplikat der zwei Steine gefertigt und das gesamte Diamanten-Band rechtzeitig zu der französischen Königin jenseits des Kanals gelangt war – aber damit ist bereits das faszinierend-fiktive Terrain der «Drei Musketiere» von Alexandre Dumas erreicht. Ludwig XIII aber ging mit großer Härte gegen seine Gemahlin und ihren Hofstaat vor, während Richelieu alles unternahm, um Lord Buckingham zukünftig von französischem Boden fernzuhalten.

Doch die Zeit heilte nicht die Wunden, die die Affäre Buckingham zwischen Ludwig XIII und Anna von Österreich aufgerissen hatte, sondern riß sie im folgenden Jahr 1626 erneut auf. Wieder war die unharmonische und vor allem kinderlose Ehe des Königspaares der Anstoß für einen sich weit verzweigenden Konflikt. Diese Kinderlosigkeit rückte den jüngeren Bruder des Königs, Gaston, der gerade achtzehn Jahre alt geworden war, als möglichen oder gar wahrscheinlichen Thronfolger ins Blickfeld, und so war dessen frühe Verheiratung, ein Plan Maria von Medicis, dem sich Richelieu anschloß, alsbald im Staatsrat beschlossen worden. Als Braut war Mademoiselle de Montpensier auserwählt worden, deren wesentlicher Vorzug ihr immenser Reichtum an Landbesitz war. Wäre nun aus dieser Verbindung ein männliches Kind hervorgegangen, wäre die Rolle der kinderlosen Anna von Österreich zu Lebzeiten ihres kränkelnden Gemahls oder auch nach dessen Tod prekär geworden. Die Anwartschaft auf den Thron oder auch dieser selbst wäre an Gaston oder seinen Sohn, die Position einer Königin an seine Gemahlin gefallen, und Anna von Österreich wäre ins Abseits einer machtlosen Nebenrolle gerückt worden.

Wieder war es die einfallsreiche und intrigenfreudige Madame de Chevreuse, die eine Antiheiratspartei gründete – nicht zuletzt als Affront gegen Ludwig XIII und Richelieu. Sie verstand nicht nur ihre königliche Freundin für den Plan zu gewinnen, sondern auch Gaston, um die Option offenzuhalten, daß, sollte Ludwig XIII alsbald sterben oder wegen seiner auch psychischen Erkrankungen als zur Regierung unfähig erklärt werden, sein jüngerer Bruder, Monsieur, auf den Thron gelangen würde und dann, falls er noch unverheiratet wäre, seine Schwägerin Anna von Österreich heiraten könnte, die sich in dieser Frage zwiespältig, zumindest nicht radikal ablehnend verhielt. Richelieu hat in seinen «Mémoires» versucht, sie von dem Verdacht, beim Tode ihres Gemahls ihren Schwager heiraten zu wollen, zu reinigen: «Das Ziel von Madame de Chevreuse, das sie jedoch nicht der Königin enthüllte, war, wie Monsieur in Nantes (beim Verhör) bestätigte, daß sie, sollte der König sterben, Monsieur heiraten könne.»[23] Die Schlüsselfigur in dieser Intrige, die sich zu einer Verschwörung auswuchs, war jedoch der Bruder des Königs, dessen Wankelmütigkeit ihn bei gegensätzlicher Beeinflussung zu ständig wechselnden Haltungen führte. Madame de Chevreuse wählte als Stabilitätsfaktor dagegen dessen langjährigen Erzieher, den Marschall d'Ornano, einen Korsen von energischem Temperament, dem die Verheiratung Gastons zunächst gleichgültig war, der aber bald für die sie leidenschaftlich hintertreibende Partei gewonnen wurde.

Als der Bruder des Königs die Ablehnung seiner Verheiratung mit Mademoiselle de Montpensier offen verkündete, ermittelte Richelieu schnell als seine Schwachstelle, daß er nur eine üppige Apanage beanspruchte. Sie wurde ihm umgehend zugestanden, doch sein nunmehriges Jawort zur Eheschließung verstand der Marschall d'Ornano wieder ins Gegenteil zu wenden. Auch die Ursache für diesen erneuten Widerstand blieb dem umsichtigen Kardinal-

Minister nicht verborgen, der dem König die Verhaftung Ornanos empfahl – dieser fand sich umgehend im Gefängnis von Vincennes wieder, wo er wenig später starb. Gaston, aufgebracht über dieses Vorgehen gegen seinen Vertrauten, eilte von Minister zu Minister, um den Urheber zu entdecken, um schließlich von Richelieu mit brutaler Offenheit zu erfahren, daß er und kein anderer Ludwig XIII dazu geraten habe – gleichermaßen zum Nutzen Gastons wie des Staates.

Die Partei der Heiratsgegner sah Gaston erneut in Gefahr, sich dem Willen des Königs und Richelieus zu fügen, und mobilisierte die Großen des Landes – von den Halbbrüdern des Königs César und Alexandre Vendôme bis zum Prinzen de Condé, die ständig bereit waren, sich gegen den König zu erheben. Es geschah natürlich über den Umweg, den mächtigen Kardinal-Minister und die Königinmutter anzuklagen, daß sie den Herrscher beherrschten. Spanien sah nicht ohne Genugtuung eine Kabale zu Lasten des Königs sich im Nachbarland entfalten, und auch Buckingham betrachtete mit Wohlgefallen den sich ausweitenden Konflikt, der seinen und den Interessen Englands nur nützlich sein konnte.

Die Führer der Anti-Heiratspartei beschlossen nun ein Attentat auf Richelieu, das in Fleury, dem Landsitz des Kardinals nahe von Fontainebleau, stattfinden sollte – bei einem Diner, zu dem sich Gaston mit Gefolge einladen würde. Die Gespräche bei Tisch sollten bis zum Streit gesteigert werden, in dessen Wirren ein Degenstoß den ungeliebten Minister durchbohren würde. Für den tödlichen Stoß hatte Madame de Chevreuse den siebenundzwanzig Jahre alten Henri de Talleyrand-Périgord, Marquis de Chalais, gewonnen, der ihr leidenschaftlich zugetan war und dem sie bei Gelingen ihre unbegrenzte Gunst in Aussicht stellte. Chalais, kein Geringerer als der Maître der königlichen Garderobe, zugleich ein Freund Gastons, besaß die Unvorsichtigkeit, das Projekt seinem Onkel, dem Kommandeur von Valençay, auszuplaudern, der seinen Neffen alsbald zum Kardinal und dort zur Konfession führte. Als am nächsten Tag, dem 11. Mai 1626, Richelieu in Fleury erschien, schützte ihn eine starke Eskorte der leichten Reiterei des Königs, und die Verschwörer verstanden, daß sie verraten worden waren.

Zugleich ging Ludwig XIII nun gegen seine Halbbrüder Vendôme vor, die er nach Blois einlud und dort verhaften ließ. Doch Madame de Chevreuse war nicht untätig geblieben und hatte Chalais nochmals zu einem Attentat auf den Kardinal-Minister überredet, nicht ohne Gaston erneut von seiner Heiratsbereitschaft abzubringen. Richelieu erkannte allerdings sogleich den Grund für den neuen Widerstand Gastons und verhörte Chalais, der sich in heillose Widersprüche verstrickte und verhaftet wurde. Danach unterzog man auch Gaston einer strengen Befragung, und sein instabiler Charakter ließ ihn alle seine Mitverschwörer verraten – mehrere Hochadlige, natürlich Madame de Chevreuse, aber auch Anna von Österreich, auf deren Loyalität zum König erneut ein Schatten fiel. Statt einer Strafe hatte Gaston seine Vermählung mit Mademoiselle de Montpensier nun unmittelbar zu vollziehen, sie machte ihn zum Herzog d'Orléans und versah ihn mit einer Fülle von Rechten und Einkünften. Zur Sicherheit zelebrierte der Kardinal die kirchliche Zeremonie selbst.

In Nantes, wohin sich der Hof zur Versammlung des Adels der Bretagne begeben hatte, kam es zum Prozeß gegen Chalais, bei dem Richelieu erstmals seine Methode eines Sondergerichtshofs anwandte. Obgleich Chalais beweisen konnte, kein Attentat auf den König geplant zu haben, lautete das Urteil auf Enthauptung, Aufspießung seines Kopfes auf einen Pfosten am Stadttor Sauvetour, Verteilung seines in vier Teile gestückelten Körpers in den vier Hauptavenuen der Stadt, Verlust des Adels auch für seine Familie und alle Nachkommen sowie Konfiszierung aller seiner Güter. Der König milderte den Spruch auf Enthauptung und Übergabe seines Leichnams an die Mutter. Die Hinrichtung mißriet zur unwürdigen Schlachtung, denn der zuständige Henker war von den Freunden Chalais' entführt worden, ein inhaftierter Schuster hantierte hilflos mit Axt und Schwert, so daß es neunundzwanzig Versuche bedurfte, bis der Kopf endlich vom Rumpf getrennt war. In seinen «Mémoires» berichtet Richelieu bis in juristische Details über den Prozeß, aber über den barbarischen Vollzug des Urteils heißt es nur: «Umgehend wurde Chalais hingerichtet.»[24] Der Kardinal-Minister hatte sein erstes Blutopfer auf dem Altar der königlichen Autorität er-

DER ROMANTIKER BUCKINGHAM

bracht – mit Chalais, der nur dem mittleren, aber reichen Adel angehörte, war der Hochadel nicht direkt angegriffen, aber gewarnt.

Zahlreiche Adlige hatten peinliche Verhöre über sich ergehen zu lassen, natürlich auch Madame de Chevreuse, die vom Hof auf ihren Landsitz im Poitou verbannt wurde, es aber vorzog, nach Lothringen zu fliehen. Selbst Anna von Österreich wurde einer rigorosen Befragung unterzogen, in deren Verlauf ihr die sie belastenden Papiere in so großer Fülle vorgelegt wurden, daß Ludwig XIII die Prozedur abbrechen und die Dokumente verbrennen ließ. Er blieb lebenslang überzeugt, daß seine Gemahlin in die Verschwörung verwickelt gewesen sei, und als Anna von Österreich ihrem bereits auf dem Totenbett liegenden Gemahl noch einen Boten mit der Versicherung ihrer Unschuld schickte, begnügte sich Ludwig XIII mit der Antwort: «In dem Zustand, in dem ich mich befinde, muß ich ihr verzeihen, aber ich muß ihr nicht glauben.»[25]

8. *La Rochelle*

Die Verschwörung Chalais' und dessen Hinrichtung wirkten zurück auf den nun unangefochtenen Kardinal-Minister, dessen Bild in der Öffentlichkeit sich zu dem eines gefühllos-grausamen Machtmenschen eintrübte. Er stieg im Vertrauen des Königs, fiel aber in der Sympathie des Volkes und vermochte sich von dem Makel, die Gegner seiner Politik konsequent aufs Schafott zu bringen, lebenslang nicht zu befreien – er haftete ihm auch nach seinem Tod an. Zugleich war sein politisches Schicksal abhängig von der Zustimmung eines einzigen Mannes, den er zum alleinigen und absoluten Machtzentrum Frankreichs zu erheben entschlossen war. Dieses Programm der Steigerung und Konzentration aller Kräfte des Landes in der Person des Monarchen war bis zu dem Grad umstritten, daß dessen Vollstrecker in ständiger Lebensgefahr schwebte, wie der Attentatsplan von Fleury offenbart hatte. Der König war deshalb gezwungen, die Garde Richelieus auf fünfzig Musketiere zu erhöhen, und es sollte nicht die letzte Verstärkung bleiben. Dieser Preis für seine Sicherheit blieb Richelieu nicht verborgen, wie er gegenüber seinem Vertrauten Claude Bouthillier beklagte: «Es ist eine widerliche Sache, dazu gezwungen zu sein, sich bewachen zu lassen, denn sicher ist, daß von jener Stunde an, da man zu diesem Grade eingeschränkt wird, man der Freiheit adieu sagen kann.»[1] Diese Einschränkung verleitete ihn jedoch nicht, Abstriche von seiner Politik zu machen, die Autorität des Königs um jeden Preis wiederhergestellt und ausnahmslos respektiert zu sehen, mochte der Preis auch in weiteren abgeschlagenen Köpfen bestehen.

Zu einer Probe seiner Politik der Härte wurde er alsbald herausgefordert, und es bestand kein Zweifel, daß es um mehr als ein einzelnes Gesetz ging – das gegen das Duell. Es ging generell um den Respekt vor dem Gesetz, das, verkörpert in Person und Willen des Königs, im Frühjahr 1626 einige Edelleute provokativ in Frage stellten. In seinen «Mémoires» hat Richelieu die geradezu epidemisch sich ausbreitende Mode des Duells sogar spöttisch geschildert: «Die Duelle waren so allgemein, so selbstverständlich in Frankreich geworden, daß die Straßen schon zum Kampfplatz dienten, und wenn der Tag nicht lang genug war, diesen Wahnsinn auszuüben, schlugen sie sich auch beim Schein der Sterne oder im Licht der Fackeln, die ihnen als düstere Sonne dienten.»[2] Ludwig XIII besaß zunächst auch nicht die Mittel, dem tödlichen Treiben seines Adels Einhalt zu gebieten, selbst wenn er erhebliche Verluste in seinem Offizierscorps zu beklagen hatte. So war es nur eine Notlösung, anläßlich der Hochzeit seiner Schwester Henriette Marie mit dem König von England alle bisher vollzogenen Duelle straffrei zu stellen – eine Amnestie als Chance für einen Neuanfang.

Das Duell war aus dem mittelalterlichen Turnier hervorgegangen, und eine noch ältere Variante verwies auf den Zweikampf als Gottesurteil, wenn zwei Kämpfer anstatt ganzer Heere die «gerechte» Sache zur Entscheidung bringen sollten. Aber schon das Konzil von Valencia hatte im Jahre 855 die Könige aufgefordert, gegen diese Form des Tötens als unchristliche Anmaßung des Menschen, das Leben eines anderen zu vernichten, vorzugehen. Doch zugleich galt dieser Waffengang als Bewährungsprobe für Tapferkeit und Waffenfähigkeit eines Adligen, so daß der König, in dessen Schutz dieser kampfesfähige Adel stand, lange das «ehrenhafte» Töten widerwillig, aber still geduldet hatte – gerade auch wenn ein langer Frieden keine andere Waffenübung anbot.

Auch Heinrich IV hatte in einem Edikt des Jahres 1609 das Duell verboten, allerdings dabei die Ausnahme zugelassen, daß der Streitfall vor den König und die Versammlung der Marschälle getragen werden könne, «ob der Kampf von uns genehmigt werde, sofern wir urteilen würden, daß er für die Ehre notwendig sei».[3] Es gab also Fälle von dessen Zulässigkeit. Die langwierige juristische Debatte, in der das Parlament von Paris sogar eine Verschärfung des Gesetzestextes forderte, endete mit einem Edikt, das folgende Regelungen vorsah: Gäbe es keinen Toten, würden beide Kontrahenten ihre Ämter und Einkünfte verlieren, der Provokateur zusätzlich für drei Jahre des Landes verwiesen werden, und würde jemand getötet, seien der, der ihn getötet habe, und auch diejenigen, die als Sekundanten tätig geworden seien, der Todesstrafe verfallen. Gesetzeskraft erhielt das Edikt im März 1626.

Im Laufe dieses Jahres ließ Richelieu nach erfolgten Duellen bereits einige Verbannungen vollziehen, aber im Jahr 1627 folgte die Nagelprobe für dessen Durchsetzung, willentlich herbeigeführt von François Montmorency-Bouteville. Bereits in 21 Duellen straflos aufgetreten, inszenierte dieser fanatische Duellant am 12. Mai, es war zudem der Himmelsfahrtstag, mit seinem Kontrahenten, dem Marquis de Beuvron, der einen von Bouteville getöteten Freund rächen wollte, eine furiose Begegnung. Direkt auf der Place royale stießen die Gegner aufeinander, zusätzlich um zwei Sekundanten verstärkt, die sich gleichermaßen ins Gefecht stürzten. Einer der Sekundanten von Beuvron war Bussy d'Amboise, der von Des Chapelles, einem weiteren Sekundanten, tödlich getroffen wurde. Daraufhin wurde der Kampf abgebrochen, Beuvron floh mit seinem Gefährten nach England, Bouteville und Des Chapelles ritten in Richtung Lothringen, wurden aber in Vitry-le-François gefaßt und in der Bastille inhaftiert.

Das Todesurteil für beide ließ nicht lange auf sich warten, und da Bouteville dem hochadligen Clan der Montmorency angehörte, begann alsbald der lange Zug der hochgestellten Personen, an ihrer Spitze Condé, die um Gnade flehten – die feinen Damen stets auf den Knien. Richelieu hat später seine Haltung in den «Mémoires» offengelegt: «Ein Gesetz machen und es nicht anwenden, heißt die Sache erlauben, die man verbieten wollte.»[4] Aber vor der definitiven Entscheidung legte er dem König ein Memorandum von 247 Zeilen vor, 108 davon für die Todesstrafe, 102 dagegen und 27, in denen er, wie es Pflicht für einen Kirchenmann war, die Milderung der Strafe in Gefängnis vorschlug. Doch in der Passage der Befürwortung hatte er einen Satz versteckt, von dem er wußte, daß er als Kassiber das Unterbewußtsein des Königs erreichen und seine Entscheidung bestimmen würde: «Es geht um die Frage, den Duellen die Kehle durchzuschneiden oder den Edikten Eurer Majestät.»[5] Ein verdecktes Motiv für das eindeutige Votum des Kardinal-Ministers war schließlich auch, daß er seinen Bruder Henri im Duell verloren hatte. Der schwangeren Frau des Delinquenten Bouteville, die sich vor ihm niederwarf, antwortete Ludwig XIII: «Ihren Verlust empfinde ich genauso schwer wie Ihr, aber mein Gewissen verbietet mir, ihnen zu verzeihen.»[6] Am 22. Juni gingen die Duellanten tapfer in den Tod – sie wurden auf der Place de Grève geköpft. Die Zahl der Duelle nahm nicht ab, aber der Haß auf den gnadenlosen Ersten Minister stieg in neue Höhen.

Nicht nur gegenüber dem Adel und seinen archaischen Attitüden der Selbstzerstörung galt es, die in den Gesetzen verkörperte Autorität des Monarchen durchzusetzen. Auch gegenüber den Hugenotten waren selbst nach mehreren Feldzügen Eingliederung und Gehorsam noch nicht wiederhergestellt, die Ludwig XIII als unverzichtbare Basis für seine landesweite Herrschaft forderte. Sein Erster Minister ging jedoch früh daran, die abschließende Unterwerfung der andersgläubigen Christen mit dem Aufstieg Frankreichs zur Seemacht zu koppeln, was den doppelten Vorteil hatte, deren Verbindungen zu den Protestanten in England sowie den Niederlanden zu kappen und zugleich die lebensnotwendigen Seewege der Spanier im Atlantik wie im Mittelmeer angreifen zu können. Richelieu wollte darüber hinaus mit einer eigenen konkurrenzfähigen Flotte die Spanier in den wirtschaftlichen Ruin treiben: «Wenn Eure Majestät machtvoll auf dem Meer sind, wird die berechtigte Befürchtung, die Spanien haben wird, daß seine Flotten, die einzige Quelle seines Wohlstands, angegriffen werden, es zwingen, so stark auf dem Meer zu sein und immer neue Garnisonen zu unterhalten, daß der größte Teil seiner Einkünfte aus Mittel- und Südamerika aufgebraucht wird, um das alles zu unterhalten.»[7]

30 Galeeren, stationiert in Toulon und Marseille, wären erforderlich, um im Mittelmeer der spanischen Flotte mit 50 bis 70 Galeeren Paroli bieten zu können Denn im Gegensatz zu den von Karthago über Neapel bis Genua operierenden Spaniern verfüge Frankreich über den Vorteil, im geographischen Zentrum zu liegen, was die zusätzliche Chance bot, den spanischen Seeweg von Barcelona nach Genua, und das hieß die strategische Verbindung von Madrid nach Wien, zu unterbrechen. Auch wäre Frankreich damit in der Lage, sich der Seeräuber aus Nordafrika zu erwehren, die ständig

seine Mittelmeerküste heimsuchten. Für die Atlantikküste von Biarritz bis Le Havre, wo die Galeeren wegen der häufig unruhigen See nur selten zum Einsatz kommen konnten, plante Richelieu 6 permanente Patrouillenschiffe von jeweils 200 Tonnen, 6 mit Kanonen bestückte Pinassen und eine strategische Reserve von nicht weniger als 40 weiteren Kriegsschiffen, die an den verschiedensten Punkten der langen Küste zum Einsatz kommen sollten.

Ludwig XIII, dem damit ein weiterer Schritt hin zur Größe Frankreichs und seiner eigenen Person garantiert schien, genehmigte das ambitiöse Projekt. Um es auf dem direkten Weg zu realisieren, kumulierte Richelieu 1626 sämtliche Vollmachten auf sich selbst – in der Position eines «Großmeisters, Leiters und Generalkontrolleurs von Seefahrt und Handel Frankreichs» («grand maître, chef et surintendant général de la navigation et du commerce de France), was jedoch nicht die Befehlsgewalt über den militärischen Einsatz dieser Seestreitkräfte einschloß, die dem König vorbehalten blieb. Übrigens war es für die Zentralisierung der maritimen Mittel erforderlich, daß der Herzog de Montmorency, der die Charge eines «Admirals von Frankreich» innehatte, dieses Amt abgab – er hatte sich zudem in der Chalais-Verschwörung kompromittiert, erhielt aber für den Amtsverzicht trotzdem die Summe von 1 200 000 Livres. Auch seine Verfügungsgewalt über die Häfen konnte der «grand maître» erheblich erweitern, als seine Gönnerin Maria von Medici, die an seiner ständigen Machterweiterung großen Anteil hatte, ihm den Atlantikhafen Brouage überließ – gleichsam die Gegengründung zu La Rochelle. Als er im Oktober 1626 auch das Amt des Gouverneurs von Le Havre erwerben konnte, befürchtete man in Paris bereits seine Diktatur, hatte er damit doch die Kontrolle über die Seine-Mündung gewonnen.

Da der Bau der Schiffe Zeit in Anspruch nahm und die französischen Werftarbeiter seit langem nicht mehr in deren Konstruktion geübt waren, scheute Richelieu nicht den Aufwand, die gewünschten Modelle in Holland zu kaufen und in ihre Teile zerlegen zu lassen, um die Technik ihrer Herstellung zu ermitteln. Außerdem ließ er Schiffseinheiten in großer Zahl aufkaufen und umrüsten, so daß er bereits Ende 1626 in der Lage war, 80 see- und kampftüchtige Einheiten unter das königliche Kommando zu stellen. Da sein Titel auch den Seehandel einschloß, zu dessen Schutz die Kriegsschiffe ebenfalls zum Einsatz kommen sollten, begünstigte er die Gründung mehrerer Handelsgesellschaften, deren Operationen sie auf die Antillen und nach Kanada führen sollten, und auf Madagaskar ließ er sogar eine befestigte Basis errichten. Damit provozierte er zwangsläufig die Aufmerksamkeit und Gegnerschaft der klassischen Seemächte Spanien, Holland, England und nicht zuletzt im eigenen Land die von La Rochelle – an dessen westlichem Stadtrand erst 1622 das Fort Louis im Auftrag des Königs errichtet worden war, gegen das die Stadt ebenso heftig wie vergeblich protestiert hatte.

Am Hof in London, den man doch gerade erst mit der Ehe von Charles I und Henriette Marie hatte für Frankreich günstig stimmen wollen, steigerte sich die Besorgnis über die maritimen Aktivitäten Richelieus zu der Drohung des englischen Königs an den französischen Staatssekretär Châteauneuf, daß Ludwig XIII, wenn er in guten Beziehungen mit ihm leben wolle, «die Absichten aufgeben soll, die er, wie man von ihm sage, hinsichtlich des Meeres»[8] habe. Damit zeichnete sich eine Konfrontation ab, auf die Richelieu nicht nur vorbereitet war, sondern die er auch gesucht hatte, um Frankreich als gleichrangige Seemacht zu etablieren und zugleich die unbotmäßigen Hugenotten in die volle Untertänigkeit des Königs zu zwingen, was, wie die seinerzeit vergebliche Belagerung von La Rochelle gezeigt hatte, nur dadurch geschehen konnte, daß man der Stadt den Seeweg zu ihren möglichen Verbündeten versperrte: «Da Frankreich alle diese Mächte und besonders die Spanier und Engländer zu Nachbarn hat, die beanspruchen, souveräne Schiedsrichter des Meeres zu sein, ist es nicht nur notwendig, daß es in der Lage ist, ihren Kräften zu widerstehen, sondern auch, sie von dem Gedanken und der Versuchung abzuhalten, etwas gegen es zu unternehmen.»[9]

Während diesseits und jenseits des Kanals die systematische Mobilmachung stattfand, vollzog sich auf der diplomatischen Ebene ein Wettlauf nach Madrid. Bei aller Gegnerschaft der Seemächte Spanien und England gab es doch die Gemeinsamkeit, in ihren

Kreis nicht einen weiteren Konkurrenten eindringen zu lassen. So war Richelieu, der es verstand, die Vereinigten Niederlande an Frankreich zu binden, bestrebt, eine Koalition von England und Spanien zu verhindern, indem er sein Land statt dessen als Vertragspartner anbot. Eine solche Verbindung mußte ihm die Zustimmung der katholisch-prospanischen Fraktion des Hofes sichern, die zunehmend an seinem Mitwirken an der Gegenreformation zweifelte. So kam es sogar zu einem sowohl defensiven wie offensiven Vertrag zwischen Philipp IV und Ludwig XIII, von dem sich der Kardinal-Minister zwar keine entscheidende Unterstützung im Kriegsfall, aber wenigstens die Isolierung Englands versprach, auch wenn er nicht übersehen konnte, daß bei einer Niederlage Frankreichs den spanischen Interessen doppelt gedient wäre, denn das Land fände auf See einen Rivalen weniger und hätte dessen Beseitigung kostensparend einem Dritten überlassen.

Kern dieses Konflikts war, obgleich vielfältige politische und wirtschaftliche Motive mitwirkten, die fortdauernde Gültigkeit des Edikts von Nantes, das für die Hugenotten die Basis ihrer religiösen und auch staatlichen Autonomie darstellte, für Ludwig XIII und Richelieu jedoch ein Hindernis für das staatspolitische Ziel, die Autorität des Königs in ganz Frankreich ohne Ausnahme und Unterschied zur Geltung zu bringen. Dieses zentralistische Programm schloß die Sonderstellung der Hugenotten aus, die ihnen Heinrich IV im Jahre 1598 eingeräumt hatte. Das sogenannte Toleranzedikt war jedoch nicht ein generöser Gnadenakt gewesen, den der erste Bourbonenherrscher seinen alten Glaubensgenossen gewährt hatte, als er aus politischer Opportunität zum katholischen Glauben konvertierte. Es war vielmehr der komplizierte Kompromiß, den die Hugenotten, die sich ihres Führers beraubt und in ihrer Glaubensautonomie bedroht sahen, dem neuen König Frankreichs abgerungen hatten, und zwar mit der Drohung eines neuen Bürgerkriegs, der die alten Wunden der über sechsunddreißig Jahre andauernden Religionskriege wieder hätte aufbrechen lassen. So waren den etwa 1,2 Millionen Hugenotten in den 95 Artikeln, zwei Brevets und etlichen Zusatzklauseln weitgehende Rechte sowohl für ihre ungestörte Glaubensausübung wie auch für ihre militärische Sicherheit zugestanden worden, und diese Sicherheit sollten Sicherheitsplätze wie die Städte Nîmes, Montauban und eben La Rochelle, die reichste und stolzeste Festung ihrer Glaubenszuversicht, garantieren.

Damit hatte Heinrich IV einen «Staat im Staate» zugelassen und ein großes Stück seiner Souveränität preisgegeben, aber er hatte auch den Vorbehalt vertraglich abgesichert, daß das Edikt nur eine Zwischenlösung bis zu einem von ihm gewünschten Zustand sei, seinem Land eine einzige Kirche «in einer Form und einer Religion, wie es zumindest meine Absicht ist, zu geben, da sonst der Bürgerkrieg kein Ende nähme».[10] Wann diese Einheit von Staat und Religion, die er als politisches Ziel nicht aufgab, die die Hugenotten aber um ihrer Glaubensautonomie willen bekämpften, sich realisieren könnte oder sollte, war offengeblieben. Die Autorität des Vert galant war so groß gewesen, daß es ihm gelang, diesen verkappten Waffenstillstand in der Balance eines Friedens zu halten, doch da ständig die Gefahr bestand, daß aus diesen Glaubensformationen auch zwei getrennte Staaten auf französischem Boden entstehen könnten, war jeder künftige König gezwungen, wenigstens die staatliche Einheit in voller Souveränität wiederherzustellen, mochte auch die Glaubensautonomie der Hugenotten nicht angetastet werden. Deshalb war Ludwig XIII dreimal in den Südwesten seines Landes gezogen, und deshalb marschierte er im Frühjahr 1627 ins Poitou und an die Küste des Atlantik, wo der militärische Angriff der Engländer erwartet wurde, die als Begründung ihrer Invasion angaben, die Rechte des Edikts von Nantes im Namen ihrer protestantischen Glaubensbrüder verteidigen zu müssen, obgleich die Stadt La Rochelle sie nicht um militärische Unterstützung gebeten hatte.

Die englische Flotte von 90 Schiffen mit rund 8000 Mann an Bord, die Mitte Juni von Portsmouth in See stach, stand unter dem Kommando des «Großen Admirals» Lord Buckingham. Es war auch nicht ein Revancheunternehmen für die gescheiterte Eroberung der Königin von Frankreich in Amiens, obgleich der nahezu allmächtige Günstling nun auch von Charles I mit seiner Verehrung für Anna von Österreich einen romantischen Kult trieb. Es ging vielmehr und fast ausschließlich um Macht – zur See und zu Lande. Der Auftrag, den die englische Regierung unmißverständlich formuliert hatte, richtete sich gegen die Bestrebungen des französischen Königs, «seine Monarchie auf den Ozean auszudehnen und England die Souveränität auf jenem Meer zu entreißen, dem die Königreiche Großbritanniens ihren Namen gegeben haben und deren Nutznießung sich seine Vorfahren seit undenkbaren Zeiten erfreut haben».[11] Mochten die Engländer auf der Atlantikinsel Île de Ré einfallen, um einem Vordringen Frankreichs auf dem Meer vorzubeugen, Richelieu zeigte sich nicht weniger aggressiv zur Gegeninvasion in England bereit: «Es ist notwendig, die Hugenotten niederzuwerfen. Wenn Ré (die Insel) sich rettet, ist es leicht. Wenn sie verloren geht, ist es schwieriger, aber machbar und notwendig als das einzige Mittel gegen den Verlust von Ré. Andernfalls würden sich die Engländer und die Bewohner von La Rochelle vereinigen und mächtig sein. Aber ob Ré verloren geht oder gerettet wird, es wird notwendig sein, den Krieg nach England zu tragen, weil man dadurch die Engländer hindern wird, ihn nach außen zu tragen.»[12] Der Konflikt steigerte sich zum Krieg mit gegenseitigen Maximalforderungen.

Als die Engländer am 26. Juli bei Sablanceaux am östlichen Ende der Île de Ré, direkt gegenüber La Rochelle, landeten, wurden sie vom Kommandanten der Insel, Jean de Toiras, mit seinen Garnisonstruppen heftig attackiert. Die Überzahl der Engländer zwang die Franzosen jedoch, sich in die beiden Festungen Fort de Saint-Martin und Fort de la Prée zurückzuziehen. Mit dem Beginn des leidenschaftlichen Kampfes um die Insel stellten sich für den Kardinal-Minister, der bereits Ende Juni mit dem König an die Küste aufgebrochen war, gravierende Probleme – organisatorische, finanzielle und auch psychologische. Eine psychologisch prekäre Situation ergab sich, als Ludwig III in Villeroy-en-Brie von einem gefährlichen Fieber erfaßt wurde und in Lebensgefahr geriet. In diesem Zustand, so entschied Richelieu, dürfe ihm die Nachricht von der Landung der Engländer nicht zugemutet werden, was das Risiko einschloß, den Herrscher befristet um seine Handlungsfähigkeit zu bringen und später von ihm dafür zur Rechenschaft gezogen zu werden, ganz abgesehen von dem Extremfall seines Todes mit unabsehbaren Konsequenzen. In seinen «Mémoires» hat er seine Entscheidung abgewogen und mit Betonung seiner Selbstlosigkeit verteidigt: «Der Kardinal, der weiß, daß ein Diener nicht auf sich achtet, wenn es um seinen Herrn geht, hatte sein eigenes Vermögen und seinen Ruf oder die Person des Königs aufs Spiel zu setzen, und er entschied, sich lieber selbst der Gefahr auszusetzen, getadelt und ruiniert zu werden, als, um sich zu retten, irgend etwas zu tun, das geeignet gewesen wäre, die Krankheit seiner Majestät neu zu entfachen.»[13]

Dem Risiko, wirtschaftlich ruiniert zu werden, setzte sich Richelieu ganz unmittelbar aus, denn die königliche Kasse war so vollständig leer, daß er zum Kreditgeber der Krone werden mußte. Nicht weniger als 1,5 Millionen Livres lieh er sich, und von befreundeten Geldgebern kamen weitere 2,5 Millionen Livres hinzu – Geld, das dringend für die militärischen Operationen zur Rettung der Île de Ré benötigt wurde. Toiras war ein tüchtiger und tapferer Soldat, zu dessen Mut sich jedoch der übliche Hochmut des Adligen gesellte, an den schnellen Waffengang, aber nicht an einen langen Abnutzungskrieg zu denken, für den es nötig war, die Forts auf der Insel ausreichend mit Kriegsmaterial und Nahrungsmitteln zu versorgen. So fehlte es dort nicht nur an ausreichend Brot, Wein und Fleisch, sondern auch an Munition und Medikamenten, um einer langen Belagerung standzuhalten. Der stolze Kriegsmann hatte auch versäumt, das Korn und den Wein auf der Insel zu ernten oder zu zerstören, so daß die Engländer reichlich Versorgungsgüter vorfanden. Sie konnten zusätzlich die Gebäude von Saint-Martin beziehen, die Toiras nicht hatte räumen und abreißen lassen, so daß Richelieu spotten konnte, die Feinde hätten dort «mehr Schutz und Komfort gefunden, als es in ihren Häusern in England der Fall gewesen wäre».[14] Der Kardinal-Minister stand vor der Alternative, den wenig weitsichtigen Kommandanten, der sich mit seinen Truppen in die Zitadelle zurückgezogen hatte, zu ersetzen oder ihm in der selbstverschuldeten Situation trotzdem die nötige Unterstützung zu gewähren. Er entschied sich, den erfahrenen Militär auf seinem Posten zu belassen.

Es war ein gefährdeter Außenposten, von den feindlichen Engländern umzingelt, und um den wieder genesenen König über die schwierige Lage zu unterrichten, fand Toiras drei Freiwillige, die den Notruf überbringen sollten, daß, wenn bis zum 8. Oktober nicht Entsatz oder wenigstens Versorgungsgüter in Fort Saint-Martin einträfen, die Festung nicht länger zu halten sei. Die drei Männer aus dem Regiment der Champagne sollten die Meerenge zwischen der Insel und dem Festland schwimmend überwinden. Nackt stürzten sie sich in die Fluten, den Bericht über die miserable Lage des Forts, natürlich chiffriert, in einer versiegelten Kapsel an einer Schnur um den Hals. Einer ertrank, ein zweiter ergab sich vor Erschöpfung den Engländern, die ihn töteten, der dritte, dessen Name Pierre Lanier das nationale Gedächtnis dankbar überliefert, erreichte trotz Verfolgung die Küste, war aber so erschöpft, daß er sich nur auf allen vieren fortbewegen konnte – allerdings lag das Fort Louis nur zwei Kilometer entfernt. Vor den König geführt, belohnte dieser seine Heldentat fürstlich mit einer Pension aus der Salzsteuer und einer Offizierscharge.

Auch auf polemische Kriegspropaganda wollte Richelieu nicht verzichten, als er, unter Verwendung des Berichts seines Kanzlers Michel de Marillac, in seinen «Mémoires» das militärische Agieren des von ihm verachteten und zugleich beneideten Buckingham angriff: «Sie (die belagerten Franzosen in Fort Saint-Martin) litten an Wassermangel; sie bedienten sich, teilweise, eines Brunnens außerhalb der Zitadelle, den die Feinde vergifteten; es fehlte ihnen an Lebensmitteln, und Buckingham ließ, um sie noch früher auszuhungern, am 21. August mit der Grausamkeit und Unmenschlichkeit, wie sie bei den Andersgläubigen üblich ist, alle jene katholischen Frauen der Insel, deren Männer in der Zitadelle waren, auf dem Vorplatz zusammentreiben und, indem man ihnen Stockschläge versetzte, jagte man sie gegen die Zitadelle, wo man sie anfangs nicht aufnehmen und zurückschicken wollte, ihnen jedoch, als auf sie geschossen und viele getötet wurden, da man Mitleid mit ihnen hatte, die Tore öffnete. Es war eine unter den armen Frauen, die, getroffen und niedergestürzt von einem Musketenschuß in den Körper, noch in diesem Zustand die Brust ihrem Kind gab, das sie in den Armen hielt, um es am Schreien zu hindern; sie war schon dem Tod nahe, während das Kind noch lebend an ihrer Brust saugte, als man ihr zu Hilfe kam. Aber diese christliche Aktion unserer Soldaten hat, anstatt daß ihre Lebensmittel verbraucht wurden, sie vervielfacht und ihnen durch die Güte Gottes eine ganz unmittelbare Erleichterung gebracht.»[15]

Diese Erleichterung wurde erreicht durch zwei abenteuerliche Nachtunternehmungen der Franzosen, mit denen es am 7. September und 8. Oktober gelang, die Blockade von See her zu durchbrechen. Das erste Mal gelangten 13 von 15 Pinassen durch den Belagerungsring und schafften Nahrungsmittel und Munition in die Zitadelle, das zweite Mal, begünstigt vom Hochwasser, das der Neumond bewirkt hatte, erreichten 35 kleine Schiffe die Eingeschlossenen. Die Engländer, deren Zahl sich durch Erkrankungen verringert hatte, griffen daraufhin geradezu verzweifelt in mehreren Wellen an, hatten jedoch hohe Verluste zu beklagen, ohne daß die Erstürmung des Forts gelang.

Parallel dazu fand ein psychologischer Kampf statt, denn Buckingham forderte den belagerten Gegner zur Übergabe auf, indem er ihm, um seine gute Versorgungslage zu demonstrieren, ein Dutzend Melonen schickte, während Toiras, der schon gezwungen gewesen war, 20 Pferde zu schlachten, sich mit 6 Flaschen Orangensaft und 12 Gläsern zyprischen Puders revanchierte – es war das einzige, was noch reichlich vorhanden war, zur Nahrung nicht beitrug und Richelieu zu der heiteren Pointe verleitete, daß der Kommandant sich reichlicher mit duftendem Körperpuder als mit Pulver für seine Kanonen versorgt habe. Als dann den Franzosen der zweite Durchbruch gelang, konnten sie auf ihren Piken von den Mauern herab den Engländern diverse Köstlichkeiten präsentieren: Schinken, Ochsenzungen, Kapaune, Hähne aus Indien und reichlich Weinflaschen.

Während des wechselvollen Kampfes auf der Île de Ré verhandelte Richelieu mit der Stadt La Rochelle. Ihre ambivalente Haltung schwankte zwischen Loyalität zum König und einer ausreichenden Autonomie in ihren Schutzrechten, begründet mit dem Edikt von Nantes. Innerhalb der Stadt agierte der Herzog de Soubise, ein Sohn des Herzogs de Rohan. Dieser hatte im Süden des Landes die Hugenotten in den Aufstand geführt und nutzte jetzt die

Gelegenheit, seine Glaubensgenossen erneut zum Widerstand gegen die Autorität des Königs aufzurufen. So war Ludwig XIII gezwungen, ein weiteres Heer unter Condé gegen ihn in Marsch zu setzen. Soubise, der schon in England agitatorisch für die Partei der Protestanten gewirkt hatte, um dort die Invasion in Frankreich politisch durchzusetzen, plädierte nun in La Rochelle zugunsten der Engländer, die er den Bürgern als einzigen Schutz für ihre Freiheit in Handel und Religion anpries. Dagegen versuchte der Kardinal-Minister, mit weitgehenden Konzessionen die Stadt aus ihrer neutralen Position auf die Seite des Königs zu ziehen, doch ihre Forderung, das Fort Louis zu schleifen, wollte Ludwig XIII nicht erfüllen, hatte er es doch erst jüngst erbauen lassen, um die Reede von La Rochelle zu beherrschen oder wenigstens zu beobachten. So siegte die englandfreundliche Partei in der Stadt, und am 10. September wurde das Feuer von ihren Mauern auf die königliche Armee eröffnet, die ihrerseits am selben Tag mit der Blockade und Belagerung La Rochelles begann, allerdings nur von Land aus, denn Schiffe konnten ungehindert in die Stadt gelangen und sie verlassen.

Eines der Motive der Stadt La Rochelle, sich den Engländern zuzuwenden, war deren sich verschlechternde Situation auf der Île de Ré. Man half den Glaubensbrüdern mit Nahrungsmitteln und bei der Pflege der Verwundeten. In der Hoffnung, daß sie den Zugang zum offenen Meer und damit die unbehinderte Versorgung der Stadt garantierten, hatte man ihnen aus den eigenen Vorräten geschickt und diese nicht in dem Maße wieder aufgefüllt, wie es für eine lange Belagerung notwendig gewesen wäre. Aber das Kriegsglück neigte sich auf der Île de Ré, nachdem die Versorgungstransporte der Franzosen in die Zitadelle von Fort Saint-Martin gelangt waren, den Verteidigern zu. Zusätzlich gelang es Schomberg, mit 1200 Mann auf die Insel überzusetzen und die Verteidigung der Forts zu verstärken. Buckingham unternahm daraufhin unter Aufbietung der letzten Kräfte seiner inzwischen stark geschwächten Truppen einen stürmischen Angriff auf das Fort Saint-Martin, der jedoch nicht zu dessen Eroberung führte – damit wurde der Rückzug der Engländer von der Insel unausweichlich. Während ihrer Einschiffung wurden sie von Toiras heftig angegriffen und hatten

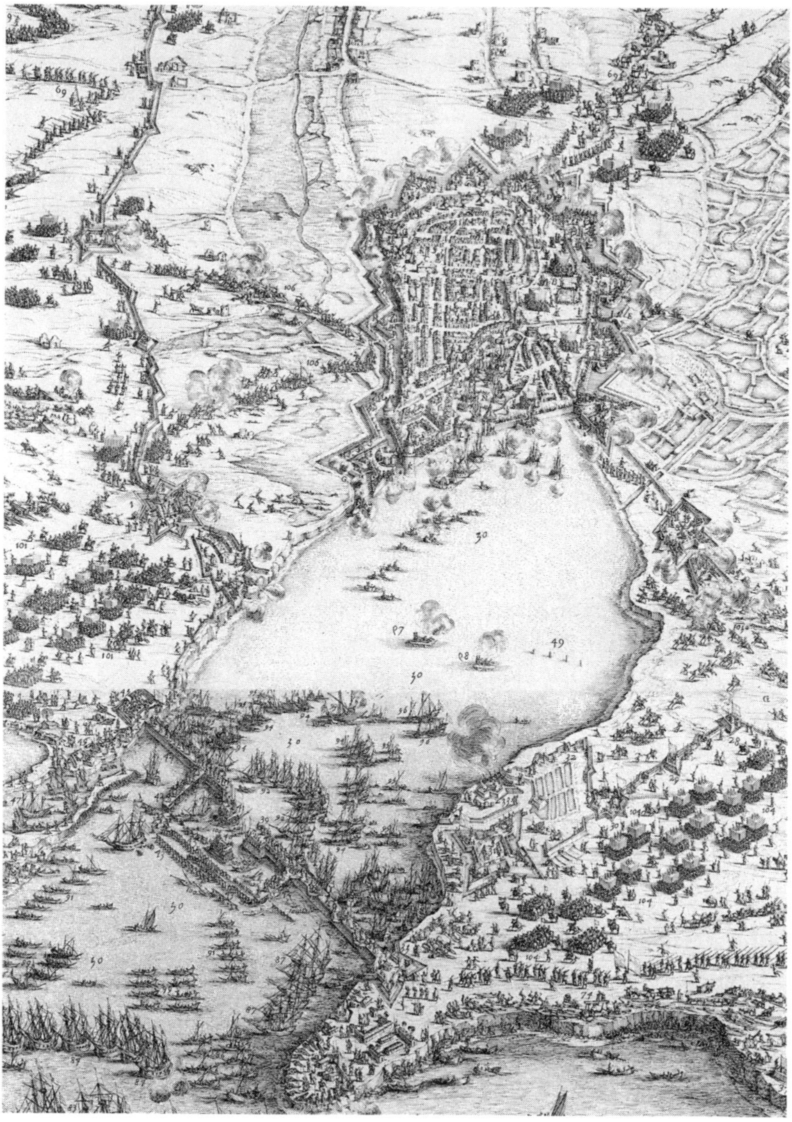

Belagerung von La Rochelle, 1628, Graphische Sammlung Musée du Louvre, Paris

nicht weniger als 1600 Mann zu beklagen. Am 6. November verließ die englische Flotte das Seegebiet von La Rochelle, und Buckingham, dem es nicht gelungen war, die Invasion auf das Festland zu übertragen, versprach der Stadt La Rochelle, ihr im nächsten Frühjahr mit einer neuen Flotte zu Hilfe zu kommen.

Sein Abzug einschließlich der Wiedereroberung der Île de Ré war ein glanzvoller Sieg für seinen Gegner Richelieu. Er konnte nun alle Kräfte auf die Belagerung La Rochelles konzentrieren, wofür ihm ein Heer von nicht weniger als 20 000 Mann zur Verfügung stand. Noch vor Ende November wurde das ambitiöse Projekt in Angriff genommen, die Stadt auch vom Meer abzuschneiden, um die Einschließung vollständig zu machen. Der Architekt des Königs, Clément Métezeau, entwarf die Pläne für einen Damm, der von beiden Uferseiten die Einfahrt versperren sollte – auf jeder Seite etwa 750 Meter lang und 8 Meter hoch. Die Mitte von 60 Metern mußte offengehalten werden, um die Strömung der Gezeiten nicht zu behindern. Für die Realisierung war der Bauunternehmer Jean Theriot verpflichtet worden, doch für die gewaltigen Erdbewegungen waren viele Hände erforderlich, so daß selbst Ludwig XIII – und sei es nur zum Symbol seiner Entschlossenheit – seine Hände zu Erdschaufeln machte, an seiner Seite der Kardinal-Minister in der derselben Weise tätig. Zusätzlich wurden 200 Schiffe, aneinandergekettet und mit schweren Steinen belastet, vor dem Erdwall plaziert, um die Meereswellen zu brechen, und in der freibleibenden Mitte versenkte man zusätzlich mit Steinen gefüllte Schiffe, um die Durchfahrt zu behindern. Dennoch gelang es kleinen Booten, besonders in der Nacht, die Stadt zu erreichen und auch wieder zu verlassen.

Trotz wiederholter Schäden, die das Meer in das Bauwerk riß, ging es im Februar 1628 seiner Vollendung entgegen und rang dem von Flandern nach Spanien durchreisenden General Ambrogio de Spinola, einer militärischen Autorität der Epoche, einige bewundernde Worte ab. Ansonsten blieb die Hilfe Spaniens, das immerhin Partner eines defensiven wie offensiven Vertrages war, spärlich. Die versprochenen spanischen Schiffe lagen im Hafen von Dünkirchen und kamen aus immer neuen Gründen nicht, war Spanien doch daran interessiert, die Rolle des lachenden Dritten in diesem Krieg zu spielen, zu dessen Fortsetzung Charles I bereits die nächste Expedition ausrüstete. Das Verhältnis zwischen Frankreich und England verschlechterte sich bis zu dem Maße, daß davon sogar die königliche Ehe in London betroffen war, wo das zahlreiche katholische Personal von Königin Henriette Marie ausgewiesen und sie selbst wie eine Gefangene gehalten wurde.

Der nun angebrochene Abnutzungskrieg barg in seiner Länge auch für die Franzosen, die überaus gut versorgt waren, eine Gefahr – die Langeweile. Für die Truppenmoral sorgten zum einen die Kapuziner, die der Père Joseph aufgeboten hatte – sie kümmerten sich mit Messen und Prozessionen um die Reinheit der Soldatenseelen, zumindest für deren Ablenkung. Zugleich aber hatte sich der hyperaktive Père Joseph in die Abgelegenheit eines Abbruchhauses zurückgezogen, wo er ein Netz von Spionen und Kundschaftern organisierte, die vor allem in La Rochelle Informationen über die dortigen Vorräte und die Widerstandskraft der Bürger sammelten, war doch ihr geistlicher Stand Passierschein genug, in die Stadt und zurück zu gelangen, die Kassiber unter der Kutte. Der Kardinal-Minister selbst sorgte für strenge Disziplin in der Armee – Alkoholmißbrauch wurde ebenso hart bestraft wie Prostitution. Zusätzlich wurde fleißig exerziert, um die Kampfstärke zu erhalten, aber auch zahlreiche Feste fanden statt, sogar Theateraufführungen, und das Geld dafür stand reichlich zur Verfügung.

Doch selbst derlei Zerstreuungen konnten Ludwig XIII nicht vor Ort halten, wo er seine geliebte Fuchsjagd entbehren mußte. Offiziell war es das feuchte Klima, das als Grund für die Abreise des Herrschers genannt wurde, aber auch ihn hatte die Langeweile erfaßt. Mit der Übertragung der höchsten Befehlsgewalt an Richelieu, der zum «Generalleutnant» («lieutnant général») aufstieg, hatte er allerdings eine Prestigedebatte ausgelöst, denn für die hochadligen Generäle war es ein Skandal, daß nicht einer der Ihren ernannt worden war. Keinen Skandal stellte jedoch für die Zeitgenossen dar, daß ein Kardinal als Kriegsherr in voller Rüstung auf dem Deich vor La Rochelle militärische Befehle zur Vernichtung von Menschen gab – so sehr war die Religion bei diesem Staatsmann bereits nachrangig geworden.

Innerhalb der Stadtmauern von La Rochelle vollzog sich ein unaufhaltsamer Degradationsprozeß, da die Bevölkerung von 28 000 Seelen von der Versorgung bald völlig abgeschnitten war – nur selten und in geringen Mengen konnten auf kleinen Schiffen Nahrungsmittel zu ihnen gelangen. Die Hungersnot vergrößerte sich stetig, und die Emotionen der Eingeschlossenen schwankten abrupt zwischen Angst und Hoffnung. Im März 1628 organisierte Richelieu einen nächtlichen Überraschungsangriff. Das Stadttor Maubec sollte gesprengt werden, da man die Information – natürlich vom Père Joseph – erhalten hatte, ein unterirdischer Kanalzugang erlaube dessen Sprengung. Doch das Unternehmen scheiterte an mangelnder Organisation, und damit war auch endgültig entschieden, daß La Rochelle mit Waffengewalt uneinnehmbar sei. Daran änderte auch die Tatsache nichts, daß Ludwig XIII Mitte April ins Kriegslager zurückkehrte und sich eigenhändig als Kanonier betätigte. Die Bewohner von La Rochelle richteten ihren Blick erwartungsvoll auf England, sollten jedoch zwei bittere Enttäuschungen erleben.

Die versprochene Flotte der Engländer, kommandiert von Lord Denbigh, erschien im Mai auf Sichtweite vor La Rochelle. Buckingham, der zunehmend an Popularität verlor, war verwehrt worden, selbst die Flotte zu führen und damit persönlich zur Revanche zu erscheinen. Lord Denbigh seinerseits schätzte die Möglichkeit, den Deich frontal anzugreifen und zu zerstören, als aussichtslos ein und wurde darin bestärkt, nachdem er einige Kanonenkugeln wirkungslos darauf abgefeuert hatte und statt dessen nur seinerseits von den darauf postierten Geschützen attackiert worden war. Auch ein Versuch, den Damm mit den Schiffen in Brand zu stecken, indem man eine brennende Schallupe auf ihn zutreiben ließ, scheiterte. Während die Franzosen noch weitere Angriffe erwarteten, setzte der englische Kommandant die Segel zurück nach England – zur maßlosen Enttäuschung der Bürger von La Rochelle.

Charles I wollte diese Schmach nicht hinnehmen und rüstete eine weitere Flotte aus, deren Auslaufen auch dadurch nicht verhindert wurde, daß Buckingham während der Vorbereitungen am 2. September von einem Fanatiker namens John Felton niedergestochen wurde. Unter dem Kommando von Admiral Lindsey, der mit 114 Schiffen und 5000 Mann Anfang Oktober in See stach, erschienen die Engländer ein weiteres Mal vor La Rochelle. Ihr Kommandant machte sich angesichts des bewehrten Dammes und des französischen Heeres von 20 000 Mann ebenfalls keine Illusionen. Zwar ließ er vier Tage lang die Kanonen sprechen, empfahl aber separat Lord Montaigu, dem Sohn des Herzogs von Manchester, sich um einen Verhandlungsfrieden zwischen der Stadt und dem französischen König zu bemühen, was keinerlei Erfolg brachte. Als seine Segelschiffe ebenfalls am Horizont verschwanden, ohne daß er La Rochelle hatte Entsatz bringen können, wichen die Hoffnungen der Bürger der Verzweiflung – das lange verleugnete Ende war nah.

Der Niedergang zog sich noch Monate hin, denn von der Hungersnot zum Hungertod war es ein weiter Weg. Lange konnten sich wenigstens die reichen Bürger die zum Teil versteckten Vorräte kaufen, so daß es zunächst die ärmere Bevölkerungsschicht traf: «Die armen Leute aber fingen an, alle erdenklichen wilden Pflanzen zu essen, und starben mit aufgeschwemmten Körpern oder völlig geschwächt oder verrückt, oder sie liefen nackt durch die Straßen, fielen plötzlich tot um oder kamen nur mit großer Mühe wieder auf die Beine. Diejenigen, die Bilsenkraut und Belladonna, also Nachtschattengewächse, aßen, litten unter den heftigsten und wildesten Krankheiten und liefen wie verrückt durch die Straßen.»[16] Jean Guiton, der konzessionslos die Übergabe verweigernde Bürgermeister, hatte die prekäre Lage auch dadurch zu verbessern versucht, daß er ab Mai in mehreren Phasen «unnütze» Esser aus der Stadt treiben ließ – Frauen, Kinder, Greise. Da die französische Armee den Auftrag hatte, sie erbarmungslos wieder in Richtung Stadttore zu treiben, die jedoch verschlossen blieben, irrten sie vor den Stadtmauern im Niemandsland umher, gruben mit bloßen Händen in der Erde nach Wurzeln und Würmern, die ihnen das Leben jedoch nur um wenige Stunden verlängerten.

Ein Augenzeuge vor Ort namens Pierre Mervault hat sogar von Kannibalismus berichtet, als am 12. Oktober in einem Haus eine tote Frau gefunden wurde: «Man hatte ihr den Kopf weggenommen und an mehreren Stellen Fleischstücke herausgeschnitten. Zwei junge

Mädchen gestanden, davon gegessen zu haben. Man wagte es nicht, sie der Justiz zu übergeben, aus Angst, daß die Belagerer, nachdem sie von der öffentlichen Bestrafung der Täterinnen erfahren hätten, sich ein Bild von den Notständen in der Stadt machen, die Stadt unter Zwang setzen ... und ihr eine Übergabe um jeden Preis und ohne Mitleid aufzwingen würden.»[17] Selbst das Sterben – ab September starben mindestens 50 Personen pro Tag – stellte kaum zu bewältigende Probleme, denn zu geregelten oder gar kirchlichen Beerdigungen fehlten den Menschen die Kräfte. Tote lagen überall in der Stadt verstreut. Zahlreiche Bürger, die sich dem Tod nahe wußten, vollzogen den Leichenzug lebendig, indem sie sich mit letzter Kraft zum Friedhof schleppten und sich dort in der Hoffnung niederlegten, daß ein Mitleidiger vorbeikäme und sie in der Erde verscharrte. Von den ursprünglich 28 000 Einwohnern lebten nur noch etwa 5500, und die Mauern der Stadt wurden von 64 Franzosen und 90 Engländern verteidigt, als man endlich nach 13 Monaten und 20 Tagen zur Aufgabe des Kampfes und zur Übergabe der Stadt an den König bereit war.

Es war ein Bild des Grauens, das sich den am 30. Oktober in die Stadt eindringenden Belagerern bot, nachdem am Vortag der König Verhandlungen mit der Stadt abgelehnt und die bedingungslose Unterwerfung verlangt hatte: «Man fand die Stadt voller Toter, auf den Feldern, in den Häusern, in den Straßen und auf den öffentlichen Plätzen; die Schwäche derer, die überlebt hatten, war bis zu dem Grad gesteigert und die Zahl derer, die gestorben waren, war so groß, daß jene diese nicht begraben konnten, die dort liegen geblieben waren, wo sie ihren letzten Atemzug getan hatten, ohne daß der Gestank in der Stadt groß gewesen wäre, weil sie vom Hungern so geschwächt waren, daß sie, wenn sie der Tod traf, eher vertrockneten als verfaulten.»[18] Nachdem auch der König das Elend seiner so leidenschaftlich widerstehenden und nun im Leiden so tief gedemütigten Untertanen gesehen hatte und davon ergriffen worden war, wurden Lebensmittel in die Stadt gebracht, der katholische Glaube restituiert und an Allerheiligen mit großem Pomp die Messe gefeiert. Die Strafen für die Verantwortlichen fielen recht milde aus – der Mann des gnadenlosen Widerstands, Jean Guiton, wurde nur verbannt und trat später als Hauptmann in den Dienst des Königs – er brachte es sogar bis zum Seigneur de Repose-Pucelle.

Die englische Flotte unter Lindsey war am 2. November noch einmal vor der Reede von La Rochelle erschienen, aber da war die Stadt schon gefallen, und als der englische Admiral am 10. November endgültig das Signal zur Rückkehr nach England gegeben hatte, war noch in derselben Nacht der Deich vom aufgewühlten Meer zerstört worden – dieses eine Mal hatte es seine Gunst nicht den Engländern zugewandt.

Der Fall von La Rochelle stellte nicht nur einen grandiosen Sieg für den Kardinal-Minister dar, der alles gewagt und alles gewonnen hatte, er war auch eine entscheidende Wegmarke in der französischen Geschichte. Das Land hatte mit der nun uneingeschränkten Autorität Ludwigs XIII definitiv seine politische Einheit erlangt, die Ludwig XIV ein halbes Jahrhundert durch die Aufhebung des Edikts von Nantes und die Vertreibung der Hugenotten aus dem Lande noch vollenden sollte. Damit führte Frankreichs Weg konsequent in den Monozentrismus mit einem Monarchen und einem einzigen Machtzentrum – Paris. Genau zwanzig Jahre nach der Übergabe von La Rochelle standen sich am Ende des Dreißigjährigen Krieges in Deutschland noch immer Katholiken und Protestanten in feindlichem Gleichgewicht gegenüber, und das Land wurde zwischen ihnen in vielfältiger Aufsplitterung geteilt. Es war der Weg Deutschlands in einen Polyzentrismus, der nicht nur im Lande eine tolerante Ambivalenz zwischen den Konfessionen schuf, sondern auch eine Freisetzung der politischen und wirtschaftlichen Kräfte an lange gleichrangigen Zentren. Wer die sich damit geschichtsphilosophisch stellende Frage dahingehend beantwortet, daß ein derartiger Monozentrismus in Politik, Konfession, Wirtschaft oder auch Wissenschaft eher eine Verarmung als eine Bereicherung darstellt, wird Richelieus Sieg über La Rochelle als Pyrrhussieg werten.

9. Die Bresche in Italien

Als der sich lang hinziehende Kampf um La Rochelle voll entbrannt war, entfaltete sich in geographisch entgegengesetzter Richtung ein neuer Konflikt, der nicht weniger eine Herausforderung für die Autorität der französischen Krone darstellte. In Oberitalien brach ein Streit um die Nachfolge in Mantua aus, der schon 1613 für Maria von Medici zur Zeit ihrer Regentschaft die Gefahr einer Konfrontation mit Spanien heraufbeschworen hatte. Sie hatte sich seinerzeit zur Unterstützung Mantuas entschlossen, weil ihr Neffe dort an der Übernahme der Herrschaft gehindert wurde. Wer Herrscher nun in dem Herzogtum von Mantua und in dem dazugehörigen Marquisat Montferrat mit der Hauptstadt Casale werden sollte, schien zunächst ausreichend geregelt, denn Vinzenz II hatte kurz vor seinem Tod Ende Dezember 1627 den Herzog de Nevers, seinen Vetter, zum Nachfolger bestimmt und dessen ältesten Sohn, den Herzog de Rethelois, zum Generalleutnant des Herzogtums ernannt. Nur einen Tag vor seinem Tod hatte er zusätzlich seine Nichte Maria mit ihm verheiratet.

Der Herzog de Nevers, Charles de Gonzaga, der einst mit dem Père Joseph das Projekt eines Kreuzzuges betrieben hatte, hatte nicht nur griechische Vorfahren und war italienischer Herkunft, er war auch zweifelsfrei ein französischer Fürst, der den Schutz des französischen Königs beanspruchen konnte. Da aber Ludwig XIII tief in die Auseinandersetzung mit den Hugenotten vor La Rochelle verstrickt war, stellten sich schnell weitere Prätendenten für die Nachfolge in Mantua/Montferrat ein. An erster Stelle machte der Herzog von Savoyen, Karl Emmanuel I, Rechte auf das Marquisat Montferrat geltend und verstand es zudem, Kaiser Ferdinand II, den Lehnsherrn beider Gebiete, zu veranlassen, dem französischen Fürsten die Belehnung zu verweigern. Noch weitere Feinde Frankreichs stellten Herrschaftsansprüche, darunter der Herzog von

Lothringen im Namen seiner Gemahlin – auch er ein Vasall des Kaisers –, der Herzog von Guastala und sogar eine spanische Infantin. Diesmal jedoch wollte sich der Herzog von Savoyen bei seinen Expansionsplänen nicht allein gegen Frankreich stellen und schloß eine Koalition mit Spanien, um sich militärisch gemeinsam der italienischen Gebiete zu bemächtigen. Obgleich Spanien noch immer vertraglich Verbündeter Frankreichs war, ließ dessen führender Minister Olivares die spanische Armee unter Gonzales de Cordoba von Mailand aus in Montferrat einmarschieren, um mit Casale über eine strategisch zentrale Position des Po-Übergangs zu verfügen.

Doch die Eroberung von Casale im Handstreich mißlang, so daß eine aufwendige Belagerung notwendig wurde. Die Stadt wurde von 4000 Soldaten aus Mantua verteidigt, aber auch von einigen französischen Edelleuten, darunter der notorische Duellant Beuvron, der sich mit Bouteville provokativ geschlagen hatte und nach dem Willen Richelieus mit jenem gemeinsam das Schafott hätte besteigen sollen, hier aber seinen Degen im Dienste Frankreichs einsetzte, was dessen König nur willkommen sein konnte. Als Ende Oktober 1628 La Rochelle nicht länger widerstand, hatte die Belagerung von Casale durch die Spanier noch immer nicht zu dem Fall der Stadt geführt, und Olivares, der für die Fortsetzung dieses Feldzugs seine Hoffnungen auf das Eintreffen der Silberflotte aus der Neuen Welt gesetzt hatte, sah ihn gefährdet, nachdem die Holländer die spanischen Schiffe gekapert hatten.

Frankreich stand vor der politisch weittragenden Entscheidung, unmittelbar nach Beendigung des Krieges im Innern sich nun in einen Krieg im Ausland zu stürzen – es ging nun nicht mehr um seine vitalen Interessen als integrale nationale Einheit, sondern um seine offensive Rolle als allseits respektierte Macht und seinen europäischen Rang. In langen Beratungen mit dem König, zahlreichen Staatsratssitzungen und umfangreichen Memoranden hat Richelieu Ludwig XIII an eine Entscheidung herangeführt, die unteilbar dessen eigene sein sollte: «Der Kardinal sagte dem König, daß es eine Angelegenheit («affaire») gewesen sei, in der er selbst die Entscheidung treffen sollte, weil die Folgen daraus groß sein könnten.»[1] Bis zur Penetranz insistierte der Kardinal-Minister, wie er in seinen

«Mémoires» zur Rechtfertigung ausgebreitet hat, darauf, daß diese Entscheidung die des Königs sein müsse, auch die seine, aber erst nach der seines Herrn, den er unlösbar in die Verantwortung fesseln wollte, selbst auf die Gefahr hin, dessen Geduld zu strapazieren: «SM (Seine Majestät) war ein wenig aufgebracht gegen ihn (Richelieu) über das Vorgehen und, nachdem sie ihm gesagt hatte, daß sie schon vollständig zur Hilfe für Mantua entschlossen sei, forderte sie ihn auf, ihr offen darüber seine Meinung zu sagen.»[2]

Daran und an unantastbarer Loyalität ließ es Richelieu nicht fehlen, hatte er doch trotz der scheinbar in der Waage gehaltenen Argumente für und gegen ein militärisches Eingreifen in Italien auch jene Begründung ins Spiel gebracht, die für jenen und nicht zuletzt für ihn selbst den Ausschlag geben sollte – die von allen Nationen anerkannte Autorität des französischen Monarchen: «Der Ruhm war kein geringes Motiv, um den König zur Hilfe für Mantua zu veranlassen, indem er einen Prinzen befreite, der ungerecht bis zum Äußersten getrieben war von jener Macht, die behauptete, die größte in Europa zu sein – ihn zu befreien nach einer großen Aktion, wie es die Einnahme von La Rochelle war, gefeiert in der ganzen Christenheit.»[3] Es ging um Großes – um Frankreichs Präsenz in Oberitalien und um seine Position in ganz Europa.

Aber es ging auch um Krieg. Gegner dieses Krieges saßen sogar im Staatsrat, und ihr Einfluß reichte weit. Bérulle, der von tiefem Glauben geprägte Kardinal, der diese hohe Würde und den Sitz im Staatsrat Richelieu verdankte, war als gläubiger Christ Pazifist. Hinzu kam, daß der Konflikt in Oberitalien die gleichermaßen katholischen Mächte Frankreich und Spanien konfrontieren würde, also einen Rückschlag für die Gegenreformation darstellte, deren Kräfte sich besser gemeinsam gegen die noch immer nicht vollständig niedergeworfenen Hugenotten im Süden Frankreichs wenden sollten. Dort spielte deren Führer, der Herzog de Rohan, sogar mit dem Projekt, einen eigenen Südstaat von Frankreich abzuspalten, worüber er mit Spanien bereits Verhandlungen aufgenommen hatte. Bérulle schlug Richelieu also statt dessen eine Art Kreuzzug im Süden vor: «Was die Angelegenheit anbetrifft, so ist es mir sehr nützlich, all diese Provinzen mit Missionaren, Franziskanern, Kapuzinern, Dogmatikern, Oratorianern, Jesuiten und anderen reichlich zu versehen, und geringe Mittel wären gut angelegt, sie dort zu halten und die anderen (die protestantischen Pastoren) zu vertreiben ...»[4]

Ebenfalls der Partei der Devoten am Hofe zugehörig, aber zugleich ein sehr weltlicher Minister mit klaren politischen Ideen und großem Organisationstalent war Michel de Marillac, zunächst ein treuer Gefolgsmann Richelieus, der ihn und seinen Bruder Louis, einen Marschall Frankreichs, hatte aufsteigen lassen. Michel de Marillac war nach dem Sturz La Vieuvilles einer der Superintendanten der Finanzen geworden und 1626 sogar zum Nachfolger des Kanzlers d'Aligre ernannt worden. Zwar war auch Rivalität im Spiel, da der neue Kanzler die zunehmende Dominanz Richelieus im Staatsrat nur schwer ertrug, aber es war vor allem eine grundsätzlich andere Konzeption der für Frankreich optimalen Politik, die sie trennte. Während Richelieu der reinen Machtpolitik verpflichtet war, vertrat Marillac das Gesamtwohl des Staates, einschließlich des einfachen Volkes. Damit stellte er dem Ruhm des Königs, den Richelieu im Krieg zu erringen hoffte, den anderen Ruhm des Herrschers gegenüber, den dieser durch das Wohlergehen seiner Untertanen und deren wirtschaftlichen Wohlstand gewinnen könnte. Er ließ den Kardinal-Minister auch nicht über seine gegenteilige Auffassung im unklaren: «Der Gang der Staatsgeschäfte verpflichtet mich, Ihnen vor Augen zu führen, daß wir eine große Anzahl von Vorgängen haben, von denen das Volk nur große Leiden erduldet. Die Notwendigkeit verursacht dies, und wir können es nicht vermeiden ... Aber mir scheint, daß es grundsätzlich zum Ruhm einer guten Regierung ist, an die Erleichterung seiner Untertanen und an eine gute Staatsführung zu denken, die nur erreicht werden kann durch Frieden.»[5]

Schließlich, und damit zeichnete sich die langsame Trennung zwischen Maria von Medici und ihrem langjährigen Günstling ab, war die Königinmutter gegen eine spanienfeindliche Politik. Unterstützt von Bérulle und ihrem Beichtvater Père Suffren, forderte sie zunächst Verhandlungen mit Madrid, wohin man den Sonderbotschafter Bautru schickte, der jedoch von Olivares nur hingehalten wurde, um die notwendige Zeit für den endgültigen Fall von Casale zu gewinnen. Spanien wollte Frankreich von Norditalien fernhalten, und wenn Ludwig XIII mit militärischen Mitteln der Stadt zu Hilfe eilen würde, wäre der Krieg unausweichlich.

Aber war der Krieg auch bezahlbar? Schon vor La Rochelle war Richelieu gezwungen gewesen, die leere Staatskasse, die zugleich eine leere Kriegskasse bedeutete, mit eigenen und geliehenen Geldern so anzureichern, daß die Mittel bis zum Fall der Stadt ausreichten. Die lange Belagerung hatte dann nicht weniger als 24 Millionen Livres verschlungen, womit faktisch der Staatsbankrott erreicht war, zu dessen öffentlicher Erklärung Condé riet, bot diese Variante doch die Chance, sich der Staatsschulden auf Kosten der Kreditgeber zu entledigen. Richelieu hat ebenfalls diese Option in Erwägung gezogen, sich dann aber für neue Schulden – vor allem durch die Schaffung neuer Staatsämter – entschieden, um die Reputation des Königs nicht zu beschädigen.

Die Staatsausgaben, die sich unter Heinrich IV durchgehend in der Größenordnung von 15 Millionen Livres hielten, wobei ein deutliches Einnahmeplus den Staatsschatz in den Gewölben der Bastille anschwellen ließ – der erste Bourbonenkönig wollte ihn nicht zuletzt für eine große Kriegsoperation gegen den Kaiser nutzen. Die dort angehäuften Gelder gingen jedoch schnell in die gierig fordernden Hände des Hochadels über, als Maria von Medici sich den stets gefährdeten Frieden im Innern des Landes mit horrenden Summen zu erkaufen versuchte. 1616 waren die Ausgaben auf 33 Millionen Livres angeschwollen, und als sie 1622 auf 48 Millionen Livres stiegen, waren davon 22 Millionen Livres für die Kriegszüge aufgewendet worden, die Ludwig XIII und Luynes gegen die Hugenotten im Béarn und im Südwesten des Landes geführt hatten. Während die Aufwendungen für den königlichen Haushalt, den Unterhalt der Gebäude und selbst die Geschenkpensionen an die Mitglieder der königlichen Familie stabil blieben, war es der Krieg, der die Ausgaben in die Höhe trieb. 1629 entfielen von 53 Millionen Livres nicht weniger als 18,3 Millionen Livres auf Militärausgaben, und auch im nächsten Jahr verschlang der Militäretat für La Rochelle und die Italienfeldzüge 24,4 Millionen Livres.

Um die Haltung und Hartnäckigkeit der «Friedenspartei» von Maria von Medici und Marillac zu verstehen, genügt ein Blick auf die seit 1631 extrem anschwellenden Ausgaben, denn mit der Entfernung der Königinmutter aus dem Entscheidungszentrum hatte Richelieu die Hände frei, seine weitgespannte und finanzintensive Machtpolitik voll zu entfalten. 1632 lag der Staatshaushalt noch bei 55 Millionen Livres, aber 1634 schnellte er bereits auf 118 Millionen Livres in die Höhe, und während des 1635 ausbrechenden Krieges mit Spanien sank er selten unter 100 Millionen Livres, von denen 60 Millionen Livres jährlich für den Krieg aufgewendet wurden. Der Staatshaushalt hatte sich damit seit der Zeit Heinrichs IV verseChsfacht. Insgesamt hat man die Militärausgaben in der Zeit Ludwigs XIII und Richelieus auf 1 bis 1,25 Milliarden Livres berechnet.

Somit war es unerläßlich, die Einnahmen zu steigern, um das Defizit nicht zu groß werden zu lassen, das bis zum Tod Richelieus sich in keinem einzigen Jahr vermeiden ließ – die Staatsschulden stiegen scheinbar unaufhaltsam. Ein Mittel hierzu war der ständig wachsende Druck, mit dem die bestehenden Steuern eingetrieben wurden, auch galt es, neue Steuern zu erfinden – bis zu Steuern auf die Kirchtürme in jedem Dorf. Mit der Härte der Steuerpächter, die immer neue Summen für die Kriegführung bereitzustellen hatten, zugleich aber das Mehrfache dieser durch Versteigerung der Steuerrechte dem Staat überwiesenen Garantiesummen aus dem Volk herauspressten, wuchs das Risiko von Steuerrevolten, die in fast regelmäßigen Wellen über Frankreich hinweggingen: im Oktober 1624 in Montélimar und im November in Poitiers, im August 1627 in Troyes, im Mai 1628 in Amiens und im Juni in Laval, im Mai 1630 in Caen und im Juni in Lyon, im Juli/August in Angers – die Liste ist nicht vollständig und ließe sich lange fortsetzen.

Diese Steuerrebellionen waren allerdings ohne politische Konsequenzen, denn den aufbegehrenden Bauern bot sich keine alternative Politik-Konzeption, aber sie untergruben das Vertrauen in den Staat und den König. Marillac schrieb 1630 an Richelieu: «Ich glaube nicht, daß er (Richelieu) sich irgend etwas noch Schädlicheres für die Autorität des Königs vorstellen kann, für seine Staatsgeschäfte – besonders für die gegenwärtige Staatsmacht. Ganz Frankreich ist voll von Aufständen. Die Parlamente bestrafen keinen einzigen. Der König hat ihnen zusätzliche Richter für die entsprechenden Prozesse gegeben, und das Parlament verhindert den Vollzug dieser Urteile, und als Folge davon sind die Aufstände autorisiert, und ich weiß nicht, was man daraufhin hoffen oder befürchten muß, besonders angesichts der Häufigkeit der Unruhen, von denen wir fast jeden Tag neue erfahren.»[6] Der Kanzler dürfte kaum übertrieben haben.

Doch gegen diese Klagen, die von dem Staatsverständnis getragen waren, daß ein Herrscher primär ein guter Hirte seiner Untertanen zu sein habe, deren Wohlergehen an erster Stelle stehe, setzte Richelieu ein ganz anderes Verständnis vom Volk – bis zu dessen Verachtung: «Alle Politiker sind einhellig in der Auffassung, daß, wenn es dem Volk zu gut geht, es unmöglich ist, daß es die Regeln seiner Pflichten einhält ... Man muß es mit den Mauleseln vergleichen, die, gewohnt an ihre Last, eher faul werden durch eine lange Ruhepause als durch die Arbeit.»[7] In seinem «Politischen Testament» hat er im Krieg sogar ein Heilmittel gesehen: «Die Staaten bedürften seiner in gewissen Zeiten, um sich von ihrem schlechten Naturell zu heilen.»[8] Zu den Therapien für das Volk zählte er schließlich, es durch hohe Steuern von jenen Mitteln zu befreien, die seiner Gesundheit schädlich und für den Krieg notwendig seien: «Das Geld ist nicht nur der Nerv des Krieges, sondern auch das Fett des Friedens.»[9]

Der Steuerdruck, dem sich das Volk ausgesetzt sah, führte mit den klassischen Steuern wie der Taille (Vermögen und Einkommen) oder der verhaßten Salzsteuer – erstere stieg allein in den letzten Regierungsjahren Richelieus um 50 Prozent auf 18 Millionen Livres, die zweite verdoppelte sich in diesem Zeitraum auf 20 Millionen Livres – zu bedeutenden Mehreinnahmen. Aber selbst die Paulette, die auf die Vererbung und den Besitz von Ämtern erhoben wurde, reichte nicht aus, das eklatante Defizit zu decken. Ursprünglich war sogar einmal gefordert worden, nicht zuletzt von Richelieu schon auf den Generalständen von 1614, die Käuflichkeit der Ämter generell abzuschaffen, und dieser Schritt hätte besonders in der Justiz die Auswahl der Amtsträger nicht von ihrer Zahlungsfähigkeit, sondern von ihrer Berufsfähigkeit abhängig gemacht – letztere wies häufig skandalöse Mängel auf. Doch die Entwicklung lief in die Gegenrichtung, da es der von den Kriegen belastete Staatshaushalt so verlangte – immer neue Chargen wurden geschaffen und zu hohem Preis verkauft, und wenn die finanzpolitische Phantasie nicht ausreichte, weitere zu erfinden, dann wurden die bestehenden geteilt oder auch gedrittelt, denn die Nachfrage war groß. Die dann neue Amtshälfte oder die zwei neuen Amtsdrittel verkaufte der Staat sogar zu demselben hohen Preis. Die Folge war, daß etwa Parlamentsmitglieder wie der Vater von Descartes in der Bretagne ihr Amt nur jeweils ein halbes Jahr ausüben konnten.

Erstaunlich war, daß trotzdem die Preise nicht fielen, was Richelieu heftig beklagte, obgleich sich die Lücke in der Staatskasse damit leidlich füllen ließ: «Es ist absolut notwendig, die Preise für die Ämter zu senken, die bis zu dem Grad angestiegen sind, daß es unmöglich ist, diesen Exzeß zu ertragen.»[10] Der Rückkauf der Ämter, von dem Kardinal-Minister dem König immer erneut als dringende Reform der Staatsverfassung angeraten, blieb eine sich immer weiter entfernende Utopie. Politischer Pragmatismus ließ ihn schließlich von jeder Reform in dieser Frage Abstand nehmen – sie barg das Potential zur Revolution, und Prinzipien seiner Machtpolitik zu opfern, hat Richelieu nicht gezögert: «Es ist besser, die Käuflichkeit der Ämter und das jährliche Besteuerungsrecht aufrechtzuerhalten als beide abzuschaffen – es wäre schwierig, plötzlich eine Änderung herbeizuführen, ohne den Staat zu erschüttern.»[11] Wirtschaftliche und soziale Mißstände im Innern Frankreichs um den Preis zu beseitigen, auf seine offensive Machtpolitik mit gesamteuropäischem Radius zu verzichten, dazu war Richelieu nicht bereit.

Aber war Frankreich mit der Rolle, die dominierende Macht in Europa zu werden, überfordert – war es eine herostratische Anmaßung? Die Antwort spricht nicht gegen Richelieus Expansionspolitik, denn das Land mit seiner Grundfläche von 470 000 Quadratkilometern ernährte über den langen Zeitraum des 17. und 18. Jahrhunderts nicht weniger als 20 Millionen Menschen. Damit war es das volkreichste Land Europas, denn Deutschland zählte nur 15 Millionen Einwohner, Italien 13,5 Millionen, Spanien einschließlich

Portugal nur 10 Millionen. Auf den britischen Inseln lebten 9,3 Millionen Menschen, nur Rußland reichte mit einer Bevölkerung von 17 bis 18 Millionen an die Population Frankreichs heran, beteiligte sich aber kaum am politischen Wettstreit der europäischen Mächte.

Über einen langen Zeitraum war Frankreich fast ausschließlich ein Agrarland, da 95 Prozent seiner Bevölkerung Bauern waren – ein für den Anbau von Getreide, Gemüse oder Wein fruchtbares Land, das jedoch an die Grenzen seiner dem Boden abgewonnenen Erträge gefesselt blieb, wie früh soziologisch nachgewiesen wurde: «Das Land verweigerte über einen Zeitraum von vier Jahrhunderten, mehr als 20 Millionen Menschen zu ernähren.»[12] Damit war, weil es die guten Böden erlaubten, ein hoher Standard erreicht. Frankreich lag mit einer Bevölkerungsdichte von 38 bis 42 Einwohnern pro Quadratkilometer an dritter Stelle – nach Italien mit einem Verhältnis von 44 und den Niederlanden von 50 Einwohnern.

Allerdings nahm Frankreich im Handel, der dem Adel verboten war und von ihm verachtet wurde, eine nachrangige Stellung ein. Die Handelsmächte waren England, Spanien, Portugal und nicht zuletzt die Niederlande, die gemeinsam mit den englischen Händlern sogar den Weinhandel in Frankreich weitgehend beherrschten. Rouen, Nantes, La Rochelle, Bordeaux besaßen für diese Geschäfte niederländische und englische Dependancen, die den Export des Weins in ganz Europa organisierten. Sie sorgten auch für den Import von Luxusgütern, darunter Gewürze, Edelmetalle, Tee, Kaffee und kostbare Stoffe, während vor allem Getreide, Wein, Salz und einfache Textilien das Land verließen. Vor diesen Wirtschaftsdaten wird die Anstrengung Richelieus verständlich, sein Land ebenfalls zur Seemacht aufsteigen zu lassen: «Es sei mächtig auf dem Meer.»[13] Doch die Widerstände waren groß, wie er selbst beklagte: «Welchen Nutzen der Handel von zwei Meeren (Atlantik und Mittelmeer) auch bringen kann, niemals werden sich die Franzosen ihm mit Eifer hingeben, wenn man ihnen nicht vor Augen führt, wie leicht die Mittel dafür sind und wie nützlich das Ergebnis ist.»[14]

Doch die Skepsis überwog, da er vermutete, daß seinen Landsleuten die Geduld fehle, den Bau eines Schiffes abzuwarten – es sei ihnen eben nur gegeben, «fast ebenso schnell zu ernten wie zu säen».[15] Noch Colbert sollte mit seinen Handelsgesellschaften große und fast vergebliche Anstrengungen unternehmen, die Franzosen auf die Weite des Meeres und die hohen Profite des Fernhandels zu verweisen, und auch im Siebenjährigen Krieg war die französische Flotte der englischen nicht gewachsen. Aber zur Zeit Richelieus war Frankreichs Landwirtschaft ausreichend gesund, die hohen Aufwendungen seiner Kriege zu tragen, mochte der Verlust an volkswirtschaftlicher Substanz auch groß sein, aber groß war auch das politische Ziel, das Land zu einer großen Nation zu machen, ruhmreich und zentriert in seiner Macht auf die Monarchie. Auch fehlte es auf dem militärischen Weg dorthin nicht an Menschen: «Die Güte Gottes hat dieses Königreich so überreich an Menschen gemacht»,[16] und deren Mangel an Geduld konnte nun im Kampf um Oberitalien ausgeglichen werden durch ihre «Leichtigkeit und Ungeduld, Tapferkeit und Unsgestüm».[17]

Bevor sich jedoch die Armee in Marsch setzte, entwickelten Friedens- wie Kriegsfraktion ihre politisch ambitiösen Entwürfe. Der Kanzler Michel de Marillac listete als umfassendes progressives Programm für die innere Erneuerung des Landes alle Reformen in Justiz, Wirtschaft, Familie und sogar Religion auf, die Richelieu selbst bereits während der Generalstände gefordert hatte, und dieses Programmpaket – nicht weniger als hundert Artikel – wurde unter dem Namen «Code Michau» auch von Maria von Medici mit Nachdruck dem Parlament zur Entscheidung vorgelegt, um Gesetzeskraft zu erlangen. Aber es stellte derart viele althergebrachte Rechte, vor allem der Parlamente und des Militärs, in Frage, daß es im Augenblick eines neuen Krieges, der alle Kräfte in Anspruch nehmen würde, keine Realisierungschance besaß – Ludwig XIII und Richelieu hatten ganz andere, vor allem außenpolitische Ziele im Auge.

Diese Perspektive legte der Kardinal-Minister in einem Expansionsprogramm dar, das Frankreich weit nach Osten ausdehnen sollte – zwangsläufig vor allem auf Kosten Habsburgs und des Deutschen Reiches. Zunächst sollte Metz befestigt werden, alter Besitz des Reiches, aber nun schon von Frankreich annektiert, obgleich sein staatsrechtlicher Status noch immer umstritten war. Von Metz aus gedachte Richelieu die Grenze Frankreichs bis nach Straßburg zu verlegen, das eine Schlüsselposition für den Zugang nach Deutschland besaß, aber ohne Zweifel integraler Teil des Deutschen Reiches war. Auch an Genf dachte der Kardinal-Minister – erobert oder zumindest mit Verträgen fest an Frankreich gekettet. Sogar die Franche-Comté und Teile von Savoyen hatte er im Blick. Hinzu kam im Süden der spanische Teil von Navarra, denn hatte diesen Teil nicht der Großvater Heinrichs IV an Spanien verloren? Somit ließen sich auch dort Besitzrechte reklamieren. Der Ehrgeiz Richelieus ging weit über das Kriegsziel in Oberitalien hinaus, zu dessen Durchsetzung man am 15. Januar 1629 aufbrach.

Ludwig XIII, der seine Mutter während seiner Abwesenheit mit der Regentschaft betraut hatte – hatte sein Vater diese Rolle ihr doch auch am Vorabend seines Feldzugs nach Osten zugestanden –, wollte an der Spitze seines Heeres selbst die Befreiung von Casale militärisch erkämpfen, das unter dem zum Marschall aufgestiegenen Toiras verteidigt wurde und dringend auf Entsatz wartete. Über Grenoble marschierte die französische Armee trotz der winterlichen Widrigkeiten den Mont Cenis hinauf und stand Anfang März nach Überquerung des Passes von Susa vor den Verteidigungsstellungen des Herzogs Karl Emmanuel von Savoyen. Drei jeweils sieben Meter hohe Barrieren, verteidigt von 2700 Elitesoldaten, versperrten den Weg in die Po-Ebene, und im Kriegsrat plädierten mehrere Generäle angesichts dieses Hindernisses für Verhandlungen. Doch der König selbst erkundete einen steilen Gebirgspfad, der die Verteidigungslinien umging, und auf diesem wie direkt gegen die Bollwerke stürmten die französischen Soldaten voran – Ludwig XIII selbst im Getümmel des Gefechts, das nach einer Stunde zur wilden Flucht der Armee Savoyens führte.

Die französische Armee ließ sich auch nicht durch die Versuchung aufhalten, Turin zu belagern, denn der König schickte einen starken Kampfverband direkt nach Casale, während er zugleich mit dem ältesten Sohn des Herzogs von Savoyen verhandelte. Victor Amédée, Prinz von Piemont, der Gemahl von Christine de France, der Schwester Ludwigs XIII, lenkte schnell ein, versprach, daß die Truppen Savoyens Montferrat räumen würden, und Susa sollte in der Hand Frankreichs bleiben, sogar die Versorgung der französischen Truppen im Tal von Susa sagte er zu. Daraufhin gaben die vor Casale isolierten Spanier die Belagerung auf – es war ein vollständiger Sieg für Ludwig XIII. Er schloß ergänzend ein Defensivbündnis mit Savoyen, Venedig und zahlreichen spanischen Fürsten gegen Spanien. Frankreich war mit Bravour als entscheidende Macht nach Italien zurückgekehrt. Zur selben Zeit bot England außerdem eine neue Allianz an, die die Verpflichtung einschloß, auf jede Unterstützung der französischen Hugenotten zu verzichten.

Für die Hugenotten im Süden Frankreichs hatte Ludwig XIII nun alle Hände frei und konnte nach dem präzisen Zeitplan Richelieus auf dem neuen Kriegsschauplatz erscheinen. Dort hatte der Herzog de Rohan zusätzlich die Legitimation für den Feldzug geliefert, indem er Anfang Mai einen Vertrag mit Spanien einging, das den aufständischen Hugenotten Unterstützung zusagte. Damit hatten die Andersgläubigen die Grenzen der Verteidigung ihres Glaubens in Richtung Landesverrat überschritten und waren zu einer politisch-militärischen Unabhängigkeitsbewegung geworden, was jedes Vorgehen gegen sie nicht nur erlaubte, sondern verlangte. Entsprechend hart ging die französische Armee vor, und nach kurzer Belagerung fiel die Stadt Alès, die Ludwig XIII der grausamen Plünderung durch Condé preisgab, was als Signal ausreichte, um die anderen Plätze der Hugenotten schnell zur Aufgabe gefügig zu machen. Jetzt, nach dem Fall von La Rochelle, schloß der König keine Verträge mehr mit den Hugenotten, sondern gewährte nur noch Gnadenedikte. Das Edikt von Alès schloß das lange Kapitel der französischen Religionskriege, die bereits 1562 begonnen hatten, endgültig ab.

Es erwies sich von einer gewissen Großzügigkeit, denn die Rechte der Religionsfreiheit, wie sie im Edikt von Nantes festgeschrieben waren, blieben erhalten – der König zeigte sich sogar bereit, die protestantischen Schulen zu finanzieren. Aber alle politischen Elemente des Edikts wurden als abgeschafft erklärt. Es betraf vor allem die mit hoher Autonomie ausgestatteten «Sicherheitsplätze», die der vollständigen politischen Entmachtung unterzogen wurden. Nur noch religiöse Versammlungen waren den Hugenotten zugestanden. Richelieu, der mit der abschließenden Pazifizierung des Südens beauftragt war, während Ludwig XIII schon nach Paris aufgebrochen war, setzte auf friedliche Mittel. Er war der – irrigen – Annahme, daß der Protestantismus in zwei Jahren von selbst verschwinden würde, von einer konsequenten Mission der Kapuziner an sein Ende gebracht, doch keinesfalls durch gewaltsame Konversionen dazu gezwungen. Der hohe Kirchenfürst Richelieu war kein fanatischer Kämpfer der katholischen Konfession.

Während Ludwig XIII schon in Paris angelangt und Richelieu auf dem Weg dorthin war, erwies sich der Konflikt in Oberitalien jedoch als noch keinesfalls abschließend geklärt. Der Herzog von Savoyen erklärte sich zum Opfer einer französischen Aggression, und der Kaiser zeigte sich keineswegs bereit, die Investitur des Herzogs de Nevers in Mantua zu vollziehen. Auch unternahmen die Spanier einen neuen Versuch, sich Casales zu bemächtigen, und mit dieser Operation beauftragten sie den General Spinola, die maßgebliche Autorität der militärischen Taktik in jener Epoche. Doch zunächst mußte sich Richelieu eilig nach Norden in die Nähe des Königs begeben, da am Hofe die Friedenspartei seinen Einfluß gefährdete. Als er sich im September Fontainebleau näherte, wo sich der Hof aufhielt, wurde ihm zunächst die Ehre zuteil, daß, mit Ausnahme der königlichen Familie, dessen Mitglieder ihm bis Nemours entgegeneilten – Ludwig XIII hatte es nicht an dankbarer brieflicher Begrüßung fehlen lassen.

Doch dieser Triumphzug fand ein abruptes Ende. Als der Kardinal-Minister der Königinmutter seine Aufwartung machte, wandte sie ihm den Rücken zu und zeigte offenes Mißvergnügen über seine Anwesenheit. Richelieu versicherte vergeblich, «ihr mit derselben Passion» wie stets zu Diensten und zugetan zu sein und «ihr Diener bis zum letzten Atemzug seines Lebens»[18] zu bleiben, aber er hatte ihre Gunst verloren, der Bruch war vollzogen, selbst als es Ludwig XIII wenig später gelang, einen Scheinfrieden zwischen ihnen zu schließen: «Die Verständigung geschah zur Zufriedenheit des ganzen Hofes.»[19] Auch diesmal hatte der Kardinal-Minister seinen Rücktritt angeboten, den der König jedoch nicht akzeptierte, ihn vielmehr zwei Monate später sogar zum «Premierminister» ernannte. Die neue Rangerhöhung war eher eine demonstrative Geste als ein Machtzuwachs, denn die dominierende Stellung Richelieus im Staatsrat stand schon länger außer Zweifel.

Im Innern sorgte Gaston d'Orléans, dessen Gemahlin im Juni bei der Geburt ihrer Tochter, der späteren Grande Mademoiselle, gestorben war, erneut für Unruhe, indem er Marie Louise de Gonzague zu heiraten beabsichtigte, die jedoch Maria von Medici hinter den Mauern von Vincennes verschwinden ließ. Darüber erzürnt, floh er nach Lothringen – ins Ausland, was aufwendige Verhandlungen und Versprechungen notwendig machte, um ihn endlich im Januar 1630 an den Hof zurückzuholen, denn ein neuer Feldzug nach Italien konnte kaum unternommen werden, wenn der Bruder des Königs sich aus Protest ins Ausland begeben hatte.

Bereits Ende Dezember 1629 machte sich Richelieu auf den Weg nach Lyon, erreichte im Februar 1630 Grenoble, und im März drangen die französischen Truppen in einer Stärke von 15 000 Mann unter dem General La Force ins Tal von Susa vor, so daß die Armee Savoyens sich bis Turin zurückziehen mußte. Unter dem Marschall Créqui eroberte ein französisches Corps Stadt und Zitadelle von Pignerol, womit sich Frankreich eine strategisch günstige Ausgangsposition für den Einmarsch in die Po-Ebene verschafft hatte. Zugleich tobte im Rücken der französischen Truppen jedoch weiterhin der Machtkampf zwischen der Friedenspartei – verringert um den Kardinal Bérulle, der im Oktober des Vorjahres überraschend gestorben war – und der Kriegspartei mit Richelieu an der Spitze, der im letzten Staatsrat vor dem Feldzug sogar die Zustimmung Maria von Medicis für den neuen Kriegszug erhalten hatte – allerdings nur zum Schein, denn sie war überzeugt, daß die seinerzeit als unbesiegbar eingeschätzte Armee Spaniens mit einem Sieg über die französischen Truppen auch den Sturz Richelieus vollziehen würde, ihrer undankbaren «Kreatur», die sie nun mit perfekter Verstellung und unversöhnlichem Haß verfolgte.

Ludwig XIII, dessen schwache Konstitution erneut von Krankheit bedroht war, begab sich mit der königlichen Familie nach Lyon, wohin er Richelieu aus Italien zurückzukehren befahl, um im Staatsrat zu einer endgültigen Entscheidung zu kommen, ob das Risiko eines Krieges mit Spanien einzugehen sei oder nicht. Es war erneut eine wichtige Wegmarke der französischen Politik, deren beiderseitige Konsequenzen der Premierminister dem König in klarem Kontrast darlegte. Entweder Preisgabe Norditaliens und des Anspruchs, Frankreich zur allseits respektierten Macht in Europa aufsteigen zu lassen, oder Rückzug in die Innenpolitik mit der Beschränkung auf die dort anstehenden Reformen, wofür Maria von Medici und Marillac plädierten. In einem offenen Konflikt mit Spanien, dessen Ausbruch Richelieu gern hinausgezögert hätte, aber als unausweichlich ansah, wäre die prospanische Politik der Königinmutter, die sie seit den spanischen Hochzeiten betrieb, endgültig gescheitert gewesen – entsprechenden Widerstand setzte sie einem erneuten Krieg um Mantua entgegen. Doch ein weiteres Mal vermochte sich Richelieu beim König durchzusetzen – es galt, die Ehre der französischen Waffen vor Casale zu wahren.

Der erneute Kriegszug stieß jedoch zunächst auf erbitterten Widerstand und drohte zu scheitern. Savoyen und Spanien hatten erneut zusammengefunden, und Toiras, der Casale verteidigte, mußte die Stadt aufgeben – nur die Zitadelle blieb in der Hand der Franzosen. Im Juli gelang es dem kaiserlichen General Collalto, sich im Handstreich Mantuas zu bemächtigen. Schließlich geriet das Leben Ludwigs XIII in Gefahr – das Fieber stieg, und der Herrscher mußte von Savoyen, wo er an der Spitze seiner Truppen operierte, nach Lyon zurückkehren, wo er unter den hartnäckigen Einfluß seiner Mutter geriet, die die Entlassung des Premierministers verlangte. Während das französische Heer zusätzlich von der «Pest» – so nannten die Zeitgenossen den Typhus – heimgesucht wurde, fanden im August in Lyon geheime Verhandlungen zwischen den Gesandten Madrids und Wiens und Richelieu statt, zusätzlich nahm als Abgesandter des Papstes Guilio Mazzarini teil – ein achtundzwanzig Jahre alter Hauptmann der Kurie, wendig und weitsichtig, der sogleich die Sympathie Richelieus fand und auf verdeckte Weise zum Sympathisanten der französischen Interessen wurde. Man erreichte sogar einen bis 15. Oktober befristeten Waffenstillstand, der vor allem Toiras in seiner bedrängten Lage eine Atempause verschaffte. Das diplomatische Netz der Verhandlungen reichte bis nach Deutsch-

Mazarin, Kupferstich von Robert Nanteuil nach François Chauveau, 1659, Bibliothèque nationale, Paris

land, wo in Regensburg zwischen dem französischen König und dem Kaiser ein Frieden geschlossen wurde, ausgehandelt auf französischer Seite vom Père Joseph und Nicolas de Brûlart, der Frankreich verpflichten sollte, die Feinde des Kaisers in Deutschland nicht länger zu unterstützen, wofür im Gegenzug die Investitur des Herzogs de Nevers in Mantua vom Kaiser vollzogen werden sollte. Der Père Joseph hatte damit eine stabile Lage für den als wahrscheinlich angesehenen Fall schaffen wollen, daß Ludwig XIII starb. Richelieu lehnte das Vertragswerk jedoch ab, da er seinen Aktionsradius nicht eingegrenzt sehen wollte.

Der französische König lag in der Tat auf den Tod, und nicht zuletzt sechs nacheinander durchgeführte Aderlässe brachten ihn Ende September schnell seinem Ende nahe. Wieder zeichnete sich die Übernahme der Macht durch Gaston d'Orléans ab, und Anna von Österreich ließ ihren Schwager wissen, daß sie, Witwe geworden, einer Vermählung mit ihm nicht abgeneigt sei. Maria von Medici stellte bereits das neue Kabinett zusammen – an seiner Spitze Michel de Marillac. Auch das Schicksal Richelieus stand zur Disposition, und die Königinmutter sah für den scheinbar nahe bevorstehenden Tod ihres ältesten Sohnes vor, dem Premierminister ein Ende wie das Concinis zu bereiten, für welchen Akt Monsieur de Tréville, der Capitaine der königlichen Musketiere, ausersehen war. Doch dann zögerte sie und wollte die Herrschaft ihres jüngeren Sohnes nicht mit einem Meuchelmord beginnen lassen – sie dachte an einen Prozeß mit Verbannungs- oder auch Todesurteil.

Ludwig XIII, der sich der extremen Situation bewußt war, verpflichtete den Herzog de Montmorency in einer letzten Botschaft an seinen Bruder: «Er vertraute ihm die Königin, seine Frau, an, und die Person des Kardinals de Richelieu, falls Gott ihn aus dieser Welt abrufen sollte, wie alle Umstände es ihn fürchten ließen.»[20] Richelieu durchlebte eine Phase totaler Verzweiflung und war kaum Herr seiner Nerven, wußte er doch sein Schicksal und Leben einzig an den immer dünner werdenden Lebensfaden Ludwigs XIII gebunden, auch wenn der Herzog de Montmorency die Großherzigkeit besaß, ihm sicheres Asyl in seinen ausgedehnten Länderein des Languedoc zu gewähren. Zwei Jahre später sollte sich Richelieu in umgekehrter Situation nicht von ähnlicher Generosität erweisen.

Doch der vor kurzem noch allmächtige Premierminister, der sich nun als Kirchenmann in die Anrufung aller Heiligen gestürzt hatte, um das Überleben des Königs zu erflehen, sah seine Gebete erhört, auch wenn nur die natürlichen Kräfte im Körper Ludwigs XIII einen im wörtlichen Sinne natürlichen Ausweg gefunden hatten. Der Abszeß in seinen Eingeweiden, der die Ursache des hohen Fiebers war, brach auf, und die von der Entzündung gebildeten Gifte verließen den königlichen Leib. Ludwig XIII, schon der Agonie verfallen, kehrte zur Überraschung aller ins Leben zurück, und Richelieu gab dem Marschall Schomberg eine genaue Schilderung von der Tiefe seiner Verzweiflung: «Ich beginne diesen Brief, um Ihnen zu sagen, daß ich nicht weiß, ob ich tot oder lebendig bin, so sehr bin ich noch außer mir, denn noch diesen Morgen habe ich den größten und tugendhaftesten der Könige und den besten Herrn der Welt in einem Zustand gesehen, daß ich nicht hoffen konnte, ihn am Abend lebend zu sehen. Es hat Gott, durch seine Güte, gefallen, uns nun von allen Befürchtungen dadurch zu befreien, daß ein Abszeß sich geöffnet hat, der sich in seinem Körper befand; das hat in dem Maße den Zustand geändert, in dem er sich befand, daß die Ärzte nun von Heilung sprechen. Ich gestehe Ihnen, daß, obgleich die Ärzte bereits diese Worte gesprochen haben, mein Geist noch nicht von den unglaublichen Ängsten befreit ist, die ich ausgestanden habe. Ich bitte Gott, daß die, die ich liebe wie Sie, sich niemals in ähnlichen Unglückszuständen befinden.»[21] Doch das Leben des Königs war gerettet, und er erholte sich schnell.

Während der Genesung versuchte Maria von Medici, die die Option einer Herrschaft ihres Lieblingssohnes Gaston schwinden sah, den noch Schwerkranken zu bedrängen und zu der Zusage zu bewegen, Richelieu aus seiner Regierung zu entfernen. Ludwig XIII, geschwächt, aber wachsam, fand sich nur zu dem mehrdeutigen Satz bereit, daß «es nicht der Ort und er nicht in der Lage sei, eine Entscheidung von solcher Tragweite zu treffen»,[22] doch in Paris, wohin er eilig zurückzukehren begehrte, werde sich eine definitive Regelung des Problems Richelieu finden. Die Königinmutter sah darin fahrlässig ein festes Versprechen des Königs, sich von Richelieu zu trennen.

Als die Gesundheit des Herrschers sich zum Besseren wendete, kehrte auch das Kriegsglück in Oberitalien zu den Franzosen zurück. Am 23. September war Spinola überraschend vor Casale gestorben, und die während des Waffenstillstands erstarkten Franzosen kehrten unter La Force in die Po-Ebene zurück und marschierten gen Casale. Dort stand eine Entscheidungsschlacht mit den spanischen Truppen unmittelbar bevor, und als beide Heere unaufhaltsam aufeinander losmarschierten, sprengte in einer Staubwolke ein einsamer Reiter zwischen die Fronten, einen Vertrag schwenkend und «Halt! Halt» sowie «Frieden! Frieden!»[23] in drei Sprachen rufend – Mazzarini. In letzter Sekunde hatte der wendige Unterhändler des Papstes einen Friedensvertrag zustande gebracht, der allen Kriegsparteien die Zustimmung erlaubte: Die Spanier unter

Gonzalo de Cordoba verlassen die Stadt Casale ebenso wie die Franzosen unter Toiras die Zitadelle, und beide werden umgehend dem Herzog de Nevers übergeben, der außerdem in seiner Herrschaft über Mantua und Montferrat vom Kaiser anerkannt wird. Es war ein Sieg-Frieden für Ludwig XIII und Richelieu.

Der Kardinal-Premierminister versäumte nicht, auf der Rückreise nach Paris, über weite Strecken zu Schiff gemeinsam mit der Königinmutter, in langen Gesprächen und mit erlesener Galanterie deren alte Gunst zurückzugewinnen – vergeblich. Der Machtkampf mit ihr war noch offen, verlangte aber eine baldige Entscheidung.

10. Der Tag der Getäuschten

Dem von Vertrauten, Kreaturen und nicht zuletzt Spionen ständig wohlinformierten Kardinal war nicht verborgen geblieben, daß sich ein Angriff auf seine Position wie seine Person vorbereitete, dessen Initiative von der Königinmutter ausging. Da seine politischen und militärischen Erfolge unbestreitbar waren, kehrten Hof und Regierung doch gerade erst nach Abschluß eines höchst vorteilhaften Friedens nach Paris zurück, richteten sich die Vorwürfe gegen seine Person – er sei von zügelloser Geldgier besessen, betreibe Nepotismus mit sämtlichen Mitgliedern seiner Familie und verfolge seinen Machtanspruch so grenzenlos, daß selbst die Beherrschung des Königs sein Ziel sei. Sein obsessiver Bereicherungstrieb stand außer Frage, entsprach aber den Usancen der schnell in der Staatshierarchie aufgestiegenen Mandatsträger. Die Plazierung seiner Nichte, Madame de Combalet, als Ehrendame im Hofstaat von Maria von Medici sowie weiterer Verwandter in ihrem Umfeld war einst von ihr selbst als Gunst gewährt worden, auch war ihr damit bewußt gewesen, Geheimnisträger in ihrer Privatsphäre zuzulassen. Die Beherrschung des Königs war dagegen ein naheliegender, aber grundloser Vorwurf, blieb doch Ludwig XIII stets Herr seiner Entscheidungen, meist den Ratschlägen seines Premierministers folgend, aber keineswegs immer, und die inzwischen zielstrebig verfolgte Machtpolitik im Innern wie im Ausland entsprach ohne Einschränkung der Vorstellung und dem Willen des Herrschers.

Das änderte jedoch nichts an der sich abzeichnenden Konfrontation der Königinmutter mit dem Kardinal-Premierminister, ihrer langjährigen «Kreatur», der sie Undankbarkeit vorwarf, aber in einer tieferen Dimension auch Unabhängigkeit von ihren politischen Zielen einer engen Verbindung mit Spanien und einer kraftvollen Gegenreformation. Um wenigstens die alte Basis des persönlichen Vertrauens, die so lange sogar von privater Zuneigung ihrerseits bestimmt gewesen war, wiederherzustellen, schrieb ihr Richelieu Anfang November einen Brief, der im Grad der Unterwerfung nicht zu steigern war, was seine Adressatin aber nicht veranlassen konnte, an dessen Aufrichtigkeit auch nur eine Sekunde zu glauben:

«Es ist nicht so, Madame, daß ich mich nicht unglücklich und schuldig fühle, da ich aufgehört habe, Eurer Majestät zu gefallen, und daß das Leben mir nicht verhaßt ist in dem Zustand, in dem ich mich befinde – verlassen von der Ehre Eurer Begünstigungen und Eurer Wertschätzung, die ich höher als alle Größe dieser Erde wertete; wie ich sie von Eurer freigiebigen Hand erhielt, so trage ich sie und lege sie nun zu Euren Füßen … Zerstören Sie, Madame, Ihr Werk und Ihre Kreatur. Das alles kann mich, richtig betrachtet, nicht reinigen von Verbrechen und Verdacht vor dem Tribunal Eurer Majestät, das mich schon verdammt hat, ohne mich anzuhören. Ich anerkenne mein Unglück und will keineswegs mit meiner souveränen Herrin streiten noch sie um die Begründung dessen bitten, was sie getan hat. Ich wünsche auch keineswegs, mein unglückliches Schicksal durch ganz Frankreich oder bis nach Rom zu tragen, um die dortigen Ruinen in einem noch beklagenswerteren Zustand zu sehen als die meine. Ich würde überall voll Lebensekel sein, wo Eure Majestät nicht ist, und ohne die Erlaubnis, Euch zu sehen, bitte ich nur um die zu sterben …»[1] Maria von Medici ließ den Brief ohne Antwort.

Die turbulenten und weittragenden Ereignisse, die in den Tagen vom 10. bis 12. November ihren Lauf nahmen und sich im Bewußtsein Frankreichs zu einem einzigen, sprichwörtlichen «Tag der Getäuschten» («la journée des dupes») zusammenballten, haben Generationen von Forschern in die Archive von Paris, Madrid, Venedig, Rom oder auch London getrieben. Die Resultate ihrer peniblen Recherchen erlauben heute ein fast exaktes Protokoll des furiosen Konflikts, wobei lediglich geringe Details in der Ambivalenz bleiben. Selbst die Dramatik, mit der die Figuren aufeinanderstießen, ist auf Grund der Fülle der Dokumente heute enthüllt – für die Zeitgenossen und noch lange für die Nachgeborenen war es ein faszinierendes Geheimnis, verführerisch vor allem auch für die Romanciers.

DER TAG DER GETÄUSCHTEN

Ausgangspunkt war nicht zuletzt die räumliche Nähe, zu der die drei wichtigsten Akteure der politischen Macht am 10. November in Paris zusammengefunden hatten. Ludwig XIII hatte Quartier im Hôtel des Ambassadeurs genommen, dem ehemaligen Palais Concinis in der Rue de Tournon – es dient heute als Kaserne der Garde républicaine. Er logierte nicht im Louvre, weil in seinen dortigen Gemächern umfangreiche Umbauten stattfanden, auch residierte dort Anna von Österreich, zu der der König private Distanz vorzog. Kaum hundert Meter von seinem Quartier entfernt war Maria von Medici in ihr neues, prächtiges, großdimensioniertes Palais de Luxembourg zurückgekehrt und entfaltete dort mit ihrem Hofstaat einen noch größeren Glanz als vor ihrem Sturz – heute ist das Gebäude Sitz des Senats. Noch näher zum Palais de Luxembourg, im alten Petit Palais de Luxembourg, das mit dem neuen durch einen Gebäudetrakt verbunden ist – heute die Residenz des Senatspräsidenten –, hatte Richelieu seine Gemächer, und in jenen besseren Tagen, da die Königinmutter in ihm ihren Günstling sah und seinen Aufstieg förderte, hatte sie ihm das Gebäude sogar zum Geschenk gemacht.

Ludwig XIII hatte den Tag mit der Messe in Notre-Dame begonnen, danach hatte er, wie es das Hofprotokoll verlangte, den beiden Königinnen seine Aufwartung gemacht – im Louvre und im Palais de Luxembourg. Auch fand im Hôtel des Ambassadeurs ein Versöhnungsgespräch zwischen Gaston d'Orleáns und Richelieu statt, auf dem der König bestanden hatte und in dessen Verlauf es gelang, daß sein Bruder – wenigstens für den Augenblick – Frieden mit dem Premierminister schloß. Der weitere Nachmittag und frühe Abend waren einer Sitzung des Staatsrats vorbehalten, die in den Gemächern der Königinmutter stattfand. Die Wahl des Ortes war nicht ungewöhnlich, war der König doch, nicht zuletzt aus Respekt vor seiner Mutter, häufig bereit gewesen, bei ihr, auch wenn der Hof auf Reisen war, die Minister zu wichtigen Beschlüssen zusammenzurufen. So war es auch am 10. November, und einer der ersten und wichtigsten Punkte war die Ernennung von Louis de Marillac, dem Bruder des Kanzlers, zum Befehlshaber der Armee in Italien – eine Berufung, der Richelieu nicht zuletzt zugestimmt hatte, um sich gegenüber Maria von Medici gefällig zu zeigen.

Als im Staatsrat die Beratungen abgeschlossen waren, hielt Maria von Medici, die während der langen Sitzung kein Wort an den Premierminister gerichtet hatte, ihn zurück und, nach den Worten des Nuntius Bagni, «sagt ihm, daß es nun mehr als ein Jahr her sei, daß sie Anlaß habe, ihm kein Vertrauen mehr entgegenzubringen, aber sie habe gezögert, es ihm zu erklären, bis nach ihrer Rückkehr nach Paris; in der Konsequenz sagt sie ihm, er habe sich zukünftig nicht mehr mit ihren Angelegenheiten zu beschäftigen.»[2] Nach dem Bericht des Nuntius hatte der König den Raum bereits verlassen, nach dem Bericht der englischen Gesandten René Augier und Henry de Vic war er noch anwesend: «Sie (Maria von Medici) beschreibt ihn (Richelieu) dem König als einen Undankbaren, Schurken und Verräter und verbietet ihm, von diesem Tag an sich in ihre Geschäfte einzumischen. Seine Majestät machte, was sie vermochte, um sie (seine Mutter) friedlich zu stimmen, jedoch vergeblich, so daß seine Majestät ihm (Richelieu) sagt, daß er keinen Einfluß auf das Verhalten seiner Mutter habe gewinnen können – morgen früh würde er sich von ihr verabschieden»[3] und sich nach Versailles zurückziehen. Auch wenn Ludwig XIII am Sonntagabend bei der Entlassung des Kardinals aus den Ämtern Surintendant des Hauses der Königin, Chef ihres Hauses und Aumônier durch seine Mutter nicht mehr anwesend gewesen sein sollte, er war alsbald über den Vorgang informiert und beraumte für den nächsten Morgen um 11 Uhr eine Unterredung zu dritt in den Gemächern Maria von Medicis an – ein Versuch der Versöhnung mit ihm als Vermittler.

Dieses Versöhnungsgespräch hielt Ludwig XIII für um so dringlicher, als die Information über den Bruch zwischen der Königinmutter und dem Kardinal sich wie ein Lauffeuer am Hofe verbreitete und als Vorzeichen für den endgültigen Sturz Richelieus gewertet wurde. Auch hatte der König seinem Premierminister als Zwischenlösung geraten, sich einige Tage nach Pontoise zurückzuziehen, bis sich Maria von Medici beruhigt habe. Der Kardinal-Premierminister sah sich am Rande des Abgrunds, zumal die Königinmutter nicht nur ihn, sondern auch alle seine Verwandten und Vertrauten aus ihrem Hofstaat entlassen hatte, unter ihnen an erster Stelle seine Nichte Madame de Combalet, die sich bereits darauf vorbereitete, den Rest ihrer Tage im Kloster zu verbringen. Doch hatte der König ihn offiziell ins Palais de Luxembourg bestellt, und Richelieu erschien pünktlich.

Zu seinem Erstaunen wurde er im Antichambre der Königinmutter zurückgewiesen – sie habe befohlen, ihm den Zutritt zu ihren Gemächern zu verwehren. Dort waren Ludwig XIII und sie bereits in einem heftigen Disput über die Zukunft Richelieus begriffen. Der mächtige Mann, dem eine solche Beleidigung bisher niemals zuteil geworden war – die Hausherrin hatte ihren Befehl gewiß ohne Wissen des Königs gegeben, mit dem sie allein verhandeln und den sie zur Zusage der Entlassung Richelieus aus der Regierung bringen wollte –, versuchte, sich über eine Seitengalerie Zutritt zu verschaffen, doch stieß er auch dort auf denselben Widerstand. Schließlich wußte er jedoch, nicht zuletzt weil er lange für die Bauarbeiten am Palais de Luxembourg verantwortlich gewesen war, daß eine geheime Wendeltreppe von der Kapelle in das Appartement der Königinmutter führte, und auf diesem Weg gelangte er zu einer Tür, die nicht verschlossen war.

Als Urheber hat er dafür Gott gedankt, indem er in seine «Mémoires» diktierte: «Gott hat sich der günstigen Gelegenheit einer nicht verschlossenen Tür bedient, die mir die Möglichkeit gab, mich zu verteidigen, als man versuchte, meinen Ruin zu exekutieren.»[4] Auch seine Gegnerin hat dieser Tür eine entscheidende Rolle in dem Drama zugestanden: «Wenn ich nicht versäumt hätte, einen Riegel vorzuschieben, wäre der Kardinal verloren gewesen.»[5] Der Stolz des Kardinals hat nur Gott zugestehen wollen, was einem einfachen Zimmermädchen geschuldet war. Es hieß Claire Bricet, war mit einem Italiener namens Zocoli verheiratet und zählte zu den bezahlten Spionen, die der Kardinal im Haus der Königinmutter unterhielt – sie öffnete die Tür, die Maria von Medici verriegelt hatte.

So konnte Richelieu auftrumpfend die Szene betreten: «Ich wette, daß Eure Majestäten über mich sprechen.»[6] Auf diesen Überraschungscoup antwortete Maria von Medici zunächst mit «Nein», um dann jedoch einzugestehen, daß sehr wohl über ihn gesprochen worden sei. Damit war für sie aber auch der Weg frei, wie der Florentiner Gesandte Jean-Baptiste Gondi festgehalten hat, «in Zorn aus-

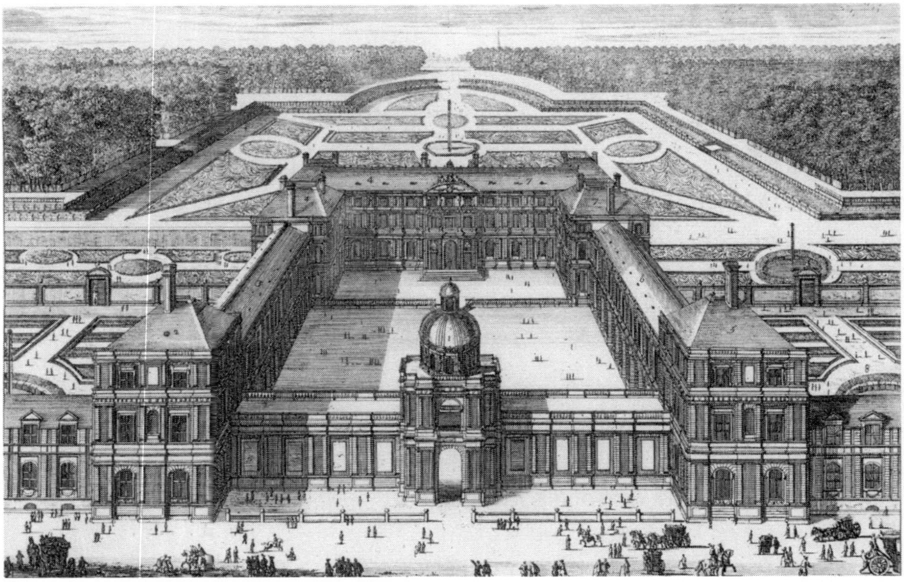

Palais du Luxembourg, Kupferstich von N. Langlois, um 1670, Privatsammlung, Paris

zubrechen und ihm zu sagen, daß sie nicht länger ihren Haß verhehlen könne, den sie gegen ihn hege, noch seine Arroganz ertragen. Sie befahl ihm mit Worten voll Widerwillen, sich aus ihrem Haus zurückzuziehen und nicht mehr vor ihr zu erscheinen – sie wolle ihn nicht mehr sehen und nicht mehr von ihm sprechen hören, auch nicht von seinen Verwandten und Parteigängern. Der Kardinal, als er die Königinmutter so aufgebracht sah, begann sein Geschick zu beklagen, und sagte, ihn könne keine größere Ungnade treffen als die Protektion Ihrer Majestät zu verlieren. Sich eingestehen zu müssen, diese nicht mehr zu verdienen noch darauf hoffen zu können, bat er den König … ihm zu erlauben, sich zurückzuziehen … Der König begann, dem Kardinal mit wohlwollenden Worten zuzusprechen, und sagte ihm, daß er ihn immer in seinen Diensten halten wolle. Deshalb stimme er niemals zu, daß jener sich von seiner Person zurückziehe, aber er solle für einige Tage nach Pontoise fünf Meilen von Paris entfernt gehen, und er (der König) würde die

Angelegenheit in Ordnung bringen.»[7] Daraufhin habe der König noch einige Worte mit seiner Mutter gesprochen, sich dann aber gemeinsam mit dem Kardinal entfernt, dem er nun jedoch befahl, nicht nach Pontoise zu gehen.

Ergänzend zu dem Bericht Gondis hat der englische Botschafter festgehalten, daß die Königinmutter «zum König sagte, daß sie selbst oder der Kardinal den Hof zu verlassen hätte»,[8] was jedoch später von den Parteigängern Maria von Medicis bestritten wurde – sie habe ihn nur aus ihrem Haus entfernt sehen wollen. Doch sicher ist, daß die Königinmutter ihren Sohn vor die Alternative stellte, einen erneuten Bruch mit ihr – einschließlich eines neuen Bürgerkriegs – zu riskieren oder den ihr verhaßten Kardinal aus dem Amt zu jagen. Wie nahe sie in diesem entscheidenden Streit am 11. November schon ihrem Ziel gekommen war, verrät die Demütigung, der sich Richelieu unterwarf – sie wurde aus Diskretion von den anderen Botschaftern verschwiegen, doch in den Berichten der englischen Botschaft wurde festgehalten, daß der stolze Kardinal «den Saum ihres Kleides»[9] küßte, und Ludwig XIII selbst hat dem verantwortlichen Offizier für die Botschafter, Monsieur de Bonneuil, eingestanden, daß Richelieu zusätzlich auf die Knie fiel, weinte und schluchzte. Auch kein Geheimnis blieb, daß Maria von Medici davon keineswegs beeindruckt war, sondern ihren Zorn verdoppelte, der sich bis zu Äußerungen steigerte, die «nur in den Hallen bekannt sind».[10] Sie schrie ihrem einstigen Günstling entgegen, keineswegs die Getäuschte in dieser Komödie zu sein, denn sie wie der ganze Hof wisse, daß der Kardinal seine Tränen wie Fontänen springen lassen könne.

Um die unerträgliche Situation zu beenden, bat Ludwig XIII seinen Premierminister, die Gemächer der Königinmutter zu verlassen. Richelieu stieg die große Treppe hinab und verharrte dort. Wenig später erschien der König und schritt ebenfalls die Treppe hinab, an deren Ende sich Richelieu tief verneigte, aber der Blick des Herrschers blieb in die Ferne gerichtet, ohne Gruß und ohne ein Wort schritt er an ihm vorbei. Diese steife und stumme Begegnung hatte zahlreiche Zeugen, die daraus umgehend auf den vollzogenen Sturz des Premierministers schlossen. Auf der Szene erschien alsbald auch Michel de Marillac, der zu einem Gespräch mit der Königinmutter eilte, die sich als Siegerin wähnte und ihren Jubel nicht verhehlte. Wieder, wie in Lyon, als man den König dem Tod geweiht glaubte, wurde das Szenario einer neuen Regierung entworfen – mit Marillac an der Spitze und Bassompierre als Außenminister. Weit über den engen Kreis der Hofes hinaus verbreitete sich die Freude über den Regierungswechsel – nicht nur beim Adel, auch in weiten Teilen des Volkes war der Kardinal-Premierminister gefürchtet und verhaßt.

Während Richelieu an seinem Sturz zunehmend weniger zweifelte, als er sah, daß die Königinmutter sich mit der Quasi-Präsentation Marillacs als Premierminister so weit exponierte, daß Ludwig XIII die von ihr geschaffenen Fakten nur hinnehmen konnte, wenn er nicht seinerseits einen Bruch mit ihr zu riskieren bereit war, erreichte ihn der Befehl des Königs, sich am Abend desselben Tages nach Versailles zu begeben. Ludwig XIII selbst war schon in dem kleinen Jagdschloß angelangt, das seinerzeit ein einfacher Bau in U-Form mit zwei Stockwerken war, der mit Absicht so wenige Räume aufwies, damit weder der Hof noch Anna von Österreich dort Aufnahme finden konnten – es sollte sein Ort des Rückzugs sein.

Richelieu zögerte angesichts der Aufforderung des Königs – war es nicht eine Falle, um ihn dort in der Einsamkeit des Waldes verhaften zu lassen? War es nicht geboten, seiner persönlichen Sicherheit wegen nach Pontoise auszuweichen, von wo er auf der Seine schnell und ungehindert flußabwärts nach Le Havre gelangen konnte, in sein Gouvernement, das auch den Weg der Flucht übers Meer bot? Nur noch von wenigen Getreuen umgeben, schwankte er in seiner Entscheidung, als der Kardinal de La Valette, Sohn seines Feindes d'Épernon, aber selbst sein Anhänger, erschien und ihm mit dem berühmt gewordenen Satz den Weg wies: «Wer die Partie verläßt, verliert sie.» («Qui quitte la partie, la perd.»)[11] Weitere seiner Parteigänger stellten sich ein, darunter auch der Präsident des Pariser Parlaments, Nicolas Le Jay, und es gelang ihnen, den von Zweifeln und Selbstzweifeln erschütterten Kardinal so weit zu stabilisieren, daß er nach Versailles aufbrach.

In seinem bescheidenen Jagdschloß, das bisher nur privaten

Zwecken diente, empfing Ludwig XIII seinen Premierminister am vorgerückten Abend. Bei dieser Begegnung der beiden Männer waren nur noch Bedienstete abwesend, die jedoch zu einer vollständigen Rekonstruktion der nächtlichen Konversation beigetragen haben. Richelieu verneigte sich vor dem Herrscher und bot erneut seine Demission an, verbunden mit der Bitte, sich auf sein Schloß im Poitou zurückziehen zu dürfen. Der König entgegnete, daß er beschlossen habe, ihn als Premierminister im Amt zu halten, worauf dieser ihm vor Augen führte, daß die Königinmutter am Morgen dieses Tages erklärt habe, in diesem Fall keinen Fuß mehr in den Staatsrat des Königs zu setzen, und daß sie Wort halten werde, daran sei nicht zu zweifeln. Auch diese Situation, erklärte Ludwig XIII, habe er bedacht und sei ihr zu begegnen bereit. Seine Pflichten als Sohn habe er erfüllt und sei auch künftig sie zu erfüllen bereit, aber der König Frankreichs sei «mehr seinem Staat als seiner Mutter verpflichtet».[12] Damit war die politische Entscheidung gefallen.

Danach bestellte der König trotz der nächtlichen Stunde seine Minister nach Versailles – nur Michel de Marillac erhielt den Befehl, sich in Glatigny in der unmittelbaren Nähe von Versailles einzufinden. Der Kanzler verstand, daß er in diesem Kampf um die Macht der Besiegte war, und beeilte sich, seine privaten Papiere zu verbrennen, bevor er in seine Karosse stieg. Im Staatsrat, der gegen Mitternacht zusammentrat, erklärte Ludwig XIII, daß er den seit einem Jahr gegen den Premierminister gerichteten Intrigen ein Ende zu machen entschlossen sei, und da er in dem Kanzler de Marillac den hauptverantwortlichen Urheber sehe, habe er entschieden, ihm das Kanzleramt zu entziehen, obgleich er dessen Gläubigkeit respektiert und dessen professionelle Fähigkeiten geschätzt habe. Als Nachfolger wurde der Marquis Charles de Châteauneuf berufen, eine Kreatur Richelieus. Zugleich wurde Louis de Marillac, der noch am Morgen des Vortages zum Kommandanten der Armee in Italien bestellt worden war, seines Amtes enthoben. Man befürchtete, daß er gemeinsam mit seinem Bruder einen Aufstand wagen könnte, hatte er doch gerade erst 7000 Soldaten in der Champagne rekrutiert, die ihm verpflichtet waren.

Doch der gestürzte Kanzler nahm sein Schicksal ohne Widerstand hin, und nachdem er die Messe gehört hatte, übergab er dem Boten des Königs, La Ville aux Clercs, die Kassette, in der sich das Staatssiegel befand, sowie den Schlüssel dazu, den er nach alter Tradition an seinem Hals hängen hatte. Doch seine Hoffnung, danach ein freier Mann zu sein, täuschte. La Ville aux Clercs, der sich einen Augenblick zurückgezogen hatte, kam mit Soldaten der Garde zurück. Michel de Marillac wurde gefangengenommen und nach Caen gebracht, wo er zwei Jahre später aus Verzweiflung starb. Seinen Bruder Louis ereilte das seltene Geschick, an einem einzigen Tag die Ernennung und die Entlassung als Armeekommandant zu erhalten, wobei dem Marschall Schomberg, der ihm unterstellt werden sollte, durch eine geheime Botschaft des Königs die Aufgabe zufiel, ihn gefangenzunehmen: «Mein Cousin, verfehlen Sie nicht, Monsieur de Marillac, den Marschall, zu verhaften. Es käme meinem Dienst zugute ...»[13] Doch wie sein Bruder war auch er in seiner Königstreue untadelig: «Monsieur, es ist nicht erlaubt, in dieser Angelegenheit gegen den Meister («maître» – Ludwig XIII) zu murren noch auch nur zu sagen, daß die Sachen, die er verfügt, falsch sind Es gibt kein Mittel dagegen, es ist nur zu erdulden ... Ich werde mich an jenen Ort und in jenes Gefängnis begeben, die es dem König gefällt, mir zu befehlen.»[14]

Diese Treue rettete ihn nicht davor, als Staatsgefangener nach Sainte-Menehould zurückgeführt und dort der Veruntreuung von Geldern bei der Aushebung seiner Armee angeklagt zu werden. Richelieu benutzte den Inhaftierten lange als Faustpfand gegen Maria von Medici, die ihrerseits Treue gegenüber ihren Parteigängern zeigte, aber seine Freilassung nicht erreichen konnte, da die dafür vom Kardinal-Premierminister gestellten Konzessionen zu hoch waren. Dann aber, auch um sich seiner als eines potentiellen Gegners zu entledigen, setzte Richelieu seine Maschinerie eines Willkürprozesses in Gang. Am 10. Mai 1632 wurde der Marschall auf der Place de Grève in Paris hingerichtet.

Doch zurück zu den unmittelbaren Problemen nach dem «Tag der Getäuschten», deren erste Stelle die Königinmutter einnahm. Sie hatte zwar geschworen, den Kardinal-Premierminister nie wieder sehen zu wollen, war aber dennoch – nach der Vermittlung des Nuntius Bagni – zu einer Unterredung mit ihm bereit, an der auch Ludwig XIII teilnahm, der auf eine friedliche Beilegung des Konflikts hoffte. Über die Begegnung, die zudem am 24. Dezember stattfand, berichtete der Gesandte Venedigs, den Richelieu informiert hatte: «Während seines persönlichen Gesprächs mit der Königin beklagte sie sich über die jüngsten Vorgänge, vor allem aber über die zu große Härte, die man gegenüber den Brüdern Marillac gezeigt habe. Ihr Hauptwunsch war, sie befreit zu sehen, und sie versprach, daß sie sich in Zukunft ihm gegenüber in derselben Weise verhalten werde wie der Kardinal es ihr gegenüber tun würde. Richelieu betonte, daß seiner Meinung nach die geistige Verfassung der Königin sich nicht vollständig beruhigt habe.»[15] Sichtbar wurde der fortschwelende Konflikt auch darin, daß Maria von Medici und Anna von Österreich in ihrer Gegnerschaft gegen den Kardinal-Premierminister zu einer Komplizenschaft fanden, die sie demonstrierten, indem beide nicht zu den offiziellen Vorstellungen des königlichen Theaters erschienen – niemand konnte den Familienstreit übersehen.

Um diesen Kabalen ein Ende zu bereiten oder sie wenigstens zu begrenzen, schickte Ludwig XIII Ende Dezember die letzten zehn Spanier, die noch immer zum Hofstaat Annas von Österreich zählten, in ihre Heimat zurück. Auch hatte er gerade erfahren, daß seine Gemahlin sich in Lyon einer Ehe mit Gaston nicht abgeneigt gezeigt hatte, bei welcher Intrige ihre Hofdame Madame de Fargis eine Kupplerrolle gespielt hatte – sie wurde ins Exil geschickt. Ferner wurde dem spanischen Botschafter Marquis de Mirabel, der bei den Königinnen ein- und ausging, dieses Privileg entzogen, er hatte wie alle anderen Gesandten um jede Audienz nachzusuchen, und sein Protest dagegen blieb wirkungslos. Diese Druckmittel führten jedoch nicht zu dem gewünschten Resultat einer größeren Harmonie in der königlichen Familie – im Gegenteil.

Zu dem unendlichen Verwirrspiel trug auch Gaston d'Orléans erneut bei, den Richelieu in einer Unterredung am 6. Dezember auf seine Seite zu ziehen versucht hatte, indem er dessen maximale Forderungen erfüllte: Sein Günstling Le Coigneux wurde zum lebenslangen Präsidenten des Pariser Parlaments ernannt, und sein zweiter Günstling de Puylaurens erhielt eine Gratifikation von 150 000 Livres sowie die Zusage auf den Rang eines Herzogs. Für Le Coigneux, der Geistlicher war, forderte der Bruder des Königs noch zusätzlich den Kardinalshut, und Richelieu konnte um so unbekümmerter das Versprechen geben, in Rom dafür vorstellig zu werden, als für die Gewährung nicht die geringste Chance bestand, denn der Mann war eine Ehe eingegangen, und auch seine Vaterschaft war kein Geheimnis geblieben. Diese Vereinbarung, für die Gaston d'Orléans dem Kardinal-Premierminister «seine Freundschaft und Protektion»[16] versprochen hatte, erwies sich als wenig haltbar, zumal die Königinmutter ihren Lieblingssohn, in dem sie in Kürze den nächsten König Frankreichs zu sehen hoffte, wie ihre Astrologen ihr versicherten, bald wieder auf ihre Seite zog.

So vollführte der wankelmütige Mann, dazu angestiftet von beiden Königinnen, einen theatralischen Auftritt vor Richelieu, ohne selbst Verfasser seiner Verlautbarung zu sein: «Er sagte ihm, daß er käme, sein Wort zurückzunehmen, das er ihm vor einigen Tagen gegeben habe – nämlich sein Freund zu sein, ihm statt dessen erkläre, daß er nicht ohne Groll angesichts der Tatsache sein könne, daß ein solcher Mann sich so vergessen habe, die ganze königliche Familie einer solchen Zerrüttung auszusetzen; daß trotz seines Vermögens und seiner Erhöhung, die er der Königin, seiner Wohltäterin, verdanke und anstatt dafür Dankbarkeit zu zeigen, was ein kluger und treuer Diener getan hätte, er im Gegenteil ihr größter Feind geworden sei, der durch seine gemeinen Machenschaften den Geist des Königs verdunkle ...»[17] Die Tirade gipfelte in der vieldeutigen Ankündigung, daß, wenn jener nicht als Priester geschützt sei, sich noch andere Mittel, gegen ihn vorzugehen, empfohlen hätten. Ohne Richelieus Antwort abzuwarten, drehte ihm Gaston d'Orléans hochmütig den Rücken zu und verschwand.

Jenseits der Anspielung auf ein Attentat gegen Richelieu war es die Ankündigung eines neuen Bürgerkriegs, den der Bruder des Königs alsbald zu entfachen entschlossen war. Ludwig XIII, in Versailles von Richelieu umgehend informiert, war überzeugt, daß der neue Streit auf die Initiative seiner Mutter zurückging, und beschloß, sie von ihren gefährlichen Einflüsterern in Paris zu trennen, indem er mit ihr, Anna von Österreich und seinen Ministern in die Einsamkeit des Jagdschlosses von Compiègne aufbrach. Noch immer hoffte er auf eine Versöhnung mit seiner Mutter und schickte diverse Boten zu ihr – ihren geliebten Arzt Vautrier, den Marschall Schomberg oder auch den neuen Kanzler Châteauneuf, ohne daß es einem von ihnen gelang, die in ihrem Haß unversöhnliche Florentinerin zum Einlenken zu bewegen.

Damit war der Augenblick gekommen, den Konflikt zu einer Lösung – welcher auch immer – zu bringen, und dafür war, bevor er als Herrscher die letzte Entscheidung traf, die Konsultation des Staatsrats unerläßlich, den er umgehend zum 22. Februar 1631 einberief. Die einzelnen Minister gaben ihr Votum ab, zuletzt Richelieu, der lange geschwiegen hatte, da er sich in einem Fall äußern mußte, in dem er zugleich Partei und Richter war. Er legte dar, daß ein Ausgleich mit Monsieur stets schwierig sein würde, solange seine Favoriten ihre Forderungen ins Maßlose trieben. Sich mit der Königinmutter auf der Basis ihrer Ansprüche zu verständigen, sei ebenfalls nicht leicht, denn «Frauen seien generell sehr fordernd, die Königinmutter sei sehr verschlagen und stamme aus einem Land und aus einem Haus, wo man denen kaum verzeihe, die man beleidigt».[18] So lautete sein gezielt verletzendes Urteil über seine langjährige Gönnerin in seinen «Mémoires». Auch erklärte er sich ein weiteres Mal zum Rückzug von den Staatsgeschäften bereit, tat dies jedoch in der Gewißheit, daß Ludwig XIII sein Schicksal schon derart an das seine gekettet habe, daß nun die einzig mögliche Befreiung aus dem Geflecht des verfilzten Machtkampfes war, Maria von Medici vom Hofe zu entfernen. Diesen radikalen und für die Sohnesgefühle des Königs schmerzhaften Schritt war dieser nun zu tun bereit, nachdem er bereits von mehreren Theologen die positive Expertise erhalten hatte, daß mit einer solchen Trennung keine Verletzung seiner christlichen Pflichten verbunden sei.

Ludwig XIII handelte ohne Zeitverzug, denn schon am nächsten Morgen setzte er Anna von Österreich von seiner Entscheidung in Kenntnis, die ihm nahelegte, seine Mutter zu informieren und sie zum Abschied ein letztes Mal zu umarmen, was er ablehnte. Die

Aufgabe, ihrer Schwiegermutter die Nachricht ihrer Entmachtung zu überbringen, mußte die junge Königin übernehmen, und ihre Verbundenheit, die auf beider Verachtung des Kardinal-Premierministers basierte, überdauerte auch ihre Trennung, da ihre Lebenswege sich bis zum Tod der Königinmutter nicht mehr kreuzten. Auch Ludwig XIII sah seine Mutter nie wieder, nachdem er am 23. Februar mit Anna von Österreich und dem Hof Compiègne verlassen hatte. Der Marschall d'Estrées erklärte Maria von Medici, daß er den königlichen Auftrag habe, sie im Schloß von Compiègne zu beschützen und zu bewachen – sie war dort nicht weniger als eine Art Staatsgefangene. Auch ihre Freunde und Vertrauten traf es. Die Prinzessin de Conti, die Herzoginnen d'Ognano und d'Elbeuf sowie der Konnetabel de Lesdiguières hatten den Hof zu verlassen und sich auf ihre Besitzungen zurückzuziehen. Der Marschall Bassompierre, der es gewagt hatte, offen gegen Richelieu zu konspirieren, mußte den Weg in die Bastille antreten, doch vorher verbrannte er – ein ebenso exzessiver wie diskreter Lebe- und Ehrenmann – 6000 Liebesbriefe. Zwölf Jahre blieb er dort inhaftiert, ausreichend Zeit, um seine Memoiren «Journal de ma vie» zu verfassen. Erst wenige Wochen nach dem Tod Richelieus erlangte er die Freiheit zurück.

Ludwig XIII, der sich nach Fontainebleau zurückgezogen hatte, wurde dort Mitte März von der Nachricht aufgeschreckt, daß sein Bruder die Stadt Orléans, in die er sich nach dem herausfordernden Auftritt vor Richelieu zurückgezogen hatte, als Ausgangspunkt nutzte, um Truppen im Poitou und im Limousin anzuwerben – ein Akt der Rebellion. An der Spitze einer kleinen Armee eilte Ludwig XIII nach Orléans, das sein Bruder aber aus Furcht vorzeitig verlassen hatte – mit vierhundert «Vasallen» in Richtung Burgund, wo der Herzog de Bellegarde, sein Freund, Gouverneur war. Auf der Straße nach Dijon sahen die erstaunten Bauern eine Kavalkade von erlesen gekleideten Edelleuten mit dem Ausruf «Es lebe Monsieur und die Freiheit des Volkes!»[19] vorbeistürmen, denen im Abstand von wenigen Meilen der König an der Spitze seiner Reiterei folgte, ohne sie einzuholen. Gaston d'Orléans hoffte auf eine Erhebung des Volkes gegen die angebliche Diktatur des Kardinal-Premierministers, die dieser gegen den König und die königliche Familie ausübe, doch das

Volk bewegte sich nicht. Statt dessen mußte er sich in Etappen weiter nach Osten bewegen, bis er in die Franche-Comté gelangt war, auf spanisches Gebiet, unerreichbar für seinen ihn bis an die Grenze verfolgenden königlichen Bruder. So blieb diesem nur, Bellegarde und alle Anhänger von Monsieur als der Majestätsbeleidigung schuldig zu erklären und nach Fontainebleau zurückzukehren.

Gegen die Anklage der Majestätsbeleidigung, welcher Begriff in jener Epoche dem des Hochverrats entsprach, erhob Gaston d'Orléans nun seinerseits Gegenklage vor dem Parlament in Paris. Er warf Richelieu vor, ihn und die Königinmutter zu verfolgen und nur auf den Augenblick zu warten, auch gegen den König vorzugehen. Diese juristische Demarche traf zwar aus dem fernen Besançon ein, zwang den König aber trotzdem, das Parlament zu veranlassen, die nach seinem Urteil diffamierende Anklage gegen seinen Premierminister niederzuschlagen. Diesen nur verbalen Krieg setzte Gaston d'Orléans fort, indem er ein Manifest verfaßte oder auch verfassen ließ, das sich gegen Richelieu richtete, den «schrecklichen Tyrannen – diesen unmenschlichen und verkommenen, um nicht zu sagen schurkischen und ungläubigen Priester, der seinen Stand und seine Berufung verrät und in die Regierung Verrat, Grausamkeit und Gewalt eingeführt hat».[20] Zugleich machte er sich zum Anwalt des unterdrückten Volkes – eine Art Volkstribun gegen seinen Bruder: «Ich werde sagen, was ich gesehen habe. Es gibt nicht ein Drittel Eurer Untertanen auf dem Lande, die das übliche Brot essen; ein weiteres Drittel lebt nur vom Haferbrot, und ein letztes Drittel ist nicht nur zur Bettelei gezwungen, sondern vegetiert in Notzuständen, daß ein Teil vor Hunger stirbt, der andere sich nur von Eicheln, Kräutern und einer Art Viehfutter kümmerlich ernährt, und am wenigsten zu beklagen sind noch jene, die nur Kleie und das Blut essen, das sie von den Abfallrinnen der Schlachtereien einsammeln.»[21]

Diese Tiraden vermochten nicht im geringsten, einen neuen Bürgerkrieg zu entfachen, wie ihn Maria von Medici und ihr zweiter Sohn anstrebten, war doch das einfache Volk noch weniger bereit zum Aufstand als der schon mehrfach gedemütigte Adel und schon gar nicht willens, dem in seinen Ansprüchen stets nicht zufriedenzustellenden Bruder des Königs Genugtuung zu verschaffen. Dieser hielt sich auch nicht lange damit auf, Verfechter der Rechte des Volkes zu sein, sondern kehrte schnell in das luxuriöse Treiben des Hochadels zurück – in Nancy, wohin er inzwischen gelangt war, schließlich war Lothringen weiterhin Ausland für Frankreich. Dort vergaß er auch schnell seine große Liebe zu Maria Louise de Gonzague, die zu heiraten ihm verwehrt worden war, nicht zuletzt von seiner Mutter. Seine Leidenschaft galt nun der sehr jungen Prinzessin Marguerite de Vaudémont, der Schwester des Herzogs Charles von Lothringen, die zu heiraten ihn seine Mutter drängte, schadete eine solche Verbindung doch den Absichten von Ludwig XIII und Richelieu.

Währenddessen war der König bestrebt, seine Mutter in einer definitiven Residenz, ausreichend weit von Paris entfernt, zur persönlichen Ruhe und politischen Einflußlosigkeit kommen zu lassen. Dafür wurde Moulins ausgewählt, das sie jedoch nur als eine Zwischenstation für ihre gewaltsame Rücksendung nach Florenz ansah. Das eine Mal war es der Zustand der Räumlichkeiten, der angeblich ihren dortigen Aufenthalt nicht gestattete, und das andere Mal, als ihr zukünftiges Quartier komfortabel hergerichtet war, fehlte es angeblich an Geld für die Reise dorthin. Hintergrund ihrer Weigerung, Compiègne zu verlassen, waren die intensiven Vorbereitungen, die sie traf, um einen neuen Bürgerkrieg zu entfachen, für den sie zusätzlich eine «Liga der Schwiegersöhne» zu gründen hoffte. Zusätzlich zu den Truppen, die ihr Sohn in Lothringen anwarb, sollten Philipp IV von Spanien, der englische König Charles I und der Herzog Victor Amédée von Savoyen gewonnen werden. Alle drei waren erklärte Feinde Ludwigs XIII, vertrauten aber nicht einander aus Furcht, am Ende allein dem französischen König im Feld gegenüberzustehen, woraus Philipp IV auch kein Geheimnis machte: «Wenn ich mich offen erklären würde, ließe man die Angelegenheit allein auf meinen Schultern, und England, dessen Interessen zwar dieselben wie die meinen sind, würde sich nicht bewegen. Deshalb möchte ich in der Position des Vermittlers verharren.»[22] Da alle drei so dachten, bewegte sich keiner.

Dagegen verlor Ludwig XIII gegenüber seiner Mutter die Geduld und setzte ihr ein Ultimatum von zwei Wochen für die Übersiedelung nach Moulins. Nun mußte sie handeln, um ihre günstige Position im Norden des Landes nicht zu verlieren, wo sie, nahe der Grenze zu den Spanischen Niederlanden, die ihr die Chance eines Rückzugs boten, zum Bürgerkrieg aufrufen wollte, wie es nach ihrer Flucht aus Blois geschehen war. Ihre Flucht, die wieder als politisches Fanal wirken sollte, wurde dadurch erleichtert, daß die sie bewachenden Soldaten auf ihre Klagen hin vom König auf die Distanz von acht Kilometern von Compiègne zurückgezogen worden waren. Für ihre Flucht war alles aufs beste vorbereitet, auch eine verteidigungsfähige Festung an der Nordgrenze stand zu ihrer Verfügung, La Capelle, die von dem jungen Grafen de Vardes in Abwesenheit seines Vaters, des Marquis und Gouverneurs de Vardes, gehalten wurde. Der junge Mann hatte soeben Jacqueline de Moret geheiratet, eine späte Geliebte Heinrichs IV, und deren Sohn, der Graf Moret, ein Halbbruder des Königs und Gastons d'Orléans, war ein treuer Parteigänger des letzteren. So wagte Maria von Medici in der Nacht vom 18. auf den 19. Juli 1631 den entscheidenden Schritt. Verhüllt unter Tüchern wurde sie ohne Mühe aus dem Schloß geführt, nachdem man dem verantwortlichen Kastellan gesagt hatte, es ginge um eine diskrete Eheschließung in einer nahen Eremitage.

Zügig von Poststation zu Poststation rollte ihre Karosse La Capelle entgegen, doch noch schneller hatte der Kardinal-Premierminister gehandelt. Als Maria von Medici nur zwei Meilen von ihrem Reiseziel entfernt war, erwartete sie der Graf de Vardes mit der Hiobsbotschaft, nicht mehr Herr der Zitadelle von La Capelle zu sein. Sein Fehler war gewesen, sich ohne offiziellen Abschied, wie es Vorschrift war, vom Hof zu entfernen, so daß Richelieu sogleich Verdacht geschöpft hatte. Seine Spione enthüllten umgehend die Konspiration, und er schickte den Vater des Grafen, der sein treuer Anhänger war, nach Norden, wo dieser seinen Sohn zur Rede stellte, sich der Zitadelle bemächtigte und den Ort für die Königinmutter blockierte. Nun blieb ihr nur, da eine Rückkehr nach Compiègne nicht in Frage kam, die Flucht über die Grenze. Zehn Tage später erreichte sie Brüssel, wo die Infantin Clara-Isabella, eine Tochter von Philipp II und Elisabeth de Valois, die die Spanischen Niederlande regierte, sie fürstlich empfing.

Damit hatte die Königinmutter Frankreich verlassen, in das sie lebend nicht mehr zurückkehren sollte. Ihr weiterer Lebensweg glich einem stetigen Abstieg. Noch im selben Monat ließ Ludwig XIII ihre Einkünfte vom Parlament in Paris konfiszieren, und an der ständigen Verringerung ihrer finanziellen Mittel änderte auch der Umstand nichts, daß sie La Vieuville zum Schatzmeister ihres Hauses bestellte, den sie sieben Jahre zuvor zugunsten Richelieus aus dem Amt gedrängt hatte. Schließlich endete ihr Leben am Rande der Armut am 3. Juli 1642, wenige Monate vor dem Tod Richelieus. Sie hatte Unterkunft in einem Haus in Köln gefunden, das ihr der Maler Rubens zur Verfügung gestellt hatte – einst hatte er in ihrem Auftrag seine größte, 24 Gemälde umfassende Historienserie geschaffen, den «Medici-Zyklus». Erst ihr Leichnam durfte nach Frankreich zurückkehren und fand im März 1643 Aufnahme in der Krypta der Kathedrale von Saint-Denis. Ihr ehemaliger Günstling Richelieu erklärte in seinem «Politischen Testament»: «Der Weggang der Königinmutter und von Monsieur war wie eine heilsame Reinigung.»[23] Ihrem Abstieg entsprach der weitere Aufstieg des Kardinal-Premierministers – im August 1631 unterzeichnete Ludwig XIII die Dokumente, mit denen der Landsitz derer von Richelieu im Poitou zum Herzogtum («duché-pairie») erklärt wurde. Der Titel wurde nicht nur ihm übertragen, sondern war auch vererbbar in seiner Familie.

11. Zeit des Schafotts

Sobald Maria von Medici die Grenze zwischen Frankreich und den Spanischen Niederlanden überschritten hatte, hielt sie es für unerläßlich, diesen Schritt zu legitimieren – nicht zuletzt mit ihrer persönlichen Bedrohung: «Ich habe dort (in Compiègne) erlitten, was eine Frau von geringerem Rang als ich Mühe gehabt hätte, mit Geduld zu erleiden. Bereits zu Beginn hat man mich wie eine Kriminelle eingesperrt, weil ich mich nicht den Wünschen des Kardinals fügen wollte; anschließend hat man mich wie die größte Feindin Frankreichs behandelt.»[1] Fünf Monate habe sie darauf gehofft, daß Ludwig XIII endlich bewußt würde, welches Unrecht er an ihr begehe, während sie resigniert die zunehmenden Bedrohungen und Beschränkungen ertragen habe. Aber als «ich gesehen habe, wie mein Körper immer schwächer wurde und meine Kräfte von Tag zu Tag abnahmen, auch daß es die Absicht des Kardinals gewesen ist, mich zwischen den dortigen vier Wänden sterben zu lassen, habe ich mich, um meine Ehre und meine Reputation zu retten sowie um mich ein wenig diesen Leiden zu entziehen, entschlossen, das Angebot anzunehmen, das mir der Marquis de Vardes gemacht hat.»[2] Sie war entschlossen, in den Augen ihrer Zeitgenossen wenigstens in der Rolle der ungerecht gedemütigten Mutter moralisch über ihren Sohn zu siegen.

Ludwig XIII seinerseits wollte diese Vorwürfe nicht ohne Antwort lassen, da er wußte, daß der Kampf in den Köpfen und um die Köpfe ein wichtiger Teil des Konflikts mit seiner Mutter war: «Madame, ich bin um so mehr erzürnt über die Entscheidung, die Sie getroffen haben, meine Lande zu verlassen, als Sie dazu nicht den geringsten Grund hatten. Das eingebildete Gefängnis, die unterstellten Verfolgungen, über die Sie sich beklagen, und die Befürchtungen, von denen Sie behaupten, daß sie für Ihr Leben in Compiègne bestanden hätten, haben nicht mehr sachliche Begründung als das Folgende, was Sie für Ihren Rückzug vorbringen.»[3] Doch im Gegensatz zu seiner Mutter, die ihre schriftlichen Attacken fortsetzte, entschied sich ihr Sohn für eine Aktion, die ihrem Weggang aus Frankreich den Charakter des Endgültigen gab. Hatte er schon kurzfristig über ihre Rechte und Ämter verfügt, so befahl er nun den definitiven Abtransport ihres persönlichen Haushalts, einschließlich ihrer Kleider und ihres Schmucks, die in Compiègne geblieben waren. Nicht weniger als acht Karossen und vierundzwanzig Maultiere trugen ihre persönliche Habe über die Grenze, und der König gestattete auch, daß ihr beträchtlicher Hofstaat ihr dahin folgte – außer ihrem Schatzmeister d'Argonges und ihrem Arzt Vaultier. Dieser Hofstaat war personenreich: drei Ehrendamen, sieben Ehrenfräulein, fünf Kammerfrauen, zwanzig Gardisten. Um auch als exilierte Königinmutter nicht den geringsten Zweifel an ihrem Rang aufkommen zu lassen, nahm sie das volle Ritual einer souveränen Herrscherin sogleich wieder auf – bis zu ihrer in aller Öffentlichkeit zelebrierten Mittagstafel.

Unmittelbar begann sie auch mit der Vorbereitung eines vom Ausland nach Frankreich hineingetragenen Bürgerkriegs und war überzeugt, daß ihr nicht weniger als 15 000 Fußsoldaten und 2500 Reiter in Kürze zur Verfügung stehen würden. Auch hoffte sie, daß die Herzöge Guise, Épernon und Bouillon alsbald vom König abfallen und sich in ihre Armee eingliedern würden. Für Aufstellung und Unterhalt dieser Armee verlangte sie nicht weniger als 400 000 Ecus von ihrer spanischen Gastgeberin, der Infantin Clara-Isabella, die sich sehr geneigt zeigte, der Königinmutter jede Unterstützung und Ehre zuteil werden zu lassen. So delegierte sie als ihren Botschafter an den prätendierten Hof Maria von Medicis den Maler Rubens, der der Königinmutter aus besseren Tagen im Palais de Luxembourg vertraut war und mit ihr die spanischen Interessen durchzusetzen versuchte, obgleich er, nicht zuletzt wegen des langen und hindernisreichen Wegs zwischen Brüssel und Madrid, deren nicht sicher sein konnte.

In der Tat sah man in der spanischen Hauptstadt die überraschende Ankunft der Königinmutter in Brüssel mit kritischem Blick, zumal gewiß war, daß eine Verschlechterung der französischspanischen Beziehungen die unmittelbare Folge sein mußte, ohne daß größere Aussicht auf einen erfolgreichen Machtwechsel in Frankreich bestand. Der skeptische Minister Olivares zog, als im spanischen Staatsrat darüber zu entscheiden war, eine eher nüchterne Bilanz: «In allem, was man uns schreibt, sehe ich nichts, was auch nur den Schein eines Erfolgs haben könnte. Prüfen wir die Sache genauer. Offen oder im geheimen rechnen die französischen Emigranten darauf, eine Armee aufzustellen, die Rubens, gewiß ein wenig übertreibend, auf 15 000 Fußsoldaten und 2500 Reiter berechnet: aber ihre Deklaration ist nicht das Evangelium. Nicht nur ist ihre Vereinigung ungewiß, sondern auch deren Dauer ist unbekannt, und es ist wahrscheinlich, daß vier Tage, nachdem die Franzosen sich am Ort ihrer Armee versammelt haben, kein einziger dort bleiben wird. Man verspricht die Unterstützung der Herzöge Guise und Épernon, man sagt mir, daß der Herzog de Bouillon Sedan an Monsieur übergeben wird. Das alles erscheint mir wenig begründet und einzig das Wort eines Franzosen. Aber selbst wenn es so wäre, würde es noch kein ausreichendes Motiv sein, auf den Erfolg zu hoffen, und es ist vorauszusehen, daß, nachdem wir sie mit 400 000 Ecus in zwei Monaten versehen haben, wir so weit gekommen sein werden, wie wenn wir sie aus dem Fenster geworfen hätten. Darüber hinaus hätten wir den König von Frankreich irritiert und die Königinmutter bliebe uns aufgehalst – ohne ein Mittel, uns ihrer zu entledigen.»[4] Der Minister Philipps IV empfahl sogar, die unerwünschte Exilantin nach Aachen zu schicken – in ein fernes, neutrales Ausland.

Doch die Infantin in Brüssel dachte und handelte anders. Nach dem glanzvollen Empfang Maria von Medicis riß die Kette der Bälle zu ihren Ehren nicht ab. Und nachdem ihr zweiter Sohn, von Lothringen kommend, mit ihr in Brüssel vereint war, nahmen beider Kriegspläne konkretere Formen an. Dank der reichlich fließenden Gelder, die die Infantin bereitstellte, konnte Gaston d'Orleáns mit der Aufstellung von Truppen beginnen, und für den Fall, daß er mit diesen Truppen nach Frankreich eindringen würde, wurden ihm noch weit höhere Zahlungen zugesagt. Entsprechend konnte er in der Region von Montbéliard und Besançon im September 1631 nicht weniger als 800 Edelleute verpflichten, und die Zahl der Freiwilligen, die sich ihm zuwandten, vergrößerte sich, als auch der Herzog von Lothringen eine Armee von 15 000 Fußsoldaten und 2050 Edelleuten unter sein Kommando stellte. Karl IV von Lothringen, dessen Herzogtum Teil des Deutschen Reiches war, was ihn zum Heeresdienst bei Kaiser Ferdinand II verpflichtete, spielte virtuos die Rolle eines gegenüber Frankreich stets zum Verrat bereiten Nachbarn, zumal die lange gemeinsame Grenze in der Champagne zu Angriffen an den verschiedensten Orten einlud. Er hielt sich auch die Option offen, seine Schwester Marguerite de Vaudémont mit Gaston d'Orléans zu vermählen, zumal dieser ihr leidenschaftlich zugetan war – sollte Ludwig XIII bald sterben, was die Zeitgenossen als immer wahrscheinlicher annahmen, würde er Schwager des französischen Königs werden.

Zu den gewagten Kontakten, die Maria von Medici von Brüssel aus knüpfte, zählte auch die Verbindung zu Albrecht von Wallenstein, dem 1630 auf dem Reichstag von Regensburg unwürdig entlassenen Kriegsherrn des Kaisers, dem die Königinmutter mit großer Geste und skrupelloser Mißachtung der Interessen Frankreichs in Aussicht stellte, sämtliche Gebiete, deren er mit Waffengewalt Herr würde, behalten zu können, vorausgesetzt er stelle ein Heer von 25 000 Mann und 4000 Offizieren zu ihrer Disposition – mit dieser Armee gedachte sie triumphal in Paris einzumarschieren. Das Projekt blieb Phantasmagorie, aber schon seit Jahren war Deutschland mit seinen Wechselfällen des Dreißigjährigen Krieges für Frankreich ein Terrain geworden, auf dem auch über seine Rolle als europäische Macht entschieden wurde, weshalb Richelieu früh begonnen hatte, dort diplomatisch tätig zu werden – mit seinem besten geheimen Botschafter, dem Père Joseph, und dem überaus geschickten offiziellen Botschafter Hercule de Charnacé.

Nach der Schlacht am Weißen Berg, in der die katholische Partei gesiegt hatte, gelang es Kaiser Ferdinand II, seinen Einfluß im Reich bis zur Dominanz zu steigern. Die Protestanten, die nur noch über zwei Stimmen im Wahlkollegium der Kurfürsten verfügten – die Stimme des Kurfürsten Friedrichs V von der Pfalz war an den Bayernherzog Maximilian I gefallen –, gerieten in eine bedrohliche

Defensive, und die Gegenreformation schien dem endgültigen Sieg nahe. Doch mit Hilfe des Dänenkönigs Christian IV, unterstützt von Soldaten und Subsidien des englischen Königs James I, konnte die protestantische Partei den kaiserlichen Truppen widerstehen und die Initiative auf dem Kriegsschauplatz zurückgewinnen. Gemeinsam mit dem General Ernst von Mansfeld, einem Strategen von europäischem Rang, der sein Heer mittels englischer und französischer Hilfsgelder unterhielt, gelang die Rückeroberung weiter Teile Deutschlands. Mit diesen Zahlungen, die Richelieu früh durchsetzte, nahm Frankreich die Politik Heinrichs IV wieder auf, ein Gegengewicht zu der Macht Habsburgs zu schaffen, mochten auch seine «natürlichen» Alliierten dabei die protestantischen Fürsten Deutschlands sein. Mit der Doppelstrategie, im eigenen Land die Hugenotten zu bekämpfen und in Deutschland ihre Glaubensbrüder, die Protestanten, zu unterstützen, wurde die alle Religion als sekundär wertende Doktrin Richelieus sichtbar, die nur ein Ziel hatte – in einem permanenten Kraftakt, Macht und Autorität des Staates in der Monarchie zu stärken und zu steigern. Diese Staatsräson führte zum Absolutismus.

Doch gegen den wiedererstarkten Protestantismus bot Ferdinand II seinen wallonischen Feldherrn Tilly auf, der 1626 bei Lutter in der Nähe Wolfenbüttels entscheidend über Christian IV siegte. Parallel dazu betrat Wallenstein als Kriegsunternehmer das deutsche Kriegstheater. Er unterhielt ein Heer von 50 000 Mann auf eigene Kosten, das sich durch Plünderung der eroberten Gebiete refinanzierte. Er drang sogar bis nach Mecklenburg vor, und der Ehrgeiz des Kaisers war es, mit einer eigenen Flotte auch Herr der Ostsee zu werden, wofür Stadt und Hafen von Stralsund als Ausgangsbasis gewählt wurden. Doch die Belagerung der Stadt, die mit der zeitgleich stattfindenden von La Rochelle verglichen wurde, mißlang, obgleich der stolze Wallenstein gedroht haben soll, die Stadt zu erobern, selbst wenn sie «mit einer eisernen Mauer umgeben und mit einer Kette aus Diamanten am Himmel befestigt sei».[5] Der dortige Widerstand basierte wesentlich auf der Unterstützung durch den Schwedenkönig Gustav Adolf, der seinerseits entschlossen war, aus der Ostsee einen «schwedischen Teich»[6] zu machen, und wenig später als Retter des Protestantismus auf deutschem Boden erschien.

Doch diese bis an die Ostsee ausgedehnte Einflußsphäre des Kaisers, der seinen Generalissimus Wallenstein sogar zum Herzog von Mecklenburg machte, weckte das Mißtrauen der deutschen Fürsten, die ihre Besitzstände zusätzlich bedroht sahen durch das Restitutionsedikt des Kaisers, der damit alle seit 1552 den Protestanten und Calvinisten zugefallenen Gebiete ihren katholischen Voreigentümern zurückerstattet wissen wollte. Dadurch wäre das Gleichgewicht zwischen Protestanten und Katholiken, aber auch das von Kaiser und Landesfürsten zerstört worden, und so unternahmen die Fürsten auf dem Reichstag von Regensburg alles, den Kaiser zur Preisgabe seines siegreichen Feldherrn Wallenstein zu bewegen. Der Coup gelang, nicht zuletzt mit Hilfe des hinter den Kulissen heftig agierenden Père Joseph. Wallenstein, in seiner Ehre getroffen und nicht mehr an den Kaiser gebunden, pflegte vielseitige Kontakte, sogar zum jungen Schwedenkönig und auch zur exilierten Königinmutter in Frankreich.

Gustav Adolf war es bereits zu Beginn des Jahres 1630 gelungen, über Rügen nach Pommern überzusetzen und sich Stettins zu bemächtigen, von wo aus er Verhandlungen mit den protestantischen Kurfürsten von Brandenburg und Sachsen aufnahm. Die französische Diplomatie hatte es nicht versäumt, früh mit dem siegreich vordringenden Schweden Kontakt aufzunehmen, war er doch das ideale Gegengewicht zu der expansiven Macht des Kaisers. Eine Allianz mit ihm auf der Basis von Subsidien erlaubte Richelieu, einen Stellvertreterkrieg mit dem Kaiser zu führen. So kam es 1631 zum Vertrag von Bärwalde, den Charnacé im Auftrag Richelieus mit Gustav Adolf schloß. Vereinbart wurde, daß der Schwedenkönig fünf Jahre lang eine Million Livres erhalten sollte und dafür im Gegenzug 30 000 Fußsoldaten und 6000 Reiter auf dem deutschen Kriegsschauplatz zu halten hatte. Damit sollte der wiedererstarkten Armee des Kaisers begegnet werden, zugleich aber die Neutralität Bayerns unangetastet bleiben, dessen Kurfürsten Richelieu als zusätzlichen Partner zu gewinnen hoffte, konnte er sich doch mit der Parteinahme für ihn zumindest partiell als Verteidiger der Gegenreformation legitimieren. Aber in Gustav Adolf fand der finessenreiche Kardinal-Premierminister einen gleichrangigen Gegenspieler, der seinerseits bestrebt war, sich mit den französischen Geldern von Frankreich unabhängig zu machen und mit der einseitigen Veröffentlichung des Vertrags von Bärwalde Richelieus doppelseitige Politik bei seinen protestantischen Alliierten bloßstellte. Der Père Joseph, der mit Charnacé das Vertragswerk von Bärwalde zustande gebracht hatte, erkannte nun die Gefahr, die der Schwedenkönig darstellte: «Man muß sich dieser Mittel wie der Gifte bedienen – die geringe Dosis wirkt als Gegengift, die große tötet.»[7]

In der Tat war der nicht nur körperlich weit ausgreifende «Löwe des Nordens», den seine italienischen Söldner wegen seines rötlichblonden Spitzbarts «il re d'oro» nannten, nicht der Mann, sich von Richelieu Fesseln anlegen zu lassen. Er träumte, dabei viel fester in seinem protestantischen Glauben verhaftet als der Kardinal-Premierminister in seinem katholischen, von einem ebenso uneingeschränkt in Deutschland dominierenden Reich protestantischer Observanz wie es für die katholische Dominanz Ferdinand II vorschwebte. Auf seinem Weg nach Süden, nun verbündet mit den Kurfürsten von Brandenburg und Sachsen, da der Kaiser nicht auf das Restitutionsedikt zu verzichten bereit war, kam es im September 1631 zur Schlacht von Breitenfeld, in der die schwedisch-sächsischen Truppen mit einer Stärke von 47 000 Mann das gleichstarke Heer Tillys nahezu vollständig vernichteten. Nur 8000 Fußsoldaten und 5000 Reitern, verwundet und demoralisiert, gelang die Flucht.

Damit stand dem schwedischen König der Weg nach Wien offen, doch die Eroberung Böhmens überließ er den Sachsen. Er selbst führte seine Armee über Würzburg, wo er sich anmaßte, aus den kirchlichen Residenzen ein Herzogtum Franken von seinen Gnaden zu gründen, nach Frankfurt am Main und nach Mainz. Dort vertrieb er die spanische Besatzung und ließ sich als Befreier Deutschlands feiern. Auf das Angebot des Kaisers zu Friedensverhandlungen antwortete er mit der herausfordernden Kondition, daß nichts Geringeres als die Nachfolge Ferdinands II ihm zugestanden werden müsse, und Frankreich, so war sein Plan, sollte in den Krieg gegen Habsburg gezogen werden, um ihm seinerseits als instrumentalisierte Macht für seine Herrschaft im Deutschen Reich zu dienen.

Dieser schon mit moderner Militärtechnik operierende Feldherr – auf Zeit rekrutierte Soldaten, nicht gekaufte Söldner mit lebenslangem Kriegshandwerk, schneller Schußwechsel in geordneten Salven, auseinandergezogene Angriffslinien, konsequenter Einsatz der Artillerie – erreichte nun schon die Einflußsphäre Frankreichs, in dessen Schutz sich der Erzbischof von Trier geflüchtet hatte, da der Kaiser der Reichsverpflichtung zu seiner Verteidigung nicht hatte nachkommen können. Doch bevor der Schwedenkönig zur Bedrohung werden konnte, wandte er sich im April 1632 nach Bayern – unter ostentativer Verletzung des Vertrags von Bärwalde – und richtete in dem ihm den Weg versperrenden bayerischen Heer ein Blutbad an. Im Juni zog er in München ein, das er genauso brutal plünderte, wie es die Bayern mit Heidelberg nach dem Sturz Friedrichs V gemacht hatten. Am 17. November kam er jedoch in der Entscheidungsschlacht von Lützen bei Leipzig ums Leben. Zwar konnten die Schweden das Schlachtfeld behaupten, auf dem der vom Kaiser demütig erneut als Generalissimus bestellte Wallenstein zurückweichen mußte, doch war der Sieg teuer erkauft – die Protestanten hatten ihren Führer verloren.

In Frankreich atmete Richelieu auf, aber er hatte schon vorher ausreichend Vorsorge getroffen, die nordöstliche Flanke des Landes weiter abzusichern, genauer: langsam die Landesgrenze in Richtung Rhein zu verschieben. Zunächst galt es, die Fäden zu zerreißen, die Maria von Medici mit ihrem Komplott gesponnen hatte. Der Herzog de Bouillon hatte ihr Unterstützung für den Fall versprochen, daß Gaston d'Orléans ein Heer gegen seinen königlichen Bruder ins Innere Frankreichs führen würde. Dessen jenseits der Grenze zusammengezogene Soldaten sickerten langsam in Sedan ein, und so ließ Richelieu überraschend im November 1631 französische Truppen unter dem Marschall La Force vor der Stadt aufmarschieren. In Abwesenheit des Herzogs de Bouillon wagte seine Gemahlin nicht den aussichtslosen Kampf, und der Marschall konnte sich der Stadt bemächtigen, deren Garnison er zum Eid auf Ludwig XIII verpflichtete. Die Soldaten Gastons d'Orléans wurden verhaftet – ein potentieller Unruheherd war beseitigt.

Einen Unruhefaktor von größerer Bedeutung stellte der Herzog Karl IV von Lothringen dar, dessen vielfältig zerstückeltes Land die Pufferzone zwischen Frankreich und dem Deutschen Reich bildete. Der Einfluß beider Mächte reichte bis in die Territorien des Herzogtums, von denen einige reichsunmittelbar, einige indirekt der französischen Krone zugeordnet waren. Karl IV, dem die Grenzlage seiner Gebiete eine ähnliche Wechselfreudigkeit in seinen außenpolitischen Loyalitäten abverlangte wie dem Herzog von Savoyen, hatte mehrfach das Mißtrauen des französischen Königs erregt. In der Affäre Chalais hatte er der Herzogin de Chevreuse Asyl gewährt, was noch entschuldbar erschien, weil ihr Gemahl zur lothringischen Familie der Guise zählte. Unentschuldbar aber war gewesen, daß die politischen Intrigen der Dame über die Buckingham-Affäre hinaus dem englischen Gegner bei der Landung auf der Île de Ré hilfreich gewesen waren. Den Beweis für ihre konspirativen Aktivitäten hatte sich Richelieu verschafft, indem er den als geheimen Emissär zwischen Nancy und London pendelnden Lord Montagu auf dem Boden Lothringens verhaften ließ – unter eklatanter Verletzung von dessen geographischer Integrität. Aber eklatant waren auch die Beweise für die frankreichfeindliche Haltung des lothringischen Herzogs.

Mit keinerlei Verwandtschaftsverpflichtung aber konnte Karl IV begründen, warum er Gaston d'Orléans Asyl gewährte. Auch hatte er, beteiligt oder nicht, die zur Einflußsphäre Frankreichs gehörenden Städte Vic und Moyenvic in die Hände der kaiserlichen Truppen fallen lassen, und schließlich war er, um seiner Loyalität gegenüber dem Kaiser nachzukommen, dessen Aufruf vom Heerbann gefolgt und mit seinem Truppenkontingent in den Strudel der Niederlagen geraten, die Gustav Adolf der kaiserlichen Armee bereitet hatte. Darauf war Frankreich im Dezember 1631 an seiner nordöstlichen Grenze aktiv geworden und hatte sich die Städte Vic und Moyenvic zurückerobert und darüber hinaus den Herzog zum Vertrag von Vic gezwungen. «Weil er oft gefehlt hat, Wort gegenüber seiner Majestät zu halten, und sie ihm nicht mehr vertrauen wollte»,[8] mußte er die Festung Marsal für drei Jahre als Sicherheitsgarantie abtreten. Zugleich wurde ihm die Verpflichtung auferlegt, alle Personen von seinem Hof zu entfernen, die dem König von Frankreich feindlich gesinnt waren – diese Klausel sollte Gaston d'Orléans treffen. Doch bevor der Bruder des französischen Königs Nancy verließ, wurde am 3. Januar 1632 in höchster Geheimhaltung dessen Ehe mit Marguerite de Vaudémont geschlossen – ein raffinierter Gegenzug des Herzogs von Lothringen.

Auch wenn Karl IV gegenüber Ludwig XIII leugnete, daß die Ehe Monsieurs mit seiner Schwester geschlossen worden war, war er doch gezwungen, den Bruder des Königs zum Verlassen des Landes aufzufordern, um nicht dessen Besetzung heraufzubeschwören. Gaston d'Orléans begab sich also zu seinen sich langsam sammelnden Truppen in Trier, sodann nach Brüssel, wo er, gemeinsam mit seiner Mutter, eine Kriegskoalition mit Spanien einging und den Einmarsch nach Frankreich vorbereitete.

Daraufhin erhöhte Richelieu den Druck auf seine exilierten Gegner und ließ nach mehr als einem Jahr den Prozeß gegen Louis de Marillac eröffnen, den er vor Casale hatte verhaften lassen und der seitdem in Sainte-Menehould gefangengehalten wurde. Es gab keinerlei Beweise von Gewicht für die Schuld des Marschalls, und die Korruptionsanklage, sich bei der Verwaltung der Champagne-Armee durch Unterschleif bereichert zu haben, hätte gegen nahezu jeden französischen General erhoben werden können, wäre aber keineswegs ausreichend für ein Todesurteil gewesen, das der Kardinal-Premierminister anstrebte. Auch wäre ein solches Urteil von dem Pariser Parlament, das für den Fall zuständig war und auf dessen Spruch der Marschall Anspruch hatte, nie zu erhalten gewesen. Um sein politisches Ziel, den militärisch versierten und organisatorisch talentierten Parteigänger Maria von Medicis auszuschalten und zugleich die exilierte Gruppierung um die Königinmutter und Monsieur zu provozieren, schreckte Richelieu nicht vor einer eklatanten Rechtsbeugung zurück.

Er bestellte, da er den Pariser Richtern mißtraute, ein Gericht nach seinem Gutdünken mit dem neuen Kanzler Châteauneuf an der Spitze. Auf den Vorwurf von dessen Unzuständigkeit hat er in seinen «Mémoires» darauf verwiesen, daß «dies so gerecht gewesen sei, wie der Kanzler de Marillac selbst eine solche Ordonnanz mit einem neuen Rechtstitel angewendet hat».[9] In der Tat hatte er den Bruder des Angeklagten bereits im Fall der Verurteilung Chalais' zu dem ungerechten Verfahren veranlaßt und benutzte nun dieses Exempel, um es an dessen Bruder zu wiederholen, obgleich es dadurch nicht rechtmäßig wurde, aber wenigstens kasuistisch zur Verfügung stand.

Weil er aber auch dieses Gerichtshofes nicht sicher war, verlagerte er ihn von Verdun nach Pontoise in seine Nähe, und unter Beachtung des berechtigten Einspruchs, daß in der dortigen Festung ein unabhängiger Spruch kaum möglich sei, ließ er die Richter sogar nach Rueil kommen, an den Ort seines Landsitzes westlich von Paris, wo sie, direkt unter seinen Augen, noch weniger zu einer größeren Entscheidungsfreiheit gelangen konnten. Auch dürfte er berechnet haben, daß Maria von Medici, die auf Loyalität mit ihren Parteigängern hielt, von der er selbst lange Nutznießer gewesen war, es nicht an Protesten gegen diesen Scheinprozeß fehlen lassen würde. In der Tat drohte sie den Richtern, daß sie, sollten sie den Marschall zum Tode verurteilen, «dafür mit ihrem Vermögen und ihrer Person haften würden und daß sie (Maria von Medici) sie ... als Komplizen des Kardinals Richelieu und als Anhänger jener Partei behandeln würde, die jener gegen den König und den Staat gebildet hat».[10] Gaston d'Orléans, der ähnlich wie seine Mutter für Louis de Marillac eintrat, hat in seinen «Mémoires» selbstkritisch gestanden: «Monsieur benutzte dieselben Drohungen, die nur bewirkten, die Exekution des Gefangenen zu beschleunigen.»[11] So fiel das von Richelieu vielfach manipulierte Urteil in seinem Sinn aus: Enthauptung – aber nur mit der Zustimmung von 13 Richtern bei 10 Gegenstimmen.

Damit hatte der Kardinal-Premierminister sein Gesetz der Staatsräson gegenüber dem juristischen Recht durchgesetzt, doch die weiteren Umstände legen einen Charakter frei, der jenseits der politischen Ziele im Dienste des Staates in hohem Maße Zynismus und persönliche Rachsucht erkennen läßt. Als ihm der Spruch des Gerichts mitgeteilt wurde, erklärte er, seine Hände vorgeblich in

Unschuld waschend: «Ich wußte nicht, daß es ein Motiv gab, den Marschall zum Tode zu verurteilen.»[12] Als Louis de Marillac am 12. Mai erhobenen Hauptes das Schafott auf der Place de Grève in Paris betrat, mußte er noch auf seine Exekution warten, denn «Richelieu zog mit zweihundert Mann zu Pferde in Paris ein, mit schmetternden Trompeten, wie im Triumph und wie ein König».[13] Diesem königlichen Auftritt, den er seinem Opfer nicht ersparen wollte, korrespondierte in extremem Kontrast die Sturzflut von Beschimpfungen, die der allmächtige Minister noch nach Jahren in seinen «Mémoires» auf ihn niedergehen ließ. Danach wurde der Marschall «weniger von Entschlußkraft als von Eitelkeit» bestimmt, war in zahlreichen, im Detail aufgeführten Situationen «feige», bei seinen Soldaten «verachtet», von «geringem Mut», sogar von «natürlicher Feigheit», vielfältiger «Diebereien» überführt, von «extremem Geiz ...»[14] Die Nachgeborenen haben bis heute Richelieus politisches Werk bewundert, seine Zeitgenossen haben ihn jedoch nicht nur gefürchtet, sondern auch verachtet.

Verurteilung und Hinrichtung Marillacs waren gewiß auch ein von Richelieu gezielt eingesetztes Mittel, seine sich zum Krieg rüstenden Gegner in Brüssel mit Gaston d'Orléans an der Spitze aus der Reserve zu locken. Nicht zuletzt um den Tod ihres treuen Parteigängers zu rächen, drängte Maria von Medici ihren Sohn, nun unmittelbar mit seinen Truppen die Invasion Frankreichs zu unternehmen. So begab sich Monsieur nach Brüssel, wo die Spanier ihn reichlich mit Geld versorgten, und dann nach Trier, wo die von ihm angeworbenen Truppen auf ihn warteten – 5000 Reiter und 10 000 Fußsoldaten, schlecht ausgewählt, wenig kriegserfahren, nicht zuletzt «der Abschaum der spanischen Armee».[15] Seine Hoffnung, der Hochadel Frankreichs würde zahlreich zu ihm stoßen, erfüllte sich nicht – nur einer, der scheinbar kein Motiv für seinen Abfall vom König geltend machen konnte, ließ sich in die Rebellion ziehen – Henri II de Montmorency.

Der Herzog de Montmorency, Gouverneur des Languedoc, hatte sich noch in Lyon, als der König todkrank darniederlag, für den Kardinal-Premierminister ausgesprochen und ihm sogar Asyl in seinem Einflußgebiet angeboten. Sein Rang erhob ihn bis unmittelbar an die Grenze der Prinzen von Geblüt, sieben Jahrhunderte reichte sein Stammbaum in der Geschichte Frankreichs zurück, glorios hatten seine Vorfahren, mehrere als Konnetabel, an den militärischen Entscheidungen teilgenommen, in allen Provinzen Frankreichs besaß er ausgedehnte Ländereien, im Umfeld von Paris die Schlösser Ecouen und Chantilly, und im provenzalischen Pézenas hielt er fürstlich Hof, freigiebig und freigeistig gegenüber Künstlern und Schriftstellern, darunter der bis zur Libertinage kühne Hugenotte Théophile de Viau, dessen Gedichte ihn in Lebensgefahr brachten, ohne daß der Herzog ihm seinen Schutz entzog. Aber er war in seiner Ehre verletzt. Richelieu hatte ihm die Admiralität über das Mittelmeer entzogen, auch war ihm die Herrschaft über die Zitadelle von Montpellier verweigert worden, desgleichen vermochte er die Erhöhung zum Konnetabel nicht zu erreichen. Schließlich stachelte ihn seine ehrgeizige Gemahlin Marie-Felicie des Ursins, eine Verwandte Maria von Medicis, zur Verschwörung mit Gaston d'Orléans an. Eine letzte Warnung, die Loyalität gegenüber Ludwig XIII nicht zu verletzen, ließ Richelieu ihm zukommen – er ließ ihn wissen, über seine konspirativen Schritte wohl informiert zu sein. Doch der Herzog leugnete alles ab.

So konnte sich Gaston, auf dessen Wort bauend, bei seinem Einmarsch in Frankreich Richtung Languedoc bewegen, wo er einen mächtigen Verbündeten erwarten durfte. Mit dem gemeinsam wäre dann der Weg nach Süden offen, wo spanische Truppen sich ihnen anschließen könnten. Doch Gaston überschritt früher als geplant, da zum schnellen Einschreiten gedrängt, schon im Juni 1632 die französische Grenze, obgleich der Herzog de Montmorency ihn erst im August erwartete, um den gemeinsamen Aufstand vorzubereiten. Die Erwartung der Rebellen, das Volk werde sie als Befreier von dem Steuerdruck Richelieus begrüßen, erfüllte sich ebensowenig wie ihre Hoffnung auf den Zustrom ihrer adligen Standesgenossen. Sobald sich der Bruder des Königs mit seinen Truppen näherte, verließ die Landbevölkerung ihre Häuser und flüchtete in die befestigten Städte, und die zunächst zahlreichen geheimen Parteigänger der Königinmutter zogen sich, als ihnen der Schritt zum offenen Kampf gegen den König nahegelegt wurde, mit vagen Entschuldigungen auf ihre Landsitze zurück. Auch die Städte im Burgund, im Charollais oder im Bourbonnais schlossen ihre Tore, so daß Gaston d'Orléans durch ein verlassenes Land ziehen mußte, ohne nach langen Märschen auch nur in einer einzigen Stadt Quartier und Ruhe zu finden. Um die Moral seiner Truppen war es ebenfalls schlecht bestellt, wie er in seinen «Mémoires» bitter bilanzierte: «Die Deutschen, die Kroaten und Neapolitaner verursachten große Unordnung, und sehr häufig plünderten sie selbst das Gefolge von Monsieur, auf der Suche nach Sold. Die Ordnung war jedoch kaum besser unter den Franzosen.»[16]

Als die einsam durch das Land ziehende Armee im Languedoc angekommen war, stand der Herzog de Montmorency zu seinem Wort gegenüber Gaston d'Orléans, was ihn unmittelbar der Anklage der Majestätsbeleidigung durch Ludwig XIII aussetzte, der zwei Truppenkontingente gegen die vereinigte Armee der Aufständischen in Marsch setzte. Eines der beiden, geführt von Schomberg, nur 3000 Reiter und 1500 Musketiere stark, jedoch kriegserfahrene Mannschaften, wagte bei Castelnaudry die Konfrontation mit den 10 000 Soldaten der Rebellen. Deren Schlachtplan geriet in Unordnung, als der Graf de Moret, ohne Kriegserfahrung, aber nach Kriegsruhm dürstend, wild auf die Infanterie Schombergs losritt und alsbald den Tod fand.

Sein letzter Hilfeschrei forderte die Kriegsehre des Herzogs de Montmorency zur ungeordneten Attacke heraus: «Sein Zorn und seine Eifersucht (auf den mutigen Moret) ließen ihn vergessen, wer er sei, und das Wort (der Verpflichtung zum geordneten Schlachtplan), das er Monsieur gegeben hatte. Er durchbrach mehrere Abwehrgräben und stürzte sich voller Verzweiflung in die Königlichen, als ob er die Kraft besessen hätte, sie allein zu besiegen.»[17] Sein Pferd brach unter ihm zusammen, und er blutete aus «zehn oder zwölf Wunden, die nicht tödlich waren».[18] Hilflos an eine Böschung gelehnt, rief er nach seinen Leuten, und der gegnerische Offizier de Saint-Preuil besaß seinerseits in diesem spätmittelalterlichen Ritterkampf soviel Ehre als Edelmann, sich gegenüber dem Hilferuf taub zu stellen, um die Gefangennahme des Herzogs zu verhindern – in der Gewißheit, daß auf den gefangenen Herzog ein unwürdiger

Tod warten würde, dem auch Ludwig XIII und Richelieu einen Soldatentod auf dem Schlachtfeld vorgezogen hätten. Doch schließlich führte kein Weg daran vorbei, den fürstlichen Rebellen in Gewahrsam zu nehmen und der juristischen Gerechtigkeit ihren Lauf zu lassen. Mit der Gefangennahme des Herzogs verließen auch seine Gefolgsleute das Schlachtgetümmel, ein Desaster für die Truppen Gastons d'Orléans wurde unausweichlich, er selbst konnte sich mit wenigen Getreuen retten.

Dem Bruder des Königs blieb nur die Alternative, sich nach Spanien und in dessen Abhängigkeit zu flüchten oder mit seinem Bruder ein Einverständnis zu suchen. Nicht zuletzt auf Bitten der Gemahlin des Herzogs de Montmorency, die in ihm den wichtigsten Fürsprecher für das Leben ihres Mannes sah, entschloß er sich, in Frankreich zu bleiben. Die Verhandlungen, die beiderseits von Unterhändlern geführt wurden, ergaben den Vertrag von Béziers, in dem Gaston d'Orléans alle Forderungen nahezu wörtlich akzeptierte, die Richelieu für den königlichen Verhandlungsführer Bullion aufgelistet hatte: keinerlei Konspiration mit Spanien, Lothringen oder einer anderen ausländischen Macht, Wohnsitz nach der Wahl des Königs und Leben «als wahrer Bruder»[19] nur in Frankreich, Verzicht auf jede «Unterstützung jener, die sich diesmal mit ihm verbündet hatten»[20] – damit überließ er den Herzog de Montmorency seinem Schicksal –, Entlassung aller seiner Getreuen, die dem König nicht genehm sein könnten, Preisgabe aller geschlossenen Geheimverträge, gemeint war vor allem der zunehmend bekannt gewordene Ehevertrag mit Marguerite de Vaudémont.

Die Erfüllung dieser Punkte vorausgesetzt, stellte Richelieu in Aussicht: «Der König will mit gutem Willen den Fehler von Monsieur vergessen und verzeihen.»[21] Schließlich war das königliche Blut Gastons d'Orléans unantastbar, worauf jener stets rechnen konnte, und Ludwig XIII mußte damit rechnen, daß bei seiner fortdauernden Krankheit und Kinderlosigkeit die Krone an seinen Bruder fallen und nur dieser Garant der Bourbonendynastie sein würde. Doch der Kardinal-Premierminister erlaubte sich gegenüber diesem nächsten Thronanwärter eine ins Monströse gesteigerte Demütigung. Seinem Unterhändler ließ er auf der Liste der Forderungen

Hinrichtung des Herzogs de Montmorency. Kupferstich von Léonard Gaultier, 1632, Bibliothèque nationale, Paris

des Königs den letzten Punkt variabel, daß Gaston d'Orleáns «all jene lieben («aimer») soll, die seiner Majestät dienen, und insbesondere unseren Cousin den Kardinal de Richelieu, *den wir immer geschätzt haben wegen seiner Treue gegenüber der Person und den Interessen des Königs wie des Staats».*[22] Sollte sich der Bruder des Königs allerdings nicht zu diesem Kniefall vor dem Kardinal bereit finden, so hatte dieser an dem Rand vermerkt, könne auf die kursiv geschriebene Passage verzichtet werden. Doch Gaston unterschrieb die Preisgabe seiner Ehre ebenso wie den Verrat seines Verbündeten.

Der Herzog de Montmorency, von seinen Wunden kaum genesen, war jedoch vor dem Schafott nicht zu retten. Diesmal mußte Richelieu keine Rechtsbeugung bemühen, denn mit der Waffe in der Hand war der Angeklagte gegen den König vorgegangen. Auch mußte sich Richelieu nicht an das Freundschaftsversprechen gebunden fühlen, das er einst dem Herzog gegeben hatte: «Ich beschwöre Sie zu glauben, daß meine Zuneigung, die ich Ihnen entgegenbringe, gegenwärtig von der Art ist und stets sein wird, daß es unmöglich ist, daß die Zeit daran eine Änderung herbeiführen kann – von meiner Seite, denn sie ist begründet in den guten Eigenschaften, die ich in Ihnen erkannt habe, die mich hoffen lassen, daß sie Ihnen immer in derselben Weise erhalten bleiben.»[23] Selbst diese Ergebenheitsadresse ließ dem Kardinal-Premierminister am Schluß eine Hintertür offen – seine Meisterschaft des Ambivalenten erwies sich ein weiteres Mal als nützlich.

Ludwig XIII wurde von den Bittstellern bestürmt, die um Gnade für den hochrangigen und hochgeachteten Herzog baten. Dem Marschall de Châtillon, der ihn auf den Schmerz so vieler Menschen im Languedoc hinwies, entgegnete er im Bewußtsein der Gesetze seines anderen Ranges: «Ich wäre nicht König, wenn ich die Gefühle der Privatleute hätte.»[24] Aber auch nach dem für alle geltenden Recht hatte der Herzog sein Leben verwirkt: «*Es gibt keine Gnade; es ist notwendig, daß er stirbt.* Man sollte nicht darüber erzürnt sein, einen Mann sterben zu sehen, der den Tod so verdient hat. Man sollte nur beklagen, daß er durch eigenen Fehler in ein so großes Unglück geraten ist.»[25] Offenbleiben muß die hypothetische Frage, ob Richelieu von der Vollstreckung des Todesurteils Abstand genommen hätte, wenn der Plan Maria von Medicis gelungen wäre, seine Nichte nach Flandern zu entführen und als Geisel zu nutzen, um das Leben Montmorencys zu retten und den Kardinal-Premierminister «zur Vernunft»[26] zu bringen – der Plan der Entführung wurde verraten.

Henri II de Montmorency beschämte den König durch den Stil, in dem er zu sterben verstand. Dem Kardinal-Premierminister vermachte er das Mobiliar eines Salons, das er einst die Unhöflichkeit besessen hatte, diesem auf seine Bitte abzuschlagen – es enthielt Leonardo da Vincis «Tod des heiligen Sebastian» und Michelangelos «Sklaven». Sein Gewissen erleichterte er auch dadurch, daß er dem König das Geheimnis der Hochzeit von dessen Bruder verriet. Das Urteil, das die Richter nur weinend verlesen hatten, wurde am 30. Oktober im Hof des Rathauses von Toulouse vollstreckt. Die Schande, inmitten einer großen Menschenmenge hingerichtet zu werden, sollte ihm erspart werden. Den Henker, dem er in altrömischer Haltung entgegentrat, beauftragte er: «Schlagen Sie kühn zu!»[27]

Ludwig XIII hatte, ohne seinem Bruder die Gunst der öffentlichen Versöhnung zu gewähren, bereits die Rückreise nach Paris angetreten, und Gaston d'Orléans war auf dem Weg nach Tours, seinem neuen offiziellen Wohnsitz, den er aber alsbald verließ, um nach Flandern zu fliehen – unter brüsker Verletzung des gerade erst geschlossenen Versöhnungsvertrages von Béziers. Richelieu aber hatte mit dem Tod Montmorencys die Macht des alten Feudaladels endgültig gebrochen und Frankreich auf dem Weg zum modernen Zentralstaat einen großen Schritt vorangebracht. Sein politischer Rivale in Madrid, der Staatsminister Olivares, hat das historische Gewicht des Geschehens richtig eingeschätzt: «Es ist die kühnste Tat, die ein Minister je gewagt hat, und wenn der Kardinal nicht eine private Fehde mit ihm (Montmorency) auszutragen hatte, kann ihn der König niemals genug für eine solche Tat belohnen.»[28] Ludwig XIII ließ es auch nicht an Anstrengung fehlen, seiner Dankbarkeit Ausdruck zu geben – bis zum beispiellosen Reichtum Richelieus.

12. Glanzvoller als der Hof des Königs

Sein Ziel wurde lebenslang nicht in Zweifel gezogen: «Daß der Wille Gottes geschehe! Ich werde alles akzeptieren zum Wohl der Kirche und zum Ruhm unseres Namens.»[1] So schrieb der siebzehnjährige Richelieu, als er den Degen des Edelmanns gegen den Krummstab des Bischofs tauschte, damit seiner Familie das Bistum von Luçon nicht verlorenging. Es war nicht nur sein Name, den er im Ruhm erstrahlt sehen wollte, sondern auch der seiner Familie bis in die Nebenlinien – auf sie als Reflektoren seines Ruhms war er um so mehr angewiesen, als das Gelübde des Geistlichen ihm verbot, mit eigenen Kindern dem Glanz seines Geschlechts direkte Fortwirkung bis in zukünftige Generationen zu verschaffen. Diese Begrenzung aber bewirkte eine nahezu grenzenlose Verpflichtung gegenüber seiner Familie: «Die Größe seines Hauses ist seine größte Besessenheit («la folie») gewesen.»[2] Das Urteil des Zeitgenossen Tallemant des Réaux verweist darauf, daß selbst in einer Epoche, in welcher der soziale Status und dessen Steigerung stets im Geflecht der eigenen Familie erfolgte, Richelieu diese Pflichten der Blutsverwandtschaft ins Extrem trieb.

Trotz der sechs Kinder – drei Söhne und drei Töchter –, mit denen François du Plessis de Richelieu und Suzanne de La Porte ihrem Geschlecht eine scheinbar breite Fortexistenz gesichert hatten, geriet die direkte männliche Erbfolge früh in Gefahr und fand ein abruptes Ende. Der älteste Sohn Henri, verheiratet mit Marguerite Guiot, starb 1620 nach der Eroberung von Pont-de-Cé im Duell – nur dreißig Jahre alt, kinderlos. Der spätere Kardinal hat nicht nur den Verlust des Bruders beklagt, sondern auch das Erlöschen der direkten Linie seines Geschlechts. Denn bereits zu diesem Zeitpunkt war klar, daß weder sein Bruder Alphonse noch er selbst als Geistliche für die unmittelbare Erbfolge in Frage kamen. Alphonse war mit seinem Rückzug zu den Kartäusern in eine tiefe, gelebte Gläubigkeit gelangt, und Richelieu selbst hat niemals auch nur mit dem Gedanken gespielt, das Gewand des hohen Kirchenfürsten auszuziehen und als Weltmann auf der politischen Bühne zu erscheinen, obgleich in jener Zeit und in seinem Umfeld ein solcher Wechsel nicht selten war.

So blieb nur die direkte weibliche Linie als Garant für die Fortdauer seines Geschlechts, abgesehen von den Nebenlinien, die sich in der Generation seines Vaters abgezweigt hatten. Isabelle, die mit dem Arzt Louis Pidoux ins Exil geflüchtet war, vollzog damit selbst den Ausschluß aus der Familie – zumindest aus Sicht der übrigen Familienmitglieder. Die Schwester Françoise heiratete in erster Ehe Jean de Beauvau und in zweiter René de Vignerot de Pont de Courlay, zu dem Richelieu in so guter Beziehung stand, daß dieser Schwager ihn mit Henri sogar ins Exil von Avignon begleitete – begleiten mußte. Aus dieser Ehe gingen zwei Kinder hervor – François und Marie-Madeleine –, die vom Kardinal mit Vergünstigungen überschüttet wurden. François de Vignerot stieg zum Gouverneur von Le Havre auf und wurde 1635 sogar zum Kommandanten der königlichen Galeeren ernannt. Doch trotz seines Einkommens von 60 000 Livres häufte er Schulden in Höhe von 400 000 Livres an, deren Hälfte der Onkel beglich, nicht ohne lange nachwirkenden Groll, so daß er im Testament nicht bedacht wurde. Statt an ihn fiel der größte Teil von Richelieus immensem Vermögen sowie der Titel des Herzogs an dessen ältesten Sohn – an Armand du Plessis de Richelieu.

Marie-Madeleine war im Gegensatz zu ihrem Bruder von großer Sanftmut und diskreter Zurückhaltung, außer wenn es um den von ihr grenzenlos verehrten Onkel ging, den Kardinal. Sie fügte sich auch 1620 widerspruchslos, als ihre Ehe mit Antoine du Roure de Combalet beschlossen wurde, einem Verwandten von Luynes, mit dem Richelieu einen politisch-persönlichen Ausgleich anstrebte. Maria von Medici, seinerzeit großzügige Förderin der Familie Richelieus, hatte eine Mitgift von 600 000 Livres beigesteuert, abgesehen von zusätzlichen Diamanten. Der Herr de Combalet zeigte sich den Wünschen seiner Gemahlin schon nach wenigen Monaten gefällig, indem er in den Kämpfen gegen die Hugenotten fiel. Sie war danach entschlossen, ins Kloster der Karmeliterinnen einzutreten, hatte auch schon die ersten Gelübde abgelegt, als Richelieu mit Hilfe ihm ergebener Theologen deren Ungültigkeit nachwies und selbst beim Papst um ein Breve nachsuchte, um seiner Nichte den Eintritt ins Kloster zu verwehren. Sie war danach eine umworbene Partie, unter ihren Prätendenten figurierten der Graf de Béthune, Sohn des Konnetabel Lesdiguières, und vielleicht auch Gaston d'Orléans, aber sie wies alle zurück, um in der Nähe ihres Onkels zu bleiben, der sie 1638 zur Herzogin d'Aiguillon aufsteigen ließ. Die Zeitgenossen hielten sie für die Geliebte des Kardinals.

Seine jüngste Schwester Nicole, die in erhöhtem Ausmaß mit jenen bizarren Obsessionen der Familie belastet war, die extremen Ehrgeiz bis an die Grenze des Wahnsinns verursachen konnten, hielt ihren Körper für einen Kristall, so zerbrechlich, daß schon das Niedersetzen auf einen Stuhl sie in Stücke zersplittern lassen könnte. Dem Marschall Brézé gebar sie dennoch drei Kinder, zwei früh und kinderlos sterbende Söhne und eine Tochter – Claire-Clémence. Sie war ein häßliches, verstörtes Kind von dreizehn Jahren, als der Herzog de Condé, der erste Prinz von Geblüt, ein feiger und brutaler Militär, für seinen Sohn um ihre Hand anhielt. Damit bei Richelieu vorstellig zu werden, kam einer grenzenlosen, doch selbstgewählten Demütigung gleich. Aber der Prinz sah sich persönlich gefährdet, als sein Schwager, der Herzog de Montmorency, in Toulouse das Schafott besteigen mußte – denn es fiel ein Schatten des Verdachts, an der Konspiration beteiligt gewesen zu sein, auch auf ihn.

Richelieu, dem es Genugtuung bereitete, einen engen Verwandten des Königs so erniedrigt zu sehen, wagte jedoch nicht, den Herrscher um die Zustimmung zu einer solchen Mesalliance zu ersuchen. So lehnte er zunächst ab, aber 1640 wurde das Heiratsprojekt reaktiviert, obgleich der junge Condé, der wenig später in der Schlacht von Rocroi einen der großen Siege in der Geschichte des Landes erringen sollte, sich heftig wehrte – nicht nur weil er in die schöne Marthe de Vigeau verliebt war. Die Situation des Bräutigams wider Willen brachte sein Mentor Pierre Lenet zum Ausdruck: «Sein großes Herz konnte sich in diese Abmachung nicht einlassen, und es gab nichts, das ihm nicht durch den Kopf ging, um diese Verbindung zu vermeiden, von der er annahm, daß daran seine ganze

Freude, sein Glück, ja seine Reputation scheitern würden ... Wenn er außerdem in Betracht zog, daß die ihm zugedachte Frau die Nichte eines Favoriten war, glaubte er, sie nicht heiraten zu können, ohne eine Art von Erniedrigung zu begehen, und dieser Gedanke brachte ihn zur Verzweiflung.»[3]

Dennoch hatte er sich dieser Vernunftehe zu fügen, zu der ihn sein Vater mit rüden Mitteln zwang. Dieser hatte nicht nur die politische Absicherung seiner Person und Position im Sinn, sondern dachte auch an das gewaltige Vermögen des Kardinals, sowohl hinsichtlich der Mitgift für seine Nichte wie im Erbfall des mächtigen «Favoriten» – der Makel des Günstlings blieb Richelieu im Umfeld des Hochadels erhalten. Doch der junge Condé zeigte sich weiterhin störrisch, so daß der Kardinal-Premierminister seinen Vertrauten Chavigny zum Ehekandidaten in Marsch setzen mußte, der nach dessen Besuch zerknirscht und unterwürfig an seinen Vater schrieb: «Ich antwortete ihm, ... daß ich diese Ehe für eine Ehre und Gunst hielte, daß es die Sache der ganzen Welt sei, die Sie und ich am meisten wünschten ... und daß ich keineswegs niedergeschlagen, sondern vergnügter als je zuvor wäre.»[4] Als der Ehevertrag endlich zustande kam, gelang es dem wegen seiner Sparsamkeit gefürchteten Kardinal, der diese Eigenschaft bis zum Geiz zu steigern verstand, wenn es nicht um seinen eigenen Luxus ging, die geforderte Mitgift von 300 000 Livres um die Hälfte zu drücken und im Gegenzug eine Jahrespension von 80 000 Livres bei den Condés durchzusetzen. Außerdem erlaubte er sich die posthume Pointe, in seinem Testament seine Nichte Claire-Clémence nicht mit einem einzigen Sou zu bedenken.

In seinem weiteren familiären Umfeld, das von dem ihn in jungen Jahren fördernden Onkel Amador, den er zum Grand Prieur des Malteser-Ordens machte, bis zu Charles de La Meilleraye reichte, einem Cousin zweiten Grades, der mit seiner Unterstützung Marschall von Frankreich, zudem ein tüchtiger, wurde, fügten sich alle der Autorität des Clanführers Richelieu – auch die zahlreichen Nichten zweiten oder dritten Grades. Nicht ganz gefügig war einzig sein zwei Jahre älterer Bruder Alphonse, der zeitweise Richelieu sogar herausforderte, im Zweifelsfall aber die familiäre Solidarität nicht in Zweifel zog. 1602 hatte er sich, obgleich bereits auf das Amt des Bischofs von Luçon vorbereitet, aus ernster Religiosität in die Stille eines Kartäuserklosters zurückgezogen, was seinen jüngeren Bruder gezwungen hatte, statt seiner ein Mann der Kirche zu werden. Aber Richelieu verstand es zwanzig Jahre später, ihn wenigstens partiell in die Welt zurückzuführen.

Alphonse de Richelieu wurde zum Erzbischof von Aix-en-Provence ernannt, wenig später zum Erzbischof von Lyon und auch zum Kardinal, welche Ämter er mit religiösem Ernst und sozialer Gewissenhaftigkeit ausübte. 1630, als Ludwig XIII in Lyon schwer erkrankte, war es Alphonse de Richelieu als höchster Geistlicher dieser Stadt, der dem vorübergehend der Agonie verfallenen Herrscher zweimal die Kommunion darreichte. Die gemeinsamen innigen Gebete und die demütige Anrufung der Jungfrau Maria, die der Kardinal von Lyon am Bett des frommen Herrschers zelebrierte, verbanden fortan die beiden Männer in einer gegenseitigen Hochachtung und auch in gemeinsamen, diskret verdeckten Vorbehalten gegen Richelieu, litten sie doch gleichermaßen unter seiner Dominanz. So ernannte Ludwig XIII Alphonse de Richelieu 1632 zum Grand-Aumônier – gegen den Willen des Kardinal-Premierministers und ohne ihn vorher zu informieren. Mit Ämtern und Ehren wurde Alphonse überschüttet, die dieser, bescheiden und zurückhaltend, zum Wohl von Lyon einsetzte. Dort zog er auch nicht wie sein jüngerer Bruder mit großem Gefolge ein, sondern «sein Wunsch war, nicht mit Pomp und Eklat dort einzutreten, sondern lieber in die Herzen der Lyoner und mit wenig Geräusch».[5] Das erregte und sollte erregen den Zorn des Kardinal-Premierministers, war es doch eine kaum verhohlene Kritik an dessen von maßloser Opulenz bestimmten Auftritten.

Beider Lebenswege berührten sich jedoch häufig, wenn es um die Kirchenpolitik Frankreichs oder die Politik Frankreichs gegenüber der Kirche ging. 1634 wurde nicht nur der Père Joseph, sondern auch Alphonse nach Loudon geschickt und nahm in dem dortigen Konflikt der angeblichen Teufelsaustreibungen eine kirchenkritische Haltung ein, die von der seines Bruders abwich, der dort vor allem nach den Regeln der Staatsräson und der Kirchenkonformität

Palais-Cardinal, heute Palais Royal

vorzugehen entschlossen war. Als Ludwig XIII 1635 nach Ausbruch des Krieges gegen Spanien Alphonse de Richelieu zum außerordentlichen Botschafter Frankreichs in Rom ernannte, nicht zuletzt um dort die Ehe Gastons d'Orléans annullieren zu lassen, äußerte der jüngere Bruder Zweifel an dessen diplomatischen Fähigkeiten, was Ludwig XIII zu der Intrige verleitete, diese Bedenken dem Erzbischof von Lyon zur Kenntnis zu bringen – er zeigte sich beleidigt gegenüber Richelieu und auch ablehnend gegenüber den Methoden des Père Joseph, der seinerseits in dem Bruder des von ihm bewunderten Kardinal-Premierministers einen wunderlichen Individualisten sah, was insofern seine begrenzte Richtigkeit hatte, als jener sich in Abständen für Gottvater hielt.

Noch einmal, als 1638 die Pest in Lyon ausbrach, entzweiten sich die Brüder, denn Alphonse verließ entgegen dem Rat Armands nicht die Stadt, sondern lebte gefährdet inmitten der Herde seiner Gläubigen, die er ohne Rücksicht auf die Kosten mit allem zum Leben und Überleben Notwendigen versorgte, was ihm die Verehrung der Bevölkerung einbrachte, aber auch Streit mit seinem Bruder bis an den Rand des Bruchs. Doch am Ende, als dieser von der Konspiration Cinq-Mars in seiner Position erschüttert zu werden drohte, hielt er ihm die Treue und schrieb: «Der König hätte wenig Sorge um seine eigenen Interessen aufgebracht, wenn er von seiner Seite eine Person entfernt hätte, die Frankreich und das Ausland als für ihn notwendig hielten.»[6] Beider Annäherung ging so weit, daß, wie es zumindest die Zeitgenossen vermuteten, Alphonse de Richelieu den Beichtvater für die Verschwörer Cinq-Mars und Thou danach ausgesucht habe, daß dieser, während er ihnen die Beichte auf dem Schafott abnahm, jene Geheimnisse erfuhr, die der Erzbischof von Lyon dem Kardinal-Premierminister in brüderlicher Solidarität weitergeben konnte.

Den eigenen Aufstieg im Aufstieg der eigenen Familie gespiegelt zu sehen, war der eine Weg zum Ruhm, den die Geschichte gewähren konnte, der andere war, Macht und Reichtum in Gebäuden sichtbar werden zu lassen, die von der Herkunft der Familie und ihrem beispiellosen Aufstieg künden sollten. In dieser Tradition sah sich Richelieu und hat nicht gezögert, bei seiner späten Ankunft an der Spitze des Staates sofort auch für architektonische Aura zu sorgen, wie er es beim Bau des Palais de Luxembourg von Maria von Medici gelernt hatte. Von ihr war ihm schon als Geste ihrer Gunst das Petit Luxembourg geschenkt worden, aber bereits 1624 kaufte er das Hôtel de Rambouillet in der Rue de Saint-Honoré – direkt gegenüber dem Louvre gelegen. In den nächsten Jahren erwarb er, trotz hoher Preise, weitere angrenzende Grundstücke und Gebäude und beauftragte den von ihm bevorzugten Architekten Nicolas Lemercier mit einem Neubau.

Als er 1633 seine Machtposition ausreichend gefestigt hatte, begannen die Bauarbeiten, für die eine Grundfläche von fast 18 000 Quadratmetern zur Verfügung stand. Nach sechs Jahren konnte er das Gebäude beziehen, das in H-Form zwei Höfe bildete und dessen Gärten sich weit nach Norden erstreckten. Es wies eine Gemäldegalerie mit den Porträts berühmter Männer auf, für die er die Maler Simon Vouet und Philippe de Champaigne verpflichtete – dieser malte ihn in verschiedenen Varianten, doch stets in majestätischer Pose, die noch heute sein Bild bestimmt, obgleich dabei die reale Person Richelieu kaum sichtbar wird. Hinzu kamen eine Bibliothek für seine umfangreiche Büchersammlung und ein Theater mit einem ungewöhnlich großen Zuschauerraum für 3000 Personen, das im Januar 1641 mit der Tragikomödie «Miramar» eingeweiht wurde – ein Stück, über dessen Anteil Richelieus als Autor und über den des kooperierenden Desmarets de Saint-Sorlin bis heute gestritten werden darf. Auffällig zu dieser raumgreifenden, der Repräsentation dienenden Szenerie kontrastierten seine bescheidenen Privatgemächer – ein einfaches Zimmer, ein angrenzendes Kabinett, zwei Garderobenräume.

Natürlich zierte sein Wappen mit dem dreifachen Winkelmaß und dem Kardinalshut das Portal des zweistöckigen Gebäudes, auch las man zusätzlich die Inschrift «Palais Cardinal». Er war so klug, den prachtvollen Bau nicht ebenfalls einem seiner Familienmitglieder zu vermachen, sondern bereits lange vor seiner Fertigstellung dem König per Donation zu übereignen – nach seinem Tod zog dort Anna von Österreich mit dem minderjährigen Ludwig XIV ein. Erst 1763 wurde der Bau abgerissen. Der Neubau, den Louis Philippe d'Orleáns errichten ließ, um dort als Geschäftsmann mit zahlreichen Basaren und Bordellen seine Schulden zu tilgen, wurde mit seinen libertären Freiheiten zu einer Keimzelle der Französischen Revolution. Doch der alte Name «Palais-Royal», den Anna von Österreich dem Gebäude nach dem Tod Richelieus gegeben hatte, hat sich bis heute erhalten.

Der Aufenthalt in Paris mit seinem Lärm und schlechten Gerüchen beeinträchtigte jedoch seine fragile Gesundheit zusätzlich, so daß er seinen Landsitz in Rueil vorzog, der zudem nahe der Residenz des Königs in Saint-Germain-en-Laye und auch dessen Jagdschloß Versailles lag. Es war weniger das Schloß, dessen Um- und Erweiterungsbauten bis zu seinem Tod nicht beendet waren, in das er sich seit 1635 zurückziehen konnte, als vielmehr der Park von 57 Hektar, die er von André Le Nôtre, dem Vater des berühmten Gartenarchitekten, gestalten ließ. Zu den Baumgruppen, deren Schatten er suchte – ihm ist die Einführung des großen indischen

Kastanienbaums zu verdanken –, kamen Grotten und ein ausgeklügeltes Bewässerungssystem, das Fontänen springen ließ – die Kosten von 60 000 Livres dafür scheute er nicht. Auch fehlte in seiner Parklandschaft von Rueil, die heute teilweise von Sozialbauten überwuchert ist, nicht eine Orangerie, in der er Trauben einer Rebe aus Frontignan ziehen ließ. Der daraus gekelterte Wein, der übrigens von erstaunlicher Qualität gewesen sein soll, wurde seinen Gästen angeboten, aber er hielt es auch mit seiner Würde für durchaus vereinbar, ihn gelegentlich zu verkaufen.

Unter den Residenzen des Kardinal-Premierministers – es waren insgesamt sechs, darunter die von Limours und Bois-le-Vicomte – war die dritte ihm die wichtigste, obgleich er sich in ihr nicht einen einzigen Tag aufgehalten hat, noch sie je zu Gesicht bekam, wie er es auch nicht anders wünschte. Es ging um das Schloß Richelieu in all seiner Dürftigkeit, die in den größten Glanz zu verwandeln er als höchste Verpflichtung gegenüber seiner Familie betrachtete. Ähnlich wie Ludwig XIV ein halbes Jahrhundert später das einfache Jagdschloß seines Vaters zur Keimzelle der weiten Schloßanlage von Versailles machte, so hat Richelieu das Haus seiner Väter in einem majestätischen Neubau erhalten, gleichsam als gelte es, das eigene Geschlecht in der Tiefe seiner historischen Fundamente zu achten und damit zugleich die Achtung der Zeitgenossen zu erzwingen. Sie waren übrigens der Auffassung, daß der mächtige Minister dort vor allem den Raum seiner Geburt zum Ort der Verehrung machen wollte, denn ihnen wie den Nachgeborenen war lange verborgen geblieben, daß Richelieu in Paris geboren wurde – darüber hat er stets zugunsten des Schlosses seiner Väter konsequent geschwiegen.

Der Schloßbau, für den er wieder den Architekten Lemercier verpflichtete, wuchs in Pracht und Größe zu einem Bauwerk empor, das bisher kein Untertan des Königs zu errichten vermocht oder auch gewagt hatte. In strenger Abfolge reihten sich von Westen nach Osten die Höfe aneinander – in Form eines Halbmonds der Niedere Hof von 144 Meter Tiefe, auf den nach einer Balustrade der Vorhof von 124 Meter Tiefe folgte, flankiert von Gebäuden für Dienerschaft und Stallungen, und schließlich nach einem überbrückten Wassergraben der zentrale Hof, 112 Meter im Quadrat. Damit war der Eingang zum Schloß erreicht, ein gewaltiges Tor, überwölbt von einer Kuppel, auf der die Bronzestatue der allegorischen Göttin der Berühmtheit (Renommee – eine Frau, geflügelt, eine Trompete blasend) des Bildhauers Guillaume Berthelot sich erhob. Am Eingang begrüßte den Besucher eine Marmorstatue Ludwigs XIII, ebenfalls von Berthelot, allerdings darüber das Wappen derer von Richelieu. Selbst auf der Rückseite des Schlosses öffnete sich ein weiterer Hof, 70 mal 60 Meter, an drei Seiten mit Fassaden, in die antike Statuen eingefügt waren, die vier Ecken wiesen jeweils einen Pavillon auf.

Im Erdgeschoß des weitläufigen Baus fanden sich Räumlichkeiten für diverse Dienste zur Bewirtschaftung und am Ende des linken Flügels die Kapelle. Im ersten Stock lagen die Prunkgemächer, zur Rechten das Appartement des Königs, zur Linken das des Kardinals, es war in den alten Bau der Seigneurie Richelieu integriert. Natürlich fand sich auch ein luxuriöses Appartement für die Königin. In den Nischen der Außenwände standen nicht weniger als 94 Statuen und Büsten. Durch den sich anschließenden Park in Form eines Sechsecks zogen sich Wasseradern, aber auch Promenadenwege, ausreichend breit für Karossen. Das markanteste Merkmal der grandiosen Anlage war das sich wiederholende Doppelmotiv – symmetrisch lagen sich die Gemächer von König und Kardinal gegenüber, in der Galerie hingen ihrer beider Porträts vis-à-vis, und die Göttin der Berühmtheit auf der Kuppel blies den Ruhm beider in zwei Trompeten in den Himmel. Der Minister stellte sich seinem König auf gleicher Ebene gegenüber – eine kühne Ranganmaßung.

Aber unabhängig von der anmaßenden Großartigkeit des Schlosses, von dem heute nur wenige Nebengebäude erhalten sind, war Richelieu von der Obsession besessen, dort auch als Begründer einer eigenen Stadt für seinen Ruhm und den seines Geschlechts zu sorgen. Bereits 1627, nachdem er das überschuldete Schloß seiner Familie in einer Zwangsversteigerung für 70 000 Livres günstig erworben hatte, kaufte er ständig angrenzende Ländereien hinzu, und parallel zum Bau des Schlosses begannen schon 1632 die Arbeiten an der neuen Stadt «Richelieu», verlangte doch der Titel eines Herzogs nach angemessenem Landbesitz. Auch dieses Projekt war groß dimensioniert. Das Flüßchen Mable wurde so umgeleitet, daß sein Wasser den Schloßgraben füllte, aber auch in einem Kanal um die Stadtmauer gezogen wurde, die ein strenges Rechteck bildete, 700 × 500 Meter. Der König hatte die Gründung des Marktfleckens gestattet, damit der Ort «in aller Zukunft seinen (Richelieus) Namen verewige – zum Gedächtnis seiner großmütigen und klugen Taten sowie der Treue seiner Dienste».[7]

Nicht nur die Grundfläche der Gebäude war einheitlich festgelegt, sondern auch deren Höhe, die Breite ihrer Türen und die Lage der Treppen im Innern – die historische Logik wollte es, daß René Descartes um dieselbe Zeit seinen «Discours de la méthode» veröffentlichte, das Reglement für ein Denken, das Mensch, Natur und Gott der Ratio unterwirft. Das Städtchen, wie es richtiger zu bezeichnen ist, wies nicht nur zwei Märkte auf, sondern erhielt auch das Marktrecht für vier Messen im Jahr. Die genormten Häuser kosteten jedes 10 000 Livres, denn Richelieu hatte den einzigen, von ihm bestellten Bauunternehmer zu diesem Festpreis verpflichtet, und verpflichtet waren auch alle seine «Kreaturen», sich dort anzusiedeln, ohne dort je wohnen zu müssen. Damit war die Gefahr einer Geisterstadt gegeben, die ihr Gründer dadurch zu leugnen suchte, daß dort eine königliche Akademie ins Leben gerufen wurde, einschließlich eigener Druckerei, um den Kindern der Umgebung eine höhere Bildung zuteil werden zu lassen. Für dieses volkspädagogische Programm bestellte er den späteren Heiligen Vincent de Paul, der in dem Ort ein wichtiges Aktionsfeld seiner Missionsarbeit sah.

Über den Umstand, daß Richelieu bis zu seinem Tod niemals dort war, schreibt sein erster Biograph Aubery: «Was würdig zu bemerken erscheint, ist, daß er niemals daran gedacht hat, es (Schloß und Stadt Richelieu) zu sehen, und als er eines Tages lebhaft aufgefordert wurde, dorthin zu gehen und soviel Neugier zu haben wie die Ausländer, die die Leidenschaft, dieses Wunder zu sehen, sogar ihr Land verlassen ließ, entschuldigte er sich und sagte, daß selbst wenn es nur zehn Meilen bis Richelieu seien und die Geschäfte des Königs ihn nicht anderswo hinriefen, er nicht die geringste Versuchung gespürt hätte, dorthin zu gehen.»[8] 1663 hat La Fontaine über das Schloß geurteilt, daß es «von einer Schönheit, einer Pracht und

Großartigkeit war, würdig dessen, der es erbauen ließ».[9] Aber über das Städtchen, das er verlassen vorfand, hat er gespottet, daß Richelieu, «der alles vermochte»,[10] nicht auf die Idee gekommen sei, dorthin die Loire umzuleiten. Heute ist der Flecken in die sanfte Ruhe eines Dörfchens im tiefen Poitou versunken.

Zunächst war es Schutz, den sie dem Kardinal-Premierminister garantieren sollten, dann war es die Aura der Macht, fast der Souveränität, die sie ihm verschafften – die Garden. Ein großer Herr mochte Hunderte von Dienern haben, Garden waren allein dem König vorbehalten, doch Ludwig XIII diente sie Richelieu geradezu an. Nach der Chalais-Affäre verfügte er für seinen Ersten Minister, dessen Leben ihm für den Erfolg der gemeinsamen Politik die erste und letzte Voraussetzung war, eine Garde von hundert Reitern, kommandiert von einem Hauptmann und einem Leutnant. 1632 kamen zweihundert Musketiere zu Fuß hinzu, ebenfalls mit Offizieren, und schließlich folgten noch eine Kompanie Gendarmen und eine weitere der leichten Reiterei mit allein hundertzwanzig Mann. Es war zudem der Ehrgeiz Richelieus, die besten Offiziere aus dem Dienst des Königs in den seinen zu ziehen – bis zur Verpflichtung auf seine Person, denn «er wollte, daß seine Offiziere ihn als ihren Souverän betrachteten».[11] Niemals bewegte sich der Kardinal-Premierminister von einem Ort zum anderen, ohne daß ihn nicht mindestens hundert Mann seiner Garden und zahlreiche ihm ergebene Adlige begleiteten.

Damit hatte er allein schon durch die personenreiche Entourage den eher begrenzten Glanz übertroffen, den der in seinen persönlichen Ansprüchen bescheidene und in der Gestaltung seines Haushalts ungeordnete Ludwig XIII um sich verbreitete. Wie vor Richelieus Palais seine Garden in roter Uniform mit weißen Tressen, das große weiße Kreuz auf der Brust, für Ordnung sorgten, so war auch im Innern und besonders bei Tisch alles bis ins einzelne geregelt, denn, so erklärte der Hausherr, «wer sein Haus nicht in Ordnung bringen kann oder will, ist auch nicht fähig, einem Staat eine große Ordnung zu verschaffen».[12] Entsprechend war auch die Tischordnung – Richelieu offerierte seinen Anhängern, Vertrauten und Bediensteten eine reiche Tafel, strikt festgelegt: ein Tisch mit vierzehn

Gedecken für die Höchstrangigen wie den Kardinal La Valette, die Marschälle Brézé und Meilleraye oder auch Mazarin, ein zweiter mit dreißig Gedecken für Edelleute, ein dritter für die Mitglieder seines Hauses und ein vierter für die Bediensteten. Zur Ordnung gehörte äußerste Sauberkeit, die er, vergeblich, auch dem König anriet, denn «seine besondere Sorge war, daß abends und morgens die Orte, wo man speiste, unmittelbar gesäubert werden, sobald die Tafel aufgehoben worden war».[13]

Die Ausgaben des Kardinal-Premierministers für das Jahr 1639, soweit es seinen Haushalt betraf, beliefen sich auf insgesamt rund 500 000 Livres. Davon verschlang sein «ordentlicher» Haushalt exakt 370 326 Livres, wie der Historiker Maximilien Deloche ermittelt hat. Im Monat März waren es 15 402 Livres für beide Stallungen – la grande und la petite écurie –, und allein in der kleinen Stallung standen nicht weniger als 72 Reitpferde, 16 Kutschpferde und 16 Maulesel, betreut von 13 Pagen, 10 Dienern, 33 Kutschern, Postillons und Stallburschen. Für die 197 Gardesoldaten, 100 Musketiere und 38 Rekruten betrugen die Aufwendungen 8380 Livres. Zu den «ordentlichen» Kosten kamen die «verschiedenen», darunter Almosen, Pensionen, Arztkosten, Möbel, Kleidung für die Domestiken – insgesamt 124 149 Livres. Diese Ausgaben stellten jedoch nur etwa die Hälfte der Aufwendungen Richelieus dar, der eine ähnliche Summe noch einmal für Erwerb, Bau und Unterhalt seiner Residenzen aufwendete.

Die hohen Ausgaben von circa 1 Million Livres *per annum* waren nur möglich, wenn ihnen entsprechende Einnahmen gegenüberstanden, was nicht nur der Fall war – die Einnahmen lagen sogar erheblich höher, ohne daß die diversen, teilweise dunklen Quellen des Reichtums schon damals erkennbar waren. Voraussetzung aber war, daß Richelieu sich bis ins Detail um seine Verträge des Landerwerbs oder die Renditen seiner zahlreichen Ämter kümmerte. Seine Beziehung zum Geld war ungetrübt, obgleich er sich für seine persönlichen Bedürfnisse eher zurückhaltend zeigte. Tallemant des Réaux hat auch die psychologische Komponente freigelegt: «Es ist nicht so, daß er nicht große Ausgaben hatte, aber er liebte den Reichtum.»[14] Wahrscheinlich war seine Gier nach Geld deshalb so groß, weil der

Weg zu diesem Reichtum lang und dornig gewesen war. Noch 1624 mußte das Erbe seines Bruders Henri gerettet und die Überschuldung des Familienschlosses vor Gericht vermieden werden – alle Dokumente, die die finanziell miserable Ausgangslage seines Geschlechts offenbart hätten, ließ er später in den gerichtlichen Archiven vernichten.

Parallel zu seinem politischen Aufstieg vollzog sich auch seine Anhäufung von Ländereien, Ämtern und nicht zuletzt von Geld. 1627 machte ihm Maria von Medici das Petit Luxembourg zum Geschenk, und wenig später ging ein Regen von Schenkungen auf ihn nieder, über die er in seinem Testament bekannt hat: «Der größte Teil meines Reichtums bestand in den Schenkungen («gratifications») der Majestäten, da ich ihnen treu diente.»[15] Aber nicht geringen Anteil an seinem immensen Vermögen hatten die Einkünfte aus kirchlichen Ämtern und Pfründen, deren Zahl ständig anwuchs – für das Jahr 1639 hat er aus dieser Quelle allein 274 635 Livres bezogen. Von seinen politischen Ämtern brachte das Gouvernement der Normandie jährlich 60 000 Livres.

Völlig undurchsichtig waren die Einkünfte, die er aus seinem militärischen Amt der Artillerie und dem merkantilen der Marine bezog. Offiziell erklärte er, keinerlei Gehalt für sein Amt als «Grand Maître et surintendant général du commerce et de la navigation» zu beziehen, aber an Einkünften oder auch bezahlten Ausgaben mangelte es nicht. Das Recht, in den Häfen vor Anker zu gehen, ließ sich ebenso vermarkten wie das der Ausplünderung der gestrandeten Schiffe, und zahlreiches Personal, das über den Marine-Etat besoldet wurde, stand in persönlichem Dienst des Kardinal-Premierministers, darunter ein Arzt, ein Chirurg und ein Apotheker zu 29 900 Livres jährlich, eine Garde für dieses Amt mit einem Leutnant und dreißig Mann zu 24 000 Livres oder zwei Sekretäre zu 1500 und 800 Livres.

Sichtbar wird hier, wie unscharf die Grenze zwischen Staatshaushalt und königlicher Schatulle bis zur Französischen Revolution verlief – sie existierte kaum. Wie weit Richelieu seinerseits bis zur «Souveränität» aufgestiegen war, belegt die Tatsache, daß die staatlichen Etats von Artillerie und Marine, die sich im Jahr 1639 auf die hohen Summen von 5,8 beziehungsweise 3,3 Millionen Livres beliefen, in erheblichem Maß für die Kosten seines Personals herangezogen wurden. Der Finanzminister Bullion war nur kurz so unvorsichtig, als zwei der wesentlichen Verlustlöcher des Staatshaushalts den Haushalt Richelieus sowie die Ressorts Artillerie und Marine zu beklagen, schnell wurde er zum Schweigen gebracht. Am Ende seines Lebens hatte der Kardinal-Premierminister einen Reichtum von 22,4 Millionen Livres angehäuft, denen Schulden in Höhe von 6,5 Millionen Livres gegenüberstanden. Damit hatte er die größten Vermögen des Hochadels – den Herzog de Nevers mit 8 Millionen Livres, Sully mit 5 Millionen, die Herzogin de Joyeuse mit 4,3 Millionen – weit hinter sich gelassen. Sein ursprünglicher Parteigänger und späterer Renegat Mathieu de Morgues hat über die raubtierhafte Geldgier, die schon die Zeitgenossen entsetzte, geurteilt: «Er war der Ehrgeizigste von allen, die gelebt haben, und der schäbigste Geizhals der Welt, der mit dem Geld des Königs verschwenderisch umging und mit dem eigenen geizte.»[16]

Er geizte jedoch nicht mit den Kräften seines Körpers, wenn es um den Dienst für den König und die Staatsgeschäfte ging, obgleich diese Kräfte durch seine gefährdete Gesundheit begrenzt waren. Die wichtigste Quelle der körperlichen Regeneration stand ihm nicht uneingeschränkt zur Verfügung – der Schlaf. So war es eine erzwungene Gewohnheit, daß er bereits um 11 Uhr des Abends zu Bett ging, jedoch um 2 Uhr in der Nacht erwachte, um dann bis 6 Uhr mit seinen Sekretären zu arbeiten. Daran schloß sich noch eine Stunde Schlaf an, höchstens zwei. Um den Schlaf aber war er gänzlich gebracht, wenn schlechte Nachrichten diplomatischer oder militärischer Art eintrafen. Lebenslang vermochte er nicht, kurzfristig die Kontrolle darüber zu gewinnen, vielmehr beherrschten sie ihn bis zur Schlaflosigkeit, die sich drei Nächte hinziehen konnte und dann weitere Leiden nach sich zog – Migräne, Hämorrhoiden, Verdauungsstörungen, Steifheit einzelner Glieder, besonders des rechten Arms.

Die schlaflosen Stunden der Nacht aber waren intensive Stunden der Arbeit, weshalb drei Sekretäre stets im Zimmer des Kardinal-Premierministers anwesend waren, die über seinen Schlaf wachten

Richelieu, Zeichnung von Claude Mellan

und auch als Krankenpfleger tätig wurden, wenn es um medizinische Maßnahmen oder die Verabreichung von Medikamenten ging. Vor allem aber waren sie ständig bereit, mit Feder und Tinte seine Befehle und Gedanken zu Papier zu bringen. Denn es war die

Schriftform, die seinen Regierungsstil prägte – Briefe, Ordonnanzen oder die «Avis au Roi», gleichsam die Aide-Mémoires für den Herrscher, entstanden in ununterbrochener Folge. Zu den Sekretären seines vollsten Vertrauens zählten Michel Le Masle, der seit 1600 in seinen Diensten stand und schon seine Bücher ins Collège de Navarre getragen hatte, und Denis Charpentier, der ihm mehr als vierzig Jahre diente und den er bereits zu Lebzeiten mit finanziellen Vergünstigungen so reichlich versorgte, daß jener in seinem Testament materiell leer ausging, aber nicht ideell: «Ich gebe nichts dem Sieur Charpentier, meinem Sekretär, weil ich Sorge getragen habe, ihm während meines Lebens Gutes zu tun; aber ich möchte das Zeugnis über ihn ablegen, daß während der langen Zeit, in der er mir gedient hat, ich keinen besseren Menschen gekannt habe noch einen loyaleren und eifrigeren Diener.»[17] Während der nächtlichen Arbeitsstunden, die gleichsam den Regierungsapparat in höchste Aktivität versetzten, war das geräumige Schlaf- und Arbeitszimmer Richelieus im Palais Cardinal von Kerzen hell erleuchtet, und selten fehlte, wenn er nicht in diplomatischer Mission außerhalb Frankreichs unterwegs war, der Père Joseph, der im Nebenraum nächtigte. Nicht nur er, sondern auch seine Sekretäre hatten das Recht, ja die Pflicht, seinen Schlaf zu unterbrechen, wenn wichtige Nachrichten eintrafen. Um jeden Preis, auch den seiner Gesundheit, wollte Richelieu der bestinformierte Mann Frankreichs sein.

Sein Tageslauf war, wenn nicht Reisen und Feldzüge den Ortswechsel erzwangen, ähnlich strikt einem Protokoll unterworfen wie der des Königs. Zwischen 7 und 8 Uhr erhob er sich ein zweites Mal, absolvierte mit Hilfe seiner Diener die Morgentoilette, zu der die Rasur nicht nur seines Schnurrbarts, sondern auch die seines Kinnbarts gehörte, dessen spitz auf einen Punkt zulaufende Form der Kirchenfürst stets unverändert wissen wollte, war sie doch das unübersehbare Merkmal eines Edelmanns. Die Hacken seiner Schuhe waren um einige Zentimeter erhöht, und zu der von dieser Erhöhung gewährten Würde fügte sich die der Purpurrobe des Kardinals. Schon während der Bartfrisur hörte er die Messe, mit der Einkleidung begann sogleich das Diktat, das sich endlos fortsetzte. Auf und ab schreitend erteilte er den Sekretären Anweisungen, oft verkürzt, da ihnen die Ausarbeitung in Briefform oblag, die sie bis zu Stil und Schriftzug ihres Herrn beherrschten. Gleichsam sich konzentrierend und seinen Gedanken eine elegante Form gebend, strich Richelieu sanft über das Fell seiner Lieblingskatze auf seinem Arm.

Gegen 10 Uhr stand sein Gemach für Audienzen offen – Gesandte, Kirchenfürsten, Militärs, Beamte, Geschäftsleute und Verwalter seiner Ländereien machten wie bei Hofe ihre Aufwartung, während er gelegentlich eine Bouillon schlürfte. Eine gewisse Beklemmung erfaßte die Eintretenden zumindest bei ihrem ersten Besuch, denn der Chef der Garde des Kardinals wich nicht von seiner Seite. Wenn es die Diskretion verlangte, daß kein dritter Ohrenzeuge ein politisches Geheimnis teilen sollte, zog sich der bewaffnete Mann bis zur Tür zurück, stets die Szene scharf beobachtend – auch nächtigte er in einem Nebenzimmer. Diese Sicherheitsmaßnahme war seit der Chalais-Konspiration unerläßlich geworden, und nur bei einem einzigen Gesprächspartner zog sich der oberste Gardist bis zur Unsichtbarkeit zurück – dem König.

Bei und mit Ludwig XIII fand gegen 11 Uhr der Staatsrat statt. Auf die Anwesenheit des Monarchen legte Richelieu gesteigerten Wert, war es doch der Herrscher, dessen Wort einer politischen Entscheidung ihre letzte Verbindlichkeit verschaffte. Bis zum «Tag der Getäuschten» trat dieses höchste Gremium des Staates oft in den Gemächern der Königinmutter zusammen, und später, als die Krankheiten Richelieus seine Bewegungsfreiheit einschränkten, tagte der Staatsrat auch in seinem Krankenzimmer. Nach der Sitzung, die in der Regel anderthalb Stunden beanspruchte, fand das Mittagessen statt. Ludwig XIII und Richelieu speisten niemals zusammen, unüberbrückbar war der Abstand ihres Ranges. Doch der Kardinal-Premierminister pflegte eine ausgedehnte Tafel, an der er mit seinen hochrangigen Gästen selbst Platz nahm. Es gab drei Gänge, dazu Wein, nicht selten aus dem eigenen Weingut von Rueil, doch der Hausherr aß wenig und trank niemals Wein. Er beobachtete seine Gäste scharf und hörte genau auf ihre Gespräche.

Nach erneuten Audienzen, weiteren Diktaten und Lektüre wurde gegen 19 Uhr das Diner serviert. Nur an wenigen Abenden blieb die Zeit – meist nur einmal im Monat – für Konzerte, obgleich

Richelieu ein Orchester von zwölf Musikern und einer Sängerin unterhielt, denn die Musik war eine seiner Leidenschaften. Theateraufführungen, deren Zahl begrenzt blieb, waren für ihn eine weitere Passion, der er bis zum Abfassen oder zumindest Entwerfen eigener Stücke zugetan war. Gegen 22 Uhr waren auch die Geselligkeiten beendet – der Hausherr zog sich zurück, noch ein wenig Arbeit, dann die zwei verkürzten Phasen seiner Nachtruhe.

Seine Hofhaltung, deren Glanz die des Königs überstrahlte, und sein Reichtum haben ihn selbst Lügen gestraft. Denn in seiner ersten großen Rede vor den Generalständen im Jahr 1615 hatte er gefordert und mit seinem eigenen Aufstieg durchgesetzt, daß «Personen, die sich dem Dienst der Religion geweiht haben, bei den Fürsten die ersten Ränge einnehmen sollten, nicht nur was das Spirituelle, sondern auch was die staatliche und politische Regierung betrifft».[18] Die Begründung für ihre bevorzugte Beteiligung an den Staatsgeschäften hatte gelautet: «Indem sie den Zölibat einhalten, wie sie es tun, überlebt sie nichts nach diesem Leben als ihre Seelen, die, da sie auf der Erde keine Schätze ansammeln können, verpflichtet sind, an nichts Irdisches zu denken, indem sie dem König und ihrem Vaterland dienen, als später einmal, dort oben im Himmel, eine ruhmreiche und vollkommene Belohnung zu erhalten.»[19] Richelieu hat wie kein anderer seiner Zeitgenossen irdische Schätze zusammengerafft und als Kardinal-Herzog ein Geschlecht begründet, dessen Adel und Reichtum ihn und seine Familie so hoch getragen hat, wie er es als Weltmann kaum vermocht hätte.

13. Der konsequente Krieg

Der expansive Drang Frankreichs, sein Territorium nach Nordosten auszudehnen – gegen und auf Kosten des Deutschen Reichs –, war zugleich Mittel und Zweck. Ein weit vorgeschobenes Glacis sollte das Mittel sein, die lange, offene Landesgrenze zwischen den Spanischen Niederlanden und der Franche-Comté zu sichern, konnte doch das Haus Habsburg mit den Spanischen Niederlanden und dem Deutschen Reich hier geographisch fast ungehindert vordringen, womit selbst die nicht weit entfernte Hauptstadt Paris in strategische Gefahr geriet. Diese Offensivpolitik war schon von Franz I, Heinrich II und auch Heinrich IV betrieben worden. Die Erweiterung in Richtung Rhein hatte über dieses defensive Ziel hinaus, das offensiv betrieben wurde, den Zweck der Gebiets- und Machtvergrößerung – in der Rivalität mit Habsburg sollte sie Frankreich den ersten Rang, die Dominanz in Europa verschaffen.

In diese Expansionspolitik reihte sich Richelieu spätestens seit 1629 ein. Sie war auch der tiefere Grund für den Bruch mit Maria von Medici, die einen Ausgleich mit Spanien und dem Haus Habsburg angestrebt und mit den «spanischen Hochzeiten» realisiert hatte. Dieser «Friedenspolitik», die auch die Ursache für den Konflikt mit dem Kanzler Michel de Marillac gewesen war, stand die ausgreifende Strategie Richelieus gegenüber, die *eo ipso* Kriegspolitik war, auch wenn der Kardinal-Premierminister es lange und geschickt verstand, an der nordöstlichen Grenze Frankreichs und im Deutschen Reich einen Stellvertreterkrieg zu führen – mit Subsidien an die Gegner des Kaisers, aber ohne den Einsatz französischer Soldaten.

Das expansionistische Ziel hat er in einem Dossier an Ludwig XIII klar formuliert: Die französische Rheinpolitik verlange, daß «es notwendig sei, an die Befestigung von Metz zu denken und dann bis Straßburg vorzudringen, um, wenn es möglich sei, einen

Eingang («une entrée») nach Straßburg zu gewinnen».[1] Im Januar 1633 legte Richelieu dem König dar, daß Frankreich offiziell Neutralität wahren solle, aber seinen Verbündeten im Reich, den Schweden und den deutschen Fürsten, bei deren militärischer Auseinandersetzung mit dem Kaiser solidarisch zur Seite stehen müsse, sie durch Hilfsgelder aber zugleich so fest in die französische Offensivpolitik einzubinden habe, daß ihnen kein Friedensschluß ohne die Zustimmung Frankreichs erlaubt sei. Der König müsse bestrebt sein, «sein Reich bis an den Rhein auszudehnen, ohne einen Schuß abgegeben zu haben … Wenn er diese Pfänder in der Hand hätte, würde er zum Richter über Krieg und Frieden werden, über die man ohne ihn nicht entscheiden könne.»[2]

In diese Vorwärtsstrategie fügte sich vorteilhaft die Flucht des Kurfürsten von Trier, der im April 1632 vor Gustav Adolfs Truppen Schutz in Frankreich gesucht und gefunden hatte. Es war ein überaus wertvoller Flüchtling, denn er erlaubte den Franzosen, seine Festungen von Ehrenbreitstein und Philippsburg mit Garnisonen zu belegen. Damit war bereits das rechte Rheinufer erreicht, auch wenn die Schweden das protestantische Straßburg in ihrer Macht hatten. Für die Zeitgenossen und nicht zuletzt für die dort zum Einsatz gelangten Offiziere war diese Operation weniger dem Schutz des Kurfürsten als der Expansion Frankreichs geschuldet, wie einer von ihnen dem König meldete: «Ich bin so ruhmreich durch die Ehre, die Eure Majestät mir zuteil werden ließ, indem Sie mich auswählte, hierher zu kommen und Ihre Waffen bis an den Rhein zu tragen.»[3] Auch im heimatlichen Paris versäumte es im Parlament der königliche Anwalt Bignon nicht, Ludwig XIII «den Glückwunsch Frankreichs für alle Arten der Güte des Himmels und der errungenen Siege» darzubringen, «und besonders derer in Deutschland, die die Grenzen Frankreichs bis an den Rhein getragen haben».[4]

Der aus Trier geflohene Kirchenfürst war jedoch über die geostrategische Option des linken wie rechten Rheinufers hinaus als Mitglied des siebenköpfigen Wahlkollegiums im Deutschen Reich eine machtpolitische von höchstem Rang, entschied doch seine Stimme mit über den nächsten Kaiser. Diese Perspektive hatte der zum französischen Gouverneur von Ehrenbreitstein bestellte Bussy-

Lameth im Juli 1633 in einem Schreiben an den Richelieu-Vertrauten Claude Bouthillier schon im Blick: «Die Gesundheit des Königs und die von Monseigneur dem Kardinal mögen vollenden, ihre Waffen so weit nach Deutschland hineinzutragen, daß wir dort die französische Sprache errichten und, so Gott will, die Kaiserkrone (Empire) in dem Haus unserer Könige.»[5] Die höchste politische Würde des Abendlandes, die schon Franz I im Wettstreit mit Karl V zu erringen gehofft hatte, war auch hier präsent, wie sie für Ludwig XIV im Jahr 1704 greifbar nahe schien, nicht für sich selbst, aber für seinen Sohn, den Grand Dauphin. Doch verwandelte die Schlacht von Höchstädt dieses über Jahrhunderte aufrechterhaltene Ziel der französischen Politik in eine Fata Morgana.

Richelieu zwar weitsichtig, aber auch vorsichtig, wußte um den weiten Weg bis an den Rhein und die schwierigen Schritte dorthin. Das erste Hindernis stellte Lothringen dar, das in zwei Etappen attackiert wurde. 1633 wurde Karl IV ein weiteres Mal für schuldig befunden, Bündnisse gegen Frankreich geschlossen zu haben, womit Richelieu indirekt dessen Souveränität als so begrenzt bestimmte, daß er sich stets den Interessen Frankreichs unterzuordnen habe. Man bemächtigte sich des Landesteiles Barrois, und auch der weitere Feldzug war nur eine Promenade. Nach kurzer Belagerung von Nancy konnten dort König und Premierminister einziehen. Sie verließen die Stadt erst, nachdem dort eine französische Garnison etabliert war. Im Frieden von Charmes mußte Karl IV sich verpflichten, auf jedes militärische Engagement im Reich und zugunsten des Kaisers zu verzichten.

Im folgenden Jahr zogen die französischen Truppen erneut gegen Nancy, erneut wurde es erobert, und erneut ging es in die Verfügung Ludwigs XIII über – zusätzlich wurden seine Mauern geschleift. Daraufhin dankte Karl IV zugunsten seines Bruders, des Kardinals Nikolaus-Franz, ab, der seine kirchliche Würde niederlegte, um Herzog von Lothringen zu werden. Angesichts der illusorisch gewordenen Macht des Herzogtums aber dankte er sodann ebenfalls ab. Richelieu vermied die Annexion Lothringens, und die fortgesetzte Okkupation dieses Landes wurde nur unterbrochen, als Mazarin im Jahr 1659 – entgegen den seinerzeitigen Direktiven Richelieus – im Pyrenäen-Frieden die Restitution Lothringens zugestand, doch nach erneuter Besetzung unter Ludwig XIV erhielt es 1714 im Frieden von Rastatt eine so begrenzte Unabhängigkeit, daß Frankreich die Annexion jederzeit vollziehen konnte, was 1738 im Frieden von Wien auch geschah: Der Erbherzog Franz III heiratete Maria Theresia und verzichtete auf Lothringen zugunsten des Großherzogtums Toskana. Doch bereits Richelieu konnte nach der fortdauernden Okkupation Lothringens seine «Protektions»-Politik auf weitere Städte in Richtung Rhein – darunter Hagenau, Zabern, Colmar – ausdehnen, denen angeraten wurde, sich unter den Schutz Frankreichs zu begeben, andernfalls seien sie als dessen Feinde zu betrachten und der Gefahr eines Angriffs ausgesetzt.

Aber während die Franzosen ein letztes Mal Nancy belagerten, in dem schon der Kardinal Nikolaus-Franz das Kommando führte, gelang diesem eine kleine Revanche gegenüber Richelieu. Geschickt vermochte Marguerite de Vaudémont, deren geheime Ehe mit Gaston d'Orléans er selbst geschlossen hatte, aus der Stadt zu fliehen – als Mann verkleidet. Sie gelangte sicher zu ihrem Gemahl nach Brüssel, dessen fortgesetzter Aufenthalt im Ausland für den Kardinal-Premierminister ein weiteres Hindernis darstellte, einen Krieg mit Spanien zu beginnen, denn daß der unmittelbare Thronfolger Frankreichs im Lager der Feinde Frankreichs weilte, stellte eine eklatante Schwächung seiner Position dar.

Die Verhandlungen, die alsbald mit Gaston d'Orléans geführt wurden, stießen auf ein gravierendes Hindernis – seine geheime und ohne die Zustimmung des Königs geschlossene Ehe, deren Gültigkeit der Bruder des Königs dadurch zusätzlich außer Zweifel setzte, daß er deren Zeremonie in Brüssel öffentlich von dem Bischof de Maline wiederholen ließ. Auch war er so weitsichtig, von Papst Urban VIII die Versicherung zu erbitten und zu erhalten, daß dessen Votum, falls erforderlich, zugunsten des Bestandes seiner Ehe ausfallen würde. So konnte er sich dem ausgeklügelten Kompromiß mit Richelieu nähern, daß in einer Vereinbarung über seine Rückkehr nach Frankreich dieser Streitpunkt einem späteren Urteil der zuständigen Instanzen vorbehalten bliebe. Seine Bereitschaft, nach Frankreich zurückzukehren, wurde verstärkt durch die kühle Aufnahme, die er in Brüssel bei dem neuen Statthalter Spaniens gefunden hatte, denn auf die stets gefällige, inzwischen verstorbene Infantin Isabella war der Marquis d'Aytona gefolgt. Im Gegensatz zur Königinmutter, die den Sieg der kaiserlichen Truppen am 6. September 1634 über die Schweden bei Nördlingen mit einem grandiosen Feuerwerk feiern ließ, das seinen symbolträchtigen Höhepunkt in einem tödlichen Sturz des kaiserlichen Adlers auf die königliche Lilie fand, zeigte sich ihr Sohn indigniert und entdeckte in seinem Innern Reste eines französischen Patriotismus.

Diese außenpolitischen Ereignisse führten zu einer diskreten Annäherung von Gaston d'Orléans und Richelieu, der seine Deutschland-Politik vor dem Scheitern sah und damit Frankreich vor der Notwendigkeit, selbst Kriegspartei im Dreißigjährigen Krieg zu werden. Zwar hatte einer seiner besten Diplomaten, der Marquis de Feuquières, mit großzügigen Subventionen zahlreiche deutsche Fürsten auf die Seite Frankreichs gezogen und sogar Zugang zu Wallenstein gefunden, dessen Heer während des Sommerfeldzugs 1633 sich nicht zufällig kaum gegen die Schweden in Bewegung setzte, doch hatte Kaiser Ferdinand II diesen sich abzeichnenden Verrat zugunsten Frankreichs rechtzeitig erkannt und den Generalissimus durch seine Generäle Piccolomini und Gallas am 25. Februar 1634 in Eger exekutieren lassen. Die danach freigesetzten kaiserlichen Truppen wurden verstärkt durch eine spanische Armee unter dem Kardinal-Infanten Don Ferdinand von Österreich, Erzbischof von Toledo, einem Bruder Philipps IV, dem es gelungen war, überraschend die Alpen zu überqueren.

So war Richelieu mit allen Mitteln bemüht, den Bruder des Königs nach Frankreich zurückzuholen, und «kaufte» dafür dessen Günstling Antoine de Puylaurens, der einen nahezu grenzenlosen Einfluß auf seinen Herrn ausübte. Um sich diesen Karrieristen zusätzlich zu verpflichten, bot er ihm die Ehe mit seiner entfernten Cousine Marguerite de Camboust, Tochter des Barons Pontchâteau, an, die er gemeinsam zu Herzog und Herzogin d'Aiguillon aufsteigen ließ. Die feierliche Vermählung ergänzte er durch zwei Verehelichungen – jeweils stieg eine weitere entfernte Cousine auf der Treppe des Adels empor. Eine der beiden Frauen war die Schwester der Braut Puylaurens' – doch ihre ältere, und das hatte einen pikanten Grund. Puylaurens hatte die jüngere gewählt, die der Kardinal bereits vorher dem Grafen Antoine III de Guiche zugesagt hatte, der sich jedoch als makelloser Karrierist erwies, wie Tallemant des Réaux in ihrer beider Konversation überliefert hat – der Kardinal gestand ein: «‹Ich hatte Ihnen die jüngere Mademoiselle de Pontchateau versprochen, bin auch sehr getrübt, sie Ihnen nicht geben zu können, und bitte Sie deshalb, an ihrer Stelle Mademoiselle de Plessis-Chivray zu nehmen.› Der Graf de Guiche, der stets ein vollendeter Höfling gewesen ist, sagte ihm, ‹daß es seine Eminenz sei, die er heiraten würde, und nicht seine Verwandten, und daß er die nehmen würde, die er ihm gäbe.›»[6] Soviel Ergebenheit wurde großzügig belohnt – der neue Verwandte stieg alsbald zum Obersten des Regiments der Garden und später sogar zum Marschall de Gramont auf.

Die familiäre Verbindung Puylaurens' mit Richelieu war nicht nur eine ungewöhnliche Ehre für den Bräutigam, sondern auch eine versteckte Option für den Ehestifter, denn der Kardinal-Premierminister konnte hoffen, daß, wenn der stets kranke Ludwig XIII sterben und Gaston d'Orléans auf den Thron gelangen würde, sich für ihn die Chance eröffnete, auch unter diesem an der Macht zu bleiben. Doch der ehrgeizige Puylaurens hatte ihm verheimlicht, daß Gaston d'Orléans sich in einem Geheimschreiben des Papstes hatte zusichern lassen, daß alles, was seine Ehe betreffe, für den Fall, daß sie in Frankreich angegriffen werde, von Rom als unantastbar bestätigt werden würde. Für dieses Doppelspiel hatte Richelieu so wenig Verständnis, daß Puylaurens verhaftet wurde und im Gefängnis von Vincennes verschwand. Seine Zelle war so ausreichend mit Arsen verseucht, daß sein Tod schon nach wenigen Monaten erfolgte.

Zu diesem Zeitpunkt aber war Gaston d'Orléans schon nach Frankreich zurückgekehrt, und zwar auf abenteuerliche Weise. Eine Jagdpartie vortäuschend, war er in die Wälder von Soignes aufgebrochen, begleitet von dreißig Gefährten, von denen nur vier in das Geheimnis der Flucht eingeweiht waren. Am späten Abend überschritt er die Grenze und gelangte vor die Tore von La Capelle, die drei Jahre zuvor seiner Mutter verschlossen geblieben waren.

Alsbald stellte sich der Graf de Soissons mit der beträchtlichen Summe von 45 000 Ecus ein. Das Geld wanderte zurück über die Grenze nach Brüssel, um die Schulden von Monsieur zu bezahlen und für den Unterhalt seiner Gemahlin zu sorgen, die er dort zurückgelassen hatte. Der Kardinal-Premierminister hatte für alles Sorge getragen, damit der Bruder des Königs in dem heraufziehenden Krieg weder Geisel noch Parteigänger des Feindes werden konnte.

Auch im Innern Frankreichs war rechtzeitig für Ruhe zu sorgen, denn es fehlte nicht an sozialen Unruhen, und selbst der noch tief im Volk verwurzelte Teufelsglaube steigerte sich an einem Ort zum gesellschaftlichen Skandal – in Loudon. Loudon hatte bereits 1632 bei einer Bevölkerung von 14 000 Personen nicht weniger als 3700 in einer Pestepidemie verloren. Die dortigen Seelen waren also schon heftig aufgewühlt, als das Treiben des einfachen Pfarrers der Kirche Saint-Pierre-du-Marché für eine schnell um sich greifende Aufregung sorgte. Urbain Grandier war ein stattlicher Mann und glänzender Redner, verehrt vor allem von Frauen, denen er sich als Verführer empfahl und nicht versagte. So erweckte er nicht nur den Zorn der Frommen, sondern auch die Wut der Ehemänner, die, um ihre Ehre und die ihrer Familien wiederherzustellen, es an Tätlichkeiten gegenüber dem Priester nicht fehlen ließen, aus denen er jedoch mannhaft hervorging – nicht zuletzt geschützt von François de Sourdès, Erzbischof von Bordeaux, seinem Kirchenoberen, der ihm jedoch riet, die Stadt zu verlassen, was Grandier versäumte und teuer bezahlte.

Denn alsbald griff die religiös-satanische Epidemie auf den Konvent der Ursulinen über, deren Oberin, Madame de Belciel, eine neurotische, intelligente und perverse Person war, so daß umgehend ein Dutzend ihrer jungen Nonnen in teuflische Verzückung gerieten und in ihren obszönen Exzessen den Pfarrer Grandier der hexerischen Zudringlichkeit beschuldigten. Zwar stellten die Ortsrichter fest, daß die Dämonen, die sich der Stimmen der Klosterdamen bemächtigt hatten, lange Zitate aus einschlägig bekannten Handbüchern von sich gaben, und ein Arzt erklärte die angeblich Besessenen für völlig gesund. Zugleich aber hatte die sich landesweit ausbreitende Affäre, in der sich Gewissenlosigkeit und Manipulation des Glaubens vermischten, den sehr realen Aspekt, daß Richelieu den Baron Jean Martin de Lombardement beauftragt hatte, den Donjon der Stadt schleifen zu lassen und zugleich für den Ankauf von Territorien tätig zu werden, die der Kardinal-Premierminister zur Erweiterung seines Stammschlosses benötigte, um seine neue Herzogswürde mit dem standesgemäßen Landbesitz zu versehen. Der Gesandte Richelieus war, wie es der Zufall so wollte, ein enger Verwandter der Oberin de Belciel und stürzte sich mit Leidenschaft in den Grandier-Konflikt – er konnte dabei auf die unbegrenzte Unterstützung seines Auftraggebers rechnen.

Nachdem sogar im Staatsrat die zunehmend aufsehenerregenden Vorfälle von Loudon beraten und der Père Joseph gleichsam als Kriminalkommissar in Marsch gesetzt worden war, nahm dort der klassische Hexenprozeß seinen unaufhaltsamen Lauf. Einen weiteren Höhepunkt erreichte die makabre Prozedur, als auf Anordnung Lombardements der angebliche Hexenmeister an den angeblich besessenen Nonnen den Akt des Exorzismus zu vollziehen hatte. Statt daß der Teufel sich austreiben ließ, trieb er die Nonnen – oder sie sich selbst, an ihrer Spitze ihre Oberin – zu bacchantischen Ausbrüchen und Bekenntnissen perverser Lüste, derart aggressiv, daß sie den Pfarrer Grandier in Stücke zu reißen drohten. Damit und wie der anschließende «Prozeß» es erbringen mußte, war dessen Teufelsabstammung «bewiesen», so daß er am 18. August 1634 auf dem Scheiterhaufen sein – übrigens klaglos ertragenes – Ende fand.

Doch mit dem Tod des Pfarrers Grandier verließen die Teufel keineswegs die Stadt, aber wenigstens die Oberin de Belciel fühlte sich befreit, hatte doch ein fliehender Dämon fünf Blutstropfen auf ihrem Hemd hinterlassen, und auf ihrem Körper erschienen rote Stigmata, die auch nichts an ihrer devotionalen Bedeutung einbüßten, als der wachsame Monsieur de Montcoony sie als banale Tintenschrift erkannte. Die Klosterfrau, die nicht weniger als einen Mord auf dem Gewissen hatte, stieg alsbald zur verehrten Heiligen empor, wurde Ziel von Wallfahrten, und Richelieu machte ihr eine erhebliche finanzielle Schenkung. Eine Generation später hat Molière den Père Joseph, der bei den düsteren Vorgängen in Loudon eine fragwürdige Rolle gespielt hatte, zum Vorbild für seinen «Tartuffe» genommen, dessen erste Aufführung in Versailles im Jahr 1664 die fromme Anna von Österreich so erzürnte, daß sie ihren Sohn zum Verbot des Stückes zwang.

Richelieu selbst aber war bei der Unterdrückung der unkontrollierbaren Szenen in Loudon nur darauf bedacht, daß die Autorität der Kirche keinen Schaden nähme und die Ordnung im Land wiederhergestellt würde, wie er in seinen «Mémoires» offen bekannte: «Seine Majestät, die mit ihrer Rechtsprechung einige Heilmittel gegen die Unordnungen aufgeboten hatte, die die Bosheit der Menschen in seinem Staat verursacht hatte, mußte noch seine ganze Autorität einsetzen, um die Kirche zu festigen und ihr zu helfen bei den Hilfsmitteln, die gegen jene Umtriebe anzuwenden notwendig war, die der böse Geist («malin esprit») seit einiger Zeit in der Kirche erregt hatte – in der Gestalt von einigen Nonnen des Ursulinenordens in der Stadt Loudon.»[7]

Doch nicht nur Exzesse des Aberglaubens sorgten für Unordnung im gesellschaftlichen Gefüge, auch die soziale Misere, die weite Teile des einfachen Volkes erfaßt hatte, ließ die Ordnung aus den Fugen geraten. Hintergrund der von der Bretagne bis zum Périgord reichenden Aufstände war, daß die Steuerlast ständig stieg. Waren die Abgaben schon unter Heinrich IV deutlich höher gewesen als unter den vorangegangenen Valois-Königen, so übertrafen sie in den ersten zwei Jahren der Regierung Richelieus bereits die während der gesamten Regierungszeit des ersten Bourbonenkönigs. Als sich der Krieg mit Spanien abzeichnete, mußte auch rechtzeitig die Staatskasse aufgefüllt werden, was in den Jahren 1631 bis 1635 dazu führte, daß die königlichen Einnahmen, primär erzielt durch die Steuern im ganzen Land, spektakulär von 39 auf 208 Millionen Livres anwuchsen. Dieser Steuerdruck mußte Gegendruck in der Gesellschaft auslösen.

Die Unruhen, die sich in ganz Frankreich ausbreiteten, erreichten jedoch zu keinem Zeitpunkt revolutionären Charakter, denn die Monarchie und selbst ihr repressives Steuersystem wurden nicht in Frage gestellt – nur die ständige Erhöhung der Steuern und die immer erneuten Sonderabgaben. Sogar geordnete Protestheere bilde-

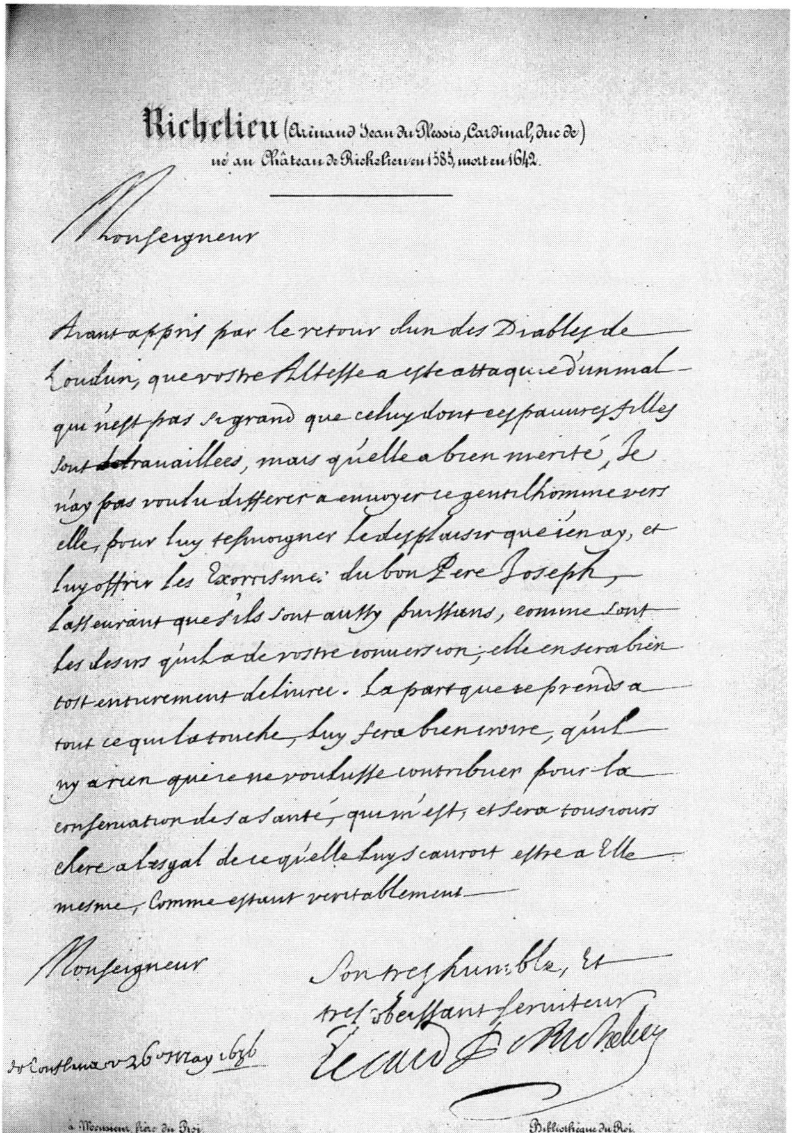
Richelieu (Armand Jean du Plessis, Cardinal, duc de)
né au Château de Richelieu en 1585, mort en 1642.

Monseigneur

Ayant appris par le retour d'un des Diables de Loudun, que vostre Altesse a esté attaquée d'un mal qui n'est pas si grand que celuy dont ces pauvres filles sont ~~de~~ travaillées, mais qu'elle a bien merité, Je n'ay pas voulu differer a envoyer ce gentilhomme vers elle, pour luy tesmoigner le desplaisir que j'en ay, et luy offrir les Exorcismes du bon Pere Joseph, l'asseurant que s'ils sont aussy puissans, comme sont les desirs qu'il a de vostre conversion; elle en sera bien tost entierement delivrée. La part que je prends a tout ce qui la touche, luy fera bien croire, qu'il n'y a rien que je ne voulusse contribuer pour la conservation de sa santé, qui m'est, et sera tousiours chere a l'esgal de ce qu'elle luy scauroit estre a Elle mesme, Comme estant veritablement

Monseigneur

Son tres humble, et
tres obeissant serviteur
Le Card. de Richelieu

de Conflans 26e May 1636

à Monsieur, frère du Roi.

Bibliothèque du Roi.

Brief Richelieus an den Bruder des Königs, den Herzog d'Orléans – er spottet über einen Teufel von Loudon, der sich des unruhigen «Monseigneur» bemächtigt haben könnte, und bietet die Exorzismus-Kräfte des Père Joseph an. Autograph, 26. Mai 1636 ten sich, in denen die Männer «aufgeteilt in zwölf oder fünfzehn Kompanien und angeführt von ihren Pfarrern in guter Ordnung marschierten, zum Klang von ein paar Pfeifen und Geigen, da Tamboure fehlten».[8] Man nannte die Unzufriedenen, die eher widerwillig Aufständische waren, «croquants» («arme Schlucker»), und der zu ihrer Unterdrückung ausgesandte Marschall La Force meldete an Richelieu: «Monseigneur, es ist nicht so, daß ich meinem natürlichen Empfinden nach nicht voller Mitgefühl mit der außerordentlichen Armut dieser Leute wäre.»[9] Auch wenn zeitweise ein Viertel des Landes von sozialer Unruhe erfaßt wurde, bestand doch zwischen den Aufständischen in den verschiedenen Provinzen keine Verbindung und schon gar keine programmatische Vereinigung.

So konnte Richelieu relativ ungestört ein Netz von Verträgen mit den Verbündeten Frankreichs knüpfen, mit dem der anvisierte Gegner Spanien an möglichst vielen Fronten konfrontiert werden sollte. Eine illusionistische Option hielt sich der Kardinal-Premierminister offen – den Kaiser nicht direkt anzugreifen, als ob es eine realistische Perspektive gewesen wäre, das Haus Habsburg in seine zwei Linien zu spalten. So kam es am 8. Februar 1635 zu einem sowohl defensiven wie offensiven Bündnis mit den Vereinigten Niederlanden: Gemeinsam sollten von Süden und Norden die Spanischen Niederlande angegriffen und erobert werden. Weit schwieriger waren die Verhandlungen mit dem schwedischen Kanzler Axel Oxenstierna, da Richelieu verlangte, daß das in Nördlingen schwer getroffene Heer der Schweden auf Wien marschiere, während von schwedischer Seite zunächst der Eintritt Frankreichs in den Krieg gefordert wurde. Trotzdem kam am 28. April eine Allianz zustande, da beide Partner nur gemeinsam Aussicht hatten, sich gegen Madrid und Wien zu behaupten.

Während Ludwig XIII auf den Beginn der Kämpfe drängte, da er die Ehre der französischen Waffen gewahrt wissen wollte, indem er seinem bedrängten Verbündeten Schweden zu Hilfe käme, zögerte Richelieu mit der endgültigen Entscheidung. Er war sich der Kriegstüchtigkeit der französischen Armeen nicht sicher, obgleich bereits ein Heer von realistisch gerechnet 70 000 Mann – 60 000 Fußsoldaten und 10 000 Reitern – aufgestellt worden war. Die offiziellen Zahlen lauteten 134 000 Fußsoldaten und 21 000 Reiter, wobei viel Fiktion im Spiel war, denn die Regimentsregister wiesen viele Scheinsoldaten auf, um die Soldsummen zu erhöhen. Auch versuchte Richelieu bis zuletzt, mit dem Kaiser ein Arrangement zu finden, und in keinem Fall sollte Frankreich die Rolle des Angreifers zufallen, weshalb noch ein geeigneter Anlaß für den Kriegseintritt gefunden werden mußte.

Die Begründung für den Konflikt, dessen Tragweite Richelieu voll bewußt war, war von ihm und Ludwig XIII bereits bis zur notwendigen Klarheit diskutiert und abgesichert worden. Dazu hatte ein weiteres Memorandum des Kardinal-Premierministers beigetragen: «Es ist sicher, daß wenn die Partei (der Protestanten) vollständig zerstört ist, die Auswirkung der Macht des Hauses Österreich auf Frankreich fallen wird. – Es ist auch sicher, daß nach der kürzlichen Niederlage (in der Schlacht von Nördlingen) die Partei sich nicht behaupten kann, wenn ihr nicht eine sofortige und dauerhafte Hilfe zuteil wird und wenn sie nicht von einer großen Hoffnung und einem mächtigen Namen unterstützt wird. – Es ist ebenfalls sicher, daß der schlechteste Beschluß, den Frankreich fassen kann, der ist, daß es allein bleiben könne, um dem Angriff des Kaisers und Spaniens standzuhalten.»[10] Nach dieser ehernen Logik verlangte die Lage auf dem deutschen Kriegsschauplatz, daß Frankreich Kriegspartei werden «mußte», mochte es damit auch einen europäischen Krieg auslösen.

Doch noch immer und bis zuletzt war der Schein zu wahren, daß Frankreich friedliebend und an einem Ausgleich mit Habsburg interessiert sei. Mazarin, als Sonderbotschafter des Papstes an den französischen Hof zurückgekehrt, unterbreitete beiden Seiten den Plan eines Friedenskongresses unter der Schirmherrschaft Roms, mit dem sich der Kaiser einverstanden erklärte. Und über Richelieu, dessen Verstellungskünste selbst gegenüber dem von ihm begünstigten Gesandten des Heiligen Stuhls zur vollen Wirkung kamen, konnte er dem Papst melden: «Ich erinnere mich nicht, den Kardinal … jemals mehr für den Frieden begeistert gesehen zu haben; als er mit mir darüber sprach, weinte er und betonte, er gäbe seinen Arm darum, ihn zu erhalten.»[11] Immer wenn der Kardinal-Premierminister weinte, war er weit von der Wahrheit entfernt, eher verriet er mit seinem Spott, was er dachte, und wie einen Kassiber ließ er seinem Verehrer Mazarin die Botschaft seiner wahren Absicht zukommen: «Seine Eminenz hat mir beim Aufstehen gesagt, ich würde dem Frieden den Hof machen, als sei er die Dame meines Herzens.»[12]

Was für den Ausbruch des Krieges fehlte, dessen Verzögerung zum Nachteil für Frankreich zu werden drohte, da die kaiserlichen Truppen sich weite Gebiete in Deutschland unterworfen hatten, war ein Anlaß zur Kriegserklärung, der Frankreich die *iusta causa* verschaffen sollte. Am 26. März 1635 lieferten die Spanier Richelieu diesen «legitimen» Grund zum Angriff, als die Truppen des Kardinal-Infanten in Trier einmarschierten und sich des Kurfürsten Philipp von Sötern bemächtigten, der sich und sein Fürstentum unter den Schutz Frankreichs gestellt hatte. Ein Ultimatum, den Gefangenen freizugeben, blieb, wie erwartet und erwünscht, ohne positives Echo, und damit konnte der Kardinal-Premierminister jenen Schritt vollziehen, vor dem er lange gezögert hatte, der ihm jedoch unausweichlich erschien, sollte die Zentralidee seiner Politik, Frankreich zur ersten Macht in Europa aufsteigen zu lassen, Realität werden.

Jetzt galt es nur noch, der Kriegserklärung jene vollkommene Form zu geben, die Frankreich als treuen Partner seiner deutschen Verbündeten auswies, und dafür wählte Richelieu die feudale Zeremonie der feierlichen Kriegserklärung durch den Wappenherold Frankreichs, der wie im Mittelalter dem Kriegsgegner den offiziellen Kriegsbeginn zu verkünden hatte. Von makelloser Finesse war deshalb auch die «Instruktion», die der Herold Jehan Gratiollet vor dem Kardinal-Infanten in Brüssel zu verlautbaren hatte: «Ich komme zu Ihnen vom König, unserem Meister («maistre»), meinem einzigen und souveränen Herrn, um Ihnen zu sagen, daß, da Sie nicht die Freiheit dem Erzbischof von Trier, Kurfürst des heiligen Reiches, zurückgegeben haben, der sich unter seinen (des französischen Königs) Schutz begeben hatte, weil er diesen vom Kaiser nicht erhalten konnte, noch von einem anderen Fürsten, und da Sie gegen die Würde des Reiches und das Recht der Menschen einen souveränen Prinzen gefangen halten, gegen den Sie keinerlei Krieg führen, erklärt Ihnen seine Majestät, daß sie entschlossen ist, durch die Waffen die gerechten Verhältnisse wiederherzustellen gegenüber dieser Beleidigung («offense»), die für alle Fürsten der Christenheit von Bedeutung ist.»[13] Damit war die stabile Rechtsposition bezogen, daß Frankreich nicht in eigenem Interesse, sondern zum Schutz eines deutschen Reichsfürsten militärisch tätig werde, den der Kaiser nicht zu schützen in der Lage gewesen sei, es also die einzig legitime Schutzmacht im Reich sei.

Selbstverständlich hatte Richelieu dem Herold auch das Procedere für den wahrscheinlichen Fall vorgeschrieben, daß der Adressat der Kriegserklärung deren Empfang verweigern würde: «Er wird die obige Rede, unterzeichnet von ihm selbst, jemandem am Hofe des genannten Kardinals (Infanten) geben und dafür eine schriftliche Bestätigung erhalten, wenn dies möglich ist; und wenn niemand das Schriftstück in Empfang nehmen will, wird er es bei seiner Rückkehr an einem Pfosten in irgendeinem Grenzdorf der oben genannten Niederlande befestigen.»[14] Genauso verlief die Aktion: Der Wappenherold, begleitet von dem offiziellen Trompeter des Königs, erschien am 15. Mai 1635 vor dem Tor von Brüssel, und der Fanfarenstoß erfolgte nach dem traditionellen Ritus. Der Bürgermeister der Stadt, begleitet von Militärs, wollte den Herold überreden, die Insignien seiner Rolle abzulegen, bevor er in die Stadt komme, was dieser als Falle erkannte und ablehnte. Daraufhin wurde ihm verweigert, in der Stadt Quartier zu nehmen. Der Herold wartete bis zum Abend, da ihm für die jeweils nächste Stunde eine Audienz bei dem Kardinal-Infanten versprochen worden war, die am Ende jedoch nicht stattfand. Niemand wollte im übrigen die schriftliche Erklärung entgegennehmen, so daß der Herold sie am Ende in die Menge warf, die sich auf dem Platz du Sablon vor dem Stadttor versammelt hatte. Nun riefen zwei Herolde Brüssels, die inzwischen erschienen waren, dem Volk zu, daß es verboten sei, das Papier aufzusammeln. Schließlich durchschritten die beiden Abgesandten Frankreichs die Menge, verließen Brüssel und befestigten die Kriegserklärung an einem Grenzpfahl, wozu der Trompeter blies.

Damit war ihr Auftrag erfüllt und der Krieg formgerecht erklärt.

Der Kardinal-Premierminister war sehr zufrieden mit dem korrekten Vollzug des Ritus und beeilte sich nun, auch dem französischen Volk den ihm angeblich aufgezwungenen Krieg zu erklären und den Friedenswillen des Königs zu bezeugen, «um in diesem Krieg einen ehrenvollen sicheren und dauerhaften Frieden zu erreichen, der zudem für alle gelte ... und daß seine Majestät mit aller Leidenschaft auf den erhöhten Ruhm Gottes hoffe und darauf, daß sie über größere Mittel verfüge, ihren armen Untertanen jene Lasten zu erleichtern, die es notwendig gewesen sei, ihnen aufzuerlegen».[15] Nicht aber vorausgesehen hat Richelieu, daß der Krieg mit Spanien dreiundzwanzig Jahre dauern und ihn lange überleben würde.

Wie wenig die offizielle Kriegserklärung den tatsächlichen Beginn der militärischen Konfrontation zum Ausdruck brachte und sich als Scheinritual erwies, verriet die erste Aktion der französischen Truppen, die bereits am 8. Mai die Grenze zu Luxemburg überschritten und die erste Schlacht exakt am Tag der Proklamation von Brüssel geliefert hatten, in deren Verlauf sie unter den Generälen Châtillon und Brézé bei Avins in den belgischen Ardennen ihren ersten Sieg erfochten. 25 000 Mann attackierten einen Teil der Truppen des Kardinal-Infanten, dessen 13 000 Mann vom Prinzen Thomas de Savoie geführt wurden. Trotz geschickter Verteidigung kam es zu einer vernichtenden Niederlage – 4000 Spanier blieben auf dem Schlachtfeld, alle 16 Kanonen wurden erbeutet, und 27 Fahnen fielen in die Hand des Gegners. Unverzüglich marschierte diese Armee auf Maastricht zu und, dort vereinigt mit den Truppen des Verbündeten der Vereinigten Niederlande, geführt von Stathoulder Heinrich-Friedrich, begann die Belagerung der Stadt.

Während Maria von Medici im nahen Brüssel von Panik ergriffen wurde und jammerte: «Man wird mich gefangennehmen, um mich im Triumph nach Frankreich zu bringen und in einem Schloß zu begraben»,[16] sorgte das organisatorische Talent Richelieus dafür, daß die Truppenstärke diverser Armeen von 60 000 auf 160 000 Mann stieg – 134 000 Fußsoldaten und 26 000 Reiter. Nach diesen glanzvollen Anfangserfolgen wendete sich jedoch das Kriegsglück von den Franzosen ab. Im Deutschen Reich, das bis auf die schwedischen Truppen von ausländischen Armeen befreit worden war, erhob sich nun der Kaiser mit erstarkter Macht. So vermochten die kaiserlichen Truppen unter Gallas zunächst das rechte und dann auch das linke Rheinufer unter Bernhard von Weimar den Franzosen zu entreißen und schickten sich an, nach Lothringen vorzustoßen – an ihrer Spitze der von Richelieu entmachtete Herzog Karl von Lothringen.

Der nun europaweite Krieg brachte den Franzosen in Oberitalien einen wichtigen strategischen Vorteil, denn es war ausgerechnet der Herzog de Rohan, lange der aufständische Hugenottenführer gegen Ludwig XIII in Südfrankreich, der mit geringem Truppenkontingent die Alpenpässe des Veltlin zurückerobern und sichern konnte. Aber Gallas erzwang im Oktober die Kapitulation von Saint-Mihiel, und die kaiserlichen Truppen erschienen sogar vor Metz. Ludwig XIII mußte in der Champagne selbst an der Spitze seiner Soldaten in den Kampf ziehen, damit Saint-Mihiel wieder in französische Hand gelangte. Doch wenig später war er gezwungen, sich in das Innere des Landes zurückzuziehen – verletzt in seiner königlichen Würde und militärischen Ehre. Erst gegen Ende des Jahres gelang es, die Kaiserlichen bis an den Rhein zurückzudrängen.

Eine schwere Niederlage mußte Frankreich an seiner nördlichen Front hinnehmen, wo seine Armee, vereinigt mit den holländischen Truppen, gegen den Kardinal-Infanten nicht weiter vorzudringen vermochte. In Lethargie versunken und von Pest sowie Ruhr dezimiert, mußten die Reste dieser Armee, unfähig, sich den Weg nach Süden freizukämpfen, auf holländischen Schiffen übers Meer in die Heimat zurückgeführt werden. Verbittert schrieb Richelieu an Ludwig XIII: «Das Herz blutet mir, wenn ich das Elend sehe, in dem die Flandern-Armee völlig zugrunde gegangen ist ... Das ist von größerer Konsequenz, als man sich vorstellen kann, für die Staatsgeschäfte des Königs, dessen Macht man verachtet ...»[17] Das Ende des Feldzugs von 1635 brachte für König und Minister eine ernüchternde Bilanz.

Die Ernüchterung Richelieus steigerte sich bis zur Verachtung seiner eigenen Landsleute, und das vernichtende Porträt, das er von ihnen in seinem «Testament politique» zeichnete, hat bis heute ihr Selbstverständnis erzürnt und herausgefordert. Diese Härte ist dem

Kardinal-Premierminister niemals verziehen worden, sah man darin doch einen ungerechten Ausbruch seiner Erregtheit angesichts des militärischen Desasters im ersten Kriegsjahr: «Es gibt keine Nation auf der Welt, die so geeignet für den Krieg ist wie die unsere. Der Leichtsinn und die Ungeduld, die sie bei den geringsten Schwierigkeiten hat, sind die beiden Ursachen, die nur zu wahr – zu meinem großen Bedauern – diese Neigung bestätigen.»[18] Richelieu scheute sich nicht, auch anderen Völkern einen unveränderlichen Nationalcharakter zuzusprechen, etwa den Holländern «die Langsamkeit einer schwerfälligen Nation»,[19] aber über seine Landsleute hielt er gnadenlos Gericht: «Sie fürchten nicht die Gefahr, aber sie wollen sich ihr ohne jede Anstrengung aussetzen; die geringsten Schwierigkeiten sind ihnen unerträglich; sie haben nicht die Gelassenheit, auch nur einen Augenblick auf ihr Glück zu warten; sie langweilen sich selbst bei der Fortsetzung ihres behaglichen Zustandes. Zu Beginn ihrer Unternehmungen ist ihr Eifer außerordentlich, und, in der Tat, sie sind nie mehr Männer als in diesem Augenblick. Aber nach nur wenig Zeit verlangsamt ihr Elan … und auf lange Dauer werden sie einer Sache überdrüssig und verweichlichen bis zu dem Grad, daß sie weniger als Weiber sind.»[20]

Während sein «Testament politique» nur für den König geschrieben wurde, dessen melancholisches Menschenbild nicht weit von dem seines Premierministers entfernt gewesen sein dürfte – noch Voltaire hielt das Werk für eine verleumderische Fälschung –, waren seine «Mémoires» für seine öffentliche Rechtfertigung bestimmt. Dort hat er die Ursache für die militärischen Rückschläge in dem fortschwelenden Konflikt der königlichen Familie sowie in der weiterhin offenen Machtfrage mit dem Hochadel gesehen: «All dieses Versagen hat seine erste und tiefste Ursache in dem Unmut, der noch immer die Geister beherrscht, hinsichtlich des Konflikts zwischen der Königinmutter und dem König, der in den Herzen der Mehrzahl einen geheimen Haß gegen die Regierung hat entstehen lassen; die Folge ist, daß es in der Armee fast so viele gegeben hat, die gewünscht haben, daß der Feind über uns den Sieg davontragen möge, wie jene, die gehofft haben, daß der Erfolg zum Ruhm des Königs beitrage.»[21]

Das Jahr 1636 brachte eine weitere Kraftprobe für die französischen Truppen und bestätigte damit den Skeptizismus Richelieus, der sich bis zur Verzweiflung steigerte. Denn Anfang August stießen die Spanier unter dem Kardinal-Infanten bis tief ins Innere Frankreichs vor und erreichten die Somme-Linie, gleichsam den letzten Verteidigungsriegel vor Paris. Die Festungen La Capelle und Le Castelet, wohlversorgt mit Mannschaften und Munition, zeigten wenig Verteidigungsbereitschaft – nach kurzem Kampf öffneten sich ihre Tore dem Gegner. Als Corbie fiel, brach in der Hauptstadt Panik aus. Die Reichen machten sich mit ihrem beweglichen Besitz auf die Flucht nach Orléans, so daß es auf der Straße dorthin zu einem Verkehrschaos der Karossen, Sänften und Lastkarren kam.

Zwar fehlte es nicht an der formalen Verfolgung der Festungskommandanten, die «der König durch den Beschluß seines Kriegsrats vom 14. August dazu verurteilen ließ, von vier Pferden zerrissen zu werden, auf ihren Kopf einen Preis aussetzte, da sie flüchtig waren, ihr Vermögen einzog und sie wie ihre Nachkommen zu Bürgerlichen erklärte».[22] Aber dadurch konnte der Feind nicht am Vordringen gehindert werden, hierzu bedurfte es einer tief aus dem französischen Nationalempfinden aufsteigenden Bewegung. Nun zeigte sich, daß der Kardinal-Premierminister nicht im geringsten in der Lage war, einen solchen Aufbruch zu bewirken, denn im Bewußtsein des Volkes war sein Ruf nur der eines Despoten und Verräters. In dieser zugespitzten Lage verließen Richelieu die Nerven, er brach zusammen, erkrankte schwer und bot – ein weiteres Mal – dem König seinen Rücktritt an, nicht zum Schein, sondern entschlossen, sich in die Einsamkeit einer seiner ländlichen Residenzen zurückzuziehen. In dieser prekären Situation war es der Père Joseph, der sich vor ihm wie ein alttestamentarischer Prophet erhob und die gemeinsamen Ziele der Größe beschwor. Seine Treue zum Kardinal war von um so größerer Aufrichtigkeit, als dieser, 1632 schwer erkrankt, mit Ludwig XIII für den Fall seines «Ausfalls» abgesprochen hatte, daß François de Tremblay, der unter der Kutte des Père Joseph versteckte Edelmann, seine Nachfolge antreten sollte, was jenem nicht unbekannt war.

In dieser Stunde der nationalen Gefahr zeigte sich, daß in Frankreich nur eine Säule in der zerklüfteten politischen Landschaft stabil war – die Monarchie. Ludwig XIII wurde im Gegensatz zu seinem Minister dieser Herausforderung gerecht. Nachdem er sogar im Louvre die wehrfähigen Männer empfangen und umarmt hatte, erschien er an der Spitze seiner Soldaten vor Corbie und traf gegen das mehrheitliche Votum seines Kriegsrats einsam die Entscheidung zu einer riskanten, machtvollen Attacke, die die Festung nicht zu Fall brachte, aber so stark beschädigte, daß der spanische Kommandant zu ihrer Übergabe bereit war, die, wie auch der ehrenvolle Abzug der gegnerischen Soldaten, für den 9. November vereinbart wurde. Langsam konnten die feindlichen Truppen aus dem Land gedrängt werden.

Während der wochenlangen Belagerung von Corbie, als der Kriegsrat des Königs in Amiens tagte, vollzog sich eine Szene, die der Geschichte Frankreichs einen ganz anderen Verlauf hätte bescheren können. Ein weiteres Mal entfaltete sich eine Verschwörung um Gaston d'Orléans, dessen zwei Günstlinge Montrésor und sein Vetter Saint-Ibar sowie drei Offiziere den Plan eines Attentats auf Richelieu entwarfen und dafür die Zustimmung von Monsieur fanden. Der Moment der Aktion war klug gewählt, denn während und nach der Sitzung des Kriegsrats im Gouverneurspalast, an der Ludwig XIII und Richelieu teilnahmen, waren nur die Garden des Königs präsent. In ihrer Gegenwart durften die des Kardinals nicht anwesend sein, und so war dieser, als er nach der Sitzung in den Hof trat und von den Verschwörern umstellt wurde, für einige Minuten schutzlos. Sie warteten auf das vereinbarte Zeichen Gastons, sich mit ihren Dolchen auf Richelieu zu stürzen. Doch dieser zögerte und flüchtete schließlich in den Gouverneurspalast zurück, wo ihn Montrésor fand – von einer Nervenkrise geschüttelt. Der Bruder des Königs verfügte über so wenig Verläßlichkeit, daß er nur zum Verrat seiner Verbündeten, aber nicht zur Ermordung seines größten Feindes fähig war.

DER KONSEQUENTE KRIEG

14. Der späte Dauphin

«Er liebte die Frauen und fürchtete den Skandal»,[1] urteilte Tallemant des Réaux über den Mann in der violetten Robe, und es war der König, dessen Nachrede er am meisten fürchtete, denn Ludwig XIII «war boshaft».[2] So blieb denn seine Passion für die Frauen in den engen Grenzen der politischen Opportunität, die schon seine Beziehung zu Maria von Medici bestimmt hatte, auch wenn er die Grenze einer verführerischen Sympathie kaum überschritten haben dürfte. Einmal und spät, erst 1639, ereilte den ständig kranken Kardinal eine manifeste Versuchung, die ihm sein vertrauter Zuträger, der Abbé Boisrobert, verschaffte. Dieser führte zwei Damen in den Park von Rueil, deren Ruf als Lebedamen nicht im Zweifel stand – Ninon de Lenclos und Marion de Lorme. Bei dieser Visite, die von Serenadenklängen begleitet wurde, beschränkte sich der vorsichtige Richelieu auf die Rolle des unsichtbaren Beobachters.

Doch Marion de Lorme, die im Gegensatz zu Ninon de Lenclos der Versuchung nachgab, besuchte, als Page verkleidet, den mächtigen Mann zweimal, und auch er hatte seine traditionell klerikale Kleidung abgelegt und trug ein graublaues Seidengewand, die Bordüren in Gold und Silber, dazu Stiefel und einen Hut mit Federn. Beide Male soll die Begegnung «gelungen» sein. Danach ließ Richelieu ihr durch einen Diener hundert Pistolen überreichen, die sie zu Boden warf und «sich über den Kardinal mokierte».[3] Auch diesmal hatte der Premierminister nicht vermocht, sich der politischen Nebenabsichten zu enthalten, sondern hatte versucht, die bildschöne Frau, die sich schon leidenschaftlich dem neuen Günstling des Königs, Cinq-Mars, genähert hatte, als Spionin in dessen Nähe zu plazieren. Es war eine grandiose Fehlspekulation.

Einer anderen Dame von unzweideutigem Ruf und Rang, der Prinzessin Marie-Louise de Gonzague, die später Königin von Polen wurde, war er bis zu einer eindeutigen Annäherung zugeneigt, die er kühn zu gestalten wagte. Sie hatte ihn um eine Audienz gebeten, er empfing sie im Bett liegend, doch bei der Versicherung, «er habe stets eine besondere Neigung, ihr zu dienen»,[4] ergriff er ihre Hand, was sie zur Flucht veranlaßte. Dagegen wäre Madame de Chaulnes, die zu dem Kreis der Anhänger Richelieus zählte, deren Schönheit aber bereits verwelkt war, sehr geneigt gewesen, sich seine letzte Gunst zu erwerben, woraus sie auch keinen Hehl machte: «Aus Eitelkeit wollte sie, daß alle Welt glaube, der Kardinal liebe sie.»[5] Dieser Verdacht genügte jedoch bereits seiner Nichte, durch vermummte Marineoffiziere einen Überfall auf sie zu organisieren, so daß zwei Flaschen Tinte auf ihr Gesicht flossen. Über Marie-Madeleine de Vignerot, verwitwete Madame de Combalet und spätere Herzogin d'Aiguillon bemerkte Tallemant des Réaux, der geschwätzig, aber stets wohlinformiert war: «Seine Nichte war schön, und man konnte nicht ungewöhnlich finden, daß er mit ihr vertraulich («familiarement») zusammenlebte.»[6] Wahrscheinlich ist, daß Onkel und Nichte auch den letzten Schritt vollzogen – sicher ist es nicht.

Von geringer Wahrscheinlichkeit ist eine Intrige, die Tallemant des Réaux berichtet – sie verrät jedoch viel über den grenzenlosen Machtwillen, den die Zeitgenossen dem allmächtigen Minister unterstellten: Selbst das dynastische Tabu sei er zu brechen bereit gewesen. Die fortdauernde Kinderlosigkeit Annas von Österreich, in der Richelieu stets eine Gefahr für seine Machtposition sah – wäre doch im Augenblick des Todes von Ludwig XIII der ihm höchst abgeneigte Gaston d'Orléans König von Frankreich geworden –, sei er selbst zu korrigieren bereit gewesen. Eine Hofdame der Königin, Madame de Fargis, die er selbst in deren Umfeld als seine Spionin untergebracht hatte, die jedoch wie auch andere Frauen im Umfeld Annas von Österreich zu ihr überliefen, sollte ihrer Herrin nahelegen, seinem Vorhaben «zuzustimmen, daß er bei ihr den Platz des Königs einnähme; daß sie, wenn sie keine Kinder habe, stets verachtet sein würde und daß der König, krank wie er sei und nicht mehr lange leben könne, sie nach Spanien zurückschicken würde; daß sie statt dessen, wenn sie einen Sohn vom Kardinal hätte und der König bald sterben würde, wie es unvermeidlich sei, sie mit ihm regieren würde, denn er könne keine anderen Interessen als sie haben, da er der Vater ihres Kindes sei. Was die Königinmutter beträfe, er würde sie entfernen, sobald er von ihr die Gunst erlangt habe, um die er nachsuche.»[7] Das Gerücht überliefert jedoch auch zweifelsfrei, daß Anna von Österreich das Ansinnen brüsk zurückwies.

Doch die Tatsache, daß das königliche Paar seit mehr als zwanzig Jahren verheiratet war und das Land seitdem vergeblich auf den Dauphin wartete, war eine schwere Belastung für das Vertrauen in die junge Dynastie der Bourbonen. Ludwig XIII hatte sich zunehmend von Anna von Österreich abgewandt, nachdem sie mehrere Fehlgeburten gehabt hatte und als geheime Parteigängerin Spaniens entlarvt worden war. Abgesehen von seinen Günstlingen, hatte er im Umfeld seiner Gemahlin zwei Hofdamen entdeckt, denen er eine begrenzte Zuneigung entgegenbrachte. Maria de Hautefort machte sich jedoch über ihn lustig, aber Louise-Angélique de La Fayette gewann sein Vertrauen und wurde seine Seelenfreundin. Ihre langen Gespräche waren nicht frei von Politik.

Mademoiselle de La Fayette, die jedoch zugleich der Königin zugetan war und von ihr ermuntert wurde, ihre Zuneigung dem König nicht zu verweigern, war sanft, sensibel und fromm. Ludwig XIII hörte sich ihre Bedenken, daß das katholische Frankreich mit protestantischen Verbündeten gegen das katholische Spanien kämpfe, geduldig an, doch Richelieu fürchtete, daß ihre Vorwürfe die politische Standfestigkeit des Königs erschüttern könnten. Über ihren Beichtvater Père Carré bestärkte er sie in ihrem Wunsch, in ein Kloster einzutreten, wäre sie doch damit aus dem Umfeld des Königs entfernt worden. Als Ludwig XIII ihr dann nahelegte, in seinem versteckten Jagdschloß von Versailles seine Geliebte zu werden, schreckte sie zurück und trat zum Entsetzen des Königs in den Orden Sainte-Marie-de-la-Visitation in der Rue Saint-Antoine von Paris ein. Doch selbst dort besuchte sie der Herrscher regelmäßig, und noch durch das Gitter des Parloir drang sie in ihn, nicht nur Frieden mit Spanien zu schließen, sondern sich auch wieder seiner Gemahlin zuzuwenden, wie es das Sakrament der Ehe und der Wunsch des Volkes nach einem Dauphin verlangten.

In seltener Detailfülle ist jene Nacht vom 5. auf den 6. Dezember 1637 überliefert, in der Ludwig XIII und Anna von Österreich kurz zueinander fanden. Auf dem Weg nach Saint-Maur im Osten von Paris besuchte der König ein weiteres Mal Louise de La Fayette in ihrem Kloster, das vertraute Gespräch zog sich hin, und der Regen strömte. Als es spät und fast schon zu spät für den Ritt nach Saint-Maur war, schlug der Hauptmann der Garden, François de Guitaut, der dem Herrscher treu diente, aber auch bei dessen Gemahlin in Gunst stand, vor, doch im Louvre bei der Königin zu übernachten. Den Einwand Ludwigs XIII, Anna von Österreich speise und nächtige spät, er dagegen bevorzuge, beides früh zu tun, räumte der gewandte Edelmann mit der Versicherung aus dem Weg, die Königin würde sich gewiß gern seiner Gewohnheit fügen, und schickte einen Boten in den Louvre. So teilten die königlichen Majestäten in dieser Nacht das königliche Schlafgemach, das Ludwig XIII seit drei Jahren nicht mehr betreten hatte. Schon im Morgengrauen verließ der König den Louvre, aber am 30. Januar 1638 konnte die jüngst von Théophraste Renaudot gegründete «Gazette», die erste Zeitung Frankreichs, melden, daß der gesamte Hochadel sich in Saint-Germain-en-Laye versammelt habe, «um gemeinsam mit Ihren Majestäten der gemeinsamen Freude Ausdruck zu geben, die eine sehr glückliche Nachricht ausgelöst hat, an der wir Sie, so Gott will, in Kürze teilhaben lassen werden».[8] Am 5. September 1638 wurde der spätere Ludwig XIV im Neuen Schloß von Saint-Germain-en-Laye geboren – der späte Dauphin wurde als «Dieu-donné» begrüßt, doch er war weniger ein Geschenk des Himmels als das kalkulierte Resultat der Staatsräson.

Angesichts der Gefahr, daß der früh von Tuberkulose bedrohte Ludwig XIII kinderlos sterben könnte, hatten die Interessen des Königs, Annas von Österreich und Richelieus zu seltener Einhelligkeit geführt. Die Befürchtung Ludwigs XIII, daß Gaston d'Orléans unfähig und unwürdig der Krone sei, korrespondierte mit der Furcht Annas von Österreich, wegen ihrer Kinderlosigkeit nach Spanien zurückgeschickt zu werden, und Richelieu war sich der Gefahr bewußt, daß beim Tod des kinderlosen Königs dessen Gemahlin und Bruder unmittelbar seinen Sturz als Regierungschef und die Preisgabe seiner antihabsburgischen Politik vollziehen würden. So war es nur logisch, daß er die Geburt des Dauphins nicht nur der «göttlichen Güte»[9] zuschrieb und wie alle Welt «Dieu-donné»[10] nannte, sondern in ihr auch eine Chance für den Frieden in dem sich unerwartet lange hinziehenden Krieg sah. Es war zudem die Zeit, da erste Geheimverhandlungen mit Spanien stattfanden, und so ließ er Ludwig XIII proklamieren, «das Ende des Krieges zum Ruhme Gottes, zur Ruhe der Christenheit und zur Erleichterung seines Volkes zu wünschen»,[11] unausgesprochen jedoch zum einseitigen Vorteil Frankreichs.

Die Geburt des Dauphins diente dem Premierminister, der alles den politischen Interessen Frankreichs unterwarf, ebenfalls nur dazu, den Rang des Königs zu neuen Höhen zu führen, dem eigentlichen Kriegsziel: «seinen Staat zum blühendsten und siegreichsten in der Christenheit zu machen».[12] So galt es nicht nur, im ganzen Land das *Te Deum* erklingen und die Kanonen donnern zu lassen, sondern es sollte auch der Papst in eine doppelte Pflicht genommen werden – Pate des Dauphins und Makler bei den jederzeit möglichen Friedensgesprächen zu sein. Jenen, der sowohl «nützlich für das Vorankommen des Friedens»[13] als auch für die Stärkung der französischen Position sein würde, versäumte Richelieu nicht, dem Papst unmittelbar anzuraten – Mazarin. Aber in Rom erachtete man es weder für angebracht, den wendigen Diplomaten, der sich zunehmend als Parteigänger Richelieus erwies, zum Kardinal aufsteigen zu lassen, noch als Nuntius nach Frankreich zu schicken. So leicht ließ sich der Heilige Stuhl nicht zum Erfüllungsgehilfen der französischen Interessen machen – für einen Siegfrieden Frankreichs, das in ersten Geheimverhandlungen etwa die konzessionslose Einverleibung Lothringens forderte, war es noch zu früh. Der Kardinal-Premierminister konnte nur hoffen, daß jeder Franzose, «der sich zuvor über die Belastungen beklagte, die der Krieg notwendigerweise mit sich brachte, nun ein Heilmittel dagegen in der Geburt des Dauphins finden würde».[14] Er selbst beendete mit diesem Ereignis, das seiner Politik der Größe Frankreichs eine unbegrenzte Zukunft eröffnete, seine «Mémoires». Dieses Kind erschien ihm als Garant für die französische Monarchie, der bald mächtigsten in Europa, und die Geschichte hat seine Vision bestätigt.

Doch der Weg war weit, und Frankreich folgte ihm nur widerwillig – in versteckter Verweigerung der Adel, den er nicht zuletzt durch Hinrichtungen zum Stillhalten gezwungen hatte, in immer erneut aufbrechenden Unruhen das Volk, das durch die ständig erhöhten Steuern und Abgaben an die Grenze der wirtschaftlichen Überlebensfähigkeit und nicht selten in die nackte Armut getrieben wurde. So war es in den Jahren 1636/7 erneut die Rebellion der «Croquants», die sich in zehn Provinzen Mittel- und Südfrankreichs ausbreitete – vom Poitou bis in die Gascogne. Sie besaß keine revolutionäre Kraft, sondern stellte nur die letzte Verzweiflung der einfachen Leute dar, entwickelte sich jedoch zu einer bedrohlichen Herausforderung für die Krone, als sich ein Edelmann namens Antoine du Puy de La Motte de La Forêt bereit fand, dem Aufstand organisatorische Ordnung zu geben.

Später hat er behauptet, dazu unter der Androhung gezwungen worden zu sein, daß andernfalls er und seine Familie massakriert würden. Jedenfalls gelang es ihm, rund 10 000 Mann zu einer disziplinierten Armee zusammenzufügen und sie sogar von Gewalt und Plünderung fernzuhalten – selbst Bergerac vermochte er mit seinen Männern zu erobern. Auch die Kleriker der Region zögerten nicht, sich an seine Seite zu stellen, war doch auch für sie das Elend der Bevölkerung unerträglich geworden. Natürlich vertrieb Puy de La Motte die Steuerpächter und Staatsbeamten und erhob seinerseits maßvolle Steuern, meist auf der Basis des Steuersatzes, der in den letzten Regierungsjahren Heinrichs IV gegolten hatte.

Richelieu setzte den Herzog d'Épernon und dessen Sohn, den Marschall La Valette, der seit dem «Tag der Getäuschten» sein besonderes Vertrauen genoß, gegen die Aufständischen in Marsch. Es kam zu keinen Kampfhandlungen, weil Puy de La Motte sogleich Verhandlungen auf der Basis anbot, daß all seinen Männern der Pardon des Königs garantiert werde. Als er sogar Bergerac räumte, spaltete sich ein Teil seiner Truppen unter einem Handwerker namens Magot ab, die sich mit den «Croquants» von Puy de La Motte eine blutige Schlacht lieferten. Selbst die Bürger von Bergerac eilten dem Edelmann zu Hilfe, und der Handwerker fand den Tod. Die 4000 Gefangenen, die gemacht wurden und in den Gewahrsam der Krone übergingen, empfahl der einfallsreiche La Valette, in die königliche

Armee aufzunehmen, welcher Idee Richelieu, obgleich sie nicht von ihm war, mit Glückwünschen an den Marschall zustimmte.

Weit gefährlicher für die königliche Autorität gestaltete sich im Frühjahr 1639 der Aufstand der «Va-Nu-Pieds» («Barfußgeher») in der Normandie – einziger Auslöser war wiederum die erdrückende Steuerlast. Bis heute ist unentschieden, wer sich hinter dem Pseudonym Jean Nu-Pieds, dem Anführer und Verfasser des Manifests der Aufständischen, verbarg – war es Jean Morell, der Seelsorger der Vorstadtgemeinde Saint-Saturin von Avranches, oder der Edelmann Sieur de Ponthébert? In jedem Fall war die Stadt Avranches das Zentrum des Aufstandes, auch wenn sich die Unruhen über die gesamte Untere Normandie ausbreiteten. Nicht weniger als 12 000 Mann griffen zu den Waffen, als die neuen fiskalischen Auflagen bekannt wurden. Die Regierung verbot, das für den eigenen Gebrauch direkt aus dem Meer gewonnene Salz zu verwenden, und unterwarf jedes Salz der verhaßten hohen Salzsteuer «la gabelle». Damit war die wichtigste Einnahmequelle dieser Küstenregion bedroht, ganz abgesehen davon, daß weitere Steuern angehoben wurden.

Der Volkszorn erreichte einen solchen Grad, daß im Juli ein Justizbeamter von Coutances, der nichts mit der Salzsteuer zu tun hatte, als Steueragent verdächtigt und ermordet wurde – die in ihrer Armut verzweifelten Männer stürzten sich noch auf seinen Leichnam, die Frauen stachen mit ihren Spindeln in seine Augen, und auf seinem Grab in Avranches verkündete eine Inschrift, daß es jedem so ergehen werde, der in die Stadt käme, um neue Steuern zu erheben. Der Gouverneur der Stadt, der Marquis de Canisy, zog sich fluchtartig in die städtische Burg zurück und wurde über Wochen von den Bürgern belagert. Die Aufständischen bemühten für ihre kurzfristigen Siege Gott nicht weniger als Richelieu für seine gewonnenen Schlachten gegen Spanien und feierten ihren Anführer:

«Er wird uns befreien von jenen Leuten,
die sich bereichern auf unsere Kosten
und die des Vaterlands.
Er ist es, den Gott gesandt hat,
in der Normandie
die völlige Befreiung zu bringen.»[15]

«Der Galgenbaum» und «Die Rache der Bauern», Radierungen der Serie «Les Grandes Misères de la Guerre» von Jacques Callot, 1633, Privatsammlung, Wien

que le crime (horrible et noire engeance)
ſtrument de honte et de vengeance,
Et que ceſt le Deſtin des hommes vicieux
Deſprouuer toſt ou tard la iuſtice des Cieux. 1]

Iſrael ex.
Cum Priuil. Reg.
leſcart et par vne ſurpriſe
à mort les mettent en chemiſe,
Et ſe vengent ainſi contre ces Malheureux
Des pertes de leurs biens, qui ne viennent que deux. 17

Die Revolte war so populär, daß sogar die reiche Stadt Rouen von ihr erfaßt wurde, als die Steuern auf die dort gefärbten Stoffe erhöht wurden. Alle Handwerker solidarisierten sich in einem Streik, dem sich auch die Justizbeamten anschlossen. Der Gouverneur der Provinz, der Herzog de Longueville, dessen hohe Autorität die Unruhe hätte verhindern können, war nicht vor Ort, da der Krieg mit Spanien seine Anwesenheit im königlichen Heer an den Grenzen des Landes erforderte. Dasselbe galt für den außerordentlich beliebten Grafen de Guiche, den Gouverneur der Stadt, und so war nur der schwache Erzbischof François de Harlay zur Stelle, der keinen Einhalt zu gebieten verstand. Als der Beamte des Königs erschien, um die neuen Steuern für die gefärbten Tuche einzutreiben, wurde er auf dem Pflaster vor der Kathedrale niedergemetzelt, und jugendliche Banden plünderten die Büros der Steuereintreiber – Steuern sollten nun nur zugunsten von Jean Nu-Pieds erhoben werden. Daraufhin erhielt die bürgerliche Miliz den Auftrag zum Einschreiten, doch ein großer Teil dieser Truppe wendete sich gegen die eigenen Offiziere. Schließlich griffen die wohlhabenden Bürger selbst zu den Waffen und stellten die Ruhe wieder her.

Richelieu dem das Elend des Volkes nicht verborgen geblieben war, schwankte und riet häufig zu Verhandlungen, um größere Schäden zu vermeiden – im Zweifelsfall aber entschied er sich für Härte, besonders wenn die Autorität des Königs angegriffen wurde. Folge der Unruhen waren jedoch verminderte Steuereinnahmen bei gleichbleibenden oder gar gestiegenen Kosten für den Krieg, so daß der Superintendant der Finanzen, Bouthillier, im Oktober verzweifelt an seinen Sohn schrieb: «Ich bin niemals so außer mir gewesen wie jetzt – voll Verachtung für die Geschäfte und unsagbarem Schmerz, da ich sehe, wohin wir gelangt sind … Die Steueragenten verlassen uns, und das Volk will nichts zahlen, weder die alten Steuern noch die neuen. Wir sind nun am Boden des Fasses angekommen und haben nicht mal die Mittel, zwischen guten und schlechten Ausgaben zu entscheiden. Und ich fürchte, daß unser Krieg mit dem Ausland in den Bürgerkrieg umschlägt.»[16]

Mochte Richelieu gegen die «Croquants» noch maßvoll eingelenkt haben, die aufständischen Va-Nu-Pieds traf drakonische Strenge. Der

Kanzler Séguier erhielt den Auftrag zu einer Strafexpedition, und dafür wurden ausländische Truppen, Deutsche und Wallonen, herangezogen, um die Gefahr der Verbrüderung zu bannen. Der befehlshabende Offizier Gassion vermochte ohne Mühe, die Truppen der Va-Nu-Pieds zur Auflösung zu bringen, und schritt dann zur Strafaktion in Avranches. Die Anhänger der Va-Nu-Pieds, deren man habhaft werden konnte, wurden gehängt und anschließend die Stadt zur Plünderung freigegeben. Dann wandte sich Séguier nach Rouen, das er, trotz der Bitten des Erzbischofs Harlay, wie ein Eroberer betrat und Parlament sowie Stadtverwaltung ihrer Funktionen enthob. Seine Truppen wurden bei den Bürgern einquartiert, die sie auf eigene Kosten unterzubringen und zu verköstigen hatten. Die Stadt mußte mehr als eine Million Livres Strafe zahlen, und jenen, deren Häuser während der Unruhen zerstört worden waren, war der Schaden voll zu erstatten.

Doch auch die Krone hielt es mit den Gesetzen im ganzen Land nicht sehr genau. Die Bürger von Abbeville, denen eine Weinsteuer auferlegt worden war, waren diese unter der Bedingung zu zahlen bereit, daß sie von ihnen selbst eingetrieben würde. Der Vertrag wurde einvernehmlich geschlossen, doch wenige Monate später wurde ihnen das Recht der eigenhändigen Erhebung der Steuer abgesprochen und dieselbe, obgleich per Gesetz zeitlich begrenzt, als unbefristet erklärt. Ähnliches ereignete sich in Saint-Quentin, wo die Bevölkerung 50 000 Livres für die Befestigungsanlagen aufbringen sollte und sich auch dazu bereit fand, wenn dafür die Weinsteuer entfiele. Auch darüber schloß man einen von beiden Seiten akzeptierten Vertrag. Als die geforderte Summe gezahlt war, wurde die Weinsteuer doch wieder erhoben – mochte auch Richelieu nachträglich und wirkungslos klagen: Der König verliert «die Reputation seines Wortes».[17] Er selbst forderte immer neue Gelder für seinen Krieg.

Das Jahr 1638 brachte endlich eine Wende auf dem Kriegsschauplatz zugunsten Frankreichs, das zunehmend über ein schlagkräftiges Heer verfügte. Auch sein Verbündeter Schweden gewann unter dem Marschall Baner die Initiative zurück und siegte über die kaiserlichen Truppen in Brandenburg. Der in französischen Diensten stehende Feldherr Bernhard von Sachsen-Weimar konnte im März bei Rheinfelden einen entscheidenden Erfolg über die Armee des Kaisers erzielen und dabei auch den General Johann von Werth gefangennehmen. Entscheidend war, daß mit diesem Sieg die französischen Truppen über den Rhein vordringen und auf Breisach marschieren konnten – die Schlüsselfestung zum Eintritt ins Deutsche Reich. Im August begann die Belagerung, die sich monatelang hinzog.

Währenddessen erlitt Frankreich im September eine empfindliche Niederlage an seiner Südfront, wo seine Truppen unter dem Prinzen von Geblüt Condé und dem General La Valette die Stadt Fontarabia belagerten. Die spanischen Verteidiger zählten nur 7500 Mann, denen 12 000 Belagerer gegenüberstanden, und der Fall der Stadt schien nur eine Frage der Zeit zu sein. Doch die Spanier wagten einen furiosen Ausbruch, sprengten den Belagerungsring und griffen die französischen Truppen so vehement an, daß unter ihnen Panik ausbrach. Richelieu, der unter Aufwendung hoher Finanzmittel die französische Südarmee gut ausgerüstet hatte, gab seiner Enttäuschung, ja Verzweiflung offen Ausdruck: «Der Schmerz über Fontarabia tötet mich.»[18]

Dieser Rückschlag erregte am Hofe so große Unruhe, daß Ludwig XIII eine offizielle Untersuchung anordnete. Condé, der zusätzlich dadurch geschützt war, daß er als Prinz von Geblüt nur im Extremfall eine Verurteilung zu fürchten hatte, erklärte La Valette, den Bruder des Kardinals La Valette, zum Schuldigen, da dieser seinen Truppen nicht den Gegenangriff befohlen habe. Die Verteidigung des Angeklagten lautete, daß er seine Truppen nicht sinnlos der völligen Niederlage habe aussetzen wollen – schließlich seien es «seine» Soldaten in dem Sinn gewesen, daß nur er und nicht die französische Krone sie bezahlt habe. An den Hof befohlen, um sein Verhalten in dem militärischen Desaster zu rechtfertigen, zog es La Valette vor, per Schiff nach England zu fliehen, was die Affäre zum Skandal steigerte. Es kam zum Prozeß gegen den Abwesenden vor einem Sondergericht, denn Ludwig XIII traute dem Pariser Parlament nicht die erwünschte Härte des Urteils zu. So übernahm er selbst den Vorsitz in seinem Gericht, dessen Spruch nur Verurteilung zum Tode lauten konnte. Mangels Anwesenheit des Verurteilten vollzog man dessen Hinrichtung als pompöse Zeremonie *in effigie*.

So waren, um jede defätistische Stimmung zu vermeiden, Siege notwendig, und Richelieu begab sich deshalb selbst nach Saint-Quentin, um die von den Spaniern eingenommene Stadt Catelet zurückzuerobern. Dort gerieten auch Geheimpapiere in seine Hand, die bestätigten, daß sein Schwager Feuquières, der zugleich ein Cousin des Père Joseph war und so geschickt mit Wallenstein verhandelt hatte, hinter seinem Rücken mit dem spanischen Kardinal-Infanten Geheimverhandlungen geführt hatte. Seine Enthauptung erfolgte fast zeitgleich mit dem Fall von Catelet. Doch nun schon seit Monaten wartete man auf die Einnahme Breisachs.

Die Festung, auf einem Felsen über dem Rhein gelegen, verteidigte sich zäh, obgleich keine Hoffnung auf Entsatz bestand, denn der zur Hilfe herbeigeeilte bayerische Herzog Götz war im Juli geschlagen worden, und auch Karl von Lothringen, den der Kaiser im Oktober mit frischen Truppen geschickt hatte, wurde von Bernhard von Sachsen-Weimar zurückgeschlagen. Wie seinerzeit in La Rochelle ereigneten sich auch in Breisach Szenen extremen Grauens, etwa daß ein gefangener Soldat aus der Armee Bernhards, der im Gefängnis gestorben war, von seinen Mitgefangenen in Stücke gerissen und verschlungen wurde. Im Dezember verschwanden in der Stadt verwaiste Kinder auf ungeklärte Weise.

Währenddessen lag in Rueil der Père Joseph, der Stratege der offensiven Deutschlandpolitik, im Sterben, niedergestreckt von einem Schlaganfall. Richelieu rief die Ärzte herbei, wußte aber, daß sein wichtigster Mitstreiter verloren war. Es hat sich mit großer Wahrscheinlichkeit eine hochemotionale Szene abgespielt – der Kardinal-Premierminister, sein engster und einziger Freund, kehrte, nachdem er das Krankenlager verlassen hatte, in gespielter Aufregung an das Sterbebett zurück, um ihm als letzte Freude die Botschaft zuzurufen: «Père Joseph, Père Joseph, Breisach ist unser!»[19] Diese Falschmeldung war eine seltsame Tröstung für den Weg in die Ewigkeit zwischen zwei Geistlichen, ging es doch um so Weltliches wie Leiden und Krieg, nicht jedoch um den Frieden des Seelenheils. Breisach hatte sich am 17. Dezember 1638 ergeben, einen Tag vor dem Tod des Père Joseph, aber die Meldung traf erst zwei Tage später in Paris ein.

Diese Dominanz des Politischen war auch die Konstante bei der Gründung der Académie française, die zu jener Zeit entstand und noch heute eng mit dem Namen Richelieu verbunden ist. Am Hofe Ludwigs XIII standen Schriftsteller und Intellektuelle nicht hoch im Kurs – es zählten die Taten des Degens und nicht die Werke der Feder. Freimütigkeit war gestattet, wenn sie die Frivolität gegenüber Frauen betraf, und ihr Meister war Bassompierre, zumindest bevor ihn Richelieu 1631 für ein gutes Jahrzehnt in die Bastille schickte. Im Dialog mit dem Herzog de Vendôme antwortete er auf dessen Frage: «Sie zählen gewiß zur Partei von Monsieur de Guise, da Sie seine Schwester f ....» «Ich habe alle Ihre Tanten gef ... und liebe Sie deshalb keineswegs mehr.»[20] Derart deftige Konversation war nicht nach dem Geschmack der Marquise de Rambouillet, die deshalb nach ihrer Rückkehr aus Italien den Hof verlassen und ihren eigenen Salon etabliert hatte.

Andererseits war unter Ludwig XIII Freimütigkeit, wenn sie Freiheiten des Denkens betraf, verfemt. Berühmtes Opfer der Unterdrückung all dessen, was nicht der Respektierung der religiösen Dogmen entsprach, war Théophile de Viau. Der Gascogner und Hugenotte war kurz nach dem Tod Heinrichs IV an den Hof gelangt, hatte als Freigeist aber unter Maria von Medici dort keinen Platz gefunden und war an den Hof des als Mäzen bekannten Herzogs de Montmorency in Pézenas gewechselt, wo er zum begünstigten Poeten aufstieg und an den glanzvollen Festen, Promenaden und Theaterspielen einen wesentlichen Anteil hatte. Doch als er 1623 in der Anthologie «Parnasse satyre», die 385 Texte verschiedenster Autoren vereinigte, ein exzessiv vitales Poem unter seinem richtigen Namen zu veröffentlichen wagte, traf ihn der Bann des Pariser Parlaments. Als «Prince des libertins» angeklagt, hedonistischen Gelüsten Ausdruck gegeben zu haben, saß er als Angeklagter in der Concierge, verteidigte sich in einem zweijährigen Prozeß aber bravourös und starb kurz nach seiner Verurteilung zur Verbannung mit nur 36 Jahren an den Folgen der Haft. In Chantilly ehrte der Herzog de Montmorency ihn, der spät zum Katholizismus konvertiert war, mit einer grandiosen Bestattung – nicht weniger als 18 Priester zelebrierten den Ritus. Ludwig XIII, dem Frommen und Gerechten bis zur Selbstgerechtigkeit, hätte eine solche Großherzigkeit ferngelegen.

Théophile de Viau und sein Freund Guez de Balzac waren 1612 als enttäuschte Jungpoeten in die Niederlande aufgebrochen, wo sie jenen geistig-literarischen Freiraum fanden, den Frankreich ihnen nicht bot. Dorthin zog sich 1628 auch René Descartes endgültig zurück und besuchte nur in kurzen enttäuschenden Reisen seine Heimat. Guez de Balzac, der sich mit seinem Freund Viau überwarf und ihn in dessen Prozeß sogar belastete, stieg zur literarischen Instanz der Epoche auf, als er 1624 mit der ersten Ausgabe seiner «Lettres» das Ideal für den gehobenen Prosastil schuf – es war das Jahr, in dem Richelieu erneut an die Macht gelangte, und folgerichtig war das Werk dem neuen politischen Stern gewidmet. Deshalb war es naheliegend, daß Richelieu ihn anregte, ein Buch über Ludwig XIII zu schreiben, gleichsam einen frühen Antimacchiavelli mit dem Titel «Le Prince». Doch als das Werk 1631 erschien, fand es nicht die Zustimmung des nunmehr allmächtigen Ministers, denn Balzac hatte den König gelobt und Richelieu kaum erwähnt – darin sahen dieser und die Zeitgenossen eine versteckte Kritik. Für den Schriftsteller zählte nur die Beziehung König gleich Autorität: «Der Staat wird aufrechterhalten von der Reputation des Fürsten, und der Fürst wird gefürchtet wegen seiner Reputation.»[21] Der zunehmend berühmte Autor zog es aber vor, zum Hof und zur Macht auf Distanz zu gehen, und siedelte sich als «Eremit der Charante»[22] in der tiefsten Provinz an.

Inzwischen aber hatte Richelieu bereits einen Kreis von ihm ergebenen Schriftstellern um sich versammelt – seine Kreaturen, sieben an der Zahl, von ihm reichlich mit Pensionen versehen. Sie hatten ihn nicht nur in glorioser Attitüde zu porträtieren, wie es in mehreren Varianten der Maler Philippe de Champaigne tat, sie waren auch verpflichtet, seine Kriegspolitik zu loben. Dieser Aufgabe diente ebenfalls die unter seiner Ägide 1631 ins Leben gerufene «Gazette», deren Zensur der Père Joseph ausübte und zu deren gefälligen Informanten der König und sein mächtiger Minister zählten, die sich sogar bereit fanden, dort als Autoren für die «richtige» Richtung der neuen publizistischen Institution zu sorgen. Für das Projekt seiner «Mémoires», deren Abfassung 1632 begann, hatte Richelieu den Kreis seiner Soldautoren um weitere sieben erweitert, denn er war, wie selten ein Machtpolitiker, von der Macht des Buches überzeugt, wußte er doch um die Langzeitwirkung des geschriebenen Worts, das allein seinen Ruhm in der Nachwelt lebendig erhalten konnte.

Für ihn suchte auf den Straßen von Paris und in den privaten Zirkeln vom literarischen Salon der Madame de Rambouillet bis zum wissenschaftlichen Korrespondenz-Zentrum des Père Mersenne, der in seiner Zelle an der Place Royal nicht zuletzt die Relais-Station für den fernen Descartes war, der umtriebige Abbé Boisrobert ständig nach neuen Talenten. Dabei stieß er auf eine Gruppe kultivierter Köpfe, die sich seit 1629 um Valentin Conrart gebildet hatte und sich regelmäßig zum geselligen Austausch über literarische Werke, wissenschaftliche Erkenntnisse und auch politische Intrigen traf, ohne daß konspirative Ambitionen im Spiel waren. Conrart, wohlhabender Hugenotte, Sekretär des Königs, lud seine Freunde, nicht selten wie er in hohen Positionen am Hofe, aber auch als freie Schriftsteller nur dem Schreiben verpflichtet, zu sich in die Rue Saint-Martin. Es war ein Ort des freimütigen Austauschs unter Freunden, ein epikureischer Garten mit der Devise «Verberge dein Leben» («Cache ta vie»).[23]

Boisrobert meldete seinem Herrn die Entdeckung des diskreten Freundeskreises, in dem dieser zunächst eine weitere, gegen ihn gerichtete konspirative Zelle vermutete, aber die Idee des Abbé, diesen kultivierten Zirkel sich als Ganzen dienstbar zu machen, indem er zu einer Akademie erhoben würde, die unter der Protektion Richelieus stände, gefiel dem Kardinal-Premierminister so gut, daß er sie sich zu eigen machte. Gedacht als eine Erneuerung jener königlichen Akademien, die unter den Valois-Königen Karl IX und Heinrich III für Glanz gesorgt hatten – beide Herrscher hatten an den Sitzungen teilgenommen –, wollte der Minister des zweiten Bourbonen-Königs auch dessen Herrschaft mit geistigem Glanz versehen.

Zusätzlich würde er sich weitere Federn verpflichten und ein weiteres Dutzend origineller Geister unter seine Kontrolle bringen.

Nicht ohne Abschiedsschmerz unterwarf sich der private Kreis seiner «Öffnung». Diese schloß zahlreiche neue Mitglieder ein, darunter Guez de Balzac und den Lyriker Vincent Voiture. Der Kanzler Séguier übernahm das Patronat, und an konkret verordneten Aufträgen fehlte es auch nicht. Zur Pflege der französischen Sprache sollten ein Wörterbuch, eine Grammatik, eine Rhetorik und eine Poetik entstehen – nur das Wörterbuch wurde realisiert und wird bis heute aktualisiert. Auch der Name Académie française fand sich schnell, ging es doch um nicht weniger, als Frankreich, analog zu seinen Siegen auf dem Schlachtfeld, im Kampf um die in Europa vorherrschende Sprache zu der dominierenden Macht aufsteigen zu lassen: «Es scheint nichts an dem Glückszustand des Königreiches zu fehlen, als aus der Menge der barbarischen Sprachen diese Sprache, die wir sprechen, auszuwählen, und daß alle unsere Nachbarn sie bald sprechen werden, wenn unsere Eroberungen sich fortsetzen wie sie begonnen haben ... daß unsere Sprache, die schon vollkommener ist als jede andere lebende Sprache, alsbald die Nachfolge des Latein antreten kann.»[24] Damit war die Académie française streng in die politische Pflicht Richelieus genommen, und der größte Pamphletist der Zeit, Mathieu de Morgues, der einst in seinen Diensten gestanden hatte, verspottete sie aus dem Exil als «Volière de Psaphon»,[25] jenes griechischen Tyrannen, der als Erfinder der politischen Publizistik galt, weil er Vögel züchtete, die seinen Namen an allen vier Enden der Welt verkündeten.

Auch dem Pariser Parlament war nicht verborgen geblieben, daß der Kardinal-Premierminister sich mit dieser Institution ein neues Instrument für die Herrschaft über die Köpfe verschaffen wollte, und damit war es ein Angriff auf ihre Rechte. Denn die Parlamentsräte beanspruchten nicht nur, daß in ihren Plädoyers und Urteilen das gute Französisch formuliert und ständig verbessert würde, sie übten auch die Zensur über sämtliche neuen Bücher aus, so daß der Spruch einer literarisch urteilenden Akademie unmittelbar in Konflikt mit ihrer moralisch-juristischen Expertise gelangen mußte. So verzögerten sie nach dem königlichen Gründungsakt der Akademie drei Jahre lang deren Registrierung, und erst nach einem kunstvollen Kompromiß wurde ihr im Juli 1637 die gesetzlich gesicherte Existenz anerkannt. Wie umstritten das Recht auf das Richteramt in kulturellen Fragen war, zeigte sich schon im selben Jahr im Streit um Corneilles «Cid».

Doch lag das Renommee der neuen staatlichen Institution weit unter dem der privaten Salons, von denen Madame de Rambouillet den berühmtesten unterhielt. Daneben existierten der von Madame des Loges, deren Koketterie mindestens ebenso anzog wie ihre geistvolle Konversation – hier dominierten die hugenottischen Geister von Saint-Germain, und ihr favorisierter Gast war Guez de Balzac – oder auch der von Madame d'Auchy, um die sich mit glühenden Poemen junge Dichter-Talente scharten, denen sie jedoch die große Poesie-Autorität der Epoche, François de Malherbe, vorzog – er war für barocke Lyrik der anerkannte Meister wie Balzac für die formstrenge Prosa. Doch zwischen den diversen literarischen Zirkeln herrschte eine eifersüchtige Exklusivität – die Damen rivalisierten heftig um den Rang ihrer Gäste, mochten sie von hohem Adel oder geniale Talente sein.

Aber unangefochtene Königin der kultivierten Konversation war Catherine de Vivannes-Savella, verheiratete Marquise de Rambouillet, die nicht nur zusätzlich Spanisch und Italienisch sprach, sondern sich auch das Lateinische angeeignet hatte, um Vergil im Original lesen zu können. Ihr Salon, den sie in der Rue Saint-Thomas-du-Louvre schon 1606 eröffnet hatte, erstreckte sich im ersten Stockwerk über Vorzimmer, Zimmer und Hauskapelle bis in das Prunkgemach des «Blauen Zimmers». Dort empfing die Dame des Hauses, wegen ihrer schwachen Gesundheit ausgestreckt auf einer Chaiselongue, über ihr ein Gaze-Baldachin, unter ihr ein türkischer Teppich, seitlich jeweils ein großer Kandelaber und chinesisches Porzellan, vor ihr eine Reihe von Stühlen und Hockern, auf denen ihre Gäste sich in das Gespräch mit ihr versenken konnten. Kein lautes Wort, diskrete Formulierungen, das gedämpfte Murmeln der Diplomaten, aus deren Milieu sie stammte. Die Marquise de Rambouillet pflegte den gehobenen Sprachstil und verbot jedes derbe Wort – auch durften Bürgerliche nicht eingeführt werden. Aber

Freunde wie Feinde des Kardinal-Premierministers waren dort – nicht zuletzt zur gegenseitigen Observierung – zahlreich versammelt: die Marschälle Bassompierre (bis 1631) und Schomberg, die Herzöge de La Trémouille, de Bellegarde und Saint-Luc, die Prinzessinnen de Condé, de Conti und de Guéméné, und natürlich hatte dort auch der Herzog von Buckingham seinen Auftritt gehabt.

Selbst wenn die Marquise de Rambouillet es nicht an Sarkasmen und Bosheiten fehlen ließ, die sie in filigranen Formulierungen versteckte, ihr Salon stand nicht im Verdacht, in zweiter Dimension ein Versteck für Konspirationen zu sein. Dieses Doppelspiel war bei dem Zirkel von Madame des Loges nicht auszuschließen, die sich, als Parteigängerin der Hugenotten, den politischen Kabalen nicht versagte. Sie hatte sogar Gaston d'Orléans in ihren Kreis gezogen, den seine Vertrauten «den Spatz von Madame des Loges»[26] nannten. Es war die Zeit, da der Bruder des Königs mit Plänen eines Attentats auf Richelieu umging, weshalb dieser ihren Salon durch seine Spione überwachen ließ. Dieses Risiko bestand bei Madame de Rambouillet nicht, denn der Kreis ihrer Gäste schloß gleichsam alle möglichen Gegensätze ein. Mochte auch sein späterer Gegner Mathieu des Morgues anwesend sein, bis er Maria von Medici ins Exil folgte, so stellten der allgegenwärtige und wichtigste Zuträger des Kardinal-Premierministers, der Abbé Boisrobert, und als weitere Spionin seine Nichte, die Herzogin d'Aiguillon, ein Gegengewicht dar. Den Schwerpunkt der Zusammenkünfte bildete die Literatur – bisweilen vorgelesen, ständig diskutiert, und die Reihe der literarischen Berühmtheiten reichte von Malherbe, Balzac, Rancan, Voiture, Desmarets über Madeleine de Scudéry bis zu Pierre Corneille, dessen Theaterstück «Le Cid» in der Saison 1636/7 das gesamte gesellschaftliche Leben von Paris in einen Taumel der Begeisterung und in eine leidenschaftliche Kontroverse riß – in die «querelle du Cid».

Das Stück besaß politische Sprengkraft. Scheinbar entrückt in das mittelalterliche Spanien, brachten die dramatischen Konfrontationen am königlichen Hof von Sevilla den Franzosen doch ihre eigenen Konflikte nahe. Dort ging es um die Ehre der Großen des Hofes, die Pflicht des Sohnes Rodrigue, den geohrfeigten Vater durch Duellforderung an seinem politischen Rivalen zu rächen, der zugleich der Vater der von ihm geliebten Chimène war. Ehre und Liebe geraten in einen furiosen Streit um den höchsten Rang, und nur der versöhnliche Schluß besänftigt die entfesselten Leidenschaften. Richelieu, der das Erfolgsstück sogar mehrfach im eigenen Palais Cardinal aufführen ließ, begegnete der Bewunderung für die «spanischen Verhältnisse» jedoch mißtrauisch – schließlich hatte dieses Land noch vor wenigen Monaten bei Corbie die französische Monarchie an den Rand einer tödlichen Niederlage gebracht. Auch war es der spanische Hochadel, der das Geschehen am dortigen Hof dominierte, während doch der Kampf des Kardinal-Premierministers gerade der Entmachtung der französischen Großen galt. Schließlich lebten deren Rechte beispielhaft in zwei Duellen auf, obgleich Ludwig XIII und sein erster Minister mit immer neuen Gesetzen das Duell verboten hatten, fielen ihm doch jährlich etwa 350 Offiziere zum Opfer, unter denen auch der Bruder Richelieus gewesen war. Doch das Verbot erwies sich stets als wirkungslos, denn im Duell behauptete sich der Anspruch des Adels auf seine ureigensten Rechte, die nur an das Gesetz der Ehre gebunden waren.

Als Corneilles Bravourstück von neidischen Kollegen des Plagiats beschuldigt wurde und ein chaotischer Streit ausbrach, nutzte Richelieu die Gelegenheit, den politisch inopportunen Spanien-Enthusiasmus einzudämmen und zugleich seine gerade kreierte Académie française ins Licht der öffentlichen Anerkennung zu rücken. Sie sollte mit ihrem Spruch den Streit schiedsrichterlich beenden, was ihr einen neuen Rang verschaffen würde – neben und auch gegen das Parlament von Paris. Der Kardinal-Premierminister führte schließlich selbst eine ambitiöse Feder und konnte sich bis zu dem Grad dem poetischen Schreiben ausliefern, daß er seinen Dichter-Gehilfen Desmarets mit der Frage provozierte, was ihm, Richelieu, wohl das «größte Vergnügen» bereite, und auf dessen Antwort, es sei «Frankreichs Glück zu machen», mit Erstaunen erfuhr: «Keineswegs, vielmehr Verse zu machen.»[27] Mit wachsender Leidenschaft wandte er sich dem Theater zu und hielt nicht weniger als fünf Theaterautoren unter Vertrag, um das Hoftheater mit Stücken gehobenen Stils zu versorgen, die jedoch nicht die Beachtung des Publikums fanden. Er ließ in unzweifelhafter Anspielung wissen, daß er allein der Autor der Stücke «Europe» und «Mirame» sei – mit letzterem wurde 1641 die neue Bühne in seinem Palais glanzvoll eröffnet. Die literarische Qualität seiner eigenen Theaterstücke läßt sich auch daran messen, daß eine von ihm verfaßte Komödie so kläglich ausfiel, daß sogar seine Nichte und auch der Abbé Boisrobert ihm dringend von Veröffentlichung und Aufführung abrieten. Er folgte ihrem Rat, aber so widerwillig, daß der Abbé für zwei Wochen in tiefe Ungnade fiel.

So dürfte bei Richelieus Haltung gegenüber Corneille auch Neid im Spiel gewesen sein, zumal «seine» Akademie viel Nachteiliges noch über den Plagiatvorwurf hinaus dem genialen Dramatiker vorhielt, auch wenn sie dessen mitreißenden Sprachduktus lobte. Die Académie française erlangte durch diese Kontroverse ein höheres Maß an Beachtung, und es war das Verdienst Richelieus, daß Schriftsteller und Dichter durch sie generell an Ansehen gewannen, auch am Hofe. Die wirklich großen Talente hielten sich jedoch abseits von ihr und auch von ihm, ihrem Begründer – an erster Stelle Corneille, der sich beim Tod Richelieus in ein ambivalentes Schweigen zurückzog:

«Er hat mir zuviel Gutes getan, um schlecht über ihn zu reden,
Er hat mir zuviel Schlechtes getan, um gut über ihn zu reden.»[28]

15. Der letzte Delinquent

1637 war auch das Jahr, in dem Ludwig XIII an den Fähigkeiten und Methoden seines mächtigen Premierministers zu zweifeln begann – nicht aber an ihrem gemeinsamen politischen Ziel, Frankreich zur dominierenden Macht Europas zu machen. Als Corbie fiel und Paris bedroht war, hatte sich Richelieu erstmals nicht als Herr der Lage erwiesen und den Nimbus der fast übermenschlichen Beherrschung der Staatsgeschäfte eingebüßt. Die immer erneut ausbrechenden sozialen Unruhen, deren einzige Ursache die ständig erhöhten Kriegssteuern waren, weckten im Gewissen des tief religiösen Herrschers die Frage, warum der Krieg nicht mit einem ehrenvollen Frieden beendet werden könne. Auch hatte Ludwig XIII erkannt, daß der Mann, der sein politisches Vertrauen besaß, ihm als Mensch zutiefst mißtraute und ihn bis zu den Personen seines persönlichen Umgangs einschließlich der Dienerschaft mit Spionen umstellte. Seine Freiheit, ein offenes Wort zu äußern, war extrem eingeschränkt, wollte er verhindern, daß es nicht in Stundenfrist seinem Ersten Minister hinterbracht würde. Das allgegenwärtige Mißtrauen Richelieus, das einen engen Ring der Überwachung um ihn errichtet hatte, empfand er zunehmend als bedrückend und bedrohlich.

Um dieser ständigen Beobachtung und Belauerung zu entgehen und darüber zeugenlos klagen zu können, suchte er wiederholt den Weg zu Louise de La Fayette in der Rue Saint-Antoine. Sie im Kloster aufzusuchen und sich mit ihr nur durch das Gitter des Besucherraumes austauschen zu können, war Indiz genug, wie dringend Ludwig XIII nach einem offenen Gespräch verlangte. Einen letzten Partner für das unbelauschte Gespräch fand er schließlich dort, wo das geheime Wort von der Kirche garantiert war – bei seinem Beichtvater, dem Jesuiten Père Caussin. Dieser Geistliche, selbst nicht ohne politische Ambition, aber von großer Aufrichtigkeit, wenn es galt, seine Klagen über die Misere im Land dem König zur Kenntnis zu bringen, ersuchte im Dezember 1637 den Monarchen um eine Audienz – vor der Beichte.

Der Pater entwarf ein weit ausgreifendes Szenario – von den 6000 katholischen Kirchen, die in Deutschland von den protestantischen Verbündeten zerstört worden seien, über das Elend des ausgebluteten Volkes bis zu der in Brüssel im Exil darbenden Königinmutter, von der er ein Schreiben an ihren Sohn aus seiner Kutte ziehen konnte. Sie klagte in ungemilderter Härte «den schlechten Diener» Richelieu an, den es «zunächst, wenn es Ihnen gefällt, gerichtlich zu verurteilen gilt; und dann, wenn Sie ihm das Leben lassen wollen, werde ich auch Ihnen gegenüber gern von meinem Groll ablassen».[1] Ludwig XIII, der nicht nur ein gerechter Herrscher, sondern auch ein guter Sohn sein wollte, zeigte sich betroffen, und auch die verheerenden Folgen des Krieges, die der Beichtvater realistisch zu schildern verstand, entlockten ihm das Geständnis: «Ich sehe die Unordnung, die Sie mir vergegenwärtigt haben ... Ich anerkenne meine Verpflichtung, Abhilfe dagegen zu schaffen, und ich verspreche Ihnen, daß ich ernsthaft daran arbeiten werde.»[2] Dieses Wort, mit dem sich der König band, schien ein gegen Richelieu gerichteter Angriff zu sein und dessen Absetzung in Aussicht zu stellen.

Doch Ludwig XIII, erdrückt von der Dominanz seines Premierministers, dem direkt zu widersprechen er gern vermied, ermunterte den Père Caussin, seine düstere und ungeschönte Sicht der politischen Lage Richelieu persönlich vorzutragen – in Anwesenheit und mit Unterstützung des Königs. So machte sich der mutige Beichtvater auf den Weg nach Rueil – zu der Konfrontation mit dem Kardinal wollte der König alsbald und scheinbar zufällig hinzukommen. Mit vereister Miene hörte sich Richelieu das lange und aufrechte Klagelied des Jesuiten an, doch als jener geendet hatte und eine Reaktion erwartete, mochte sie noch so niederschmetternd sein, kam aus dem Mund des Premierministers kein Wort der direkten Beantwortung – statt dessen holte er zu einem Exkurs über die Hinterhältigkeit der Frauen aus. Als die Ankunft des Königs gemeldet wurde, forderte Richelieu den konsternierten Père Caussin auf, sich zurückzuziehen, da seine Beteiligung an dem Gespräch mit dem Herrscher nicht schicklich sei.

Die Intrige war schmählich gescheitert, und Richelieu bot in scheinbarer Großzügigkeit dem Beichtvater an, sein Amt zu behalten, allerdings nur, wenn er zukünftig die politische Sicht des Kardinals beim König zur Geltung bringe und nicht seine eigene. Seinem Gewissen verpflichtet, lehnte der Jesuit ab und erhielt alsbald vom König den Befehl, sich nach Rennes zurückzuziehen. Richelieu hatte Ludwig XIII gezwungen, auch diese letzte Person, mit der ein offenes Wort möglich war, aus seinem Umfeld zu entfernen. Der König hatte einzig erwirken können, daß sein Beichtvater nicht nach Kanada verbannt wurde, was sein Erster Minister gefordert hatte.

Es war einerseits die fundamentale Tragik Richelieus, daß er zwar das politische Vertrauen Ludwigs XIII, nicht jedoch dessen persönliche Freundschaft zu erwerben verstand – menschliche Nähe hat ihn wohl, abgesehen von seinen Verwandten, nur mit dem Père Joseph verbunden. Andererseits war der König so veranlagt, daß ihn bei aller Härte, der er sich als Herrscher und höchster Militär unterwarf, ein untilgbares Verlangen nach Zärtlichkeit umtrieb – mochte sie bei Frauen bis zur keuschen Seelenfreundschaft reichen oder bei Männern bis zur körperlichen Zuneigung, auch wenn die Grenze zu manifester Homosexualität nicht überschritten wurde. So fürchtete Richelieu bei den Frauen, denen sich Ludwig XIII zuwandte, die heftige sexuelle Leidenschaft, in die sie den Herrscher hätten ziehen können, einschließlich des unabsehbaren Machtmißbrauchs einer politisch ehrgeizigen Mätresse. Louise de La Fayette war dessen nicht fähig, aber vielleicht die hochmütige Marie de Hautefort, der sich Ludwig XIII immer erneut zuwandte, obgleich sie ihn mit ihren Kapricen demütigte. Doch selbst in der Bereitschaft des Königs, sich bis zum Extrem diesem Leiden hinzugeben, lag ein nicht geringes Risiko für ihren politischen Einfluß.

So zog es Richelieu vor, die Neigung des ambivalenten Herrschers auf die männliche Seite zu ziehen, obgleich er unter Luynes bereits bitter erfahren hatte, wie groß die Gefahr sein konnte, wenn der Favorit die Grenze der intimen Freundschaft mit dem Herrscher in Richtung politischer Ambition überschritt. Seine Wahl fiel

1636 auf einen jungen Mann, Henri de Cinq-Mars, den Sohn des verstorbenen Marschalls d'Effiat, der eine seiner Kreaturen gewesen war. Er war erst 16 Jahre alt, lebhaft, heiter und von seltener körperlicher Wohlgestalt. In der Abhängigkeit, in der dessen Familie zu ihm stand, sah der Premierminister eine ausreichende Garantie für die unbegrenzte Verfügbarkeit über den Jüngling und gab ihm trotz seiner Jugend das Kommando über eine Kompanie der Garden des Königs. Im Jahr darauf schlug er ihm vor, die Charge des Grand-Maître de la Garde-Robe des Herrschers zu übernehmen, einen hohen Rang, den Cinq-Mars erst nach langem Zögern akzeptierte, schloß doch das Amt die Strapaze ein, im privaten Umfeld Ludwigs XIII ständig präsent zu sein.

Damit war der neue Favoriten-Kandidat geschickt in der Nähe des Herrschers plaziert, aber dieser nahm mehr als achtzehn Monate keine Kenntnis von ihm. So erhielten die anderen Kreaturen, die Richelieu zahlreich im Hofstaat des Monarchen installiert hatte, den Auftrag, ihn mit Lobeserhebungen auf den neuen Spion des mächtigen Ministers hinzuweisen, mit dem dieser in aller Form vereinbart hatte, jedes Wort Ludwigs XIII getreulich seinem Auftraggeber zuzutragen und dessen Direktiven ebenso getreulich dem Herrscher zu suggerieren. Endlich richtete Ludwig XIII das Wort an seinen Garderobier und erstaunte über dessen lebhaft-heitere Antwort. Der Funke war übergesprungen und entfachte im Herrscher ein loderndes Feuer der Leidenschaft.

Zu dieser Zuneigung gesellte sich verstärkend Eifersucht, denn der jugendliche Cinq-Mars bevorzugte den Umgang mit Marion de Lorme, die er nach kurzem Widerstand eroberte, und stieg mit ihr zum bewunderten Liebespaar von Paris auf. Richelieu, der den Ansprüchen der jungen Schönheit nicht genügt hatte, konnte sich kaum geschmeichelt fühlen, doch hatte er eher den Auftrag seiner präzise gesteuerten Kreatur im Blick, Marie de Hautefort in der Zuneigung des Herrschers zu verdrängen. Die selbstbewußte Hofdame trug selbst nicht wenig dazu bei, indem sie ihre spöttische Verachtung für den König erhöhte und sogar auf ihren Rivalen ausdehnte. Sie spielte zu hoch und wußte um ihren Sturz, als Ludwig XIII ihr brüsk entgegnete: «Madame, meine ganze Zuneigung hat zukünftig

Marquis de Cinq-Mars, Gemälde, Schule der Brüder Le Nain, 17. Jahrhundert, Musée d'Art et d'Histoire, Narbonne

DER LETZTE DELINQUENT

Monsieur de Cinq-Mars. Ich habe erfahren, daß Sie sich ein Vergnügen daraus machen, schlecht über ihn zu reden. Ich bin sehr unzufrieden. Wenn Sie damit fortfahren, werden Sie Gelegenheit haben, es zu bedauern.»[3] Schon am nächsten Tag überreichte ihr ein Offizier den Befehl, sich vom Hof zu entfernen, und als sie in Fontainebleau beim Abschied dem König eine Szene machte, verabschiedete er sie mit der Empfehlung «Verheiraten Sie sich.»[4]

Damit war die Bahn frei für Cinq-Mars, und stürmisch eilte er auf ihr vorwärts, unaufhaltsam selbst für Richelieu. Der König versprach seinem Günstling, den er zum Schrecken seiner Militärs im Feldlager von Arras «lieber Freund»[5] nannte, die hohe Charge des Premier Écuyer. Doch dessen Ehrgeiz, angestachelt von der nun unbegrenzten Zuneigung des Herrschers, verlangte nach der Charge des Grand Écuyer, die der alte Herzog de Bellegarde innehatte. Der sonst so sparsame und persönlich bescheidene Ludwig XIII bezahlte mitten im Krieg, der die Staatskasse bis ins Unerträgliche strapazierte, ohne Skrupel 400 000 Ecus, um den Herzog zum Verzicht und Verkauf seines hohen Amtes zu bewegen. Damit fiel Cinq-Mars auch der Titel Monsieur le Grand zu, aber die Nachricht, die Richelieus treuer Helfer Chavigny dem neuen Vertrauten seines Herrn, Mazarin, nach Turin meldete, war alsbald überholt: «Wir haben einen neuen Favoriten am Hof, es ist Monsieur de Cinq-Mars, vollkommen abhängig von Monseigneur, dem Kardinal.»[6]

Erstaunt und nicht selten entsetzt, nahm der Hof Kenntnis von der bizarren Allianz zwischen Herrscher und Favorit, die sich in Etappen zur Mesalliance entwickelte. So blieb auch dem Chronisten Tallemant des Réaux die makabre Szene nicht verborgen, die sich auf einer Reise abspielte: «Der König legte sich um sieben Uhr zu Bett. Er war nachlässig hergerichtet und trug nur gerade die Nachtmütze. Zwei große Hunde sprangen alsbald auf sein Bett, verunreinigten es völlig und begannen, seine Majestät zu lecken. Er befahl Monsieur le Grand, sich zu entkleiden – dieser kam zurück, geschmückt wie eine Braut. ‹Leg Dich nieder, leg Dich nieder›, sagte er (der König) ungeduldig. Er gab sich damit zufrieden, die Hunde wegzujagen, ohne das Bett herrichten zu lassen, und der Geliebte («mignon») war noch nicht darin, als er ihm schon die Hände küßte.

In dieser glutvollen Zuneigung, wobei er bemerkte, daß die von Monsieur le Grand ihr nicht entsprach, denn er war mit seinen Gedanken ganz woanders, sagte er ihm: ‹Aber mein Freund, was hast Du? Was willst Du? Du bist so traurig.›»[7] Ludwig XIII blieb nicht verborgen, daß sein Favorit lieber in Paris und dort in den Armen von Marion de Lorme gewesen wäre.

Zurück in Saint-Germain-en-Laye versäumte Cinq-Mars denn auch nicht, ein Doppelleben zu beginnen, wenn der König seiner Gewohnheit gemäß früh schlafen gegangen war. Er brach nach Paris ins Marais auf, wo er sich mit freigeistigen Freunden derart den Ausschweifungen hingab, daß nach der Rückkehr im Morgengrauen seine Ermattung einen Tiefschlaf verlangte, weswegen er den Pflichten seiner Charge, für Kleidung und Ankleidung des Herrschers zu sorgen, nicht nachkommen konnte. Auch reichten die Kräfte nicht zur Teilnahme an der vom König ständig gepflegten Jagd, ganz abgesehen davon, daß es dem sich nun in Luxus und Arroganz von seinem Umfeld abhebenden Favoriten nicht behagte, mit robusten Jagdgenossen «die Füchse in ihren Erdlöchern aufzuspüren und mit Sperbern die Amseln auf den Schneefeldern zu jagen».[8] Die Leidenschaft war so einseitig verteilt, daß der König nicht nur die Schulden seines Günstlings bezahlen mußte, die durch eine vergoldete Karosse von skandalöser Pracht in erschreckende Höhen gestiegen waren, er war auch außerstande, die Drohung Cinq-Mars' zu akzeptieren, er könne ihn ja aus Amt und Gunst entfernen – er war zum Sklaven des raffinierten Schönlings geworden.

Da die Leidenschaft des Königs fast nur noch in Leiden bestand, suchte und fand er in Richelieu eine mitfühlende Seele, und dieser sah sich nicht zuletzt dadurch begünstigt, daß zwar sein an der Seite des Herrschers plazierter Spion Cinq-Mars immer weniger Informationen über dessen Tun und Denken lieferte, daß diese Aufgabe aber dafür das Observierungsobjekt selbst übernahm. Es geschah in langen Episteln, die in kurzer Abfolge eintrafen: «Ich bin untröstlich, Sie mit den schlechten Stimmungen von Monsieur le Grand zu behelligen ... Ich nahm meine Rede über seine Faulheit wieder auf, indem ich ihm sagte, daß dieses Laster einen Mann unfähig zu guten Taten mache, daß es nur gut für jene im Marais sei, die sich völlig ihren Vergnügungen ausgeliefert hätten, und daß er, wenn er jenes Leben fortsetzen wolle, sich folgerichtig dorthin wenden müsse. Er antwortete mir arrogant, daß er dazu vollkommen bereit sei. Ich habe ihm geantwortet: ‹Wenn ich nicht klüger wäre als Sie, wüßte ich wohl, was ich darauf zu antworten hätte.› Danach sagte ich ihm, daß angesichts der Verpflichtungen, die er mir gegenüber habe, er nicht in dieser Art mit mir sprechen sollte ...»[9]

Der Kardinal-Premierminister sah sich gezwungen, den widerspenstigen Günstling einer Strafpredigt zu unterziehen, die noch einmal zu dem gewünschten Ergebnis führte, daß der erst neunzehn Jahre alte Favorit sich einsichtig zeigte und Unterwürfigkeit anbot. Es entsprach der juristisch-administrativen Präferenz des mächtigen Ministers, alles und auch das Emotionalste in Vertragsform zu fixieren, mochte dieses Procedere auch von nicht geringer Peinlichkeit sein. Aber es galt, wenigstens der zwischenzeitlichen Versöhnung die Chance einer gestundeten Fortdauer zu verschaffen: «Wir, die Unterzeichnenden, versichern dem, der beauftragt ist, in dieser Angelegenheit tätig zu werden, daß wir miteinander sehr zufrieden und glücklich sind und niemals in einem solchen Einverständnis gestanden haben, wie wir es nun sind. In voller Kenntnis davon haben wir dieses Zeugnis unterzeichnet: Louis. Mit meinem Einverständnis: Effiat de Cinq-Mars. Vollzogen in Saint-Germain, den 26. November 1639.»[10]

Mochte sich die unausgewogene Beziehung zwischen König und Favorit nur mühsam in ein labiles Gleichgewicht einpendeln, das Verhältnis des Kardinal-Premierministers zu seinem Spion wandelte sich schnell – es schlug von Kooperation in Konfrontation um. Richelieu mußte sich ein weiteres Mal eingestehen, daß eine seiner Kreaturen, mit deren bedingungsloser Dienstbarkeit er gerechnet hatte, seinem Einfluß entglitt und sich in einen Gegner verwandelte. Er versuchte zunächst, mit der ihm eigenen Härte Cinq-Mars zu demütigen, etwa bei der Belagerung von Arras, als er anordnete, daß der Günstling nicht an der Spitze seiner zum Einsatz kommenden Gardetruppen ins Gefecht eingreifen dürfe. Doch gelang es diesem, mit dem Heer der Freiwilligen an den Kämpfen teilzunehmen und sich bravourös zu schlagen. «La Gazette» lobte ihn, «sich würdig seiner Titel und den Tugenden des hervorragenden Marschalls (seines Vaters)»[11] gezeigt zu haben. Der Kardinal-Premierminister beklagte dennoch gegenüber Ludwig XIII dessen Feigheit – eine eklatante Verleumdung.

Sein ständig wachsender Ehrgeiz ließ den Favoriten den Blick auf die Prinzessin Marie-Louise de Gonzague werfen, die Tochter des Herzogs de Nevers, dessen Verwandtschaft mit der königlichen Familie Ludwig XIII bestimmt hatte, zu seinen Gunsten einen Kriegszug nach Italien zu unternehmen. Die Dame, einst die Angebetete von Monsieur und später Königin von Polen, lächelte vielversprechend in Richtung des elf Jahre jüngeren Bewerbers – eine vage Verheißung, nicht mehr. Nach langem Zögern wagte Cinq-Mars, für den Plan einer Ehe mit ihr die Zustimmung Richelieus zu erbitten, stieß aber auf einen Widerstand, der sich zur gezielten Demütigung ausweitete. Der Kardinal-Premierminister sah in der Prinzessin zu Recht seine erklärte Gegnerin, hatte er doch ihre Vermählung mit dem Bruder des Königs verhindert, und ihre Verbindung mit seiner Kreatur mußte diese zu ihrer machen. Mit jenem eisigen Hochmut, der zu seinen Methoden der politischen Manipulation zählte, fertigte er Cinq-Mars ab: «Sie ist nichts für einen so kleinen Monsieur.»[12] Doch dieser, der in dem Maße das Vertrauen des Königs gewann, wie jener es verlor, erhielt die Erlaubnis, an den Beratungen des Staatsrats teilzunehmen, und Ludwig XIII hielt es nicht einmal für erforderlich, seinen Premierminister über diese Entscheidung zu informieren. Als Cinq-Mars überraschend im Staatsrat erschien, erhob Richelieu nicht den geringsten Protest – er wußte um seine Niederlage und war wie zum Hochmut fähig auch zur Selbsterniedrigung bereit – Herr jeder Situation.

In der Prinzessin de Gonzague hatte der Favorit des Königs eine Ratgeberin gefunden, die ihm, falls er auf der Leiter des Hochadels höher stieg – warum nicht bis zum Konnetabel? – eine Vermählung in Aussicht stellte und ihn in seinen taktischen Schritten klug steuerte. Beiden war klar, daß der weitere Aufstieg des Günstlings nur über den Sturz des mächtigen Premierministers erfolgen konnte. Dazu aber war unumgänglich, dessen Gegner für sich zu gewinnen – in einem Komplott. Zudem hatte sich die Haltung Ludwigs XIII gegenüber Richelieu so zu dessen Nachteil gewandelt, daß er Anfang 1641 in seinem Günstling sogar einen möglichen Kandidaten für dessen Nachfolge sah.

Der engste Freund Cinq-Mars' war François-Auguste de Thou, gleichaltrig, aus höchstem Amtsadel stammend, denn sein Vater hatte einst die Versöhnung zwischen Heinrich III und dem späteren Heinrich IV ausgehandelt und war unter Maria von Medici zum Minister aufgestiegen. Der junge Mann hatte bereits eine brillante Karriere begonnen, war Parlamentsrat von Paris geworden und stand kurz vor der Ernennung zum Staatsrat. Er war ein unabhängiger Kopf bis zu dem Grad, daß Cinq-Mars ihm die geheimsten Fakten seiner Konspiration nicht zu enthüllen wagte, und seine Kritik an Richelieu betraf nur dessen proprotestantische Außenpolitik, die in seinen Augen zum Nachteil für Frankreich ausfallen mußte.

Sodann stellte sich an die Seite von Cinq-Mars ein Mann, der dagegen höchst subjektive Motive für seine Feindschaft gegen Richelieu besaß. Louis d'Astrac, Marquis de Fontrailles, ein Edelmann aus dem Languedoc, in Ergebenheit an Gaston d'Orléans gebunden, war von der Natur benachteiligt worden, denn er besaß einen Buckel nicht nur hinten, sondern auch vorn. Doch es war ihm gelungen, seine extreme Häßlichkeit durch Geist und Gewandtheit auszugleichen. Richelieu, so berichtet Tallemant des Réaux, hatte die überflüssige Taktlosigkeit begangen, ihn tödlich zu beleidigen, als er sich in seinem Vorzimmer aufhielt und der Premierminister, in Erwartung eines Botschafters, ihm nahelegte: «Entfernen Sie sich, Monsieur de Fontrailles, zeigen Sie sich keinesfalls, dieser Botschafter liebt keine Ungeheuer (monstres).»[13] Wenig später versuchte Richelieu, seinen Fehler zu korrigieren, und erklärte dem Beleidigten, nur gespaßt zu haben – doch dieser verzieh nie.

Das Netz der Verschwörer spannte sich weit bis in den Hochadel aus. Der Herzog de Bouillon, Herrscher über das unabhängige Fürstentum Sedan, das jedoch in Vasallen-Pflicht zu Frankreich stand, sah sich von der expansionistischen Politik Richelieus bedroht und wurde zu seinem heimlichen Gegner. Auch Gaston d'Orléans, der ständig zum Aufstand bereit war, wurde schnell vom Mitwisser zum Mitspieler. Von zentraler Bedeutung für die Verschwörer aber mußte die Haltung Annas von Österreich sein, deren Position nach der Geburt des Dauphins und nach der zwei Jahre späteren eines weiteren Sohnes gefestigt schien, die sich jedoch von der häufig wiederholten Drohung ihres Gemahls bedroht fühlte, ihr die Kinder zu entziehen. Ursache für die Haltung des Herrschers war, daß ihm sein Erstgeborener mit schreiender Abwehr begegnete – erzog sie das Kind zu einer Feindschaft gegen seinen Vater?

In jedem Fall wollte sie nach dem absehbaren Tod des zunehmend kranken Königs ihre Regentschaft nicht gefährdet sehen, und so geriet auch sie in den Umkreis der Konspiranten um Cinq-Mars – allerdings nur als Beobachterin, die sich hütete, auch nur das geringste Beweisstück bei sich zu verwahren. Zugleich aber war ihr bewußt, daß Richelieu, dessen diskrete Hilfe sie mehrmals gesucht hatte, als der König ihr mit dem Entzug ihrer Kinder drohte, von diesem bei dessen Tod als Testamentsvollstrecker und Erzieher ihrer Kinder bestellt werden würde. Sie versäumte deshalb nicht, in einem langen Gespräch mit ihrem Beichtvater Père Carré, der eine Kreatur Richelieus war, plötzlich den Namen Cinq-Mars zu erwähnen. Es war ein Kassiber für den Kardinal-Premierminister – eine versteckte Warnung. Welche der Parteien siegen würde, ihr Sieg wäre sicher.

Den Verschwörern war ihre militärisch schwache Position im Inland bewußt, weshalb sie in logischer Konsequenz eine Verbindung mit Spanien anstrebten. Die Konstellation begünstigte sie, denn Richelieus großer Gegenspieler, der spanische Premierminister Olivares, sah die Armeen und Flotten Philipps IV von Niederlage zu Niederlage zurückgedrängt und die wirtschaftliche Lage seines Landes so erschöpft, daß eine Umkehr dieser Entwicklung nur durch eine kühne Aktion im Machtzentrum des Feindes möglich schien – durch die Beseitigung, und sei es ein Attentat, des französischen Premierministers. So kam es zu geheimen Absprachen der Verschwörer mit Spanien, dessen Vertragspartner Gaston d'Orléans war, der jedoch diesmal nicht den Thron seines Bruders zu usurpieren beanspruchte, sondern als Generalleutnant den König aus der Abhängigkeit Richelieus zu befreien suchte, der ihn angeblich bis zur Unmündigkeit gefesselt hielt. Verräterisch war die Passage, nach der der Umsturz nicht «gegen die Rechte und die Autorität der regierenden, sehr christlichen Königin» gerichtet sei, vielmehr zum Ziel habe, diese Rechte «mit Nachdruck zu unterstützen»[14] – Anna von Österreich hatte ihre Hand im Spiel. Ansonsten wurden die klassischen Bedingungen vereinbart, die die Gegner Richelieus auch in ihren Forderungen für einen Friedensschluß erhoben: Beide Seiten verzichten auf ihre jeweiligen Eroberungen seit Kriegsbeginn, und Frankreich kündigt seine Verträge mit den protestantischen Fürsten in Deutschland. Zur Durchsetzung dieser Ziele stellt Spanien eine Armee von 12 000 Fußsoldaten und 5000 Reitern zur Disposition von Gaston d'Orleáns. In den Augen seines königlichen Bruders bedeuteten diese vertraglichen Absprachen nichts Geringeres als Landesverrat, auch wenn die Verschwörer ihrerseits darin die Rettung des Landes und die Wiederherstellung der Unabhängigkeit ihres Herrschers sahen.

Der Kardinal-Premierminister, dessen Spione sogar die sorgfältigst arrangierten Geheimgespräche beobachteten, hatte erste Informationen über die weitverzweigten Aktivitäten Cinq-Mars' erhalten und reagierte darauf ungeschickt. Jetzt, Ende 1641, stand man vor dem Feldzug ins Roussillon, den der König selbst zu führen gedachte – sein Günstling würde ständig an seiner Seite sein. So bot ihm Richelieu das Gouvernement der Tourraine an, was dessen Verzicht auf den Feldzug eingeschlossen hätte, doch der Favorit, klug geführt von Marie-Louise de Gonzague, lehnte ab und schlug dem König in scheinbarer Großzügigkeit vor, einen würdigeren Kadidaten zu wählen. Richelieu besaß die Schwäche, auch diese Charge noch seinen zahlreichen Ämtern hinzuzufügen.

Im Laufe des Jahres 1641 hatte sich die militärische Lage auch an der Südfront zugunsten Frankreichs entwickelt, denn die Katalanen, extrem auf ihre Privilegien und Freiheiten gegenüber Madrid bedacht, waren zwar bereit, das Land gegen eine französische Offensive zu verteidigen, aber nicht, eine spanische Offensive gegen ihr nördliches Nachbarland zu unternehmen. Ihre Bereitschaft, Rekruten und Gelder für den Krieg bereitzustellen, war denkbar gering, und als Angriff und Belagerung von Fontarabia durch die Franzosen eine Welle des nationalen Widerstands in Spanien auslösten, beteiligten sich die Katalanen daran nicht im geringsten. Schließlich führte ein eher zufälliger Konflikt zur offenen Erhebung der Katalanen, die die übrigen Spanier, vor allem die Kastilier und Madrilenen, nicht länger in ihrer Provinz dulden wollten und dabei auch vor deren Ermordung nicht zurückschreckten. Der spanischen Zentralgewalt gelang nur, die drei Festungen Salsen, Collioure und Perpignan zu halten.

Zunächst verlangten die Aufständischen von Philipp IV nur, die Besatzungen dieser Zitadellen abzuziehen, doch dann, als ihre Forderung nicht erfüllt wurde, erklärten sie sich für unabhängig und riefen Ludwig XIII zum Grafen von Barcelona – zu ihrem neuen Herrn – aus, allerdings in der Erwartung eines separaten Status für ihre Region in Verbindung mit Frankreich. Richelieu zögerte einige Monate, in die offene Flanke Spaniens vorzustoßen, da die Franzosen in Barcelona keineswegs beliebt waren. Maßvolle Unterstützung ließ er ihnen bei der Eroberung von Collioure und Salsen zukommen, aber als sie nicht Herr von Perpignan werden konnten, wurde für das Frühjahr 1642 der Feldzug ins Roussillon beschlossen. Diese Bedrohung der Integrität Spaniens, das zur selben Zeit auch seine Herrschaft über Portugal verlor, war für seinen Premierminister Olivares der Grund, in einem letzten, fast verzweifelten Versuch, die Attacke mit einer Gegenattacke auf seinen Gegenspieler zu beantworten – mit dessen Ermordung.

Anfang Februar brach der Hof von Fontainebleau nach Perpignan auf – Anna von Österreich blieb mit ihren beiden Söhnen in Paris. Cinq-Mars, an der Seite des Herrschers, hatte reichlich Gelegenheit, ihn auf das Elend im Land hinzuweisen und mit dem Vorwurf zu konfrontieren, daß Richelieu den Krieg vor allem zur Erhaltung und Vergrößerung seiner Macht führe und deswegen die Optionen für den Frieden im unklaren lasse. Auf Anraten seines Freundes de Thou, der im Gegensatz zu Cinq-Mars vor einem Attentat auf Richelieu zurückschreckte, schlug der Günstling dem König vor, doch einen geheimen, aber offiziellen Botschafter nach Rom und Madrid zu entsenden, um dort die Bedingungen für einen ehrenvollen Frieden zu ermitteln. Ludwig XIII akzeptierte den Vorschlag sofort, und die klug-offene Haltung des jungen de Thou machte ihn zum Gesandten für diese Mission. Der König gab sogar den schriftlichen Auftrag dafür, ohne den de Thou nicht abreisen wollte. Damit hatte er sich zum ersten Mal von seinem Premierminister entfernt, ja diesem eine politische Falle gestellt – sein Vertrauen in ihn war brüchig geworden.

Die Bereitschaft des Herrschers, sich von seinem Premierminister zu trennen, und sei es durch dessen gewaltsamen Tod, schien gegeben, und auf der Zwischenstation in Briare bot sich die erste Gelegenheit. Richelieu und Ludwig XIII arbeiteten allein in einem Raum an den Plänen des Feldzugs bis in die Nacht, und die Mitverschwörer bedrängten ihren Anführer, das Attentat zu vollziehen, mochte der Premierminister auch in Anwesenheit des Herrschers ermordet werden. Doch Cinq-Mars lehnte ab, er wollte die Tat nicht ohne die ausdrückliche Zustimmung des Königs wagen. Die zweite Möglichkeit ergab sich in Moulins, als Ludwig XIII sich ein weiteres Mal über die erdrückende Dominanz Richelieus bei seinem Günstling beklagte. Dieser, unterstützt vom Grafen de Tréville, dem Kapitän der königlichen Garde, schlug vor, ihn doch zu entlassen. Darauf betonte der König die Schwierigkeit, sich von einem so langjährigen und für das Land so exzellenten Diener zu trennen. Um die Schwierigkeit einer langen Trennung zu umgehen, entfuhr Cinq-Mars der Vorschlag: «Der kürzeste und sicherste Weg sei, ihn ermorden zu lassen, wenn er in das Appartement (des Königs) käme, in das die Garden des Kardinals nicht eintreten würden.»[15] Der König erstarrte und erwiderte nach einer langen Pause: «Er ist Kardinal und Priester, ich würde exkommuniziert werden.»[16] Daraufhin erbot sich de Tréville, nach vollzogener Tat, an der sein Anteil als Mittäter nicht gering sein würde, selbst nach Rom zu reisen, um die Absolution zu erlangen. Doch Ludwig XIII sagte kein weiteres Wort. Das geistliche Gewand, das Richelieu trug, hatte nicht geringen Einfluß auf das Zurückschrecken des Herrschers, der im Fall des Edelmanns Concini nicht gezögert hatte.

Die Verschwörer verschoben die Tat auf eine neue Gelegenheit in Lyon, wo auch Gaston d'Orléans und der Herzog de Bouillon anwesend sein würden und wo sich die Situation der isolierten Zusammenarbeit von Ludwig XIII und Richelieu wiederholte. Der Kardinal-Premierminister, dem die Pläne der Verschwörer nicht bekannt waren, dem jedoch die unruhige Erwartung der Höflinge auf ein abruptes Ereignis nicht entging, erschien mit dem Kapitän seiner Garden, doch die Überzahl der Verschwörer in Anwesenheit des Königs war groß – sie warteten auf ein Signal von Cinq-Mars. Aber dieser zögerte, konnte sich zur blutigen Tat nicht entschließen – ihm fehlte der Mut, wie er schon Gaston d'Orléans in Amiens gefehlt hatte. Es wäre ein historischer Wendepunkt gewesen, denn mit dem Vollzug des Attentats hätte Frankreichs Entwicklung eine andere Richtung genommen.

Als die französische Armee vor Perpignan angelangt war, war ihr Richelieu nicht bis zu diesem Ziel gefolgt, sondern in Narbonne geblieben und glaubte seinen Kampf um die Macht verloren. Am 23. Mai diktierte er sein Testament und verteilte seine angehäuften Reichtümer auf die große Zahl seiner Familienmitglieder. Es war für ihn, dessen rechter Arm sogar die Unterschrift verweigerte, bereits ein Schritt aus dem Leben und zugleich eine Flucht vor dem Tod, den in einem Attentat zu finden ihm seine Geheimagenten als Gefahr signalisierten. Zugleich fürchtete er das Schlimmste, den politischen Absturz, die Entmachtung durch den König, und so begann er die Rückreise in Richtung Tarascon, die er mit seiner in den Sümpfen von Narbonne geschwächten Gesundheit begründete. In der Festung Tarascon fühlte er sich sicher, außerdem konnte er im nahen Avignon, der Enklave des Kirchenstaats, als Mann der Kirche stets Schutz finden, war es doch auch der Ort seines frühen Exils gewesen.

Währenddessen nutzte sein Gegenspieler Cinq-Mars vor Perpignan die Gelegenheit, nun ungehindert seinen persönlichen Einfluß auf Ludwig XIII ausüben zu können, schlecht. Weit entfernt von den psychologisch raffinierten Ratschlägen der Prinzessin de Gonzague fiel er zurück in seinen ausschweifenden Lebensstil und in die unverhüllte Mißachtung des Königs – sogar dessen schlechten Atem beklagte er. Ihrer beider Beziehung degradierte bis zu der Klage des Königs: «Es gibt keinen Menschen, der mehr den Lastern verfallen ist und der sich weniger gefällig aufführt. Das ist der Undankbarste der Welt. Er läßt mich manchmal Stunden in meiner Karosse warten, während er sich rumtreibt. Ein Königreich reicht nicht für seine Aufwendungen. Er besitzt mehr als dreihundert Paar Stiefel.»[17]

Trotzdem lud sich die Atmosphäre am Hof in Perpignan und in Paris mit Gerüchten vom unmittelbar bevorstehenden Sturz des Kardinal-Premierministers auf – gleichsam ein zweiter Vorabend des «Tags der Getäuschten». Zunächst schien Richelieu der Getäuschte zu sein, denn es gelang dem Abgesandten der Verschwörer, dem Marquis de Fontrailles, obgleich von einem Spion des Premierministers verfolgt, den Vertragsentwurf nach Madrid zu bringen, wo er am 13. März von Philipp IV unterzeichnet wurde. Der spanische König exponierte sich bis zu dem Grad, daß de Fontrailles nicht nur den Vertrag eingenäht in seinem Mantel trug, sondern auch ein Schreiben des Königs an Gaston d'Orléans mit guten Wünschen für das Gelingen der Konspiration. Dem Boten gelang es, sich auf der Rückreise der Beobachtung der Spione Richelieus zu entziehen und die Papiere Cinq-Mars in Narbonne zu übergeben. Aber dann, am 9. Juni, als der Kardinal-Premierminister in seinem Baldachin-Bett, getragen von vierundzwanzig kräftigen Männern, Arles erreicht hatte, gelangte ein bis heute nicht eindeutig identifizierter Bote bei ihm an und überbrachte ein seine Macht rettendes Dokument – eine Abschrift des Geheimvertrages zwischen Gaston d'Orléans und dem spanischen König.

Richelieu kehrte schlagartig ins Leben zurück, befahl seinem Ersten Sekretär: «Bringen Sie mir eine Fleischbrühe, ich bin ganz verwirrt»,[18] ließ die Türen schließen und gab den Auftrag, sogleich mehrere Abschriften herzustellen. In großer Eile machte sich sein Vertrauensmann Chavigny auf den Weg nach Narbonne zum König, wo er am 12. Juni im Morgengrauen eintraf. Gemeinsam mit Richelieus Kreatur vor Ort, dem Sieur de Nogent, gelang es ihm, den König beim Lever in einen Nebenraum zu ziehen, Cinq-Mars von dem Zutritt auszuschließen und die Beweise der Verschwörung so unabweisbar zu präsentieren, daß der widerstrebende Ludwig XIII nicht länger an eine Machenschaft seines Premierministers glauben konnte, sondern den Verrat seines geliebten Günstlings zur Kenntnis nehmen mußte. Er konnte, auch wenn er gewollt hätte, nicht anders – die Verhaftung von Cinq-Mars sowie die seiner Mitverschwörer

Thou und Bouillon, der in Casale die italienische Armee kommandierte, war unausweichlich. Er gab den Befehl.

Generationen von Historikern haben zu enthüllen versucht, wie das verräterische Dokument in die Hand Richelieus gelangte, zumal dieser selbst dazu beitrug, die Spur zu verwischen. Er setzte die Legende in Umlauf, daß in einem an der Küste Kataloniens gestrandeten Fischerboot, das den Boten des Vertrags transportierte, sich die Vertragskopie gefunden habe. Vom Marschall de Schomberg über Philippe de Béthune, den Vertrauten von Monsieur, bis zu dem französischen Spion Pujols in Madrid reichten die Vermutungen, doch nur sehr geringe Zweifel bleiben daran, daß es Anna von Österreich war, die in der Furcht, mit der Entfernung ihrer Kinder, mit der der König erneut gedroht hatte, auch die Regentschaft zu verlieren, den Verrat beging – im Vertrauen darauf, daß Richelieu den König von der Realisierung seiner Drohung abbringen würde, was geschah, wofür sie sich beim Kardinal-Premierminister alsbald bedankte. Er seinerseits zeigte sich schweigend dankbar, vermochte doch dieses Schweigen auch die Garantie dafür zu sein, daß keinerlei Nachforschungen angestellt wurden, wie sie in den Besitz der Kopie des Vertrages gelangt war – nicht doch als Mitwisserin oder gar Mitverschworene?

Der Gegenschlag, den der nun in seiner Macht wieder unantastbare Kardinal-Premierminister gegen seine Gegner führte, war ohne jede Milde und reichte sogar bis zum König, der an ihm gezweifelt hatte. Cinq-Mars, der zusammen mit Fontrailles im Vorzimmer des Herrschers dessen langes Gespräch mit den Abgesandten Richelieus bemerkt hatte, sah die Gefahr, glaubte aber, nicht mehr als seine Verbannung fürchten zu müssen. Fontrailles hingegen verließ sofort die Stadt und erreichte, verkleidet als Kapuziner, England. Auch beachtete der Favorit ein Billet nicht, das man – oder jemand im Auftrag des Königs, der seinem Liebling den Tod ersparen wollte? – ihm zusteckte: «Man will Ihnen ans Leben.»[19] Als auf königliche Anordnung die Stadttore geschlossen und der Verhaftungsbefehl ausgerufen wurde, versteckte sich Cinq-Mars bei einer Frau namens de Siouzac, deren Liebhaber er war. Im Morgengrauen wurde verkündet, daß jeder, der den Verräter verberge, des Todes sei

– Madame beichtete ihrem Gemahl alles. Cinq-Mars wurde noch im Bett verhaftet und rief auf dem Weg in die Festung Montpellier aus: «Ach, muß man mit zweiundzwanzig Jahren sterben, muß man in so glücklicher Zeit gegen sein Vaterland konspirieren.»[20]

Wenig später glitt das Schiff, auf dem Richelieu in einem mit rotem Samt ausgeschlagenen Gemach auf seinem Bett lag, auf der Rhône nach Norden – im Schlepptau ein Gefängnisboot mit de Thou, begleitet von weiteren Schiffen mit Höflingen, Hochadligen, Kirchenfürsten und Dienern, während zu beiden Seiten des Ufers Kompanien von Scharfschützen marschierten. Unablässig schrieb der Premierminister, damit Perpignan fiel, das die Spanier am 9. September verließen, damit Sedan besetzt werde, was Ende des Monats der Fall war, und es erreichten ihn Siegesmeldungen auch aus Deutschland, wo die Schweden auf dem Vormarsch gegen die Kaiserlichen waren. Mit Mazarin an der Seite, den er Anna von Österreich spöttisch mit den Worten: «Madame, Sie werden ihn sehr lieben, denn er gleicht Buckingham»[21] vorgestellt und 1641 zum Kardinal «gemacht» hatte, bereitete er die französische Position für die Friedensgespräche in Osnabrück und Münster vor, die er selbst nicht mehr führen konnte, sondern seinem Nachfolger überlassen mußte, der jedoch dort nichts anderes als seine Politik durchsetzte. Mit Genugtuung dürfte ihn auch die Nachricht erreicht haben, daß seine langjährige Gönnerin und Gegnerin Maria von Medici am 3. Juli in Köln gestorben war – völlig verarmt und um ihre letzte Hoffnung gebracht, denn auch sie war Mitakteurin der Verschwörung von Cinq-Mars gewesen.

Trotz seiner vielfältigen politischen Aktivitäten war dieser weitblickende Staatsmann, der die europäischen Mächte unter wachsamer Kontrolle hielt, in die Details des Prozesses gegen den Favoriten des Königs verbissen, mochte dessen Hochverrat ihn auch umweglos aufs Schafott bringen. Mit dem Kanzler Séguier, der als Richter den Prozeß leitete, verabredete er, genauer er befahl ihm, welche Schritte bis zur Androhung der Folter zu vollziehen seien. Gnadenlos hatte er auch den jungen de Thou im Visier, für den die Beweise, weil er bewußt von Cinq-Mars über den spanischen Vertrag nicht informiert worden war, zur Anklage auf Hochverrat nicht ausreichten.

Da beide nicht gestanden, setzte er seinen skrupellosesten Gehilfen in Marsch, den Baron de Laubardemont, der schon in Loudon in seinem Auftrag eine blutige Spur hinterlassen hatte. Dieser unterbreitete Cinq-Mars das Angebot des Kardinal-Premierministers, Folter und Tod würden ihm erspart bleiben, wenn er ein Geständnis ablege. Der Günstling ging in die Falle und bezog seinen Freund in das Geständnis ein. Die beiden jungen Männer stiegen am 12. September auf das Blutgerüst in Lyon und starben in würdevoller Haltung. Das Volk erzürnte sich und steigerte seine Verachtung für den in seinen Augen zum Moloch gewordenen Premierminister, dem die Stimmung im Land nicht verborgen blieb, aber unberührt ließ.

Er hatte an dem Tag, als das Tribunal eröffnet wurde, Lyon verlassen, und als ihn später die Nachricht von der vollzogenen Hinrichtung erreichte, schrieb er an seinen Gefolgsmann Chavigny: «Diese drei Worte werden Sie darüber informieren, daß Perpignan in der Hand des Königs ist und Monsieur le Grand sowie Monsieur de Thou sich in der anderen Welt befinden, wo sie, worum ich Gott bitte, glücklich sein werden.»[22] Langsam bewegte er sich nach Norden, meist zu Wasser, aber auch zu Lande – dann mußten für sein großes Reisebett nicht selten die Fensterkreuze jener Häuser eingeschlagen werden, in denen er zu nächtigen beschlossen hatte, da die Türöffnungen zu klein waren. Aber nichts hinderte ihn, nun die weiteren Verschwörer zu verfolgen, zunächst den Herzog de Bouillon, der sein Leben gegen die Integration von Sedan in die französische Krone retten konnte, sodann Gaston d'Orléans, den er zum Schein mit einer hohen Charge als Truppenkommandant betraute, damit er nicht ins Ausland flüchtete.

Als ihm der Fluchtweg versperrt war, zwang ihn der Kardinal-Premierminister, die Echtheit der Kopie des Vertrages mit Spanien unter Eid zu bestätigen, denn der Bruder des Königs hatte das Original aus Furcht vor Entdeckung verbrannt. Damit nicht genug, erpreßte er von ihm, der seine Schuld unter Verrat aller weiteren Verschwörer und Geheimnisse – außer der Beteiligung Annas von Österreich – eingestanden hatte, eine Erklärung von seltener Demütigung: «Wir betrachten uns schon als gut behandelt und verpflichten uns dazu, wenn es Seiner Majestät gefällt, uns wie eine einfache

Privatperson in ihrem Königreich leben zu lassen, ohne Teilhabe an einer Regierung, ohne Gendarmen und Leichte Reiterei zu rekrutieren, ohne jemals einen öffentlichen Posten zu fordern ...»[23] Die Erniedrigung war ein so tiefer Eingriff in das salische Recht, dem die Monarchie ihre Macht verdankte, daß Ludwig XIII diesen Verzicht seines Bruders auf jeden Anteil an der Macht nach dem Tod Richelieus und kurz vor seinem eigenen für nichtig erklärte.

Es blieb dem Kardinal-Premierminister auf dem Weg seiner Abrechnung, die sich nicht ohne die emotionalen Untiefen der Rache vollzog, nur noch eine Person – Ludwig XIII. Als Richelieu ihm nach dreimonatiger Trennung am 14. Oktober in Fontainebleau wieder begegnete, war seine angebliche oder reale Angst, ein Schicksal wie Concini erleiden zu müssen, so groß, daß er sich nicht zum König begab, sondern dieser sich zu ihm bequemen mußte. Es war der unübersehbare Vorwurf, daß in der Umgebung seines Herrn seine Mörder auf ihn warteten. Er benannte sie auch: die Offiziere der königlichen Garde de Tilladet, des Essarts, de La Salle und den Leutnant der Musketiere de Tréville, der sich zum Attentat bereit gezeigt hatte. So verlangte er von Ludwig XIII deren Entfernung aus seinem Dienst, und als dieser zögerte, zog er sich eilig nach Paris zurück, in sein Palais Cardinal, den sichersten Ort.

Von dort schickte er dem König im Wochenabstand drei Memoranden – es waren unverhüllte Ultimaten. Das wichtigste Instrument seiner Drohung waren die ständig angedeuteten Geständnisse Cinq-Mars' über die angebliche Unzufriedenheit des Königs mit seinem Premierminister, die dieser gegenüber dem Richter Séguier bis zu dem Maße gemacht habe, daß man ihm habe das Wort abschneiden müssen. Auch habe man ihn nicht der Folter unterwerfen können, um weitere, den König kompromittierende Äußerungen zu vermeiden. Damit war Ludwig XIII auf die Anklagebank gerückt, und in der Gewißheit, daß der König nun ohne jede Alternative zu ihm war, bot er für den Fall, daß Cinq-Mars die Wahrheit gesagt haben könnte, «sehr demütig an, ihm zu gestatten, sich vom Hof zurückzuziehen».[24] Sollte aber der Favorit, der ja als Verräter und Lügner entlarvt und verurteilt worden sei, in seinen Geständnissen auch nur Verleumdungen ausgestoßen haben, so könnte und müßte, da er, Richelieu, an der Loyalität des Königs gegenüber seinem ergebenen Premierminister nicht den geringsten Zweifel habe, ihrer beider Beziehung auf eine neue Basis des Vertrauens gestellt werden – zu fünf Bedingungen:

«Erstens, daß Seine Majestät zukünftig keinen Favoriten habe außer dem Gelingen der Staatsgeschäfte, die allein seinen Geist beherrschen müßten.»[25] Zweitens habe der König nur seinem Staatsrat zu vertrauen und dessen Mitgliedern alles zu enthüllen, was zu deren Nachteil sei, drittens dürfe er die Geheimnisse des Staatsrats gegenüber niemandem preisgeben, viertens müsse im Staatsrat jeder ungehindert und ohne Nachteil seinen Standpunkt vertreten können, und fünftens «wäre es für Seine Majestät angebracht, seinen Hof von Zeit zu Zeit von schlecht gesinnten Geistern zu reinigen; die Vernunft verlange schließlich, daß sie verbannt würden, noch bevor sie entlarvt seien, um der Wirkung ihrer bösen Absichten zuvorzukommen, die oft kaum heilbare Schäden verursachten (wie in der Affäre des Sieur le Grand sichtbar), wenn man vernachlässige, dieses Heilmittel dagegen anzuwenden.»[26]

Ludwig XIII, den mit seinem übermächtigen Minister bei allem Vertrauen in dessen politische Fähigkeiten nun nur noch menschliches Mißtrauen verband, antwortete lange nicht. Im dritten Memorandum datiert vom 13./14. November, erhöhte Richelieu ein weiteres Mal den Druck, indem er in einer langen Liste die Aussagen konkretisierte, die Cinq-Mars als Anklagen des Königs gegen seinen Premierminister gestanden habe, etwa daß er, der König, «nicht mehr den Zwang ertrage, den ihm der Kardinal auferlege»,[27] oder daß er, Cinq-Mars, «nichts gegen den Kardinal unternommen habe, das nicht die Zustimmung des Königs gehabt habe».[28] Doch darüber hinaus verlangte Richelieu, der um den zunehmenden Friedenswillen seines Herrn wußte, daß dieser die Bedingungen für ein Ende des Krieges mit Spanien benenne, «die blindlings vom Kardinal befolgt würden».[29]

Erst jetzt bequemte sich der König zu einer Antwort und befreite Richelieu von der Anspannung, doch noch die Macht zu verlieren und sein politisches Werk einstürzen zu sehen. Fast wörtlich unterwarf er sich den fünf Bedingungen, die Richelieu ihm gestellt hatte, und legte auch die Richtlinien für einen Siegfrieden fest, die vollständig den politischen Zielen seines Premierministers entsprachen: «Was den Frieden betrifft, ist es notwendig, daß ich mich dem Gelächter der ganzen Welt aussetzen und meinen Feinden Gelegenheit geben würde, einen neuen Krieg gegen mich zu beginnen, wann es ihnen günstig erscheint, wenn sie nicht die Kosten des Krieges bezahlen würden, den zu führen sie mich gezwungen haben. Es darf nicht davon die Rede sein, Lothringen, Arras, Hedin noch Bapaume, Perpignan und das Roussillon, Breisach und jene Plätze im Elsaß, die an Lothringen grenzen, zurückzugeben.»[30] Damit überdauerte der politische Wille von König und Kardinal-Premierminister, Frankreich zur dominierenden Macht in Europa aufsteigen zu lassen, den Bruch ihrer menschlichen Beziehung und überlebte auch einen der größten Staatsmänner, die das Land je besessen hat.

Den letzten Akt seines Lebens, das nun nur wenige Tage von seinem Ende entfernt war, vollzog Richelieu als perfektes Ritual. Der Sterbende spuckte Blut, erlitt Erstickungsanfälle, verlor zeitweise das Bewußtsein. Ludwig XIII besuchte ihn, alle Anwesenden hatten den Raum zu verlassen – in diesem testamentarischen Gespräch soll er dem König Mazarin als seinen Nachfolger empfohlen haben. Dem Pfarrer Le Tonnier von der Gemeinde Saint-Eustache, zuständig für das Palais Cardinal, gab er auf dessen Aufforderung, seinen Feinden zu vergeben, die berühmte und wenig wahre Antwort: «Ich habe niemals andere Feinde als die des Staates gehabt.» («Je n'ai jamais eu d'autres ennemis que ceux de l'État.»)[31]

Als er sich dem Tod nahe wußte, bat er seine Nichte, die Herzogin d'Aiguillon, die, aufgelöst in Tränen, sich nicht von ihm trennen wollte: «Erinnern Sie sich, daß ich Sie mehr als alle anderen geliebt habe ... es wäre nicht gut, wenn Sie mich sterben sähen; ich bitte Sie, sich zurückzuziehen.»[32] Danach wurde ihm die Absolution zuteil, sein Blick erstarrte, seine Arme zuckten noch einmal, man hielt eine Kerze vor seinen Mund, die Flamme bewegte sich nicht. Vier Tage defilierten die Pariser an seinem Katafalk vorbei – zu seinen Füßen lagen Herzogskrone und Herzogsmantel. Am 13. Dezember wurde sein Sarg in eine kleine Kapelle der Sorbonne überführt, wo er bis zur Vollendung der Kirche bleiben sollte. Am 19. Januar 1643 fand ein feierliches Hochamt in Notre-Dame von Paris statt – Ludwig XIII erschien nicht.

Heute steht sein Sarkophag, eine grandiose Skulptur von François Girardon, in der Kirche der Sorbonne. Erst nach Vollendung der Kirche und nach langem Streit mit den Doktoren der Sorbonne konnte das Monument dort 1694 seinen Platz finden – unter ihm im Gewölbe der Sarg mit den Gebeinen Richelieus. Dort drangen die Revolutionäre 1793 ein, nachdem das Grabmal bereits vorher in Sicherheit gebracht worden war. Sie entfernten die Steinplatte über dem Sarg und erschraken, denn der Leichnam des Kardinals wies die majestätische Würde eines Lebendigen auf – er war einbalsamiert. Um das Entsetzen zu bannen, schlug der Sektionsvorsteher Cheval, ein Hutmacher, mit der Pike auf ihn ein und trennte den Kopf vom Körper. Mit einem Strick wurden die Knochen des Körpers über den Platz der Sorbonne geschleift – nach der einen Version danach auf einen Leichenkarren gezerrt und in einem Massengrab versenkt, nach der anderen danach im Triumph durch die Stadt geschleift und in die Seine geworfen.

Den Kopf nahm der Sektionsvorsteher mit nach Hause in die Rue de La Harpe, wo seine Frau dessen Entdeckung befürchtete – es wäre ihrer beider Todesurteil gewesen. Die Frau vertraute den Kopf einem Priester an, der ihn heimlich in die tiefste Provinz, in den bretonischen Ort Saint-Brieuc-de-Mauron, brachte. Napoleon III ließ ihn 1866 nach Paris zurückbringen, und zu jenem Zeitpunkt machte man von dem Gesicht zehn Totenmasken. Eine davon fand Aufstellung in der Alten Nationalbibliothek in der Rue de Richelieu. Erst 1970 unter dem Staatspräsidenten Georges Pompidou wurde das Grabmal wieder ins Zentrum der Sorbonne-Kirche gerückt, und der Kopf sowie ein Finger, dessen Zugehörigkeit zum Körper des Kardinals allerdings zweifelhaft ist, fanden Aufnahme in einem gläsernen Schrein, der im Gewölbe darunter den Platz einnahm, an dem einst der Sarg gestanden hatte.

DER LETZTE DELINQUENT

Nachleben

Gestalter und Gefangener der absoluten Monarchie

In der langen Geschichte der Machtmenschen, deren Genie, Wille und Kraft nur das eine Ziel kennen, Erwerb, Steigerung und Erhalt der Macht unter möglichst perfekte Kontrolle zu bringen, stellt Richelieu eine glanzvolle und bis heute vielfältig schillernde Gestalt dar. Er hat, als er spät die Chance zur Regierung seines Landes erhielt, das in zahlreiche Partikularkräfte zersplitterte Frankreich zur Einheit gezwungen und im Wettstreit der europäischen Nationen zur Vormacht aufsteigen lassen. Er hat seine Rivalen im Kampf um die Macht aufs Schafott gebracht und seine Gegner jenseits der Grenze durch militärische Macht gedemütigt. Um dieser Ziele willen hat er die Gesetze Frankreichs gebrochen und im Krieg das «absolut notwendige Mittel» gesehen, «dessen die Staaten von Zeit zu Zeit bedürfen, um sich von ihrem schlechten Naturell zu reinigen».[1] Ob er auf diesem Weg überhaupt eine Grenze respektiert hat, ist zweifelhaft, denn sein Gott, an den er geglaubt hat, war ihm kein Hindernis, mit dessen Gegnern zu paktieren.

Diese Skrupellosigkeit, die in der raffinierten Manipulation von Menschen und Medien weit in die Moderne vorausweist, unterstand aber einer politischen Vision – alle Macht der Monarchie. Die zentralisierte Macht des Monarchen, deren treuer Diener er war, der nie an ihre Usurpation gedacht hat, erschien ihm als das einzig geeignete Instrument, seinem Land eine gefestigte Ordnung und eine straffe Regierbarkeit zu verschaffen – als Voraussetzung für nationale Integrität und territoriale Expansion. Auf allen Ebenen, von der Weinsteuer in einer entlegenen Provinz über den Kanonentyp auf einem Dreimaster in Brouage bis zu den intimsten Abläufen unter dem Baldachin des Bettes der Königin – er war über alles informiert, um alles beeinflussen, alles steuern zu können. Selten finden in einer Person eine derartige Detailversessenheit und eine solche Weitsicht über das gesamteuropäische Machtgefüge zusammen. Die Macht, die er der französischen Monarchie zu verschaffen verstand, stieg deshalb bis zu jener Höhe empor, in der der Begriff des Absolutismus seine Richtigkeit hat.

Als Richelieu, dem knapp zwei Jahrzehnte für die Realisierung seiner Vision zur Verfügung standen, starb, war ihm der ständig gefürchtete Sturz in die Machtlosigkeit erspart geblieben, dessen Risiko er selbst dadurch erhöht hatte, daß es weiterhin uneingeschränkt in der bis zur Willkür unbegrenzten Macht des Monarchen lag, seinen mächtigsten Minister in Stundenfrist zu entlassen. Er hat die monarchistische Macht gestaltet und gesteigert, sich aber gleichzeitig zu ihrem Gefangenen gemacht, dessen Schicksal an dem seidenen Faden des königlichen Wohlwollens hing. Doch hat sich sein Werk der machtvollen Monarchie auch dann, als das menschliche Fundament zwischen Ludwig XIII und seinem Minister zerstört war, als unzerstörbar erwiesen, sogar über seinen Tod hinaus. Ludwig XIII erklärte am 9. Dezember 1642: «Ich will, daß die Dinge so bleiben, wie sie sind.»[2] Wenigen großen Staatsmännern ist die Gunst eines solchen Nachlebens zuteil geworden.

Die Fortdauer seiner politischen Vision einer absoluten Monarchie resultierte einerseits aus deren «historischer Richtigkeit», denn die Länder Europas waren alle auf dem mühsamen Weg zu gefestigten Nationalstaaten, andererseits aus der Vorsorge, die er rechtzeitig getroffen hatte, indem er einen Treuhänder und Vollstrecker seiner Vision in dem Vorhof der Macht plaziert hatte – Mazarin. Der Italiener, mit dem er den fast religiösen Respekt vor der Autorität des Monarchen teilte, aber auch die exzessive Gier, sich maßlos zu bereichern, verfügte über die strenge Ausrichtung auf das Machtmonopol der Monarchie hinaus über eine extreme Anpassungsfähigkeit an die ihm feindlichen Wechselfälle. Während der fünfjährigen Fronde, die sechs Jahre nach dem Tod seiner Vorgängers ausbrach, das Land ein letztes Mal den Aufständen von Adel und Parlament aussetzte und ihn zweimal ins Exil zwang, hat Mazarin keinen seiner Gegner den Gang aufs Blutgerüst antreten lassen. Eine glückliche Konstellation wollte es, daß Anna von Österreich sich wenige

Monate nach dem Tod Richelieus und unmittelbar nach dem ihres Gemahls von einer konspirativen Parteigängerin der spanischen Interessen in eine finessenreich die politischen Ziele ihres langjährigen Gegners verteidigende Regentin Frankreichs wandelte.

Bild und Beurteilung Richelieus schwanken bis heute zwischen glühender Bewunderung und grenzenloser Ablehnung, zu der vor allem seine rigorose Innenpolitik mit ihren sozialen Folgen der Verelendung der Bevölkerung den Anlaß gab, und nicht zuletzt Schriftsteller wie Alfred de Vigny, Victor Hugo oder Alexandre Dumas haben für sein finsteres Porträt gesorgt. Immer jedoch, wenn Frankreich in die Abgründe innerer Zerrissenheit geriet oder einer Eroberung ausgesetzt war, hat man sich dankbar und sehnsüchtig der harten Hand des Kardinal-Premierministers erinnert. Aber dieser hat auch, indem er alle Macht der Monarchie zu Füßen legte, dem Land die Chance genommen, das Parlament zu einer politischen Stimme von Gewicht werden zu lassen. Die Generalstände, bei denen das einfache Volk seine Klagen und Wünsche hätte äußern können, wurden nach seinem dortigen Auftritt 1615 nicht ein einziges Mal einberufen – bis zum Jahr 1789.

Je später, je klarer wurden auch die Nachteile eines politischen Systems sichtbar, in dem das Wort nur eines Menschen, des Monarchen, nahezu alles entschied, jedenfalls das einzig und letztlich entscheidende war. Diese Zentralisierung offenbarte ihre Schattenseiten besonders gegenüber England, das bereits gegen Ende des «klassischen Jahrhunderts» von Ludwig XIV in der «Glorious Revolution» zur repräsentativen Vertretung und Entfaltung aller Kräfte des Landes fand und seinen Rivalen auf dem Kontinent im nachfolgenden Jahrhundert vom ersten Rang in Europa verdrängte. Frankreich, wie es Richelieu geschaffen hatte und wie es ihn lange überlebte, war zu einer «verspäteten Nation» geworden. Diese Verspätung hatte ihren Anteil an der Heftigkeit der Revolution von 1789 – bis zu deren Terror.

Anhang

Zitatnachweise

Vorzeichen

1 M. Carmona, Richelieu, Paris 1983, S. 31

1. Aus der Tiefe des ländlichen Adels

1 Carmona, a. a. O. S. 11
2 A. Bailly, Richelieu, Paris 1934, S. 9
3 Ph. Erlanger, Richelieu, Paris 1985–2006, S. 25
4 A. a. O. S. 26
5 Carmona, a. a. O. S. 28
6 Erlanger, a. a. O. S. 28
7 Erlanger, a. a. O. S. 41
8 Carmona, a. a. O. S. 32
9 Richelieu, Mémoires du cardinal de Richelieu, I, ed. H. de Beaucaire, Paris 1907, S. 10
10 Erlanger, a. a. O. S. 34
11 Tallemant des Réaux, Le cardinal de Richelieu, sa famille, son favori Bois-Robert, Bruxelles 1990, S. 39
12 Tallemant des Réaux, a. a. O. S. 38 f.

2. In den Sümpfen des Poitou

1 Bailly, a. a. O. S. 35
2 Bailly, a. a. O. S. 36
3 Carmona, a. a. O. S. 43 f.
4 Erlanger, a. a. O. S. 43
5 A. a. O.
6 A. a. O.
7 Bailly, a. a. O. S. 38
8 A. a. O.
9 Bailly, a. a. O. S. 39
10 Carmona, a. a. O. S. 98

11 Carmona, a. a. O. S. 100
12 Bailly, a. a. O. S. 51
13 A. a. O.
14 A. a. O.
15 Erlanger, a. a. O. S. 49
16 Carmona, a. a. O. S. 114
17 A. a. O.
18 A. a. O.
19 Erlanger, a. a. O. S. 47
20 Richelieu, Lettres, instructions et papiers d'État du cardinal de Richelieu, ed. M. Avenel, Paris 1853, I, S. 70 f.
21 L. de Saint-Simon, Parallèle des trois premiers Rois Bourbon, Paris 1967, S. 324
22 Richelieu, Lettres, a. a. O. I, S. 53 f.
23 Erlanger, a. a. O. S. 53
24 P. Lafue, Le Père Joseph – Capucin et diplomate, Paris 1946, S. 26
25 Carmona, a. a. O. S. 139
26 Lafue, a. a. O. S. 38
27 Lafue, a. a. O. S. 46
28 Erlangera, a. a. O. S. 64
29 A. a. O.
30 F. Hildesheimer, Richelieu, Paris 2004, S. 54 f.

3. Favorit der Königinmutter

1 Hildesheimer, a. a. O. S. 55
2 Richelieu, Lettres I, S. 121 f.
3 Carmona, a. a. O. S. 160
4 Carmona, a. a. O. S. 165
5 A. a. O.
6 Erlanger, a. a. O. S. 72
7 Richelieu, Mémoires I, S. 344
8 Richelieu, Mémoires I, S. 345
9 A. a. O.
10 Richelieu, Mémoires I, S. 348
11 A. a. O.
12 Richelieu, Mémoires I, S. 360
13 A. a. O.
14 Richelieu, Mémoires I, S. 361
15 A. a. O.
16 Hildesheimer, a. a. O. S. 64

17 Carmona, a. a. O. S. 226 f.
18 Carmona, a. a. O. S. 232
19 Carmona, a. a. O. S. 231
20 Carmona, a. a. O. S. 235
21 Carmona, a. a. O. S. 239
22 Carmona, a. a. O. S. 241
23 R. Mousnier, L'homme rouge ou La vie du cardinal de Richelieu (1585–1642), Paris 1992, S. 118
24 Carmona, a. a. O. S. 242
25 Carmona, a. a. O. S. 250
26 Carmona, a. a. O. S. 257
27 Carmona, a. a. O. S. 258
28 Carmona, a. a. O. S. 259
29 Hildesheimer, a. a. O. S. 66
30 Hildesheimer, a. a. O. S. 67 f.
31 Hildesheimer, a. a. O. S. 75
32 Mousnier, a. a. O. S. 133
33 Carmona, a. a. O. S. 282 f.
34 Carmona, a. a. O. S. 283

4. Der König erhebt sich

1 Saint-Simon, Parallèle des trois premiers rois Bourbons, Paris 1967, S. 7 f.
2 P. Chevalier, Louis XIII – Roi cornélien, Paris 1979, S. 178
3 Chevalier, a. a. O. S. 21
4 A. a. O.
5 Chevalier, a. a. O. S. 39
6 Chevalier, a. a. O. S. 40
7 Chevalier, a. a. O. S. 43
8 A. a. O.
9 A. a. O.
10 Chevalier, a. a. O. S. 46
11 Chevalier, a. a. O. S. 46 f.
12 Chevalier, a. a. O. S. 47
13 A. a. O.
14 A. a. O.
15 A. a. O.
16 Chevalier, a. a. O. S. 52
17 Chevalier, a. a. O. S. 53
18 Chevalier, a. a. O. S. 118
19 Chevalier, a. a. O. S. 117

20 Chevalier, a. a. O. S. 119
21 Mousnier, a. a. O. S. 143
22 Carmona, a. a. O. S. 292
23 Ch. Roman, Louis XIII – un grand Roi méconnu 1601–1643, Paris 1934, S. 36 f.
24 Carmona, a. a. O. S. 293
25 A. a. O.
26 A. a. O.
27 A. a. O.
28 Carmona, a. a. O. S. 295
29 Chevalier, a. a. O. S. 164
30 Carmona, a. a. O. S. 293 f.
31 Carmona, a. a. O. S. 294
32 Carmona, a. a. O. S. 295
33 Richelieu, Mémoires I, S. 195 f.
34 Chevalier, a. a. O. S. 170
35 Chevalier, a. a. O. S. 171
36 Carmona, a. a. O. S. 300
37 A. a. O.
38 A. a. O.
39 A. a. O.

5. Am Abgrund des Selbstzweifels

1 Carmona, a. a. O. S. 303
2 Carmona, a. a. O. S. 301
3 Carmona, a. a. O. S. 304
4 Bailly, a. a. O. S. 130
5 Bailly, a. a. O. S. 129
6 Carmona, a. a. O. S. 307
7 A. a. O.
8 A. a. O.
9 Carmona, a. a. O. S. 309
10 Carmona, a. a. O. S. 313
11 Carmona, a. a. O. S. 310 f.
12 Carmona, a. a. O. S. 323
13 Carmona, a. a. O. S. 324
14 A. a. O.
15 Carmona, a. a. O. S. 330
16 Carmona, a. a. O. S. 331
17 A. a. O.
18 Carmona, a. a. O. S. 332

19 Carmona, a. a. O. S. 337
20 A. a. O.
21 Carmona, a. a. O. S. 344
22 A. a. O.
23 Carmona, a. a. O. S. 345
24 A. a. O.
25 Carmona, a. a. O. S. 347
26 Carmona, a. a. O. S. 353
27 Carmona, a. a. O. S. 360

6. In Etappen zur Macht

1 Carmona, a. a. O. S. 389
2 Mousnier, a. a. O. S. 203
3 Carmona, a. a. O. S. 389
4 Carmona, a. a. O. S. 374
5 Carmona, a. a. O. S. 375
6 Carmona, a. a. O. S. 395
7 Carmona, a. a. O. S. 396
8 A. a. O.
9 J. Bergin, L'ascension de Richelieu, Paris 1994, S. 300
10 Carmona, a. a. O. S. 399
11 Carmona, a. a. O. S. 397
12 Carmona, a. a. O. S. 401
13 Carmona, a. a. O. S. 413
14 Hildesheimer, a. a. O. S. 115
15 Carmona, a. a. O. S. 413
16 Richelieu, Mémoires IV, S. 36
17 Richelieu, Mémoires IV, S. 34
18 Richelieu, Testament politique, ed. L. André, Paris 1947, S. 95

7. Der Romantiker Buckingham

1 Richelieu, Lettres II, S. 3 f.
2 Carmona, a. a. O. S. 422
3 Carmona, a. a. O. S. 423
4 Richelieu, Lettres II, S. 78
5 Richelieu, Lettres II, S. 81
6 Richelieu, Lettres II, S. 83
7 Richelieu, Lettres II, S. 51 f.
8 M. Carmona, La France sous Richelieu, Paris 1984, S. 420

9 C. Dulong, Anne d'Autriche, Paris 1980, S. 57
10 Dulong, a. a. O. S. 60
11 Dulong, a. a. O. S. 61
12 F.-B. Motteville, Mémoires, Collection des Mémoires relatifs à l'histoire de France par M. Petitot, 2. Serie, Bd. XXXVI, Paris 1824, I, S. 29
13 Motteville, a. a. O. S. 324
14 Motteville, a. a. O. S. 342
15 Tallemant des Réaux, Historiettes, ed. A. Adam, Paris 1960, I, S. 239
16 Dulong, a. a. O. S. 65
17 Dulong, a. a. O. S. 69
18 Tallemant des Réaux, I, S. 240
19 Tallemant des Réaux, I, S. 909
20 Dulong, a. a. O. S. 69
21 Dulong, a. a. O. S. 71
22 Dulong, a. a. O. S. 72
23 Richelieu, Mémoires VI, S. 104 f.
24 Richelieu, Mémoires VI, S. 141
25 Carmona, Richelieu, a. a. O. S. 452

8. La Rochelle

1 Carmona, a. a. O. S. 457
2 Richelieu, Mémoires V, S. 265
3 Richelieu, Testament politique, a. a. O. S. 227 Anm.
4 Richelieu, Mémoires V, S. 273
5 Mousnier, a. a. O. S. 322
6 Mousnier, a. a. O. S. 323
7 Carmona, La France sous Richelieu, a. a. O. S. 156
8 Carmona, a. a. O. S. 157
9 Carmona, a. a. O. S. 158
10 B. Cottret, 1598 – L'Édit de Nantes, Pour en finir avec les guerres de religion, Paris 1997, S. 177
11 Carmona, Richelieu, a. a. O. S. 461
12 Chevalier, a. a. O. S. 331
13 Richelieu, Mémoires VII, S. 102 f.
14 Richelieu, Mémoires VII, S. 105
15 Richelieu, Mémoires VII, S. 131
16 E. Hinrichs in: U. Schultz (Hrsg.), Speisen, Schlemmen, Fasten, Frankfurt am Main 1993, S. 201
17 Hinrichs, a. a. O. S. 202
18 Carmona, a. a. O. S. 473

9. Die Bresche in Italien

1 Richelieu, Mémoires IX, S. 4
2 Richelieu, Mémoires IX, S. 8
3 Richelieu, Mémoires IX, S. 6
4 Mousnier, a. a. O. S. 368
5 Mousnier, a. a. O. S. 369
6 Mousnier, a. a. O. S. 370
7 A. a. O.
8 Richelieu, Testament politique, a. a. O. S. 381
9 Richelieu, Testament politique, a. a. O. S. 407
10 Richelieu, Testament politique, a. a. O. S. 242
11 A. a. O.
12 I. Mieck, Die Entstehung des modernen Frankreich 1450–1610, Stuttgart 1982, S. 40
13 Richelieu, Testament politique, a. a. O. S. 400
14 Richelieu, Testament politique, a. a. O. S. 424
15 A. a. O.
16 Richelieu, Testament politique, a. a. O. S. 386
17 A. a. O.
18 Mousnier, a. a. O. S. 365
19 A. a. O.
20 Carmona, Richelieu, a. a. O. 498
21 Mousnier, a. a. O. S. 379
22 Carmona, a. a. O. S. 499
23 Carmona, a. a. O. S. 500

10. Der Tag der Getäuschten

1 Erlanger, a. a. O. S. 495 f.
2 Chevalier, a. a. O. S. 384
3 A. a. O.
4 Chevalier, a. a. O. S. 387
5 A. a. O.
6 A. a. O.
7 A. a. O.
8 Chevalier, a. a. O. S. 388
9 A. a. O.
10 Saint-Simon, a. a. O. S. 168
11 Chevalier, a. a. O. S. 390
12 Carmona, a. a. O. S. 506

13 Chevalier a. a. O. S. 400
14 A. a. O.
15 Mousnier, a. a. O. S. 391
16 Mousnier, a. a. O. S. 392
17 Carmona, a. a. O. S. 509
18 Carmona, a. a. O. S. 511
19 Carmona, a. a. O. S. 514
20 Erlanger a. a. O. S. 513
21 A. a. O.
22 Carmona, La France de Richelieu, a. a. O. S. 469
23 Erlanger, a. a. O. S. 515

11. Zeit des Schafotts

1 Carmona, Marie de Medici – Grandeur et chute d'une reine de France, Paris 1981. S. 475
2 A. a. O.
3 Carmona, a. a. O. S. 475 f.
4 Carmona, a. a. O. S. 477 f.
5 Carmona, Richelieu, a. a. O. S. 528
6 Mousnier, a. a. O. S. 430
7 Carmona, a. a. O. S. 532
8 Carmona, Richelieu, a. a. O. S. 536
9 Richelieu, Mémoires VII, S. 71
10 Carmona, a. a. O. S. 539
11 Gaston, duc d'Orléans, Mémoires. Collection des Mémoires relatif à l'Histoire de France, Bd. 31, Paris 1824, S. 126
12 Carmona, a. a. O. S. 539
13 Richelieu, Mémoires VII, S. 73
14 Richelieu, Mémoires VII, S. 73–77
15 Gaston, a. a. O. S. 131
16 Gaston, a. a. O. S. 134
17 Gaston, a. a. O. S. 141 f.
18 Gaston, a. a. O. S. 142
19 Richelieu, Lettres IV, S. 374
20 Richelieu, Lettres IV, a. a. O.
21 Richelieu, Lettres IV, S. 372
22 Richelieu, Lettres IV, S. 377
23 Bailly, a. a. O. S. 235
24 Erlanger, a. a. O. S. 511
25 Erlanger, a. a. O.

26 Tallemant de Réaux I, S. 306
27 Erlanger, a. a. O. S. 511
28 A. a. O. S. 512

12. Glanzvoller als der Hof des Königs

1 Carmona, a. a. O. S. 31
2 Tallemant des Réaux I, S. 287
3 Erlanger, a. a. O. S. 761
4 Erlanger, a. a. O. S. 762
5 Carmona, La France de Richelieu, a. a. O. S. 355
6 Carmona, a. a. O. S. 358
7 Carmona, a. a. O. S. 346
8 Hildesheimer, a. a. O. S. 289
9 A. a. O.
10 A. a. O.
11 Hildesheimer, a. a. O. S. 279
12 Hildesheimer, a. a. O. S. 278
13 A. a. O.
14 Hildesheimer, a. a. O. 292
15 Carmona, a. a. O. S. 326
16 Carmona, a. a. O. S. 325
17 Carmona, a. a. O. S. 286
18 Richelieu, Mémoires I, S. 345
19 Richelieu, Mémoires I, S. 348

13. Der konsequente Krieg

1 H. Weber, Richelieu et le Rhin, Revue historique, Jahrgang 1968, Bd. 239, S. 269
2 Erlanger, a. a. O. S. 557
3 Weber, a. a. O. S. 274
4 Weber, a. a. O. S. 275
5 Weber, a. a. O. S. 279
6 Tallemant des Réaux I, S. 530
7 Carmona, La France de Richelieu, a. a. O. S. 274
8 Erlanger, a. a. O. S. 632
9 A. a. O.
10 Carmona, Richelieu, a. a. O. S. 569
11 Erlanger, a. a. O. S. 614
12 A. a. O.
13 Richelieu, Lettres IV, S. 761

14 A. a. O.
15 Richelieu, Lettres IV, S. 764
16 Erlanger, a. a. O. S. 618
17 Carmona Richelieu, a. a. O. S. 577
18 Richelieu, Testament politique, a. a. O. S. 383
19 Richelieu, Testament politique, a. a. O. S. 136
20 Richelieu, Testament politique, a. a. O. S. 385
21 Richelieu, Mémoires VIII, S. 424
22 Richelieu, Mémoires IX, S. 229

14. Der späte Dauphin

1 Tallemant des Réaux I, S. 306
2 Tallemant des Réaux I, S. 265
3 Tallemant des Réaux I, S. 264
4 Tallemant des Réaux I, S. 264 f.
5 Tallemant des Réaux I, S. 307
6 Tallemant des Réaux I, S. 306
7 Tallemant des Réaux I, S. 237
8 Dulong, a. a. O. S. 175
9 Richelieu, Mémoires X, S. 533
10 Richelieu, Mémoires X, S. 537
11 Richelieu, Mémoires X, S. 534
12 Richelieu, Mémoires X, S. 535
13 Richelieu, Mémoires X, S. 538
14 Richelieu, Mémoires X, S. 536
15 Carmona, Richelieu, a. a. O. S. 638 f.
16 Carmona, a. a. O. S. 640
17 Carmona, a. a. O. S. 641
18 Carmona, a. a. O. S. 524
19 Wedgwood, a. a. O. S. 368
20 Carmona, Richelieu, a. a. O. S. 83
21 F. Bluche, Richelieu, Paris 2003, S. 239
22 G. de Balzac, Le Prince, Paris 1996, S. 53
23 M. Fumaroli, Le Cardinal de Richelieu – Fondateur de l'Académie française, in: A. Tullier, Richelieu et le monde d'esprit, Paris 1985, S. 223
24 Fumaroli, a. a. O. S. 228
25 Tallemant des Réaux I, S. 271 Anm. S. 943
26 E. Magne, La vie quotidienne au temps de Louis XIII, Paris 1942, S. 228
27 Tallemant des Réaux I, S. 272
28 Fumaroli, a. a. O. S. 235

1 Erlanger, a. a. O. S. 689
2 Erlanger, a. a. O. S. 690
3 Carmona, a. a. O. S. 663
4 A. a. O.
5 Tallemant des Réaux I, S. 276, Anm. S. 947 f.
6 Carmona, a. a. O. S. 662 f.
7 Tallemant des Réaux I, S. 346 f.
8 Dulong, a. a. O. S. 189
9 Dulong, a. a. O. S. 190
10 Carmona, a. a. O. S. 664
11 Carmona, a. a. O. S. 666
12 Carmona, a. a. O. S. 667
13 Tallemant des Réaux I, S. 277
14 Carmona, a. a. O. S. 676
15 Carmona, a. a. O. S. 678
16 A. a. O.
17 Tallemant des Réaux I, S. 281
18 Erlanger, a. a. O. S. 770
19 Carmona, a. a. O. S. 683
20 Carmona, a. a. O. S. 684
21 Tallemant des Réaux I, S. 288
22 Carmona, a. a. O. S. 686
23 Carmona, a. a. O. S. 688
24 Richelieu, Lettres VII, S. 163
25 Richelieu, Lettres VII, S. 164
26 Richelieu, Lettres VII, S. 165
27 Richelieu, Lettres VII, S. 175
28 Richelieu, Lettres VII, S. 174
29 Richelieu, Lettres VII, S. 176
30 Richelieu, Lettres VII, S. 177
31 Carmona, a. a. O. S. 694
32 A. a. O.

Nachleben

1 Richelieu, Testament politique, a. a. O. S. 381
2 Chevalier, a. a. O. S. 631

Bibliographie

Quellen, zeitgenössische Dokumente und Biographien

G. d'Avenel, La noblesse française sous Richelieu, Paris 1901
A. Bailly, Richelieu, Paris 1934
G. de Balzac, Le Prince, ed. Ch. Leroy, Paris 1996
F. de Bassompierre, Journal de ma vie, Collection des Mémoires relatifs à l'Histoire des la France, ed. M. Petitot, Bd. 19, Paris 1822
L. Battifol, Richelieu et le Roi Louis XIII – Les véritables rapports du Souverain et de son Ministre, Paris 1934
J. Bergin, Pouvoir et fortune de Richelieu, Paris 1987
J. Bergin, L'ascension de Richelieu, Paris 1994
F. Bluche, Richelieu – Essai, Paris 2003
C. J. Burckhardt, Richelieu – Der Aufstieg zur Macht, München 1935, C. J. Burckhardt, Behauptung der Macht und kalter Krieg, München 1965, C. J. Burckhardt, Großmachtpolitik und Tod des Kardinals, München 1966
M. Carmona, Richelieu – L'ambition et pouvoir, Paris 1983
P. Chevalier, Louis XIII – Roi cornélien, Paris 1979
W. F. Churchill, Richelieu and the Reason of State, Princeton 1972
G. Couton, Richelieu et le théâtre, Lyon 1986
M. Deloche, La Maison du cardinal de Richelieu, Paris 1912
M. Deloche, Le cardinal de Richelieu et les femmes, Paris 1931
C. Dulong, Anne d'Autriche – Mère de Louis XIV, Paris 1980
Ph. Erlanger, Richelieu – L'ambitieux, le révolutionnaire, le dictateur, Paris 2006
G. Fagniez, Le Père Joseph et Richelieu (1577–1638), 2 Bde., Paris 1894
M. Foisil, La révolte des Nu-Pieds et les révoltes normandes de 1639, Paris 1970
G. Hanoteaux et La Force, L'Histoire du cardinal de Richelieu, 7 Bde. Paris 1893–1947
F. Hildesheimer, Richelieu – une certaine idée de l'état, Paris 1985
F. Hildesheimer, Richelieu, Paris 2004
P. Lafue, Le Père Joseph – Capucin et diplomate, Paris 1946
É. Magne, La vie quotidienne au temps de Louis XIII, Paris 1942
R. Mousnier, L'homme rouge ou La vie du cardinal de Richelieu (1885–1642), Paris 1992

G. d'Orléans, Mémoires, Collection des Mémoires relatifs à l'Histoire de France, ed. M. Petitot, Bd. 31, Paris 1824
E. Pavie, La guerre entre Louis XIII et Marie de Médici, Angers 1899
O. Ranum, Les créatures de Richelieu, Paris 1966
Richelieu, Briefve et facile instruction pour les confesseurs, ed. H.-J. Flavigny, Fontenay 1613
Richelieu, Traité de la perfection du chrétien, Paris 2002
Richelieu, Lettres, instructions diplomatique et papiers d'État du cardinal de Richelieu, ed. M. Avenel, 8 Bde. Paris 1853–77
Richelieu, Mémoires du cardinal de Richelieu, ed. H. de Baucaise, Bd. 1–10, Paris 1907–31
Richelieu, Testament politique, ed. L. André, Paris 1947
L. de Saint-Simon, Parallèle des trois premiers rois Bourbons, Paris 1967
G. Tallemant des Réaux, Historiettes I, ed. A. Adam, Paris 1960
A. Teyssier, Richelieu – La puissance de gouverner, Paris 2007
P. de Vassière, L'affaire du Maréchal de Marillac (1630–1632), Paris 1924
P. de Vassière, Conjuration de Cinq-Mars, Paris 1928
Th. De Viau, Œuvres, ed. R. de Gourmont, Paris 1907
J. Wollenberg, Les trois Richelieu – servir Dieu, Roi et la Raison, Paris 1995
B. Zeller, Louis, XIII, Marie de Médici, Richelieu ministre, Paris 1899

Stammbaum der Familie Richelieu

- François de La Porte
  ∞
  1. Claude Bouchard
  2. Madeleine Charles
  - (aus 2. Ehe) Charles, Seigneur de La Meilleraye ∞ Claude Champlais
    - Madeleine, Äbtissin de Chelles
    - Charles, maréchal de La Meilleraye ∞ 1. Marie d'Effiat, 2. Marie de Cossé-Brissac
      - Armand-Charles, Herzog Mazarin (1632–1713)
  - (aus 2. Ehe) Amador († 1644) *commandeur*, danach *grand prieur* de l'Order de Malta
  - (aus 1. Ehe) Suzanne ∞
    - Armand, Kardinal
    - Nicole ∞ Urbain de Maillé de Brézé
      - Jeanne † 1645
      - Armand † 1646
      - Claire Clémence ∞ *grand* Condé
        - Henri-Jules, Prinz de Condé
    - Isabelle ∞ Louis Pidoux

Françoise

Marie Marthe † 1676

Elisabeth-Marguerite

Marie-Gabrielle

Catherine-Arma
∞
François Bernard
Châtelet

François de Plessis
∞ Anne Guyon

…né | François | Jaquette | Louis ∞ Françoise de Rochehouart | Jacques, Bischof von Luçon | Anne | Antoine ‹Le Moine›

…nçois | Benjamin, Mönch | Louis II, ermordet 1565 | Françoise ∞ 1. Pierre Fretart, 2. Baron de Marconnay | Louise ∞ François de Camboust de Pontchâteau

…enri ∞ …rguerite …uiot | Françoise ∞ 1. Jean de Beauvau, 2. René de Vignerot | Alphonse | Charles ∞ Philippe de Beurges | Marie ∞ Herzog de La Valette, 1634 | Marguerite ∞ 1. Herzog de Puylaurens, 2. Antoine de Grammont

…Marie, Herzogin d'Aiguillon ∞ Antoine du Roure, Seigneur de Combalet | François ∞ Marie-Françoise de Guemadeuc

…e-Madeleine …ite Herzogin …'Aiguillon | Emmanuel-Joseph, abbé de Richelieu | Armand Jean († 1715) Herzog de Richelieu ∞ 1. Anne Poussart de Fors († 1684), 2. Anne d'Acigné, 3. Marguerite-Thérèse Rouillé | Amador-Jean-Baptiste Marquis de Richelieu ∞ Jeanne-Baptiste de Beauvais

Louis-François-Armand
Marschall-Herzog de Richelieu
† 1788

Louis-Armand,
Marquis de Richelieu
∞
Marie-Charlotte de
La Porte-La Meilleraye

Louis-Armand,
Herzog d'Aiguillon

Bildnachweis

S. 22: akg-images/Nimatallah

S. 42, 91, 193, 202, 230: akg-images

S. 59, 152: akg-images/Rabatti-Domingie

S. 84, 109, 126, 150, 171, 278/79: akg-images/Erich Lessing

S. 238, 248: Aus Jörg Wollenberger, Les trois Richelieu – servir Dieu, le Roi et la Raison, Paris 1995, S. 430, 446

S. 261: Aus Armand Jean du Plessis de Richelieu: Lettres, instructions diplomatiques et papier d'État, Bd. 5, hrsg. v. M. Avenel, Paris 1863, S. 471

S. 296: Musée d'Art et d'Histoire, Narbonne, Lauros/Giraudon/Bridgeman Berlin

Personenregister

Ortsregister